THE REVOLUTION OF
INTELLIGENT
FINANCE

# 智能金融变革

何诚颖 等◎著

中国财经出版传媒集团
中国财政经济出版社

**图书在版编目（CIP）数据**

智能金融变革／何诚颖等著．—北京：中国财政经济出版社，2018.5
ISBN 978-7-5095-8064-6

Ⅰ．①智… Ⅱ．①何… Ⅲ．①人工智能-应用-金融管理-研究
Ⅳ．①F830.2-39

中国版本图书馆 CIP 数据核字（2018）第 033639 号

责任编辑：郁东敏　　　　　　责任校对：杨瑞琦
封面设计：田　晗

中国财政经济出版社 出版

URL：http://www.cfeph.cn

E-mail：cfeph@cfeph.cn

（版权所有　翻印必究）

社址：北京市海淀区阜成路甲 28 号　邮政编码：100142
发行处电话：010-88191537　财经书店电话：64033436
中煤（北京）印务有限公司印刷　各地新华书店经销
787×1092 毫米　16 开　24 印张　415 000 字
2018 年 5 月第 1 版　2018 年 5 月北京第 1 次印刷
定价：96.00 元
ISBN 978-7-5095-8064-6
（图书出现印装问题，本社负责调换）
本社质量投诉电话：010-88190744
打击盗版举报热线：010-88191661　QQ：2242791300

# 序　言

## （一）

　　这是一个剧烈变革的时代，过去未去，未来却已来——身处证券行业的我们感触尤深。短短几年间，互联网金融、智能金融先后兴起，传统金融与现代科技相互融合、交叉发展，金融与科技的边界变得越来越模糊。进入证券业20多年，我从未感到行业的变化像今天这么迅速。一直以来，我要求自己以一种与时俱进的姿态去研究证券行业的发展，但智能金融给资本市场带来的巨大变革和影响远远出乎我的预料，这种变革不仅强烈地震撼到我，也促使我不得不去重新思考资本市场的发展。作为证券从业者，我非常愿意和广大投资者以及智能金融的研究者分享自己的思考，一起探究智能金融发展的逻辑与证券业的未来。

　　2017年8月11日，由智能金融百人会、金融界、贵阳大数据交易所联合举办的"大数据、智能金融与券商新业态"调研与专题研讨会在贵阳市开幕。作为智能金融百人会成员之一，我在会上表示，伴随着人工智能技术突发猛进式发展及其在金融领域的应用不断拓展，金融业尤其是证券投资和资产管理业正在经历一场深刻的变革——毫不夸张地说，我们正在经历一个"数据改变财富"的时代。在这个时代中，无论是投资者个人，还是证券经营机构，都将主动或者被动接受一种全新的金融服务模式，这就是智能金融。

　　智能金融是人工智能技术与金融创新深度结合的产物，是金融科技在人工智能时代的新型业态。智能金融的核心竞争力就是满足用户真正的金融需求。智能金融的用户并不在意具体的技术是什么，而是更在意技术带来的实际价值和体验。从智能金融机构的盈利模式上看，其主要收入来源依赖于向客户收取的服务费，包括提供信息服务的费用等。由于采用技术手段大幅降低服务客户的成本，因此智能金融机构可以收取有超值性价比的信息服务费，用来支撑其快速发展。中国庞大的中产阶级投资者由于其需求的多元化而没有享受到有效的投资服务，这也正是新兴科技金融机构快速发展并不断壮大的主要原因。

智能金融的发展可以追溯到互联网金融的发展。早在2013年余额宝横空出世的时候，依托于互联网渠道技术创新，传统货币基金产品顿时爆发出巨大威力。随后，大量"宝宝"类产品层出不穷，网贷、众筹、P2P等互联网金融创新更是如雨后春笋一般四处开花。中国金融业似乎在一夜之间进入到了互联网时代。时至今日，天弘时基金依然占据着公募基金市场规模头名的位置。但是如果站在金融科技发展的视角来看，这波互联网金融创新并没有改变金融产业的核心。在产品创造、精准推送、量化投资、智能风控等更核心领域中，互联网金融的业务模式和技术内核都稍显粗糙。其间，还爆发出了大量e租宝、HOMES系统等风险事件，使得中国金融科技遭受了巨大非议。

随着人工智能技术的成熟和渗透，金融科技进入了新的阶段，即智能金融阶段。智能金融即人工智能与金融的全面融合，是以人工智能、大数据、云计算、区块链等高新科技为核心要素，全面赋能金融机构，提升金融机构的服务效率，拓展金融服务的广度和深度，使得全社会都能获得平等、高效、专业的金融服务，实现金融服务的智能化、个性化、定制化。

智能金融将对金融产业核心业务创新、金融业经营模式产生深远影响。其影响之深远，远不是互联网金融所能比拟的。例如，互联网金融的盈利模式具有鲜明的制度套利特征，但随着我国金融市场化改革的逐步深入，金融市场中的制度套利空间所剩无几。在智能金融时代，传统盈利模式空间正在被加速侵蚀，更多的需要在数据挖掘、生态建设等其他方向寻找盈利来源。对于传统金融行业而言，不仅要解决技术升级问题，更要解决价值链改变后的企业治理结构问题。大量传统金融巨头也明显感受到了智能金融带来的压力，纷纷转型智能金融研发，并从多方面着手，对企业架构进行调整。高盛、摩根士丹利甚至开始已经以科技企业自居。

智能金融技术的发展，不仅已经显著的改变了金融服务的业务形态，而且正在从产品生产端开始，创造新的金融内容。在智能金融的深刻影响下，金融行业的核心竞争要素已经开始发生改变。而大数据资源整合挖掘、智能交互技术利用、智能策略生产等智能金融技术在金融市场竞争中的重要性越来越大。

## （二）

与传统金融业务相比较，智能金融最大的特征就是金融服务的广度和深度被空前扩大。这一点，不仅体现在客户端，同样也体现在服务端。

智能金融在客户端最显著的影响就是极大的扩展了金融服务客户范围。无论是传统金融还是智能金融，其核心都是风险资产的定价交易，以及在此基础上的投资、保值等需求。这一点，在任何时候都不会改变。但是金融产品创新日新月异，金融服务的内容也更加丰富。金融服务的技术门槛不断提高，从金融行业产品创新趋势来看，金融产品服务已经开始进入资产配置服务阶段，单纯的投资建议、理财产品销售已经远远不能满足消费者需求，通过对客户自身的投资属性分析，构建合适的资产组合，对客户资产进行精准匹配，这将是未来金融服务的主要形式。但是在前智能金融服务时代，资产配置服务需要大量高素质金融产品研发、客服人员的配合才能完成，需要极高的人力成本和时间成本，一直以来都是高端客户的专项服务。但是随着智能金融技术的不断发展，自动化、智能化的资产配置服务系统已经逐渐成熟，服务成本被极大降低。客户画像、产品组合自动生成、资产配置方案自动匹配推送等服务已经开始在国内外金融市场得到广泛应用，如美国的 Betterment、Wealthfront 等平台的智能投顾服务规模已经达到较高水平，国内各家机构也开始纷纷跟进。我们可以断言，以资产配置服务为代表的财富管理服务已经开始平民化。

智能金融显著的改变了金融机构的服务形式，对于传统金融机构而言,智能金融技术不仅是产品推送渠道,更是创新平台。银行、证券公司、保险公司等金融机构中,大量的风险计量、产品交易、客户管理、信息整合等业务如果依然由人力完成,已经力不从心——不仅成本高,而且效率低、风险大。上述金融机构迫切的需要新兴智能金融技术对原有业务进行深度完善,以更加智能化的技术来改造传统金融业务,甚至在部分业务领域对传统业务形式形成替代,例如高盛的 Kensho 已经可以将大多数标准化投研工作承担起来,从而更有效的提升服务创新能力。

(三)

目前智能金融最成熟也是最普遍的应用模式是智能投顾。智能投顾,即通过大数据挖掘技术加上深度学习算法,一方面对客户投资行为进行精准画像,另一方面对机构提供的产品组合进行深度挖掘、优化、配置,从而完整对客户的个性化资产精准配置服务。

智能投顾的金融理论基础是行为金融理论和马尔科维茨、Black – Litterman 等资产组合模型。其本质并不是获取市场绝对收益,而是在优化投资者资产组合结构的基础上,平滑收益曲线,降低投资技术风险,帮助客户获得相对收益。其业务本质是利用智能金融相关工具,降低财富管理业务的运营成本,实现原有高端投顾服务、财富管理服务的大众化。

但是在中国市场,智能投顾面临的第一个问题是产品配置能力不足,中国投资者散户居多,短期投机偏好根深蒂固,投资者行为更加偏重获取市场绝对收益,同时中国房地产等相关资产(房地产、理财、借贷)收益持续膨胀,国内相对收益投资产品不足,对证券公司投顾产品开发提出了严峻的挑战,在监管更加严格、政策套利空间更加有限的环境下,压力更加凸显。

第二个问题是智能交互技术没有突破,尤其是自然语言应用(NLP),没有实质性突破。高盛投资的 Kensho 的 Warren 模块可以即时回答 100 万个问题,能将研究时间从几天缩短至几分钟。未来其题库将扩展至 1 亿个,并且将可以对语音提出的问题作出回应,但这这种回答依然没有体现出无监督学习的特征。

智能金融另一个重要应用场景是智能量化投资。原有的量化投资策略是自动化交易策略设计,其策略设计主体依然是人工设计,基于事件驱动、因子模型、动量反转策略等原理。但是量化投资领域的新趋势显示,智能化的量化投资过程中,策略设计也将在机器学习(神经网络、聚类、支持向量机等)等工具的辅助下实现智能化设计,例如利用多维度机器学习工具,自动挖掘因子、并构建策略模型。

量化投资不同于智能投顾,其核心是要获取绝对收益。从国内目前现状来看,能够稳定(回撤可控、方差风险低于传统策略)获取绝对收益的 α 策略并不多见。大多策略围绕时间驱动因子、网络情绪指数等初级策略模型展开。比如,恒生电子基于台湾智库的技术,初步具备了因子自动生成获取能力,形成了 15 万个因子的因子库。但是,从构建策略有效性来看,并不令人满意(产品级要求)。主要瓶颈在于以下几个方面:

一是对大数据处理能力不足,硬件架构、软件架构都不健全,特别是非文本或非结构化数据处理能力不足,缺乏信息学习能力,从行业来看,很多数据处理工作(打标签)都还属于劳动力密集性行业;二是算法应用不足;三是证券公司数据处理能力不足。

智能研报是智能金融正在迅速成熟的应用领域。研究是证券公司服务的重要方面,同时也是投顾服务的重要组成部分。目前在新闻领域,大量的智能简报、新闻生成技术已经被普遍应用(九寨沟地震新闻 25 秒生成),但是在国内证券公司层面应用还不多,尤其是与高盛的 Kensho 系统相比,还存在极大差距。其中的核心依然是自然语言处理技术(Nlp)不过关,在文本语言的获取、分析、提取、生成等环节都比较初级。目前仅能够看到一些可以生成报告摘要和事件描述的应用(数库)。

对于服务端和机构客户端,智能风控将未来重要的发展方向。智能风控实际上是智能量化投资的衍生应用,即对市场风险进行智能动态监控,防止系统性风险出现。从行业现状来看,国内智能风控并没有实质性成果,尚处于进一步摸索阶段。特别是中国的系统风险环境更加复杂(刚性兑付、注册制、行政政策影响巨大),因而难度也更加突出。

最后需要一提的是区块链。区块链的本质是一种数据存储方式,或者叫"超级账本"。区块链的数据存储方式突出特点在于分布式、去中心化和不可更改等特性。人工智能的本质是一种能让计算机学习和模拟人类的思维的能力。区块链最主要应用是在金融领域，尤其是在虚拟币和支付方面，其他方面的应用目前还没有成熟，依然在探索阶段。人工智能主要在深度学习，特别是神经网络学习上突破。人工智能在金融上的应用，可以细分为在投顾（智能投顾）、客户交互、信用评分、贷款审批、反欺诈、账户管理和合规管理等领域。相比区块链，人工智能的应用场景和影响更为广泛和深远。

（四）

任何一种业务创新都必须面对并解决盈利模式问题。互联网时代的金融科技盈利依然来自于金融产品的销售分成，但是智能金融时代的盈利模式创新则需要站在更长的产业链视角来挖掘。

智能金融技术对传统金融机构的影响不仅体现在产品服务形式上，也同样体现在盈利模式改变上。在前智能金融时代，金融机构的盈利来源主要包括以下几个方面，一是牌照垄断带来的盈利，二是人力渠道带来的服务盈利，三是产品创新带来的超额收益。在智能金融时代，这三种盈利模式都受到极大挑战。其中牌照价值、物理渠道价值早在互联网金融兴起时，已经受到严重侵蚀。例如证券公司的经纪业务佣金收入已经降至成本线，同时虚拟渠道的推广打破了旧有的地域限制，牌照的垄断溢价越发降低。除了加大技术创新力度以外，传统金融机构面临的另一个重要课题就是如何在智能金融业务中挖掘新的盈利模式。

从国内外金融机构实践情况来看，传统金融机构通过利用智能金融可能产生的盈利模式有以下几类：一是通过提高产品服务的深度和广度来提升收益规模，通过市场规模的扩大抵消利润率的下降，通过衍生增值服务的提供提升附加价值；二是通过智能投资产品的开发，扩大直接受益，控制市场风险，减少无效投资损失，并增加产品池规模和种类；三是充分挖掘客户大数据资源，挖掘衍生服务，例如消费金融、健康金融等新兴金融领域。

需要重视的是，智能金融对金融业的影响不仅体现在传统金融业务内,也体现在对金融行业的扩展上。就像蒸汽机、内燃机代替马车一样,不仅使得交通效率实现提升,更使得整个交通设备制造业的产业链也在空前扩大。智能金融也将使得传统金融业务的产业链空前延伸。数据挖掘、金融计算硬件部署、金融信息整合都可能成为更大规模的产业。目前国内许多金融科技机构的盈利模式就已经开始转型,目前出现已经出现的新的盈利模式包括向机构出售数据、搭建平台、云计算等。

换言之,未来智能金融的真正利润来源极有可能并非是传统金融机构,而是提供智能金融技术基础平台的机构,如同PC时代的微软,互联网时代的google。尽管从目前智能金融市场现状来看,具有构建智能金融新型生态环境的智能金融机构还未出现,但是互联网时代的经验告诉我们,这种产品爆发一旦发生,速度也是惊人的。

## (五)

从智能金融技术创新源头来看,我们与美国相比,依然有比较大的差距。从互联网金融时代开始,我国的金融科技创新就带有鲜明的美国痕迹,如余额宝发端于美国的Paybal,目前在国内几家主流智能投顾机构的业务模式上都能看到Betterment、Wealthfront的影子。而对于Repelling Research、Kensho这样在美国已经相当成熟的智能量化投资平台、智能研报平台,在国内尚未看到较为成熟的对标机构。换言之,"摸着美国的石头过河",依然是未来中国智能金融的创新方向。

美国智能金融对我国的借鉴意义不仅体现在技术创新层面上,如何有效挖掘、整合金融产品资源也是其中的重要内容。美国发达的智能投顾市场除了依托美国先进的人工智能技术以外,金融市场丰富的金融产品也为智能投顾平台提供了充足的产品来源。反观国内,是ETF等被动投资产品的规模严重不足,无法满足居民资产配置需求,这就造成了中国智能金融创新的发展瓶颈。但是随着中国注册制改革等带有根本性影响的制度改革不断推进,以资本市场为代表的金融市场也正在向价值投资导向、机构市场主导的成熟市场过度,标准化金融产品的大量出现正在成为可能。

因此,无论是对于金融从业者、还是人工智能领域的研发人员,目前介入中国智能金融市场，可能是最好的时机。人工智能是中国少数几个能够与世界发达国家站在同一起跑线的领域，尽管在智能硬件研发、算法创新等基础领域还有不小的差距，但是中国拥有其他国家所无法比拟的广阔市场，不仅能够提供丰富的应用场景，更能够为智能金融产品提供海量的大数据资源，这些都有理由使我们相信，虽然中国的智能金融之路才刚刚开始，但其发展前景却无可限量。

最后，希望本书可以对于有志于推动中国智能金融领域发展的同仁有所帮助。

是为序。

2017 年 11 月于深圳

# 前　言

随着移动互联网、物联网时代的加速到来,人工智能技术渗透率获得极大提升,相关技术的智能化水平不断提高,智能金融的功能内涵和场景范围不断扩张,金融科技技术对传统金融产业的影响已经不仅仅体现在效率提升、成本降低等辅助性功能方面,其对金融业的业务形态、价值链构成乃至核心基础都将会产生极为深远的影响,而传统金融机构如果不能未雨绸缪,正确应对,在面对即将到来的金融科技更为有力的挑战的时候,将极有可能重蹈柯达、诺基亚的覆辙。

2017年3月,人工智能被首次写入政府工作报告,2017年7月《新一代人工智能发展规划》,印发给各部委执行。大力发展人工智能已经成为下一阶段国家重要战略。对于金融业,具有更加鲜明的数字化、虚拟化特征,在面对人工智能技术冲击时,影响更为直接、迅猛。

推动智能金融服务爆发最核心的要素在于人工智能技术的突飞猛进,深度学习算法的不断成熟、并行芯片架构的推动以及大数据资源积累的指数式爆发,使得原先限制人工智能技术的限制在逐步被突破,大量应用场景也不断成熟。在生物识别领域的发展尤其引人注目,Facebook脸部识别率的精确度达到97.25%,国内科大讯飞AI阵营的汤晓欧领导的计算机视觉研究组,识别精确度更是高达98.52%,这些使得金融服务终端彻底虚拟化成为可能,同时考虑到深度学习算法事实上带有自我学习、自我训练的模式,意味着人工智能技术在金融市场中创造出更加有效的算法、策略只是时间问题。

未来5年很可能是智能金融发展的黄金期。从市场格局来看,无论是国外市场还是国内市场，在智能金融领域都还没有出现类似Google、FACEBOOK、腾讯、阿里这样的垄断平台，对智能金融创业研发还存在时间窗口；从产品成熟度来看，目前各机构的智能金融产品研发依然没有深度融合，金融机构的技术研发能力不足，而技术机构对金融产品的理解还不够深入，真正成熟的产品形态和业态都没有出现，现有产品服务还存在巨大的改进完善空间；从技术进化角度来看，人工智能技术的所依赖的大数据资源、新型计算芯片的完善有赖于幂律定律作用的发挥，目前幂律曲线正处于爆发节点前期，在未来几年，将会迎来大数据规模、计算能力完善的极大提升。

但是从我国智能金融的行业实践现状来看，缺乏有指导意义的经验借鉴。从理论成果来看，大量的文献报告缺乏深度和实践指导意义，无法对智能金融创新提供理论支撑和实践指导。普遍停留在国外内基本情况介绍层面，对于人工智能技术应用原理缺乏深层次分析，对商业模式、产品特点等智能金融行业创新的核心问题缺乏系统性概括总结，对行业趋势、技术选择等关键性问题缺乏判断，简单重复工作过多。因此，我们认为有必要从理论、技术、实践等多个层面对智能金融相关问题进行系统性整体概括，弥补国内相关研究的空白，为中国智能金融业创新发展提供指导和支撑。

本书的主要创新和贡献主要体现在以下几个方面：

第一，对智能金融的行业现状进行了深度梳理，从技术来源、产品形式、服务平台等多个方面对国内外智能金融机构的相关工作进行了多维度分析。特别是从跨界分析的视角，对科技企业对金融行业的技术渗透以及行业影响进行了分析。基本上达到国内目前最为全面的概括分析。

第二，对智能金融的技术原理进行了深度分析，对于人工智能所依托的分布式数据处理、机器学习、知识图谱构建等相关前沿技术在金融领域的应用进行了剖析，并从技术进化演进的视角，对智能金融发展趋势进行了预见性研究。填补了国内相关研究空白。

第三，从实践角度，对智能金融产品设计提供了具有操作性的设计思路。在全书的写作过程中，我们全程密切关注业内相关动态，多次前

# 前言

往杭州、北京、上海、深圳等地实地调研，对国内目前有代表性的金融智能机构进行了全面走访。在此基础上，对客户定位获取、盈利模式构建、风险控制等实践性很强的问题进行了特别关注，都分别从实操角度，给出了有针对性的建议。

智能金融将是人工智能应用的重要场景，也是中国金融创新的重要方向。而本书将是金融机构、科技企业进军智能金融领域的重要参考。

本书的写作团队成员包括国内金融研究领军人物、技术创新专家，全部具有国内顶级投行工作经验，都拥有国内外名校博士以上学历，研究成果具有一定的权威性。本书由何诚颖牵头策划并全程指导，主要内容编写成员包括卢宗辉、陶郧春、贺东伟、陈莉、杨新隆、杜昕，统稿工作由陈莉、杨新隆完成。在本书写作过程中，我们得到了国内外许多领导专家的热情指导，再次一并向他们表达诚挚的谢意。

作　者

2018年4月

# 目 录

## 第一篇 情景篇

第1章 智能金融悄然兴起 ……………………………………………（3）
  1.1 智能金融的内涵 ……………………………………………（3）
  1.2 与金融科技、互联网金融的异同 …………………………（4）
  1.3 智能金融重构金融服务业 …………………………………（5）

第2章 券商及科技公司抢滩智能金融 …………………………（8）
  2.1 传统经营模式的瓶颈日益显现 ……………………………（8）
  2.2 智能金融的时间窗口更加紧迫 ……………………………（9）
  2.3 券商及科技公司大举布局智能金融 ………………………（10）

## 第二篇 技术篇

第3章 大数据是负担还是财富 …………………………………（15）
  3.1 引言 …………………………………………………………（15）
  3.2 大数据来源 …………………………………………………（15）
  3.3 大数据发展的五个阶段 ……………………………………（19）
  3.4 大数据在金融中的应用 ……………………………………（21）

第4章 机器学习 ……………………………………………………（26）
  4.1 机器学习的基本原理 ………………………………………（26）
  4.2 机器学习的主要算法 ………………………………………（29）
  4.3 机器学习与其他领域的关系 ………………………………（36）
  4.4 机器学习在智能金融领域中的应用 ………………………（40）

  4.5 机器学习在资本市场的应用及建议 …………………………（42）
第5章 深度学习 ……………………………………………………（44）
  5.1 深度学习的基本原理 …………………………………………（44）
  5.2 深度学习的主要算法 …………………………………………（49）
  5.3 深度学习的应用场景 …………………………………………（52）
  5.4 深度学习在智能金融领域的应用 ……………………………（56）
第6章 自然语言处理 ………………………………………………（60）
  6.1 基本原理 ………………………………………………………（60）
  6.2 困难与挑战 ……………………………………………………（63）
  6.3 发展趋势 ………………………………………………………（65）
第7章 知识图谱 ……………………………………………………（67）
  7.1 知识图谱的原理 ………………………………………………（67）
  7.2 知识图谱的主要技术 …………………………………………（68）
  7.3 知识图谱的典型应用 …………………………………………（74）
  7.4 知识图谱在智能金融领域的应用 ……………………………（77）
  7.5 前景与挑战 ……………………………………………………（80）
第8章 区块链 ………………………………………………………（82）
  8.1 区块链核心技术 ………………………………………………（82）
  8.2 区块链的运行特点 ……………………………………………（90）
  8.3 区块链的技术瓶颈 ……………………………………………（92）

## 第三篇 应用篇

第9章 智能投资顾问 ………………………………………………（97）
  9.1 引言 ……………………………………………………………（97）
  9.2 基本原理 ………………………………………………………（98）
  9.3 概念特征 ………………………………………………………（99）
  9.4 美国智能投资顾问的路径分析 ………………………………（102）
  9.5 智能投资顾问在中国的发展 …………………………………（105）
  9.6 总结与发展前景 ………………………………………………（108）
第10章 智能研报 …………………………………………………（110）
  10.1 引言 …………………………………………………………（110）

10.2　基本原理 …………………………………………………………（111）
  10.3　国外典型公司 ……………………………………………………（114）
  10.4　国内典型公司 ……………………………………………………（117）
  10.5　总结与发展前景 …………………………………………………（119）
第11章　智能量化 ……………………………………………………………（122）
  11.1　引言 ………………………………………………………………（122）
  11.2　技术要求 …………………………………………………………（123）
  11.3　国外典型案列 ……………………………………………………（124）
第12章　智能搜索 ……………………………………………………………（131）
  12.1　引言 ………………………………………………………………（131）
  12.2　主要技术 …………………………………………………………（132）
  12.3　应用领域 …………………………………………………………（134）
  12.4　典型案例——AlphaSense …………………………………………（135）
  12.5　总结与发展前景 …………………………………………………（139）
第13章　智能风控 ……………………………………………………………（141）
  13.1　引言 ………………………………………………………………（141）
  13.2　步骤技术 …………………………………………………………（142）
  13.3　应用领域 …………………………………………………………（144）
  13.4　典型企业和案例 …………………………………………………（148）
  13.5　面临问题 …………………………………………………………（151）
第14章　智能客服 ……………………………………………………………（153）
  14.1　引言 ………………………………………………………………（153）
  14.2　主要技术 …………………………………………………………（156）
  14.3　国外典型公司 ……………………………………………………（158）
  14.4　国内典型公司 ……………………………………………………（160）
  14.5　总结与发展前景 …………………………………………………（162）

## 第四篇　实践篇之一　海外投资银行机构

第15章　全球投资银行业务创新龙头：高盛 ………………………………（167）
  15.1　组织架构科技化 …………………………………………………（167）

15.2　人员结构技术化 …………………………………………（168）
　　15.3　标准岗位自动化 …………………………………………（168）
　　15.4　机构服务长尾化 …………………………………………（172）
第16章　嘉信理财 …………………………………………………（175）
　　16.1　嘉信理财的创新史 ………………………………………（175）
　　16.2　Schwab Intelligent Portfolios 的业务模式 ……………（177）
　　16.3　Schwab Intelligent Portfolios 的操作步骤 ……………（179）
　　16.4　嘉信对券商发展智能投资顾问的启示 …………………（191）

## 第五篇　实践篇之二　海外金融科技公司

第17章　海外智能投资顾问平台标杆：Wealthfront …………（195）
　　17.1　发展背景 …………………………………………………（196）
　　17.2　业务模式 …………………………………………………（199）
　　17.3　投资模式 …………………………………………………（206）
　　17.4　特点总结 …………………………………………………（216）
第18章　全球智能投资顾问领头羊：BETTERMENT …………（219）
　　18.1　发展背景 …………………………………………………（219）
　　18.2　业务模式 …………………………………………………（220）
第19章　海外科技巨头布局智能金融：Google …………………（230）
　　19.1　投资 Algorithmia ………………………………………（230）
　　19.2　Kaggle 加速谷歌布局 ……………………………………（232）
第20章　海外科技巨头布局智能金融：IBM ……………………（233）
　　20.1　一代智能投资顾问系统"蓝海图灵" ……………………（233）
　　20.2　Watson 协助合规和发现潜在金融犯罪 ………………（234）
　　20.3　Watson Explorer 代替保险索赔业务员 ………………（236）
第21章　海外科技巨头布局智能金融：微软 ……………………（237）
　　21.1　与思科合作推动数据中心创新 …………………………（237）
　　21.2　与毕马威联手打造区块链开发创新工场 ………………（238）
　　21.3　微软智能云 Azure ………………………………………（239）

## 第六篇　实践篇之三　国内传统金融机构

第 22 章　海通证券 ……………………………………………………（243）
　　22.1　运营特征：PE 式扩张 ………………………………………（243）
　　22.2　主要布局平台 ………………………………………………（244）
第 23 章　华泰证券 ……………………………………………………（248）
　　23.1　概况 ……………………………………………………………（248）
　　23.2　华泰模式核心 …………………………………………………（249）
第 24 章　平安集团 ……………………………………………………（253）
　　24.1　平台架构 ………………………………………………………（253）
　　24.2　业务模式特点 …………………………………………………（256）
第 25 章　广发证券 ……………………………………………………（258）
　　25.1　推出"贝塔牛" ………………………………………………（258）
　　25.2　量化交易云端集成平台 ………………………………………（262）
　　25.3　科技金融布局初见成效 ………………………………………（264）
第 26 章　长江证券 ……………………………………………………（266）
　　26.1　背景 ……………………………………………………………（266）
　　26.2　"智变"：从互联网金融到智能金融 ………………………（267）
　　26.3　推出 iVatarGo 向智能金融迈进 ……………………………（270）
　　26.4　经验借鉴 ………………………………………………………（275）

## 第七篇　实践篇之四　国内金融科技公司

第 27 章　独立第三方智能投资顾问平台 ……………………………（279）
　　27.1　弥财 ……………………………………………………………（279）
　　27.2　京东智投 ………………………………………………………（280）
第 28 章　BAT 布局智能金融 …………………………………………（282）
　　28.1　百度——技术金融 ……………………………………………（282）
　　28.2　阿里巴巴——电商金融 ………………………………………（291）
　　28.3　腾讯——社交金融 ……………………………………………（298）

28.4　BAT 的战略布局比较 ········································· (305)

## 第八篇　平台篇

第 29 章　恒生电子 ················································· (311)
　29.1　恒生电子的基本情况 ······································ (311)
　29.2　恒生电子的产品体系 ······································ (312)
　29.3　总结与经验借鉴 ·········································· (314)
第 30 章　通联数据 ················································· (318)
　30.1　通联数据的生态和逻辑 ···································· (318)
　30.2　通联数据的产品体系 ······································ (320)
　30.3　总结与经验借鉴 ·········································· (326)
第 31 章　金融界 ··················································· (328)
　31.1　金融界的基本情况 ········································ (328)
　31.2　金融界的产品体系 ········································ (329)

## 第九篇　探索篇

第 32 章　中国智能金融业务发展的基本方向 ···························· (335)
　32.1　智能金融创新依然必须建立在经典金融理论基础上 ············ (335)
　32.2　智能金融发展程度推升证券公司的客户数据价值 ·············· (336)
　32.3　实现海外智能金融平台的中国化是未来金融创新的重点方向 ···· (336)
　32.4　智能投资顾问是目前国内智能金融领域最为成熟的应用 ········ (337)
第 33 章　中国智能金融业务发展的基本设计方案 ······················· (338)
　33.1　中国券商智能金融业务发展思路设计 ························ (338)
　33.2　中国券商智能金融业务发展路径设计 ························ (340)

参考文献 ··························································· (354)
后记 ······························································· (360)

# 第一篇
## 情景篇

# 第1章
# 智能金融悄然兴起

## 1.1 智能金融的内涵

2016年的3月10日，Google研发的围棋人工智能程序Alpha Go向韩国天才棋手李世石发起挑战。尽管外界普遍认为人工智能程序在围棋领域战胜人类是迟早的，但是这应该是未来几年甚至更久才会发生的事情，可比赛结果却令人大跌眼镜。Alpha Go以摧枯拉朽之势获得胜利。2017年初，Alpha Go的升级版MASTER再次出山时，MASTER对人类棋手已经形成碾压之势。人工智能的进化能力、学习效率再次令世人震惊。围棋仅仅只是人工智能对人类生活进行颠覆的开始，随后在医疗、交通、教育、商业、安全等各个方面，人工智能开始全面渗透，各类颠覆性应用层出不穷。金融业具有更加鲜明的数字化、虚拟化特征，人工智能的冲击也更为直接、更为迅猛。

2017年3月5日，十二届全国人大五次会议政府工作报告中提到，要全面实施战略性新兴产业发展规划，加快新材料、人工智能、集成电路、生物制药、第五代移动通信等技术研发和转化。这是"人工智能"首次被政府工作报告点名作为重要战略规划。

可以看到的是，人工智能技术正在进入一个新的发展时代。在人工智能技术的创新发展和应用方面，最为突出的、也是最被看好的当属金融行业，未来金融行业将与人工智能全面融合，从而进入智能金融的快速发展期。

智能金融即人工智能与金融的全面融合，是以人工智能、大数据、机器学习、区块链等高新科技为核心要素，全面赋能金融机构，提升金融机构的服务效率，拓展金融服务的广度和深度，使得全社会都能获得平等、高效、专业的金融服务，实现金融服务的智能化、个性化、定制化。人工智能应用在金融领域体现为个性化定制、更严格的风险控制和实现真正的普惠。

## 1.2 与金融科技、互联网金融的异同

为了对智能金融有一个更加深刻的认识，首先来看一下智能金融和金融科技、互联网金融的区别（见图1-1）。

金融科技包括的范围较大，互联网金融和智能金融都属于金融科技的范畴。总的来说，"传统"的金融科技更多是用IT手段帮助交易完成。基于互联网技术，构造一个平台，让交易能够在一个平台上发生。所以第一代金融科技的公司，更多是把传统金融业务搬到平台上来，通过网络替代以前靠人打电话或者面对面业务推广。这类业务具有需求量大、商业模式清晰的特点，但并没有太多的智能内容，只是让一些工作的效率更高了。另外，由于资源信息的汇集以前是物理的，现在变成电子的。所以，金融科技也是目前投资的一个亮点。

智能金融也要和"互联网金融"区分开来。互联网金融，是指传统金融机构与互联网企业利用互联网技术和信息通信技术实现资金融通、支付、投资和信息中介服务的新型金融业务模式。互联网金融关注的是把交易行为或者获客渠道搬到互联网上来，会涉及一些智能的应用，但总的来说还是传统人力服务的互联网化，和"智能金融"差距还是很大的。

人工智能应用在金融领域体现为个性化定制、更严格的风险控制和实现真正的普惠。可以通过以下场景，来看智能金融对金融供需的影响：首先，通过人脸识别等技术进行全面的数据采集，如网上开户等；然后通过自然语言处理，实现全面的结构数据，利用大数据形成完整的用户画像，这也就完成了对用户风险偏好、投资目的等的解析；接下来利用认知计算进行全面智能决策，通过机器学习建立投资模型，从而给用户推送和推荐适合的投资产品等。整个过程绝大多数环节都可以通过系统来完成。

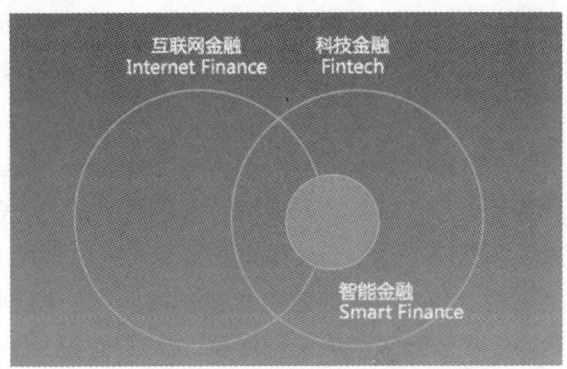

图 1-1 智能金融与金融科技和互联网金融的区别

## 1.3 智能金融重构金融服务业

### 1.3.1 智能金融驱动金融服务业的重构

在人工智能的发展初期,依托互联网渠道,各金融机构纷纷将原有金融业务实现线下业务线上化,促进了互联网金融的发展。但是随着移动互联网、人工智能、大数据以及区块链等技术的不断进步,人工智能的应用范围在不断加宽加深,原有的互联网金融的概念也难以概括新兴技术对传统金融的深刻影响。

互联网巨头对于传统金融领域的渗透与变革有着愈演愈烈的趋势,以至于无论是传统金融行业巨头,还是快速崛起的新型科技型公司,都试图通过赶超这场金融变革的浪潮,在新金融格局下分得更大一块蛋糕。以阿里巴巴、腾讯、京东、百度为代表的互联网巨头在"一站式服务"生态圈中打造金融业务底层基础设施,并利用高科技能力输出,在成就平台用户或合作伙伴的同时实现自身业务扩张,客观上起到了助力构建新金融生态的作用。科技的进步以及科技与金融的深度融合,使得更多个性化、场景化领域长尾需求得到释放和满足。

人工智能的发展为互联网企业和传统金融企业带来了双赢。一方面,互联网企业金融业务迅猛发展,从某种程度上形成对传统金融体系的差异化竞争优势,倒逼传统金融机构进行转型升级，并且在客观上在宏观层面拉升了金融行业的整体发展水平；另一方面，传统金融体系的升级换代产生了巨大的金融科技需求，带来了巨大的市场空间。

从资产端来看，人工智能的应用领域有 P2P、消费金融、供应链金融等，通过风控信息共享和跨领域合作等方式，在数据驱动的基础上，实现合作共赢；从资金端来看，智能金融对资产管理平台、交易平台、投资社区和投资工具等的改变主要是用量化＋AI 来进行投资决策，并实现智能交互。对于通道建设而言，智能金融对支付平台的改进将给用户带来新的移动支付体验，对支付进行集成将拓展和快速聚合支付渠道，打造更快捷、适用性更好的跨境支付，以及结合人脸识别等多样化的验证方式来加强支付安全等。

智能金融实际上是在更高的层面上实现了科技与金融的产融结合，也是推动金融机构的重构。这种重构，一方面强调了科技全面作用于金融功能的实现过程之中。另一方面，依托于科技本身的探索，一些全新金融模式的探索也会出现。在这些功能的实现过程中，新技术贯穿其中，贯穿于整个产业链当中，不仅带来了金融运作模式的变革，反过来这些创新因为技术探索本身也提供了金融的应用场景和试验田，同步推进科技产业和科技金融创新。

### 1.3.2 延伸并拓宽金融服务的深度和广度

在新金融生态中，金融与人工智能等科技深度融合，互相促进。科技助力创新金融产品和服务、提升风控能力、洞察用户需求。金融业务的创新发展将吸引更多客户、做大流量，进一步促进平台提升技术水平、改进用户体验。

从 20 世纪 80 年代末 90 年代初开始，科技逐步兴起，电子化办公，将银行、证券交易的手工操作变成电子操作，优化了业务流程，提高了效率。21 世纪的互联网技术，使得金融交易可以跨越区域和时空。近几年，随着金融市场的发展，互联网金融将金融产品和服务的供给方与需求方相连接，大大降低了传统金融的服务门槛，金融服务的可得性大大提高；金融正在进入智能时代，传统金融的组织方式将会改变，深度挖掘、提效减支、覆盖盲区将成为主流。

对资产市场而言，一是延伸了金融服务的深度。大数据、人工智能等科技有助深挖金融需求，使传统业务更具灵活性与延展性，实现个性化风险定价、服务与精准营销。二是拓宽了金融服务的广度。互联网、大数据与风险分担机制创新使金融服务能够覆盖传统金融机构因杠杆经营风险要求而不能覆盖的金融需求，扩展了服务范围与服务能力。三是改变了金融服务的组织形式。新型科技如区块链通过重构金融组织方式，颠覆性地实现高效、低成本的服务方式，优化了客户体验，降低了金融供给和需求之间的错配。四是以数据和技术驱动金融服务，提升金融行业效率、降低成本，做传统金融不能做或做起来成本很高的业务，输出科技能力，服务金融机构和非金融机构。

# 第 2 章
# 券商及科技公司抢滩智能金融

## 2.1 传统经营模式的瓶颈日益显现

受传统人工风险预判监控、项目获取模式的局限,主要券商大量的产品项目都是建立在货币超发红利、制度套利基础上。随着我国经济进入新常态,长期货币宽松政策即将淡出,无风险资产收益率不断下行,大量在货币超发状态中积累的资产风险不断暴露,这使得原有产品创新模式进一步扩张的难度不断增加。特别是随着金融创新监管力度的不断加大,基于制度套利、监管套利的产品创新空间不断被压缩。在"资产荒"压力不断加剧的情况下,券商产品池中的风险隐患型产品也不断增加,券商经纪、资产管理等业务的风险敞口、风险隐患不断出现。而 ETF 等被动投资产品规模不足,使得我国券商难以发展出类似美国 Wealthfront 等基于被动型投资产品配置的智能投资顾问服务,反过来进一步增加了对风控能力不足的产品依赖。

通过智能金融的业务深度创新,利用大数据、深度学习算法优化等手段提升项目发现能力、风险评估定价、监控处置能力,扩大有效产品池规模,将是目前创新的重要方向,也是券商未来的升级转型的重要突破点。相关资料见图 2-1 和图 2-2。

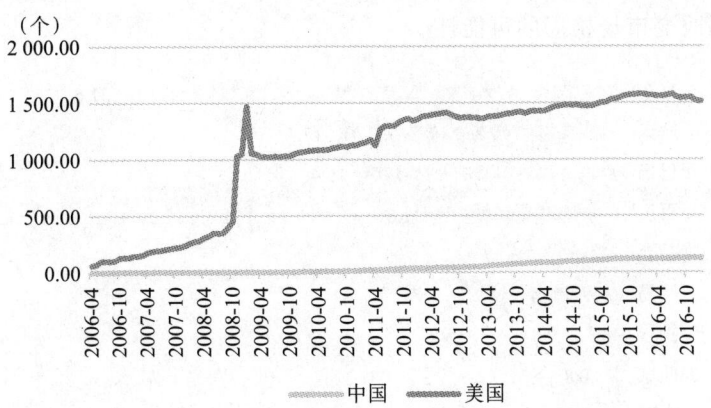

图 2-1　中美 ETF 基金市场产品发行规模比较

资料来源：Wind 资讯

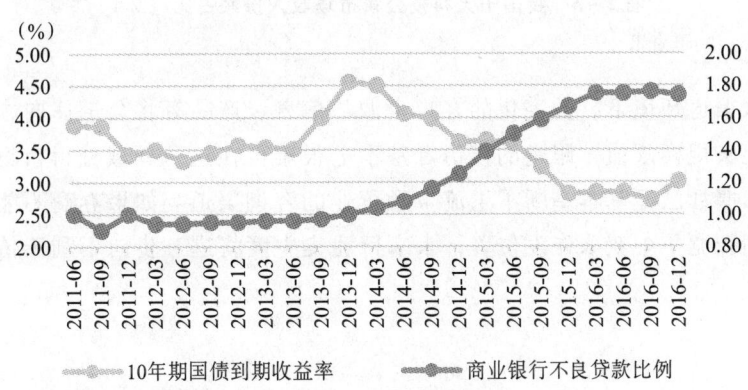

图 2-2　我国 10 年期国债收益率与商业银行不良贷款率

资料来源：Wind 资讯

## 2.2　智能金融的时间窗口更加紧迫

随着智能金融的不断发展，金融行业的科技属性更加突出，而科技行业市场格局的重要特点就是"赢家通吃"，这一点在社交、电商、搜索等领域已经得到充分体现。京东与阿里巴巴、腾讯和京东（简称"BATJ"）三家巨头市场收入份额已经占到 77.5%，其他互联网企业只能立足细分市场，寻找发展空间，已经彻底失去与

BATJ竞争、改变市场格局的可能性。

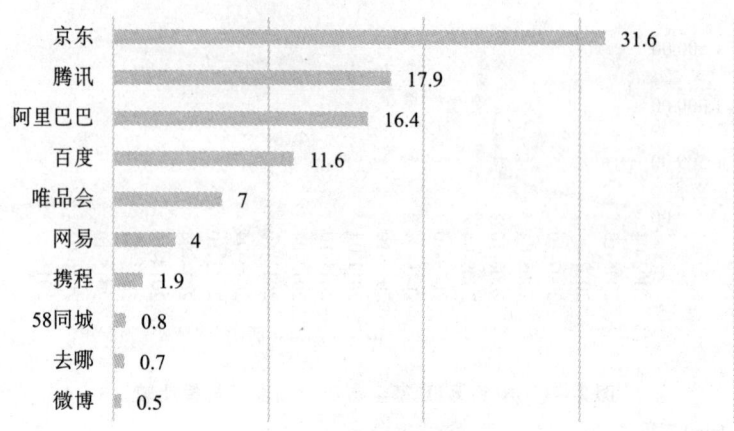

图2-3 我国十大科技公司市场收入份额占比(%)

资料来源：Wind资讯

在虚拟渠道环境下，数字化的客户资源、信息、产品等将会迅速向领先平台集聚，一旦突破规模阈值，跟进的模仿者基本上很难再在这一领域分得市场份额。例如美国的彭博社已经基本垄断了主流金融行业的咨询渠道。如果券商不能在这一轮金融科技创新竞争中获取先发位置，未来行业集中度将进一步向不利于传统券商的方向倾斜。

## 2.3 券商及科技公司大举布局智能金融

对于国内券商而言，智能金融已经成为未来的布局重点。华泰证券以涨乐平台为基础，大力发展智能投资顾问平台。尽管在智能化水平上与海外投资银行还有较大差距，但是凭借动手早、力度大的优势，已连续两年赢得经纪业务市场份额第一名。广发证券凭借"贝塔牛"等智能投资顾问产品创新，市场份额也在迅速攀升，为其带来了极高的利润率。2016年广发证券经纪业务利润规模达到59.18亿元，位居行业第一。

在券商行业智能化程度不断加深的同时，大量科技企业凭借在金融科技领域的技术储备优势，大数据积累优势也不断侵入券商投资市场，恒生电子、科大讯飞、腾讯等具有科技巨头背景的企业纷纷推出自己的金融科技产品,给传统券商带来的竞争压力更加严峻。

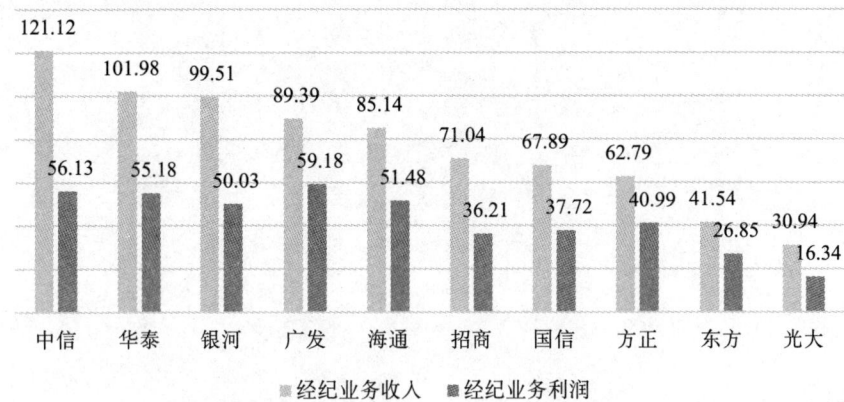

图 2-4　2016 年经纪业务收入、利润规模前十位券商(亿元)

资料来源:Wind 资讯

第二篇

技 术 篇

# 第3章
# 大数据是负担还是财富

## 3.1 引　　言

大数据时代的来临带来了汪洋大海般的数据资产，也带来了整合与分析的挑战。今天，对于银行而言，它所拥有的几十万家企业客户的每一个信息变动都可能引发不良贷款等风险，但也可能带来营销的机遇。而这些信息已经不再只是表格与数字，更多的是实时变化的新闻、图片、招标信息、股权变动，甚至是互联网上传播的评论和视频……如何将这些海量异构的数据实时进行整合，并及时发送出风险与营销的信号至关重要。

## 3.2　大数据来源

据不完全统计，Google 知识图谱到目前为止包含了 5 亿个实体和 35 亿条事实（形如"实体 – 属性 – 值"和"实体 – 关系 – 实体"）。其知识图谱是面向全球的，因此包含了实体和相关事实的多语言描述。不过相比占主导的英语外，其他语言（如中文）的知识图谱规模则小了很多。与此不同的是，百度和搜狗主要针对中文搜索推出知识图谱，其知识库中的知识也主要以中文来描述，其规模略小于 Google

的规模。

为了提高搜索质量，特别是提供如对话搜索和复杂问答等新的搜索体验，知识图谱不仅要包含大量高质量的常识性知识，还要能及时发现并添加新的知识。在这种背景下，知识图谱通过收集百科类站点和各种垂直站点的结构化数据来覆盖大部分常识性知识。这些数据普遍质量较高，更新比较慢。另一方面，知识图谱通过从各种半结构化数据（形如 HTML 表格）抽取相关实体的"属性－值对"来丰富实体的描述。此外，通过搜索日志（Query Log）发现新的实体或新的实体属性从而不断扩展知识图谱的覆盖率。相比高质量的常识性知识，通过数据挖掘抽取得到的知识数据更大，更能反映当前用户的查询需求，并能及时发现最新的实体或事实，但其质量相对较差，存在一定的错误。这些知识利用互联网的冗余性在后续的挖掘中通过投票或其他聚合算法来评估其置信度，并通过人工审核加入到知识图谱中。

### 3.2.1 百科类数据

维基百科，通过协同编辑，已经成为最大的在线百科全书，其质量与大英百科媲美。用户可以通过以下方式来从维基百科中获取所需的内容：通过文章页面（Article Page）抽取各种实体；通过重定向页面（Redirect Page）获得这些实体的同义词（又称 Synonym）；通过去歧义页面（Disambiguation Page）和内链锚文本（Internal Link Anchor Text）获得它们的同音异义词（又称 Homonym）；通过概念页面（Category Page）获得各种概念以及其上下位（Subclass）关系；通过文章页面关联的开放分类抽取实体所对应的类别；通过信息框（Infobox）抽取实体所对应的"属性－值对"和"关系－实体对"。类似地，从百度百科和互动百科抽取各种中文知识来弥补维基百科中文数据不足的缺陷。此外，Freebase 是另一个重要的百科类数据源，其包含超过 3 900 万个实体（其称为 Topics）和 18 亿条事实，规模远大于维基百科。对比之前提及的知识图谱规模，可以发现仅 Freebase 一个数据源就构成了 Google 知识图谱的半壁江山。更为重要的是，维基百科所编辑的是各种词条，这些词条以文章的形式来展现，包含各种半结构化信息，需要通过事先制定的规则来抽取知识；而 Freebase 则直接编辑知识，包括实体及其包含的属性和关系，以及实体所属的类型等结构化信息。因此，不需要通过任何抽取规则即可获得高质量的知识。虽然开发 Freebase 的母公司 MetaWeb 于 2010 年被 Google 收购，Freebase 还是作为开放的知识管理平台独立运行，所以百度和搜狗也将 Freebase 加入其知识图谱中。

### 3.2.2 结构化数据

除了百科类的数据,各大搜索引擎公司在构建知识图谱时,还考虑其他结构化数据。其中,LOD 项目在发布各种语义数据的同时,通过 owl:sameAs 将新发布的语义数据中涉及的实体和 LOD 中已有数据源所包含的潜在同一实体进行关联,从而实现了手工的实体对齐(Entity Alignment)。LOD 不仅包括如 DBpedia 和 YAGO 等通用语义数据集,还包括如 MusicBrainz 和 DrugBank 等特定领域的知识库。因此,Google 等通过整合 LOD 中的(部分)语义数据提高知识的覆盖率,尤其是垂直领域的各种知识。此外,Web 上存在大量高质量的垂直领域站点(如电商网站、点评网站等),这些站点被称为 Deep Web。它们通过动态网页技术将保存在数据库中的各种领域相关的结构化数据以 HTML 表格的形式展现给用户。各大搜索引擎公司通过收购这些站点或购买其数据来进一步扩充其知识图谱在特定领域的知识。这样做出于三方面原因:其一,大量爬取这些站点的数据会占据大量带宽,导致这些站点无法被正常访问;其二,爬取全站点数据可能会涉及知识产权纠纷;最后,相比静态网页的爬取,Deep Web 爬虫需要通过表单填充(Form Filling)技术来获取相关内容,且解析这些页面中包含的结构化信息需要额外的自动化抽取算法。具体细节在下一节描述。

### 3.2.3 半结构化数据

虽然从 Deep Web 爬取数据并解析其中所包含的结构化信息面临很大的挑战,各大搜索引擎公司仍在这方面投入了大量精力。一方面,Web 上存在大量长尾的结构化站点,这些站点提供的数据与最主流的相关领域站点所提供的内容具有很强的互补性,因此对这些长尾站点进行大规模的信息抽取(尤其是实体相关的"属性-值对"的抽取)对于知识图谱所含内容的扩展是非常有价值的。另一方面,中文百科类的站点(如百度百科等)的结构化程度远不如维基百科,能通过信息框获得 AVP 的实体非常稀少,大量"属性-值对"隐含在一些列表或表格中。一个切实可行的做法是构建面向站点的包装器(Site-specific Wrapper)。其背后的基本思想是:一个 Deep Web 站点中的各种页面由统一的程序动态生成,具有类似的布局和结构。利用这一点,仅需从当前待抽取站点采样并标注几个典型详细页面(Detailed Pages)，利用这些页面通过模式学习算法（Pattern Learning）自动构建出一个或多个以类 Xpath 表示的模式，然后将其应用在该站点的其他详细页面，从而实现自动化的 AVP 抽取。对于百科类站点，可以将具有相同类别的页面作为某个"虚拟"站点，并使用类似的方法进行实体 AVP 的抽取。自动学习获得的模式并非完美，可能会遗漏部分重要的属性，也可能产生错误的抽取结果。为了应对这个问题，搜索引擎公司往往通过构建工具来可视化这些模式，并人工调整或新增合适的模式用于抽取。此外，通过人工评估抽取的结果，将那些抽取结果不令人满意的典型页面进行再标注来更新训练样本，从而达到主动学习（Active Learning）的目的。

### 3.2.4 搜索日志

搜索日志是搜索引擎公司积累的宝贵财富。通过挖掘搜索日志，往往可以发现最新出现的各种实体及其属性，从而保证知识图谱的实时性。这里侧重于从查询的关键词短语和点击的页面所对应的标题中抽取实体及其属性。选择查询作为抽取目标的意义在于其反映了用户最新最广泛的需求，从中能挖掘出用户感兴趣的实体以及实体对应的属性。而选择页面的标题作为抽取目标的意义在于标题往往是对整个页面的摘要，包含最重要的信息。据百度研究者的统计，90% 以上的实体可以在网页标题中被找到。为了完成上述抽取任务，一个常用的做法是：针对每个类别，挑选出若干属于该类的实体（及相关属性）作为种子（Seeds），找到包含这些种子的查询和页面标题，形成正则表达式或文法模式。这些模式将被用于抽取查询和页面标题中出现的其他实体及其属性。如果当前抽取所得的实体未被包含在知识图谱中，则该实体成为一个新的候选实体。类似地，如果当前被抽取的属性未出现在知识图谱中，则此属性成为一个新的候选属性。这里仅保留置信度高的实体及其属性，新增的实体和属性将被作为新的种子发现新的模式。此过程不断迭代直到没有新的种子可以加入或所有的模式都已经找到且无法泛化。在决定模式的好坏时，常用的基本原则是尽量多地发现属于当前类别的实体和对应属性，尽量少地抽取出属于其他类别的实体及属性。上述方法被称为基于 Bootstrapping 的多类别协同模式学习。

## 3.3 大数据发展的五个阶段

想让机器"变魔术",要依次解决五个问题(每一个问题都依赖前一个问题的解决)。现在主要依靠人"变魔术",是因为这个五个问题(特别是后面的问题)还没有完善的解决方案,还需要人的经验和人脉(信任、背书)来引导。但是每一个问题的解决,都可以更多地利用机器的力量,获得更智能的工具来作出价值判断和风险评估,人则有更多的时间去做只有人才能获得的"洞察"。

第一个问题是从物理世界获得数字化的数据。大多数买方和卖方的数据,其实是很难被机器甚至人去访问的。很多时候还是需要人面对面交谈、亲临现场的访问,才能得到决策的依据,甚至仅仅是获得一个行业里中小企业的名录都是很困难的事。现在有了新三板系统,有了巨潮网上的信息披露,数据获取成本才能降下来,并使后续的机器处理成为可能。最近股转系统要求券商保留挂牌过程中的电子底稿,长远看就是一件特别有意义的事。

第二个问题是从"脏数据"中获得"干净数据"。数字化数据中依然有大量的"脏数据",例如新三板披露材料中有1/4是扫描件,大量的公告是不规范的PDF文件,难以进行文本处理,大量的财务数据用不规范的表格展示。至于网上千差万别的新闻数据、研究报告就更"脏"了,很多数据(如财务、股权结构、股东结构)隐藏在图片中,难以提取、统计、汇总、比较。XBRL(金融数据结构化)报表只解决了一小部分问题,而且还没有对公众开放。现在各家机构都在用实习生、初级研究员做这些数据的提取工作,极为浪费人力。

第三个问题是从数据中辨认金融"实体"。实体包括企业、投资机构、人(高管、股东、投资人、合伙人等)、行业、产品、事件、案例、法规等等。数据不仅是一堆汉字和数字的组合,如一次定增公告里会提到项目、产品、定增对象(人或者机构),供应商和收入来源里会提到上下游企业,投资人简历里会提到学历和以前的职务。这些实体和它们的属性往往很有价值。例如一家券商曾委托我们筛选股东里不含契约型基金的公司、在江浙地区的投资基金等等,这就需要不仅把股东、基金的名字看成字符串,而且要理解它是什么样的机构、有哪些地域属性、分类属性等。这些数据分散在很多地方,如股转系统、工商网站、行业协会、机构官网。

只有做好实体的识别,才能把这些信息串联起来。

第四个问题是发现金融实体之间的深入关系,形成"知识图谱"。金融决策需要的洞察,往往不是一眼就能看出来的。例如投资公司对企业的投资,往往通过各种子公司和"壳"来完成,仅仅依赖股东披露或工商注册信息(包括子公司、孙公司的工商信息)是不够的,还需要一些规则和数据挖掘来发现隐藏得很深的关系。我们曾对一家投资公司做了个案研究,发现单纯依赖披露数据和工商数据只能获得一半的投资事件,而通过深度规则挖掘才能获得比较完整的投资组合。此外,如行业对标关系、行业上下游关系、供应链关系、股权变更历史、定增与重大资产重组的关系、多张财务报表之间的数据交叉验证,都需要深入关联来自多个源头、多个时期、多个企业之间的数据关系。

第五个问题是在知识图谱的基础上表达业务逻辑。挂牌、定增、并购、对冲、二级市场交易等等,每一个业务场景都会有自身的逻辑。我们遇到很多研究员、投资总监在学习Python、R、Matlab,就是因为他们痛感自己脑子里的逻辑难以用文字或者Excel表格表达出来,市场上也没有一个好用的工具,帮助他们在数据的基础上把被验证有效业务逻辑清晰地表达出来,以免总是要做简单重复劳动。逻辑的表达可能是看数据的一些方式、处理数据的一些规则、展示数据的一些模板,一旦可以把逻辑数字化,一些比较初级的价值判断和风险评估就可以由机器来进行了。

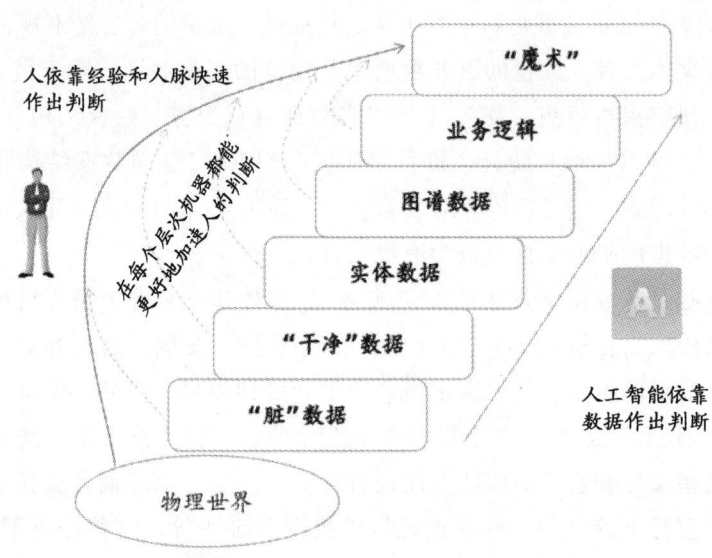

图 3-1 金融数据发展的五个阶段

那么，当前这个阶段，技术发展到了哪一步呢？就金融领域的应用而言，美国领先中国很多。如表3-1所示，美国在各个层面都有相应的服务提供商，而中国仅仅在干净数据层面有了成熟的解决方案。在实体数据层面，中国还只是刚刚开始（如一些行业数据库和工商信息服务商），而美国七八年前就已经有了成熟的服务。再往上的图谱数据和业务逻辑，中国基本还没有对应的服务者。不过需要指出的是，业务逻辑和"魔术"的层面，美国金融领域的尝试也是初步的，现在还很难说已经走通了。所以总结来说，美国的成熟行业前沿（State of the Art）在图谱数据这个层面，而中国在干净数据层面。当前中国的金融智能化，应该聚焦于基础数据的实体化和图谱化。

表3-1　　　　　　　美国在金融数据各阶段的服务提供商

| "魔术" | Watson |
| --- | --- |
| 业务逻辑 | Palantir、Kensho |
| 图谱数据 | Alpha Sense |
| 实体数据 | CBInsights、Mattermark、DataFox |
| "干净"数据 | 传统金融客户端、披露公告搜索引擎 |
| "脏"数据 | 巨潮网 |

## 3.4　大数据在金融中的应用

金融业的行业特性决定了金融业利用大数据的必然性。金融业是信息密集型服务产业，现代金融企业普遍大量投资IT设施，同时拥有庞大的数据库可资利用。因此，数据易用性好，数据密度大，技术和人才储备相对充裕，利用大数据可创造价值更高。中国大数据应用投资规模最大的行业分别是互联网行业（28.9%），之后是电信业（19.9%）、金融业（17.5%），然后是交通、政府和医疗领域。金融业的大数据应用投资逐年增加，已经成为除信息通信领域外大数据应用热情最高和投资最大的传统行业。

而在麦肯锡的一份报告中显示，金融保险无论是在整体价值潜力、企业平均数据量、交易密度等方面都居于全球所有行业的前20%；另一份报告显示，在金融行业的三大主要领域,银行业大数据应用居首占比41%,证券和保险分别占31.5%和28.5%。

### 3.4.1 大数据在银行业中的应用

在风险管控方面,可以对小企业贷款风险进行评估,银行可通过企业的产品、流通、销售、财务等相关信息结合大数据挖掘方法进行贷款风险分析,量化企业的信用额度,更有效地开展中小企业贷款。同时,可以实时欺诈交易识别和反洗钱分析。银行可以利用持卡人基本信息、交易历史、客户历史行为模式、正在发生行为模式等,结合智能规则引擎进行实时的交易反欺诈分析。互联网金融应用大数据整合物流、信息流等信用风险控制关键节点,以快捷方便的网络信用贷款迅速抢占小微市场,商业银行市场定位被迫下沉,并通过与供应链核心企业、电商平台的异业联盟获取大数据来源,创新信用风险管理模式。

在运营优化方面,包括:

(1) 市场和渠道分析优化。通过大数据,银行可以监控不同市场推广渠道尤其是网络渠道推广的质量,从而进行合作渠道的调整和优化。

(2) 产品和服务优化。银行可以将客户行为转化为信息流,并从中分析客户的个性特征和风险偏好,更深层次地理解客户的习惯,智能化分析和预测客户需求,从而进行产品创新和服务优化。

(3) 舆情分析。银行可以抓取社区、论坛和微博上关于银行以及银行产品和服务的相关信息,并通过自然语言处理技术进行正负面判断,尤其是及时掌握银行以及银行产品和服务的负面信息,及时发现和处理问题;对于正面信息,可以加以总结并继续强化。同时,银行也可以抓取同行业的银行正负面信息,及时了解同行做得好的方面,作为自身业务优化的借鉴。

### 3.4.2 大数据在保险业中的应用

(1) 客户分群和精准营销。现代保险业以客户为基础,如何整合客户信息,创建统一视图成为大数据在保险业的重要应用。以客户为中心整合客户自然信息、业务信息、互动信息以及外部公共信息等。基于客户视图建立客户标签、进行客户分群是进行精准营销、个性化服务的重要基础工作。采用大数据技术中的Nosql数据库技术,以键值的方式储存客户数据。然后,以客户为中心建立客户与保单关联视图。一方面可以实现基于客户或基于保单的整合查询,为呼叫中心、营销员、柜面及风险部门提供便利;另一方面可以进行客户分群、客户特征抽取等工作,为精准营销、个性化服务打下基础。

保险企业面对日益严峻的经济因素、激烈的市场竞争、严苛的客户要求和日益发展的大数据技术四方面压力,如何改善营销模型,达到精准营销目的,提升公司营销水平,保证市场竞争力成为企业重点发展领域。企业需要运用大数据思维改变传统的客户管理观点:从以产品为中心、销售人员驱动的模式转为以客户为中心的定位和差异化营销模式;从单一通过业务交易获取客户数据转化为全面整合公司内部客户数据、积极获取客户外部数据的策略。之后是进行客户大数据存储的建设。数据存储平台建设之后就是通过客户分群模型实现对客户数据的分群处理,达到客户特征的精准刻画和洞察。预测模型,对制定的销售策略进行交叉销售和追加销售的模型预测,并通过反馈实现数据的闭环流动,实现了对客户的洞察,找出了客户的价值和行为,向客户发起有针对性的营销活动,并通过营销活动结果不断调整营销策略提升营销能力。

(2)个性费率和最优定价。费率计算和产品定价可以说是保险产品从开发设计到走向市场整个过程中最重要的一个环节,也是最直接利用数据的一个环节。从大数据的角度来看,因为保险业务的个性化定价较为普遍,数据量越大、数据维度越广对于定价的精确程度提升越有帮助。定价越准确,保险公司面临的逆选择风险就越低,费率的充足性和公平性也就越理想正是在这个意义上,定价能力的高低决定了保险公司风险选择能力的强弱。

定价科学、费率充足是产险公司承保盈利的源头,如何使得费率最大程度地贴近保险市场的真实情况、如何使产品定价能够为公司带来最大化的收益一直以来都是保险公司最为关注的核心问题,大数据的出现使得个性化费率的制定和最优产品定价有了可能。

(3)核保理赔优化。对于保险业,"核保"与"理赔"每天都在发生,保险公司现金流主要通过"核保"与"理赔"两个环节进行运作,核保、理赔工作正是处在保险企业"收"和"支"两条大动脉的重要关口上,把握着公司命脉。总的来说,核保、理赔在保险企业的风险控制能力、盈利能力的提高和企业信誉的建立等方面起着关键作用。

核保方面,目前大数据主要应用是利用大数据技术实现自动核保、自动赔付、优化核保理赔流程。在大数据支持下，数据分析建模可以实现自动化核保和差异化核保，将前台处理转化为后台处理。保险公司通过各种核保因素进行分析建模，将用户填写信息输入电脑或移动终端，结合公司数据库内所关联的客户信息，即可以实现实时和自动化核保。

理赔方面，在初步审核阶段，报案手段的不同也决定了大数据应用的方式有所不同。电话报案，保险公司可以通过电话号码的小区定位大致了解报案发生的地点。如果通过手机应用报案，保险公司可以通过技术手段获取用户的 GPS 定位信息，精确确定报案地点。在确认事故原因方面，可以通过远程上传现场图片的方式，通过图片分析挖掘手段进行事故分析，确认各方责任。在确定赔偿金额方面，通过重要信息录入，结合基本的赔偿计算公式和客户保单明细进行自动计算。最后对用户进行保险赔偿和给付，通过优化内部流程和合理的赔付手段，为客户实现更为快捷、方便、适合的赔付，给客户更好的赔付体验。

### 3.4.3 大数据在证券业中的应用

证券市场一直是数据分析师的领地，专业数据分析师凭借良好的数学功底，多年的行业经验能够对微小波动进行数字化解读，找到最佳投资点，他们也是每个证券企业的宝贵财富。大数据技术中的数据分析手段，包括人工智能、深度学习、时序分析等算法的发展可以为数据分析师提供更为专业的数据支撑，深入数据内部找出数据价值。

股市是证券行业的战场，股市交易是一种高频金融交易，其主要特点是实时性要求高和数据规模大。目前，沪、深两市每天 4 个小时的交易时间会产生 3 亿条以上逐笔成交数据，随着时间的积累数据规模非常可观。与一般日志数据不同的是这些数据在金融工程领域有较高的分析价值，金融投资研究机构需要对历史和实时数据进行挖掘创新，以创造和改进数量化交易模型，并将之应用在基于计算机模型的实时证券交易过程中。

美国一家叫作 Kensho 的金融数据服务商可以说充分利用了大数据技术进行证券市场分析，同时也对专业的金融企业带来了不小的冲击。该公司正在研发一种针对专业投资者的大规模数据处理分析平台。该平台将取代现有各大投资分析师的工作，可以快速、大量地进行各种数据处理分析工作并能实时回答投资者所提出的复杂金融问题。Kensho 对于金融分析行业的影响就好像谷歌给搜索业带来的冲击一样。当投资者想弄清楚三级飓风、朝鲜试射导弹或者苹果新 iPad 上市和股票价格之间的关系时，即使最好的分析师能找到所有的数据也至少要花上数天的时间来找出其中的潜在联系，而大数据分析软件可以通过扫描药物审批、经济报告、货币政策变更、政治事件以及这些事件对地球上几乎所有金融资产的影响等 9 万余份数据资料进行分析，得到答案，而处理速度在优质模型的驱动下甚至可以达到毫秒级别，可以得到上千万种答案，并从中找出最优结果。

# 第4章
# 机器学习

## 4.1 机器学习的基本原理

从广义上来说,机器学习是一种能够赋予机器学习的能力以此让它完成直接编程无法完成的一些功能。从实践意义上来说,机器学习方法是计算机利用已有的数据(经验),开发出模型,并利用此模型预测未来的一种方法。

机器学习的过程主要是利用算法去分析数据、学习数据,随后对现实世界情况作出判断和预测。利用机器学习算法建立模型或模仿专家决策辅助预测,代表公司主要有 Rebellion Research、伦敦的对冲基金机构 Castilium、日本人工智能初创公司 Alpaca 和香港 Aidyia 等。利用机器学习进行数据模型训练,发现更多有效因子。智能量化交易能够使用机器学习进行回测,不断自动优化投资策略。传统的量化投资方法往往严格应用事先设定好的策略,它的基本假设是现在的相关性会无限持续下去,不适应瞬息万变的市场。

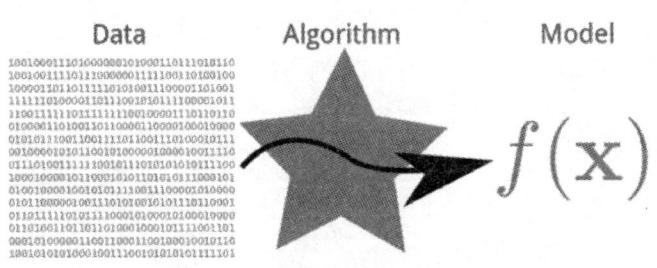

图 4-1 机器学习的数学模型

拿住房为例。现在有一栋房子需要售卖,应该给它标上多少价格?房子的面积是 100 平方米,价格是 100 万元、120 万元,还是 140 万元?很显然,我们希望获得房价与面积的某种规律。那么该如何获得这个规律?用报纸上的房价平均数据么?还是参考别人相似的面积?无论哪种,似乎都并不太靠谱。

现在希望获得一个合理的并且能够最大程度反映面积与房价关系的规律。于是我们调查了周边与该房型类似的一些房子,获得一组数据。这组数据中包含了大大小小房子的面积与价格,如果能从这组数据中找出面积与价格的规律,那么就可以得出房子的价格(见图 4-2)。

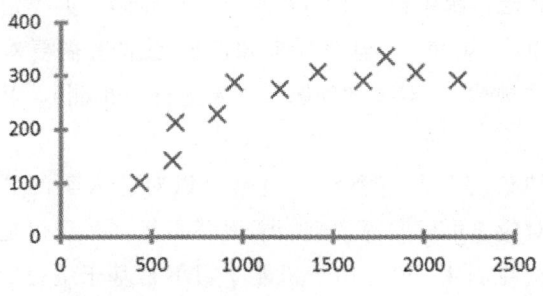

**图 4-2 机器学习在房价规律中的应用**

对规律的寻找很简单,拟合出一条直线,让它"穿过"所有的点,并且与各个点的距离尽可能的小。

通过这条直线,可以获得了一个能够最佳反映房价与面积规律的规律。这条直线同时也是一个下式所表明的函数:

房价 = 面积 × a + b

上述中的 a、b 都是直线的参数。获得这些参数以后,就可以计算出房子的价格。假设 a = 0.75,b = 50,则房价 = 100 × 0.75 + 50 = 125(万元)。这个结果与前面所列的 100 万元、120 万元、140 万元都不一样。由于这条直线综合考虑了大部分的情况,因此从"统计"意义上来说,这是最合理的预测。

在求解过程中透露出了两个信息:

第一,房价模型是根据拟合的函数类型决定的。如果是直线,那么拟合出的就是直线方程;如果是其他类型的线,例如抛物线,那么拟合出的就是抛物线方程。机器学习有众多算法,一些强力算法可以拟合出复杂的非线性模型,用来反映一些不是直线所能表达的情况。

第二,数据越多,模型就越能考虑到更多的情况,由此对于新情况的预测效果可能就越好。这是机器学习界"数据为王"的一个体现。一般来说(不是绝对),数据越多,最后机器学习生成的模型预测效果越好。

通过拟合直线的过程,可以对机器学习过程做一个完整回顾。首先,需要在计算机中存储历史的数据。接着,将这些数据通过机器学习算法进行处理,这个过程在机器学习中称为"训练",处理的结果可以被用来对新数据进行预测,这个结果一般称之为"模型"。对新数据的预测过程在机器学习中称为"预测"。"训练"与"预测"是机器学习的两个过程,"模型"则是过程的中间输出结果,"训练"产生"模型","模型"指导"预测"。

人类在成长、生活过程中积累了很多的历史与经验。人类定期对这些经验进行"归纳",获得生活的"规律"。当遇到未知的问题或者需要对未来进行"推测"时,人类使用这些"规律",对未知问题与未来进行"推测",从而指导自己的生活和工作。

机器学习中的"训练"与"预测"过程可以对应人类的"归纳"和"推测"过程。通过这样的对应,可以发现,机器学习并不复杂,仅仅是对人类在生活中学习成长的一个模拟(见图4-3)。由于机器学习不是基于编程形成的结果,因此它的处理过程不是因果逻辑,而是通过归纳思想得出相关性结论。

这也可以联想到人类为什么要学习历史,历史实际上是人类过往经验的总结。"历史往往不一样,但历史总是惊人的相似。"通过学习历史,从中归纳出人生与国家的规律,从而指导下一步工作,这是具有巨大价值的。当代人忽视了历史的本来价值,仅仅把其作为宣扬功绩的手段,其实是对历史真实价值的一种误用。

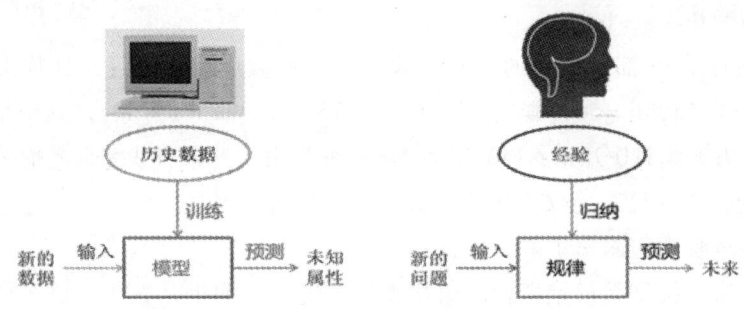

图4-3 机器学习与人类思考的类比

## 4.2 机器学习的主要算法

人识别事物有四个基本步骤：学习、提取特征、识别、分类。那么，如何实现机器学习呢？整体上看，机器学习就是模仿人识别事物的过程，即：学习、提取特征、识别、分类。由于机器不能跟人类思维一样根据事物特征自然而然地选择分类方法，所以机器学习方法的选择依然还需要人工选择作辅助。

### 4.2.1 机器学习的算法分类

目前，机器学习的方法主要有三种：监督学习、半监督学习和无监督学习。

（1）监督学习

监督学习是利用一组已知类别的样本调整分类器的参数，使其达到所要求性能的过程。更简单一点，就是根据已知推断未知。代表方法有：Nave Bayes、SVM、决策树、KNN、神经网络以及 Logistic 分析等。

（2）半监督学习

半监督学习主要考虑如何利用少量的标注样本和大量的未标注样本进行训练和分类，也就是根据少量已知的和大量未知的内容进行分类。代表方法有：最大期望、生成模型和图算法等。

（3）无监督学习

无监督学习是利用一组已知类别的样本调整分类器的参数，使其达到所要求性能的过程，也就是自学。代表方法有：Apriori、FP 树、K-means 以及目前比较火的 Deep Learning。

从这三方面看，无监督学习是最智能的，有能实现机器主动意识的潜质，但发展还比较缓慢。监督学习是从已知推断未知，就必须要把事物所有可能性全都学到，这在现实中是难以实现的，人也做不到。半监督学习是"没办法中的办法"，既然无监督学习很难，监督学习不靠谱，就取个折中，博采众长。目前的发展是，监督学习技术已然成熟，无监督学习还在起步，所以对监督学习方法进行修改实现半监督学习是目前的主流发展方向。但这些方法基本只能提取信息，还不能进行有效的预测（人们就想，既然没法得到更多，就先看看手里有什么，于是数据挖掘出现了）。

### 4.2.2 机器学习的主要算法

机器学习里面究竟有多少经典的算法呢？在这个部分将简要介绍一下机器学习中的经典代表方法。这部分介绍的重点是这些方法内涵的思想。

（1）算法一：回归算法

在大部分机器学习课程中，回归算法都是第一个算法。原因有两个：一是回归算法比较简单，先易后难可以让人平滑地从统计学迁移到机器学习中；二是回归算法是后面若干强大算法的基石，如果不理解回归算法，就无法继续深入学习那些强大的算法。回归算法有两个重要的子类：线性回归和逻辑回归。

- 线性回归就是解决前面的房价求解问题。如何拟合出一条直线最佳匹配所有的数据？一般使用"最小二乘法"来求解。"最小二乘法"是假设拟合出的直线代表数据的真实值，而观测到的数据代表具有误差的值。为了尽可能减小误差的影响，需要求解一条直线使所有误差的平方和最小。最小二乘法将最优问题转化为求函数极值问题。函数极值在数学上一般会采用求导数为0的方法。但这种做法并不适合计算机，可能求解不出来，也可能计算量太大。

计算机科学界专门有一个学科叫"数值计算"，用来提升计算机进行各类计算时的准确性和效率。例如，著名的"梯度下降法"以及"牛顿法"就是数值计算中的经典算法，也非常适合处理求解函数极值的问题。梯度下降法是解决回归模型中最简单且有效的方法之一。从严格意义上来说，由于神经网络和推荐算法中都有线性回归的因子，因此梯度下降法在后面的算法实现中也有应用。

- 逻辑回归是一种与线性回归非常类似的算法，但是从本质上讲，线型回归处理的问题类型与逻辑回归不一致。线性回归处理的是数值问题，也就是最后预测出的结果是数字，例如房价；而逻辑回归属于分类算法。也就是说，逻辑回归预测结果是离散的分类，例如判断这封邮件是否是垃圾邮件，以及用户是否会点击此广告等等。

在实现程度上，逻辑回归只是对线性回归的计算结果加上了一个 Sigmoid 函数，将数值结果转化为 0~1 的概率（Sigmoid 函数的图像一般来说并不直观，只需要理解对数值越大，函数越逼近1；对数值越小，函数越逼近0），接着根据这个概率可以进行预测。例如概率大于 0.5,则说明这封邮件就是垃圾邮件,或者肿瘤是恶性的等等。从直观上来说,逻辑回归是画出了一条分类线(见图 4-4)。

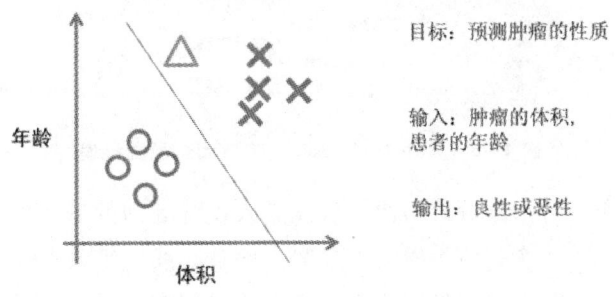

图 4-4　逻辑回归的直观解释

假设有一组肿瘤患者的数据,这些肿瘤有些是良性的(图中的○点),有些是恶性的(图中的×点)。这里肿瘤的不同标识可以被称作数据的"标签"。同时,每个数据包括两个"特征":患者的年龄与肿瘤的大小。将这两个特征与标签映射到这个二维空间上,形成了图 4-4 的数据。

当有一个△点时,这个肿瘤是恶性还是良性的呢?根据不同标识概括出一个逻辑回归模型,也就是图中的分类线。这时,根据△点出现在分类线的右侧,因此判断它的标签应该是×,也就是说属于恶性肿瘤。

逻辑回归算法划出的分类线基本都是线性的(也有划出非线性分类线的逻辑回归,不过那样的模型在处理数据量较大的时候效率会很低),这意味着当两类之间的界线不是线性时,逻辑回归的表达能力就不足。

下面的两个算法是机器学习最强大且重要的算法,都可以拟合出非线性的分类线。

(2)算法二:神经网络

神经网络(也称为"人工神经网络",ANN)算法是 20 世纪 80 年代机器学习非常流行的算法,不过在 20 世纪 90 年代中途衰落。现在,携着"深度学习"之势,人工神经网络重装归来,成为强大的机器学习算法之一。

神经网络的诞生起源于对大脑工作机理的研究。早期生物界学者们使用神经网络来模拟大脑。机器学习的学习者们使用神经网络进行机器学习的实验,发现在视觉与语音的识别上效果都相当好。在 BP 算法(加速神经网络训练过程的数值算法)诞生以后,神经网络的发展进入了一个热潮。

具体说来,神经网络的学习机理是什么?简单来说,就是分解与整合。在著名的 Hubel-Wiesel 试验中,学者们研究猫的视觉分析机理是这样的(见图 4-5)。

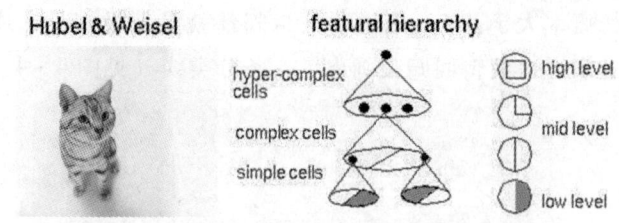

图 4-5　Hubel-Wiesel 试验与大脑视觉机理

比方说，一个正方形，分解为四个折线进入视觉处理的下一层中。四个神经元分别处理一个折线。每个折线再继续被分解为两条直线，每条直线再被分解为黑白两个面。于是，一个复杂的图像细化成大量细节进入神经元，神经元处理以后再进行整合，最后得出了看到的是正方形的结论。这就是大脑视觉识别的机理，也是神经网络工作的机理。

图 4-6 是一个简单的神经网络的逻辑架构。在这个网络中，分成输入层、隐藏层、和输出层。输入层负责接收信号，隐藏层负责对数据的分解与处理，最后的结果被整合到输出层。每层中的一个圆代表一个处理单元，可以认为是模拟了一个神经元，若干个处理单元组成了一个层，若干个层再组成了一个网络，也就是"神经网络"。

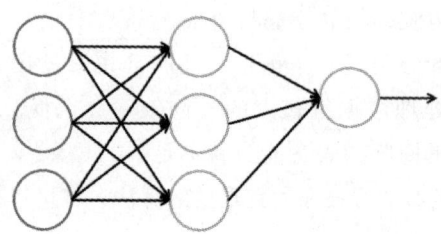

图 4-6　神经网络的逻辑架构

在神经网络中，每个处理单元事实上就是一个逻辑回归模型。逻辑回归模型接收上层的输入，把模型的预测结果作为输出传输到下一个层次。通过这样的过程，神经网络可以完成非常复杂的非线性分类。

图 4-7 演示了神经网络在图像识别领域的一个著名应用，这个程序叫作 LeNet，是一个基于多个隐层构建的神经网络。通过 LeNet 可以识别多种手写数字，并且达到很高的识别精度与拥有较好的鲁棒性。

右下方的方形中显示的是输入计算机的图像，方形上方的字样"answer"为红色，后面显示的是计算机的输出值。左边的三条竖直的图像列显示的是神经网络中

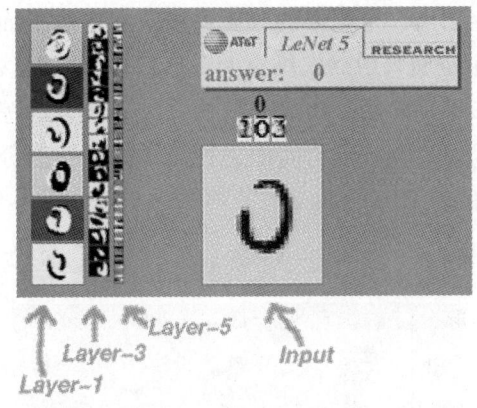

图 4-7　LeNet 的效果展示

三个隐藏层的输出。可以看出,随着层次不断深入,越深的层次处理的细节越低,例如 Layer-3 基本处理的都已经是线的细节了。

进入 20 世纪 90 年代,神经网络的发展进入了一个瓶颈期。其主要原因是尽管有 BP 算法的加速发展,神经网络的训练过程仍然很困难。因此,90 年代后期支持向量机算法(SVM)取代了神经网络的地位。

(3) 算法三:支持向量机算法(SVM)

支持向量机算法诞生于统计学习界,同时也在机器学习界大放光彩。

支持向量机算法从某种意义上来说是逻辑回归算法的强化:通过给予逻辑回归算法更严格的优化条件,支持向量机算法可以获得比逻辑回归更好的分类界线。但是如果没有某类函数技术,则支持向量机算法最多算是一种更好的线性分类技术。

通过跟高斯"核"的结合,支持向量机算法可以表达出非常复杂的分类界线,从而达到很好的分类效果。"核"事实上就是一种特殊的函数,最典型的特征就是可以将低维的空间映射到高维的空间(见图 4-8)。

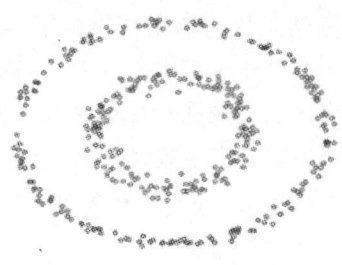

图 4-8　支持向量机图例

如何在二维平面上划出一个圆形的分类界线？在二维平面可能会很困难，但是通过"核"可以将二维空间映射到三维空间，然后使用一个线性平面就可以达成类似效果。也就是说，二维平面划分出的非线性分类界线可以等价于三维平面的线性分类界线。于是，可以通过在三维空间中进行简单的线性划分达到在二维平面中非线性划分的效果（见图4-9）。

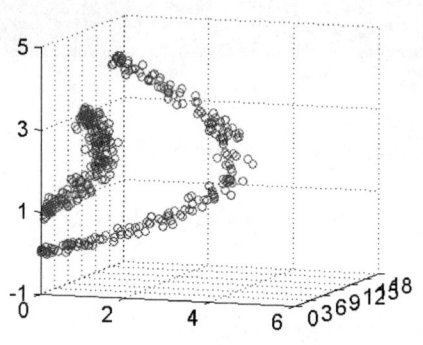

图4-9　三维空间的切割

支持向量机算法是一种数学成分很浓的机器学习算法（相对的，神经网络则有生物科学成分）。在算法的核心步骤中，有一步是证明将数据从低维映射到高维不会带来最后计算复杂性的增加，于是通过支持向量机算法，既可以保持计算效率，又可以获得非常好的分类效果。因此，支持向量机算法在20世纪90年代后期一直在机器学习中占据着最核心的地位，基本取代了神经网络算法。直到现在神经网络借着深度学习重新兴起，两者才又发生了微妙的平衡转变。

前述三种算法的一个显著特征就是训练数据中包含了标签，概括出的模型可以对其他未知数据预测标签。在下面的算法中，训练数据都是不含标签的，而算法的目的则是通过训练，推测出这些数据的标签。这类算法有一个统称，即无监督算法（前面有标签数据的算法则是有监督算法）。无监督算法中最典型的是聚类算法。

（4）算法四：聚类算法

拿一个二维的数据来举例，某一个数据包含两个特征，希望通过聚类算法，给其中不同的种类打上标签，应该怎么做呢？简单来说，聚类算法就是计算种群中的距离，根据距离的远近将数据划分为多个族群。

聚类算法中最典型的代表就是K-Means算法。

（5）算法五：降维算法

降维算法也是一种无监督学习算法，其主要特征是将数据从高维降低到低维层次。在这里，维度其实表示的是数据特征量的大小。例如，房价包含的信息有房子的长、宽、面积与房间数量四个特征，也就是维度为四维的数据。可以看出来，长与宽事实上与面积信息重叠了，例如面积 = 长 × 宽。通过降维算法就可以去除冗余信息，将特征减少为面积与房间数量两个特征，即从四维的数据压缩到二维。将数据从高维降低到低维，不仅利于表示，也能加速计算。

上段列举的说降维过程中减少的维度属于肉眼可视的层次，同时压缩也不会带来信息的损失（因为信息冗余了）。如果肉眼不可视，或者没有冗余的特征，降维算法也能运行，不过这样会带来一些信息损失。但是，降维算法可以从数学上证明，从高维压缩到的低维中最大限度地保留了数据的信息。因此，使用降维算法仍然有很多好处。

降维算法的主要作用是压缩数据与提升机器学习其他算法的效率。通过降维算法，可以将具有几千个特征的数据压缩至若干个特征。另外，降维算法的另一个好处是数据的可视化，例如将五维的数据压缩至二维，然后可以用二维平面来可视化处理。降维算法的主要代表是即主成分分析算法（PCA 算法）。

（6）算法六：推荐算法

推荐算法目前业界运用得非常广的一种算法，在电商界，如亚马逊、天猫、京东等得到了广泛运用。推荐算法的主要特征就是可以自动向用户推荐他们最感兴趣的东西，从而增加购买率，提升效益。推荐算法有两个主要类别：

一类是基于物品内容的推荐，是将与用户购买的内容近似的物品推荐给用户。推荐的前提是每个物品都有若干标签，因此才可以找出与用户购买物品类似的物品。这样推荐的好处是关联程度较大，但是由于每个物品都需要贴标签，因此工作量较大。

另一类是基于用户相似度的推荐，是将与目标用户兴趣相同的其他用户购买的东西推荐给目标用户，例如小 A 历史上买了物品 B 和 C，经过算法分析，发现另一个与小 A 近似的用户小 D 购买了物品 E，于是将物品 E 推荐给小 A。

两类推荐都有各自的优缺点，在一般的电商应用中，一般混合使用。推荐算法中最有名的算法就是协同过滤算法。

（7）其他算法

除了以上算法之外，机器学习还有其他算法，如高斯判别、朴素贝叶斯、决策树等等。机器学习的一个特色就是算法众多，发展百花齐放。

## 4.3 机器学习与其他领域的关系

### 4.3.1 机器学习的子类——深度学习

近来，机器学习的发展催生了一个新方向，即"深度学习"。

虽然"深度学习"这四字听起来颇为高大上，但其理念却非常简单，就是传统的神经网络发展到了多隐藏层。

20 世纪 90 年代以后，神经网络已经消寂了一段时间。但是 BP 算法的发明人 Geoffrey Hinton 一直没有放弃对神经网络的研究。由于神经网络在隐藏层扩大到两个以上，其训练速度就会非常慢，因此实用性一直低于支持向量机算法。2006 年，Geoffrey Hinton 在《Science》上发表了一篇文章，论证了以下两个观点：

（1）多隐层的神经网络具有优异的特征学习能力，学习得到的特征对数据有更本质的刻画，从而有利于可视化或分类；

（2）深度神经网络在训练上的难度，可以通过"逐层初始化"来有效克服。

这个发现，不仅降低了神经网络在计算上的难度，也说明了深层神经网络在机器学习上的优异性。从此，神经网络重新成为机器学习中主流的强大学习技术。同时，具有多个隐藏层的神经网络被称为"深度神经网络"，基于深度神经网络的学习研究称为"深度学习"。

目前业界许多的图像识别技术与语音识别技术的进步都源于深度学习的发展，除了本文开头所提的 Cortana 等语音助手外，还包括一些图像识别应用，其中典型的代表就是图 4－10 所示的百度识图功能。

图4-10 百度识图

深度学习属于机器学习的子类。深度学习的发展极大地促进了机器学习的地位,更进一步地也推动了业界对机器学习父类人工智能梦想的再次重视。

### 4.3.2 机器学习的父类——人工智能

人工智能是机器学习的父类,深度学习则是机器学习的子类。如果把三者的关系用图形来表明的话,则如图4-11所示:

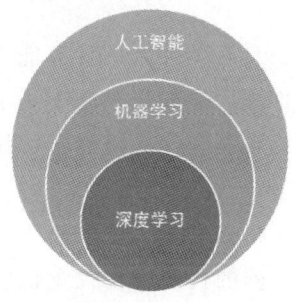

图4-11 深度学习、机器学习、人工智能三者关系

毫无疑问,人工智能(AI)是人类所能想象的科技界最具突破性的发明了。某种意义上来说,人工智能就像游戏最终幻想的名字一样,是人类对于科技界的最终梦想。从20世纪50年代提出"人工智能"的理念以后,科技界、产业界不断探索、研究。这段时间,各种小说、电影都以各种方式展现对于人工智能的想象。人类可以发明类似于人的机器,这是多么伟大的一种理念!但事实上,20世纪50年代以后,人工智能的发展就磕磕碰碰,如今也未见能足够震撼的进步。

总结起来,人工智能的发展经历了如下若干阶段:从早期的逻辑推理,到中期的专家系统,这些科研进步确实使我们离机器的智能有点接近了,但还有一大段距离。直到机器学习诞生以后,人工智能界感觉终于找对了方向。基于机器学习的图像识别和语音识别在某些垂直领域达到了跟人相媲美的程度。机器学习使人类第一次如此接近人工智能的梦想。

事实上，如果把人工智能相关的技术以及其他业界的技术做一个类比，就可以发现机器学习在人工智能中的重要地位不是没有理由的。

从计算机本身来看，计算能力有分布式计算，反应能力有事件驱动架构，检索能力有搜索引擎，知识存储能力有数据仓库，逻辑推理能力有专家系统，但是，唯有机器学习与人类智慧中最显著特征的归纳与感悟能力相对应。这也是机器学习能力最能表征智慧的根本原因（见图4–12）。

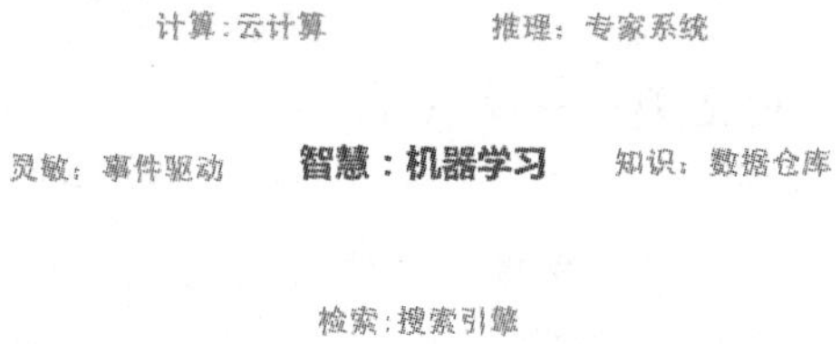

计算：云计算　　　　推理：专家系统

灵敏：事件驱动　　**智慧：机器学习**　　知识：数据仓库

检索：搜索引擎

**图4–12　机器学习与智慧**

再看一下机器人的制造。在具有了强大的计算能力后，海量的存储、快速的检索、迅速的反应、优秀的逻辑推理后，如果再配上一个强大的智慧大脑，真正意义上的人工智能也许就会诞生。这也是为什么机器学习快速发展的现在，人工智能可能不再是梦想的原因。

人工智能的发展不仅取决于机器学习，更取决于前面所介绍的深度学习。深度学习技术由于深度模拟了人类大脑的构成，在视觉识别与语音识别上显著性地突破了原有机器学习技术的界限，因此极有可能是真正实现人工智能梦想的关键技术。无论是谷歌大脑还是百度大脑，都是通过海量层次的深度学习网络构成的。也许借助于深度学习技术，在不远的将来，一个具有人类智能的计算机是可能实现的。

其实，机器学习跟模式识别、统计学习、数据挖掘、计算机视觉、语音识别、自然语言处理等领域有着很深厚的联系。

从范围上来说，机器学习跟模式识别、统计学习、数据挖掘是类似的；同时，机器学习与其他领域的处理技术的结合，形成了计算机视觉、语音识别、自然语言处理等交叉学科。因此，一般说到数据挖掘时，可以等同于说机器学习。同时，平常所说的机器学习应用，应该是通用的，不仅局限在结构化数据上，还有图像、音频等应用。

本节对机器学习相关领域知识的介绍有助于理清机器学习的应用场景与研究

范围。

### 4.3.3 机器学习与其他学科的异同

图 4-13 是机器学习所涉及的相关范围的学科与研究领域。

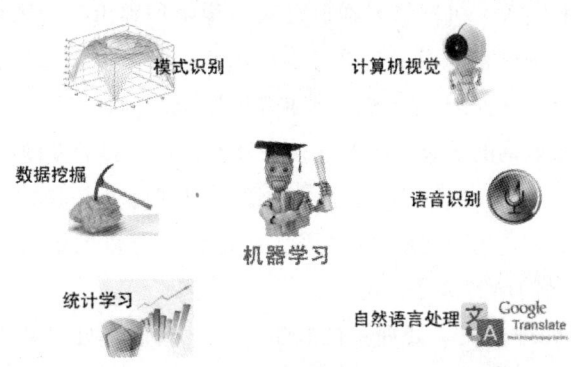

图 4-13 机器学习与相关学科

（1）模式识别＝机器学习。两者的主要区别在于前者是从工业界发展起来的概念，后者则主要源自计算机学科。在著名的《Pattern Recognition and Machine Learning》这本书中，Christopher M. Bishop 在开头是这样说的："模式识别源自工业界，而机器学习来自于计算机学科。不过，它们中的活动可以被视为同一个领域的两个方面，同时在过去的 10 年间，它们都有了长足的发展。"

（2）数据挖掘＝机器学习＋数据库。这几年"数据挖掘"的概念耳熟能详，但凡说起数据挖掘都会说从数据中挖出"金子"，以及将废弃的数据转化为价值等等。但是，尽管可能会挖出"金子"，但也可能挖的是"石头"。这个说法的意思是，数据挖掘仅仅是一种思考方式，告诉应用者应该尝试从数据中挖掘出知识，但不是每个数据都能挖掘出"金子"，数据挖掘不能神话。一个系统绝对不会因为拥有了一个数据挖掘模块就变得无所不能（这是 IBM 最喜欢的）。恰恰相反，一个拥有数据挖掘思维的人员才是关键，而且他还必须对数据有深刻的认识，才可能从数据中导出模式指引业务的改善。大部分数据挖掘中的算法是机器学习的算法在数据库中的优化。

统计学习近似等于机器学习。统计学习是个与机器学习高度重叠的学科。因为机器学习中的大多数方法来自统计学，甚至可以认为，统计学的发展促进机器学习的繁荣昌盛。例如著名的支持向量机算法，就是源自统计学科。但是在某种程度上两者是有分别的，这个分别在于：统计学习者重点关注的是统计模型的发展与优化，偏数学；而机器学习者更关注的是能够解决问题，偏实践。因此，机器学习研究者会重点研究学习算法在计算机上执行的效率与准确性的提升。

（3）计算机视觉＝图像处理＋机器学习。图像处理技术用于将图像处理为适合进入机器学习模型中的输入，机器学习则负责从图像中识别出相关的模式。计算机视觉相关的应用非常多，例如百度识图、手写字符识别、车牌识别等等。这个领域是应用前景非常火热的，也是研究的热门方向。随着机器学习的新领域深度学习的发展，会大大促进计算机图像识别的效果。因此，未来计算机视觉界的发展前景不可估量。

（4）语音识别＝语音处理＋机器学习。语音识别就是音频处理技术与机器学习的结合。语音识别技术一般不会单独使用，而是会结合自然语言处理相关技术。目前的相关应用有苹果的语音助手 siri 等。

（5）自然语言处理＝文本处理＋机器学习。自然语言处理技术主要是让机器理解人类的语言的一门领域。在自然语言处理技术中，大量使用了编译原理相关的技术，例如词法分析、语法分析等等。除此之外，在"理解"这个层面，则使用了"语义理解"、机器学习等技术。作为唯一由人类自身创造的符号，自然语言处理一直是机器学习不断研究的方向。按照百度机器学习专家余凯的说法："听与看，说白了就是阿猫和阿狗都会的，而只有语言才是人类独有的。"如何利用机器学习技术进行自然语言的深度理解，一直是工业和学术界关注的焦点。

可以看出，机器学习在众多领域都有外延和应用，机器学习技术的发展促进了众多智能领域的进步，改善着我们的生活。

## 4.4 机器学习在智能金融领域中的应用

### 4.4.1 投资组合管理

"智能投资顾问"在 5 年前基本上还不为人所知，但是现在在金融领域已经很普遍了。智能投资顾问（比如 Betterment、Wealthfront 及其他类似的公司）都是基于一些算法，根据用户的目标和风险承受能力对投资组合提出相关建议。用户输入其目标（比如，65岁退休的时候有25万美元存款）、年龄、收入以及现在的金融资产状况，智能投资顾问将会根据用户输入的目标在各类资产和金融工具中进行搜索匹配。系统也会根据用户目标的变化作出调整，而且是根据市场的变化进行实时调整，一切以满足用户投资目标为核心。智能投资顾问已经获得了千禧一代客户的青睐，这一代人并不需要传统的投资顾问提出投资建议，而且他们对人工投资顾问收取的费用也存在不满。

### 4.4.2　算法交易

回溯到20世纪70年代，算法交易（有时候被称作是自动化交易系统，这是更加准确的描述）涉及复杂的人工智能系统实施快速交易决策。算法交易系统通常每天会操作数千次或百万次交易，因此"高频交易"（HFT）通常被认为是算法交易的子类。很多对冲基金和金融机构并不会公开披露其交易所采用的人工智能模式，但是机器学习和深度学习在实时交易决策中正发挥着愈加重要的作用。

### 4.4.3　欺诈识别

随着计算能力的增强以及互联网的普及，很多有价值的公司数据都存储在网络上，这就存在数据安全风险。此前的金融欺诈识别系统主要依赖复杂且严格的规章制度，但是现在的欺诈识别不仅仅是列出风险因素清单，而是能够积极地学习并且根据潜在的安全威胁进行调整。这就是机器学习在金融欺诈中的应用。但其实在其他数据安全问题中也存在同样的要求。使用机器学习，系统能够识别特殊行为或异常行为，并且对其进行标注识别。这些系统存在的挑战是避免误报问题。误报是风险被标注出来，但是风险却从来没有出现。几乎所有人工智能领域的专业人士都认为安全问题非常重要，在未来5~10年里真正自主学习系统是必需的。

### 4.4.4　贷款/保险承保

核保是金融业中机器学习最适合承担的工作，实际上金融业很多人都在担心机器将会代替现在绝大多数的核保岗位。尤其是在大型机构中（大银行和公开上市的保险公司），机器学习算法能够根据数百万消费者案例数据（年龄、工作、市场情况等）以及借贷或保险结果进行开发和培训（这个人是否违约，是否按时归还贷款，是否发生过车祸等）。利用算法可以评估未来的发展趋势，分析和判断能够影响未来借贷和保险状况的趋势（如会不会有越来越多的年轻人在某种状况下遭遇车祸的概率会上升，在过去15年中特定人群中违约率是否在上升）。这些结果都对公司产生重要影响。但是目前只有那些有资源和实力聘用数据科学家并且拥有大量交易数据的大企业才能获取这些信息。

## 4.5 机器学习在资本市场的应用及建议

前文对机器学习中的各种方法做了简单介绍。机器学习是一个十分活跃、充满生命力的研究领域，当前人工智能研究的主要障碍和发展方向之一就是机器学习，因此，机器学习在券商中拥有广阔的研究前景。

### 4.5.1 自营交易

交易公司或者券商的对手家自然会有不同的"段位"，例如有比较弱的散户，也有比较厉害的玩家。从信息学上讲，散户的订单所携带的信息不多，随机噪音居多，而大玩家的单子体现了其所掌握的信息和对市场行情的判断，因此一个聪明交易者肯定想要区分出对手家是散户还是大户。在这里就可以利用机器学习来区分，帮助交易者更好地从交易信息中多提炼潜在的信息。

### 4.5.2 量化投资

在国内，机器学习的应用跟频率也有很大的关系。与很多方法一样，机器学习在大样本下的表现要远远优于小样本的表现。统计上来讲，机器学习能够不断试错，不断"学习"，所以能够通过不断训练，实现对各种情况下概率的准确估计，从而实现超越普通模型的准确性和预测。这也是为什么AlphaGO赛前需要训练各大高手的对局棋谱的原因。

长期而言，股票的趋势判断难度较大。但对于短期趋势，投资者收集信息及反映信息的方式则有助于判断趋势，并且在信息爆炸的时代，人工无法胜任高频交易，投资者可以利用机器学习的信息优势，根据当日最后的交易时段的相关信息对第二日提前布局，挖掘这些信息可以帮助投资者进行短线择时判断。

　　比如，国内一些交易执行算法的设计就可能借鉴了机器学习，通过学习订单特征，对下一期盘口变化做一些概率上的预测。由于算法执行频率较高，经过一定样本的训练之后，能够显著提升算法的表现。

# 第 5 章
# 深度学习

## 5.1 深度学习的基本原理

人工智能发展的历史,随着人工神经网络研究的进展而起起伏伏。近期引发人工智能新一轮热潮的深度学习,其名称中的"深度"某种意义上就是指人工神经网络的层数,深度学习本质上是基于多层人工神经网络的机器学习算法(见图 5-1)。

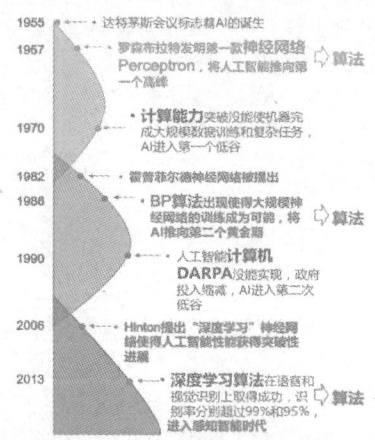

图 5-1 人工智能与深度学习演化

资料来源:国信证券博士后工作站

很多机器学习模型受到生物学方面的启发，比如说遗传算法、粒子群算法、蚁群算法等。深度学习也与生理医学上的发现有关。1981 年的诺贝尔医学奖颁发给了 David Hubel、Torsten Wiesel 以及 Roger Sperry。前两位的主要贡献是"发现了视觉系统的信息处理"，即 Hubel–Wiesel 模型。1958 年，Hubel 和 Wiesel 在约翰霍普金斯大学研究瞳孔区域与大脑皮层神经元的对应关系。他们在猫的后脑头骨上，开了一个 3 毫米的小洞，向洞里插入电极，测量神经元的活跃程度。然后，他们在小猫的眼前，展现各种形状、各种亮度的物体。在展现每一件物体时，改变物体放置的位置和角度。他们期望通过这个办法，让小猫瞳孔感受不同类型、不同强弱的刺激。之所以做这个试验，目的是证明一个猜测：位于后脑皮层的不同视觉神经元，与瞳孔所受刺激之间存在某种对应关系。一旦瞳孔受到某种刺激，后脑皮层的某一部分神经元就会活跃。经历了反复试验，Hubel 和 Wiesel 发现了一种被称为"方向选择性细胞"（Orientation Selective Cell）的神经元细胞。当瞳孔发现了眼前的物体边缘，而且这个边缘指向某个方向时，这种神经元细胞就会活跃。这个发现激发了人们对于神经系统的进一步思考：脑神经系统具有丰富的层次结构。神经－中枢－大脑的工作过程，或许是一个不断迭代、不断抽象的过程。这里的关键词有两个——抽象和迭代，从原始信号做低级抽象，逐渐向高级抽象迭代。人类的逻辑思维，经常使用高度抽象的概念。如图 5–2 所示，从原始信号摄入开始（瞳孔摄入像素），接着做初步处理（V1 层：大脑皮层某些细胞发现边缘和方向），然后抽象（V2 层：大脑判定，眼前的物体的形状，是圆形的），然后进一步抽象（V3 层：大脑进一步判定该物体是人脸）。换句话来说，人的视觉系统的信息处理是分级的。高层的特征是低层特征的组合，从低层到高层的特征表示越来越抽象，越来越能表现语义或者意图；而抽象层面越高，存在的可能猜测就越少，就越利于分类。例如，单词集合和句子的对应是多对一的，句子和语义的对应又是多对一的，语义和意图的对应还是多对一的，这是个层级体系。

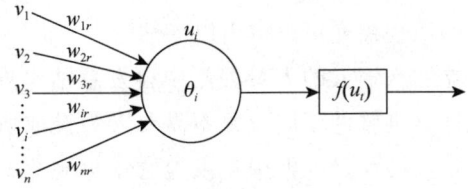

图 5–2　神经网络数学模型架构

资料来源：国信证券博士后工作站

但人类大脑神经的信息活动与目前的计算机相比有三个不同特性：

第一，巨量并行和容错特性。人脑约有1 000亿个神经元，神经元之间约有上万个突触连接，形成了迷宫般的网络连接，大量的神经元信息活动是同时进行的，而非目前计算机按照指令一条一条执行。此外，人脑的这种巨量并行特性也使得其具有极好的容错特性，坏掉一个晶体管就能毁掉一块微处理器，但是大脑的神经元每时每刻都在死亡。

第二，信息处理和存储单元结合在一起。目前计算机普遍采用冯洛伊曼架构，存储器和处理器分离，通过总线传递数据。随着处理的数据量海量增长，总线有限的数据传输速率被称为"冯·诺依曼瓶颈"，严重影响计算机的计算效率和功耗，人脑信息处理和存储单元结合在一起，拥有极低的功耗（约20W左右）。

第三，自组织自学习功能。大脑在与外界互动的同时也会进行学习和改变，而不是像现在计算机是遵循预设算法的固定路径和分支运行。基于以上几点不同，人们一直尝试模仿人类大脑神经元的信息活动机制来设计算法：信号通过突触进入神经元细胞，神经元细胞通过某种方式把所有从树突上突触进来的信号进行相加。如果全部信号的总和超过某个阈值，就会激发神经元细胞进入兴奋状态，这时就会有一个电信号通过轴突发送给其他神经元细胞。如果信号总和没有达到阈值，神经元细胞就不会兴奋，也不会传递信号。

简单的人工神经元数学模型就是让每一个输入到神经元的信号加权求和，相加后如果超过设定的阈值，就输出"1"，没有就输出"0"。这样若干个最简单的神经元输入输出相连接，就构成了复杂的人工神经网络。通过训练，人工神经网络能实现基本分类功能。比如输入一张狗的图片信号，假定输出1表明计算机判断这是一只狗。首先用标记过的狗的图片输入人工神经网络进行训练，如果输出的结果是0，就调节每个输入信号的权重等参数，使得输出为1，这样大量训练后，人工神经网络就自己掌握了根据狗的特征来判断，并且具备了泛化能力：我们输入一张它从未见过的狗的图片，它也能识别出来这是一只狗，输出1。

通过人工神经网络的原理探究可以得出以下结论：

人工神经网络算法能够从输入的大量数据中自发总结出规律（见图5-3）。人工神经网络算法与传统计算机软件不同，并不需要人为提取所需解决问题的特征或者总结规律。它能够从输入的大量数据中自发地总结出规律，自适应调整自身结构从而举一反三，泛化至从未见过的案例中。

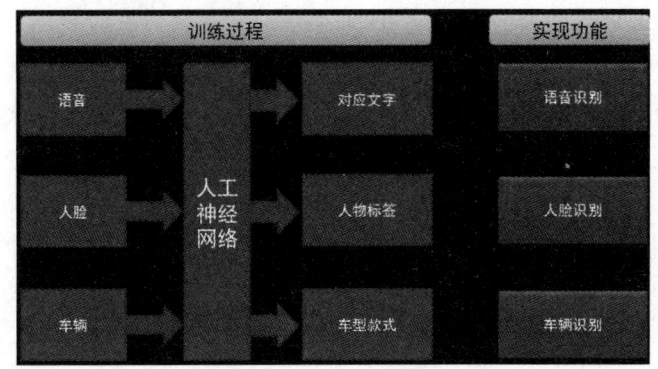

图 5-3 深度学习实际上是建立输入和输出数据之间的映射关系
资料来源：国信证券博士后工作站

人工神经网络最基本的单元功能是分类，所以分类识别是最直接的应用。以百度为例，其深度学习应用包括搜索、用户画像、语音、图像四大方向，本质上都是实现分类识别的功能。

人工神经网络从最基本的单元上模拟了人类大脑的结构和运行机制（虽然目前还是低级的模仿），理论上讲人脑能够实现的智能它应该也都能实现。数学上也证明了用3层以上人工神经网络模型，理论上可逼近任意函数。

人工神经网络算法在20世纪60年代曾经遭遇低谷。著名人工智能专家明斯基当时提出了人工神经网络的两个局限性：第一，单层的人工神经网络甚至连最简单的异或运算都无法实现；第二，多层更复杂的人工神经网络当时的计算能力无法支撑。

20世纪90年代开始，随着处理器计算能力突飞猛进和云计算技术使得大量计算机并行计算成为可能后，限制大规模人工神经网络的计算能力瓶颈开始逐步消除。即便如此，主流机器学习界对于人工神经网络仍然兴趣寡然。一直坚持人工神经网络研究的加拿大多伦多大学教授、机器学习领域的泰斗 Geoffrey Hinton 后来为了改变大众对于人工神经网络的长期消极态度，干脆将其改名为深度学习（Deep Learning），而其多层抽象的数据学习过程一定程度上也借鉴了人类的视觉机制。

2006年，Geoffrey Hinton 和他的学生 Ruslan Salakhutdinov 在国际顶级期刊《Science》上发表了一篇文章，被认为是深度学习取得突破的重要节点。这篇文章实质上一是讲明了深度学习在描述数据本质上广泛的应用前景；二是给出了多层深度神经网络的很好的训练方法，让大众充分认识到深度学习大规模应用的时代已经来临，开启了深度学习在学术界和工业界的浪潮。

Geoffrey Hinton 连同他的实验室 DNNresearch 很快被谷歌收购。谷歌内部，深度学习从少数的产品组应用起步，一开始就取得了非常大的突破（首次应用到语音识别错误率就降低了 30%），更多的团队开始采纳深度学习算法。谷歌内部使用深度学习的产品有：安卓、Apps、药品发现、Gmail、图片理解、地图、自然语言、图片、机器人、语音翻译等。全球著名的谷歌大脑其实质上就是一个大规模的人工神经网络，它实现了对谷歌各项业务的智力支撑（见图 5-4）。

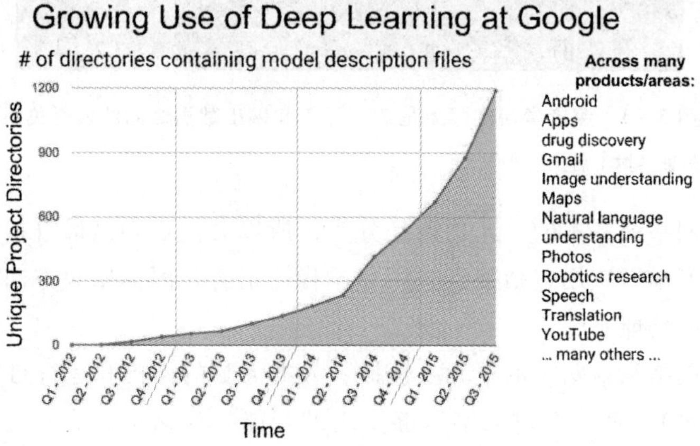

图 5-4 深度学习已成为谷歌的业务基础

资料来源：Google、国信证券博士后工作站

2012 年 6 月，《纽约时报》披露了"谷歌大脑"（Google Brain）项目，吸引了公众的广泛关注。这个项目是由斯坦福大学著名的机器学习教授吴恩达（AndrewNg）和在大规模计算机系统方面的世界顶尖专家 JeffDean 共同主导，用 16 000 个 CPUCore 的并行计算平台训练一种称为"深层神经网络"的机器学习模型，在语音识别和图像识别等领域获得了巨大的成功。在谷歌的一次公开展示中，该大脑从 1 000 万个随机挑选的没有经过标注处理的 YouTube 视频中，自动识别出了猫脸。

微软和 IBM 的研究人员使用深度学习在语音识别上也取得了巨大进展。2012 年 11 月，微软首席科学家 Richard Rashid 在中国天津的一次活动上公开演示了一个全自动的同声传译系统，讲演者用英文演讲，后台的计算机一气呵成自动完成语音识别、英中机器翻译以及中文语音合成，翻译效果非常流畅。后面支撑的关键技术就是深度学习。根据微软和谷歌的报告，用深度学习改进传统的隐马尔科夫语音识别模型，将语音识别的错误率相对降低了 30%。同时，深度学习技术在图像识别领域取得惊人的效果，2012年在业界著名的ImageNet评测上将错误率从此前的最好成绩26%降低到15%。也是在这一年，深度学习还被应用于制药公司的药物活性预测问题，并获得世界最好成绩。

另一家美国社交网络巨头Facebook也在2013年下半年组建了深度学习研究小组，用来分析预测用户的行为习惯。Facebook此前已经使用传统的机器学习算法来给用户定向投递新闻和广告（谷歌、亚马逊、百度、阿里巴巴等互联网企业也正在使用这种针对具体用户的"推荐系统"），而今他们寄望于通过深度学习来获得更好的效果。事实上，在此前著名的Netflix（奈飞公司，全球最大的流媒体播放服务提供商，《纸牌屋》的出品方）电影推荐系统比赛中，基于深度学习的算法就一举夺魁。

表5-1　深度学习的主要应用场景

| 语音识别 | 识别错误率相对降低30%，是近20年最大突破 |
| --- | --- |
| 图像识别 | ImageNet评测上的错误率从以前方法的26%提升到15% |
| 智能推荐系统 | 奈飞视频推荐比赛最佳成绩 |
| 药物活性预测 | 比较最佳成绩 |
| 自然语言处理 | 准确率提高到85%，目前最好结果 |
| CRT网络点击率预估模型 | 目前最好结果 |

资料来源：国信证券博士后工作站

## 5.2　深度学习的主要算法

深度学习是在对大量的数据进行特征抽象的同时，获得其丰富的表达，从而实现特定的学习目标。相应的，合适的表达会被激活，从而在没有经过人工特征选取的前提下获取足够好的学习效果。深度学习中，先是采用逐层学习的贪婪式算法对特征进行提取。这是一种无监督学习，即采用未经人工标注类别的样本进行学习（对应的，支持向量机，神经网络等方法有定义好的"输入"和"输出"，属于有监督学习）。逐层学习时，有多种选择方式，目前比较普遍的有自编码器和受限玻尔兹曼机。

机器学习的目标有图像识别、语音识别、自然语言理解、股价预测、天气预测、基因表达、内容推荐等等。以图像识别为例，目前我们通过机器学习去解决这些问题的思路一般是如图5-5所示。

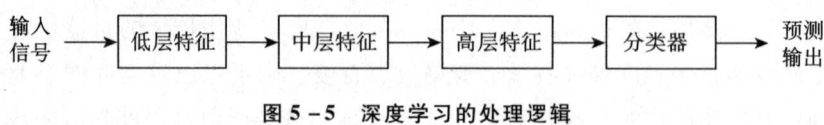

图5-5 深度学习的处理逻辑

深度学习是模拟大脑皮层的Hubel-Wiesel模型，采用一层层"抽象化"的方式来对数据或者信号进行表达。类似于大脑皮层对图像的分辨。深度学习模型首先从原始信号（类似于人脸识别系统中的像素）中分离出低层的特征（类似人脸识别系统中物体的边），然后从低层特征中获取高一层的特征（类似于人脸识别系统中由边组成的轮廓），然后获得更高一层的表达（类似人脸识别中的人脸），最后在高层特征上建立起分类器，获得模型的预测输出。

深度学习中，先是采用逐层学习的贪婪式算法对特征进行提取，是一种无监督学习，即采用未经人工标注类别的样本进行学习（对应的，支持向量机，神经网络等方法有定义好的"输入"和"输出"，属于有监督学习）。逐层学习时，有多种选择方式，目前比较普遍的有自编码器和受限玻尔兹曼机。

深度学习的优点主要有：

第一，深度学习首先直接应用于多个通用基础功能模块：语音、文字、搜索词、图片、视频、标签、实体、短语、音频特性等，能够在多个领域具备通用性，可以应用于新闻资讯写作、翻译、搜索应用等活动中（见图5-6）。自然语言是计算机科学与语言学的交叉学科。致力于让计算机理解人们日常所使用的自然语言，并在与人对话的过程中用自然语言进行交流，使对话内容能进行信息传递以及认知活动。自然语言处理从文本中提炼出核心信息，计算机可自主解读其中含义，做到对文本的"理解"。例如自动识别文档中被提及的人物、地点等，或将合同中的条款提取出来制作成表。《2016-2020年中国人工智能行业深度调研及投资前景预测报》认为，自然语言处理/生成将开启人机交互新界面，也是其他许多AI应用的基础，到2025年市场规模达300亿美元。

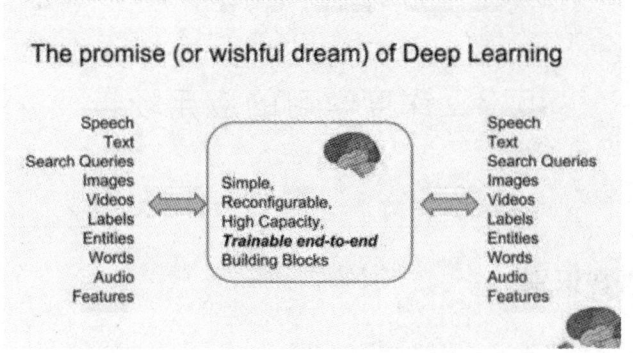

图 5-6　深度学习具有良好的数据通用性

资料来源：Google、国信证券博士后工作站

第二，深度学习区别于传统机器学习算法，不需要人为提取数据特征的环节，具备非常简单的"端到端"训练特性，能够快速迁移到各个领域，因而具备极为广泛的应用空间。

第三，深度学习作为一种数据驱动的机器学习算法，其训练效果能够随着数据量的增长显著提升，在大数据时代将发挥更大的作用。实质上人类很多智能或者技能都是先通过学习经验积累（即可抽象为大量数据训练的过程），再举一反三应用到其他领域（泛化至其他输入数据），这一点跟深度学习的基本功能非常类似。所以随着深度学习的进一步完善，人类诸多需依靠经验积累的能力都可以逐步依靠深度学习来实现（见图 5-7）。

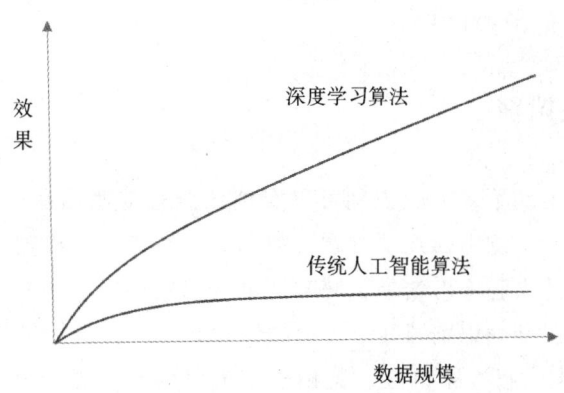

图 5-7　深度学习的效果随数据规模增加而提升

## 5.3 深度学习的应用场景

### 5.3.1 语音识别

谷歌内部第一个部署深度神经网络的小组首先将深度学习引入语音识别领域,一开始的版本就把语音识别错误率降低了30%(见图5-8)。国内的科大讯飞引入深度学习,使语音识别错误率近几年明显降低。

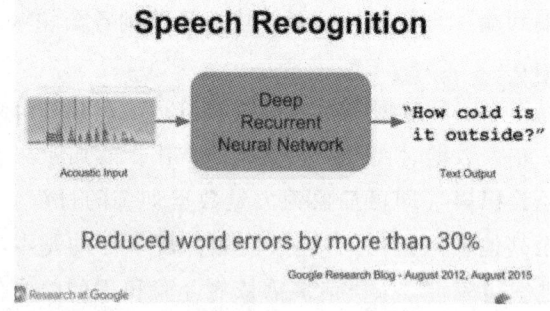

图5-8 谷歌的语音识别效率正在加速提升

资料来源:Google、国信证券博士后工作站

### 5.3.2 人脸识别

深度学习技术推动下,人脸识别可以实现任意脸部遮挡及视角下的实时检测,一次性地克服了人脸检测中的几项难题,如侧脸、半遮挡、模糊人脸,极大地提升了各种现实情况中的人脸检出效果。同时,可以识别性别、年龄、表情及多种脸部生理特征,不仅可以准确识别照片中人物的性别和年龄,也提供表情、颜值(美貌指数)、戴眼镜、化浓妆、涂口红、戴帽子、头发颜色、胡须样式等超过40种属性,平均准确率超过90%,年龄预测平均误差小于3岁(见图5-9)。

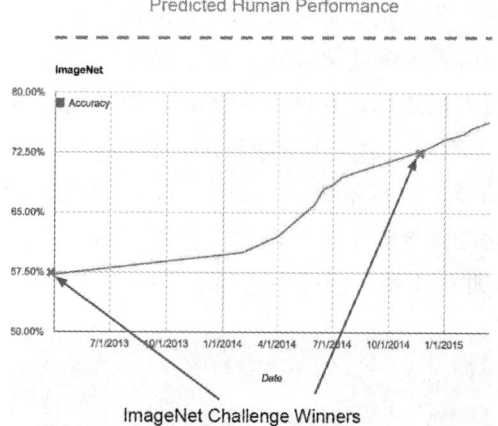

图 5 - 9　谷歌图像识别准确率大幅提升

资料来源：Google、国信证券博士后工作站

### 5.3.3　场景识别

可以实现语义驱动的互联网规模图像搜索及排序、拥有千类物体的集合上达到世界最高准确率的物体检测算法、可在上百类的室内外场景图像中识别显著场景元素，检测和识别在任何地点的任意文字（见图5-10）。

图 5 - 10　深度学习在场景识别领域中的应用

### 5.3.4　数据搜索

百度在世界上首次将深度学习引入搜索引擎之中，显著提升了搜索引擎的满意度，这也是迄今为止深度学习作用于自然语言最成功的例子。同时，百度凤巢系统

也首次将深度学习引入广告系统，显著提升了点击转化率。谷歌在 2015 年 10 月正式公开 RankBrain 这一引入了深度学习的人工智能搜索引擎算法，RankBrain 已经成为搜索排序时第三大重要的指标，在搜索排序时其指标优先级超过了其他数百项指标。RankBrain 是基于深度学习的人工智能算法，它在为用户挑选所需要的搜索答案时甚至拥有了近乎"直觉"式的准确（见图 5 - 11）。Google 内部曾让做算法的工程师人工去猜测搜索算法会选择哪个页面作为排名第一的结果，其准确率为 70%，然后 RankBrain 去做了同样的事情，准确率达到了 80%。

图 5 - 11　RankBrain：谷歌的人工智能搜索引擎算法

### 5.3.5　机器翻译

近年来，随着深度学习的发展，机器翻译技术得到了进一步的发展，翻译质量得到快速提升，在口语等领域的翻译更加地道流畅。深度学习的技术核心是一个拥有海量结点（神经元）的深度神经网络，可以自动从语料库中学习翻译知识。一种语言的句子被向量化之后，在网络中层层传递，转化为计算机可以"理解"的表示形式，再经过多层复杂的传导运算，生成另一种语言的译文。实现了"理解语言，生成译文"的翻译方式。广泛应用于机器翻译的是长短时记忆循环神经网络，很好地解决了自然语言句子向量化的难题，使得计算机对语言的处理不再停留在简单的字面匹配层面，而是进一步深入语义理解层面。基于深度学习方法的翻译发展经历三个过程：

（1）"编码 - 解码新框架"（NalKalchbrenner，Phil Blunsom，2013）

对源语言句子使用编码器（卷积神经网络）将其映射为一个连续、稠密的向量，然后再使用解码器（递归神经网络）将该向量转化为目标语言句子；其优势在于使用递归神经网络能够捕获全部历史信息和处理变长字符串。因为在训练递归神经网络时面临着"梯度消失"和"梯度爆炸"问题,所以长距离的依赖关系依旧难以得到真正处理。

(2)引入长短期记忆(Ilya Stuskever 等,2014)

该架构中,无论是编码器还是解码器都使用了递归神经网络。同时,在生成目标语言词时,解码器不但要考虑整个源语言句子的信息,还要考虑已经生成的部分译文。该方法通过设置门开关解决了训练递归神经网络的问题,能够较好地捕获长距离依赖。此外,引入长短期记忆大大提高了端到端机器翻译的性能,取得了与传统统计机器翻译相当甚至更好的准确率。

(3)基于注意力的端到端神经网络翻译(Yo shuaBengio 研究组,2015)

当解码器在生成单个目标语言词时,仅有小部分源语言词是相关的,绝大多数源语言词都是无关的。因此,为每个目标语言词动态生成源语言端的上下文向量,而不是采用表示整个源语言句子的定长向量能很好地提升翻译效率,这便是基于内容的注意力计算方法(见图 5-12)。

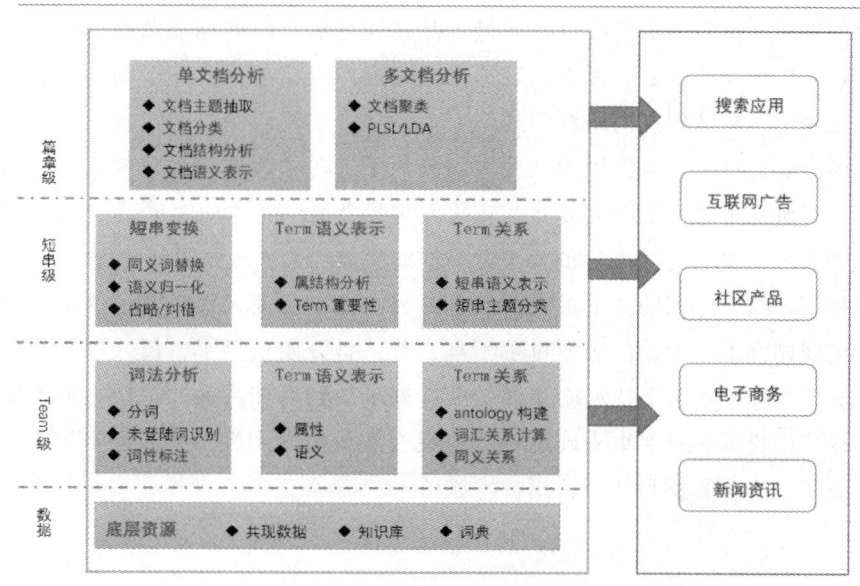

图 5-12 深度学习在文本识别中的应用技术架构

### 5.3.6 商业推送

深度学习在视频大数据中可以实现广告与客户需求更加精准的匹配。目前庞大的视频大数据资源已经吸引了包括 BAT 在内的国内外顶尖视频网站。阿里与优酷土豆的边看边买、百度和爱奇艺的随视购，以及腾讯视频、搜狐视频、芒果 TV 都陆续开始在视频画面中植入广告。通过大数据挖掘自动分析视频中的画面内容，并自动在视频中产生信息、标签、商品等内容。一方面，能够增加商品的点击率和销售；另一方面，也可以实现更精确的广告精准匹配，增加广告投放，最终实现将流量转换成营收的目标。另外，还可以进行广告效果的监测，获得视频里面品牌曝光的次数、时长等。

优酷土豆斥资千万投资"衣+"，旨在大数据融合的背景下，打造个性化电商消费体验，致力从内容消费到商品发现，再到收藏购买完整消费链条的创建，最大程度提高消费转化率，实现"边看边买"的业务模式。基于海量数据的深度学习，能够检测视频或图像中的商品，并通过商品特征分析，准确判断商品类目。通过标注、打点、广告自动投放、搜索同款等方式完成广告精准投放和电商闭环。在传统的营销过程中，从消费意向培育到最终完成消费，要经历漫长的过程，并且伴随着风险，因为购买意愿很可能因为某些原因打消了。在"边看边买"模式下，当消费者的购买意愿产生时，就能立即将其转化为购买决策，把"内容消费"和"购买决策"这两大原本具有先后顺序的环节几乎同时完成，大大提高了转化率。

以往广告植入遇到的一个最大的问题是，在播出之前，很难知道这个节目或者电影、电视剧会不会火，广告商也拿不准，可一旦开始拍摄了，植入广告的商机就结束了。但 Video in 这个技术能让谈赞助这件事放到后期去做，拍摄之前无须和广告商商谈广告投资，只要事先确定好哪些地方准备植入广告，把地方空出来，后期流量上去了，广告商感兴趣了，用技术做植入。

## 5.4 深度学习在智能金融领域的应用

金融市场的数据特性主要体现为两点：一是海量数据；二是数据维度。人工智能是解决数据瓶颈的必然选择。人工智能理财市场空间巨大且处于拐点。科尔尼咨询预计,到 2020 年,智能理财的渗透率将提高到 6% 左右,管理的资产规模将达到 2 万亿美元(2015～2020 年复合年均增长率约 70%)。根据花旗银行的最新研究报告,人工智能投资顾问管理的资产,2012 年基本为 0,到了 2014 年底已经到了 140 亿美元。在未来 10 年里,它管理的财产还会呈现指数级增长的势头,总额将达到 5 万亿美元。

区别于程序化交易、量化交易,证券投资人工智能机器人构建了学习机制以及建立在其上的知识库,能够自主学习、推理以及进行决策。目前已经投入实际运用的证券投资人工智能已经可以取代大部分以往由人力进行的投资分析工作,自主"生产"投资策略,能够很轻松地同时监控上千只股票,并实时根据各种市场情况自主进行买卖交易。

### 5.4.1 量化投资

第一个以人工智能驱动的基金 Rebellion 预测了 2008 年的股市崩盘,并在 2009 年 9 月给希腊债券 F 评级,而当时惠誉的评级仍然为 A。通过人工智能手段,Rebellion 比官方降级提前了 1 个月。掌管 900 亿美元的对冲基金 Cerebellum 也使用了人工智能技术,结果从 2009 年以来,几乎没有一个月是亏损的。2012 年以后,由于大数据技术成熟,以机器学习为核心的人工智能技术在证券投资领域得到认同和飞速发展,包括 Renaissance Technologies、AIDIYIA、Cerebellum Capital、Cmmeq、Castilium、Binatix、Sinai、KFL Capital 等多家全球著名资产管理公司开始运用人工智能技术进行证券投资。

### 5.4.2 策略构建

相对于以往仅仅依靠传统交易数据,人工智能基金开始考虑引入新闻、政策、社交网络中的丰富文本,并运用自然语言处理技术进行分析,将非结构化数据结构化处理,并从中探寻影响市场变动的线索。典型代表是坐落在香港的人工智能投资机构 Aidyia,其开发的交易机器人从新闻和社会媒体等多种渠道摄取大量信息,使用机器学习能力预测市场并转化为买单和卖单(见图 5-13)。

图 5-13  人工智能对冲基金收益比较

资料来源：quartz

### 5.4.3  投资顾问产品

国内以同花顺、资配易、弥财、蓝海财富等公司为代表的投资机器人正迅速崛起。其中，弥财和蓝海财富基本上是参照国外机器人投资顾问的模式来做的，主要的投资标的是全球 ETF 产品，同花顺、资配易是专门针对 A 股市场的，更加具有本土化特征。同花顺早在 2009 年便提出进军人工智能，涉足金融投资机器人前沿领域，经过 7 年不断摸索与精进，已研制出金融界的"AlphaGo"——同花顺投资机器人。根据公司数据，其机器人智能投资实盘账户自 2014 年以来累计回报率为 470.2%，收益惊人。

例如，资配易的投资机器人属于"资产配置型"机器人投资顾问。它在不改变客户现有账户体系、不对客户资金进行任何操作、在客户现有证券投资账户基础上提供如下服务内容：

（1）投资规划：根据用户的拟投资金额、期限、预期收益以及风险偏好进行单期和跨期的投资计划拟定。

（2）投资组合：根据投资计划为客户构建投资组合和投资组合的调整，也可以对用户自定义的投资组合进行诊断、看护（盯市、预警和风险提示等）服务。

（3）交易执行：由于采用更好地算法，大数据分析系统能够比普通投资人更好地择时（在交易时间段内选择最优的价格进行买或卖的操作）。资配易可以为客户定制一个完全属于客户自己所拥有的智能交易代理（AI），这个智能交易代理完全在客户的授权范围内执行交易。交易需要的买卖信号，由客户向资配易系统订阅。

（4）风险管理：采取不间断盯市的策略，能够依据预先与客户商定（或资配易公司推荐）的风险管理规则对客户的投资组合进行各种风险管理操作，包括调仓、平仓、补仓。

具体见表 5-2。

表 5-2　　　　　　　　　资配易的智能投资顾问配置逻辑

| 数据 & 信号采集 | 获取外部环境的元数据、信号采集。包括证券的行情数据、基本面数据以及其他数据集 |
|---|---|
| 机器学习系统 | 包括投资规划、投资组合选择以及风险管理的模型选择、参数寻优等 |
| 知识库 | 由以往机器学习系统学习到的一些可重用的规则库、模型以及事件 |
| 决策系统 | 对于证券买卖、投资组合选择和风险管理规则运用的决策 |
| 交易执行系统 | 按照决策系统的输出，生成交易指令或交易建议的系统 |
| 业绩评价系统 | 对每个决策的事后分析、行为评价系统 |
| 激励机制 | 由用户自定义的一些惩罚、激励函数指标，指导机器学习系统的"方向"的一种负反馈机制 |

# 第 6 章
# 自然语言处理

## 6.1 基本原理

自然语言处理（Natural Language Processing，NLP）是一项应用非常广泛的人工智能计算机应用，可以理解人类的自然语言。自然语言处理技术让计算机可以基于一组技术和理论，分析、理解人类的沟通内容（见图6-1）。自然语言处理的目标，是最小化理解 Ruby、C++和 Java 等计算机语言所需的时间。自然语言处理在大数据分析中也有应用，因为目前商业环境中正在不断生成大量数据，来自声音、电子邮件、网络博客、文档、社交网站以及论坛。有报道称，未来全球自然语言处理的市场的经济效益会非常可观。

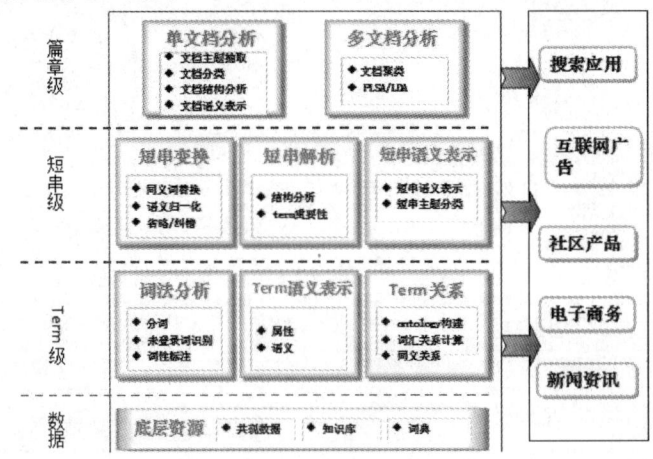

图 6-1 整体自然语言处理（NLP）技术体系

从各个源头去采集数据的话，需要做很多工作，这会占用量化模型一半以上的工作量。通过自然语言处理可以提升对非结构化数据的处理能力，可以提升数据采集的深度和广度。自然语言处理作为一种解决方案来说主要有以下几种类型，包括数据 NLP、基于规则的 NLP 和混合类型的 NLP。自然语言处理包括几项识别、分析和操作技术，例如光学字符识别（OCR）、自动编码、文字分析、交互语音回复（IVR）、模式和图像识别、分级和分类以及语音分析。自然语言处理可以作为云端服务或者本地服务，并应用于信息抽取、问题回答、机器翻译等领域，并且适合为许多垂直行业制作报告，例如汽车、零售和消费品、高科技电子、政府公共管理、银行业务、金融服务以及保险、医疗保健及生命科学、研究与教育、媒体与娱乐等等。

率先使用自然语言处理技术的人工智能对冲基金的是在伦敦设立的对冲基金 CommEq。量化交易引入新闻、政策、社交网络中的丰富文本并运用自然语言处理技术分析，将非结构化数据结构化处理，并从中探寻影响市场变动的线索。CommEq 的投资方法结合了定量模型与自然语言处理，使计算机能够如人类一样通过推断和逻辑演绎理解不完整和非结构化的信息。由李嘉诚与塔塔通讯投资的 Sentient Technologies 也运用自然语言处理、深度学习等多种人工智能技术，进行量化交易模型的建立。现如今最有名的莫过于高盛投资的号称拥有可以"取代投资银行分析师"的投资机器人的 Kensho 公司。

简单地说，自然语言处理就是用计算机来处理、理解以及运用人类语言（如中文、英文等），它属于人工智能的一个分支，是计算机科学与语言学的交叉学科，又常被称为计算语言学。自然语言是人类区别于其他动物的根本标志。没有语言，人类的思维也就无从谈起，所以自然语言处理体现了人工智能的最高任务与境界。也就是说，只有当计算机具备了处理自然语言的能力时，机器才算实现了真正的智能。

从研究内容来看，自然语言处理包括语法分析、语义分析、篇章理解等。从应用角度来看，自然语言处理具有广泛的应用前景。特别是在信息时代，自然语言处理的应用包罗万象，例如：机器翻译、手写体和印刷体字符识别、语音识别及文语转换、信息检索、信息抽取与过滤、文本分类与聚类、舆情分析和观点挖掘等，它涉及与语言处理相关的数据挖掘、机器学习、知识获取、知识工程、人工智能研究和与语言计算相关的语言学研究等。

值得一提的是，自然语言处理的兴起与机器翻译这一具体任务有着密切联系。

机器翻译指的是利用计算机自动地将一种自然语言翻译为另外一种自然语言。例如自动将英文"I like Beijing Tiananmen Square"翻译为"我爱北京天安门",或者反过来将"我爱北京天安门"翻译为"I like Beijing Tiananmen Square"。由于人工进行翻译需要训练有素的双语专家,翻译工作非常耗时耗力,更不用说在翻译一些专业领域文献时,还需要翻译者了解该领域的基本知识。世界上有超过几千种语言,而仅联合国的工作语言就有六种之多。如果能够通过机器翻译准确地进行语言间的翻译,将大大提高人类沟通和了解的效率。

《圣经》里有一个故事说巴比伦人想建造一座塔直通天堂。建塔的人都说着同一种语言,心意相通、齐心协力。上帝看到人类竟然敢做这种事情,就让他们的语言变得不一样。因为人们听不懂对方在讲什么,于是大家整天吵吵闹闹,无法继续建塔。后来人们把这座塔叫作巴别塔,而"巴别"的意思就是"分歧"。虽然巴别塔停建了,但一个梦想却始终萦绕在人们心中:人类什么时候才能拥有相通的语言,重建巴别塔呢?机器翻译被视为"重建巴别塔"的伟大创举。假如能够实现不同语言之间的机器翻译,我们就可以理解世界上任何人说的话,与他们进行交流和沟通,再也不必为相互不能理解而困扰。

事实上,"人工智能"被作为一个研究问题正式提出来的时候,创始人把计算机国际象棋和机器翻译作为两个标志性的任务,认为只要国际象棋系统能够打败人类世界冠军,机器翻译系统达到人类翻译水平,就可以宣告人工智能的胜利。40年后的1997年,IBM公司的深蓝超级计算机已经能够打败国际象棋世界冠军卡斯帕罗夫。而机器翻译到现在仍无法与人类翻译水平相比,从此可以看出自然语言处理有多么困难!

自然语言处理兴起于美国。第二次世界大战之后,20世纪50年代,当电子计算机还在襁褓之中时,利用计算机处理人类语言的想法就已经出现。当时,美国希望能够利用计算机将大量俄语材料自动翻译成英语,以窥探苏联科技的最新发展。研究者从破译军事密码中得到启示,认为不同的语言只不过是对"同一语义"的不同编码而已,从而想当然地认为可以采用译码技术像破译密码一样"破译"这些语言。

1954年1月7日,美国乔治敦大学和IBM公司合作实验成功地将超过60句俄语自动翻译成英语。虽然当时的这个机器翻译系统非常简单,仅仅包含6个语法规则和250个词,但由于媒体的广泛报道,纷纷认为这是一个巨大的进步,导致美国政府备受鼓舞,加大了对自然语言处理研究的投资。实验完成者也当即自信地撰文称，在三到五年之内就能够完全解决从一种语言到另一种语言的自动翻译问题。他们认为只要制定好各种翻译规则，通过大量规则的堆砌就能够完美地实现语言间的自动翻译。

然而，事实是理解人类语言远比破译密码要复杂得多，因此研究进展非常缓慢。1966年的一份研究报告总结发现，经过十年之久的研究，结果远远未能达到预期，因此支持资金急剧下降，使自然语言处理（特别是机器翻译）的研究陷入长达二十年的低潮。直到20世纪80年代，随着电子计算机计算能力的飞速提高和制造成本的大幅下降，研究者又开始重新关注自然语言处理这个极富挑战的研究领域。三十年沧海桑田，此时研究者已经认识到语言规则的简单堆砌无法实现对人类语言的真正理解。研究发现，通过对大量文本数据的自动学习和统计，能够更好地解决自然语言处理问题，如语言的自动翻译。这一思想被称为自然语言处理的统计学习模型，至今方兴未艾。

那么，自然语言处理到底存在哪些主要困难或挑战，吸引那么多研究者几十年如一日孜孜不倦地探索解决之道呢？

## 6.2　困难与挑战

自然语言处理的困难可以罗列出来很多，不过关键在于消除歧义问题，如词法分析、句法分析、语义分析等过程中存在的歧义问题，简称为"消歧"。正确的消歧需要大量的知识，包括语言学知识（如词法、句法、语义、上下文等）和世界知识（与语言无关）。这带来自然语言处理的两个主要困难。

首先，语言中充满了大量的歧义，这主要体现在词法、句法及语义三个层次上。歧义的产生是由于自然语言所描述的对象——人类活动非常复杂，而语言的词汇和句法规则又是有限的，这就造成同一种语言形式可能具有多种含义。

例如单词定界问题是属于词法层面的消歧任务。在口语中，词与词之间通常是连贯说出来的。在书面语中，中文等语言也没有词与词之间的边界。由于单词是承载语义的最小单元，要解决自然语言处理，单词的边界界定问题首当其冲。特别是中文文本通常由连续的字序列组成，词与词之间缺少天然的分隔符，因此中文信息处理比英文等西方语言多一步工序，即确定词的边界，我们称为"中文自动分词"

任务。通俗的说就是要由计算机在词与词之间自动加上分隔符，从而将中文文本切分为独立的单词。例如一个句子"今天天气晴朗"中带有分隔符的切分文本是"今天丨天气丨晴朗"。中文自动分词处于中文自然语言处理的底层，是公认的中文信息处理的第一道工序，扮演着重要的角色，主要存在新词发现和歧义切分等问题。我们注意到：正确的单词切分取决于对文本语义的正确理解，而单词切分又是理解语言的最初的一道工序。这样的一个"鸡生蛋、蛋生鸡"的问题自然成了（中文）自然语言处理的第一条拦路虎。

其他级别的语言单位也存在着各种歧义问题。例如在短语级别上，"进口彩电"可以理解为动宾关系（从国外进口了一批彩电），也可以理解为偏正关系（从国外进口的彩电）。又如在句子级别上，"做手术的是她的父亲"可以理解为她父亲生病了需要做手术，也可以理解为她父亲是医生帮别人做手术。总之，同样一个单词、短语或者句子有多种可能的理解，表示多种可能的语义。如果不能解决好各级语言单位的歧义问题，我们就无法正确理解语言要表达的意思。

另外一个方面，消除歧义所需要的知识在获取、表达以及运用上存在困难。由于语言处理的复杂性，合适的语言处理方法和模型难以设计。

例如上下文知识的获取问题。在试图理解一句话的时候，即使不存在歧义问题，我们也往往需要考虑上下文的影响。所谓的"上下文"指的是当前所说这句话所处的语言环境，例如说话人所处的环境，或者是这句话的前几句话或者后几句话等等。假如当前这句话中存在指代词的时候，我们需要通过这句话前面的句子来推断这个指代词指的是什么。我们以"小明欺负小亮，因此我批评了他"为例。在其中的第二句话中的"他"是指代"小明"还是"小亮"呢？要正确理解这句话，我们就要理解上句话"小明欺负小亮"意味着"小明"做得不对，因此第二句中的"他"应当指代的是"小明"。由于上下文对于当前句子的暗示形式是多种多样的，因此如何考虑上下文影响问题是自然语言处理中的主要困难之一。

再如背景知识问题。正确理解人类语言还要有足够的背景知识。举一个简单的例子，在机器翻译研究的初期，人们经常举一个例子来说明机器翻译任务的艰巨性。在英语中"The spirit is willing but the flesh is weak."，意思是"心有余而力不足"。但是当时的某个机器翻译系统将这句英文翻译到俄语，然后再翻译回英语的时候，却变成了"The Voltka is strong but the meat is rotten."，意思是"伏特加酒是浓的，但肉却腐烂了"。从字面意义上看，"spirit"（烈性酒）与"Voltka"（伏特加）对译似无问题，而"flesh"和"meat"也都有肉的意思。那么这两句话在意义上为什么会南辕北辙呢？关键的问题就在于在翻译过程中，机器翻译系统对于英语成语并无了解，仅仅是从字面上进行翻译，结果自然失之毫厘，差之千里。

从上面的两个方面的主要困难，我们看到，自然语言处理这个难题的根源就是人类语言的复杂性和语言描述的外部世界的复杂性。人类语言承担着人类表达情感、交流思想、传播知识等重要功能，因此需要具备强大的灵活性和表达能力，而理解语言所需要的知识又是无止境的。那么目前人们是如何尝试进行自然语言处理的呢？

## 6.3 发展趋势

目前，人们主要通过两种思路来进行自然语言处理，一种是基于规则的理性主义，另外一种是基于统计的经验主义。理性主义方法认为，人类语言主要是由语言规则来产生和描述的，因此只要能够用适当的形式将人类语言规则表示出来，就能理解人类语言，并实现语言之间的翻译等各种自然语言处理任务。而经验主义方法则认为，从语言数据中获取语言统计知识，需要有效建立语言的统计模型。因此，只要能够有足够多的用于统计的语言数据，就能够理解人类语言。然而，当面对现实世界充满模糊与不确定性时，这两种方法都面临着各自无法解决的问题。例如，人类语言虽然有一定的规则，但是在真实使用中往往伴随大量的噪音和不规范性。理性主义方法的一大弱点就是鲁棒性差，只要与规则稍有偏离便无法处理。而对于经验主义方法而言，又不能无限获取语言数据进行统计学习，因此也不能完美地理解人类语言。20 世纪 80 年代以来的趋势就是，基于语言规则的理性主义方法不断受到质疑，大规模语言数据处理成为目前和未来一段时期内自然语言处理的主要研究目标。统计学习方法越来越受到重视，自然语言处理中越来越多地使用机器自动学习的方法来获取语言知识。

迈进 21 世纪，以互联网为主要标志的海量信息时代已来临，这些海量信息大部分是以自然语言表示的。一方面，海量信息为计算机学习人类语言提供了更多的"素材"；另一方面，这也为自然语言处理提供了更加宽广的应用舞台。例如，作为自然语言处理的重要应用，搜索引擎逐渐成为人们获取信息的重要工具，涌现出以百度、谷歌等为代表的搜索引擎巨头；机器翻译也从实验室走入寻常百姓家，谷歌、百度等公司都提供了基于海量网络数据的机器翻译和辅助翻译工具；基于自然语言处理的中文（输入法如搜狗、微软、谷歌等输入法）成为计算机用户的必备工具；带有语音识别的计算机和手机也正大行其道，协助用户更有效工作和学习。总之，随着互联网的普及和海量信息的涌现，自然语言处理正在人们的日常生活中扮演着越来越重要的作用。

然而，我们同时面临着一个严峻事实，那就是如何有效利用海量信息已成为制约信息技术发展的一个全局性瓶颈问题。自然语言处理无可避免地成为信息科学技术中长期发展的一个新的战略制高点。同时，人们逐渐意识到，单纯依靠统计方法已经无法快速有效地从海量数据中学习语言知识，只有同时充分发挥基于规则的理性主义方法和基于统计的经验主义方法的各自优势，两者互相补充，才能够更好、更快地进行自然语言处理。

自然语言处理作为一个年龄尚不足一个世纪的新兴学科，发展却突飞猛进。回顾自然语言处理的发展历程，并不是一帆风顺，有过低谷，也有过高潮。而现在我们正面临着新的挑战和机遇。例如，目前网络搜索引擎基本上还停留在关键词匹配，缺乏深层次的自然语言处理和理解。语音识别、文字识别、问答系统、机器翻译等目前也只能达到很基本的水平。路漫漫其修远兮，自然语言处理作为一个高度交叉的新兴学科，不论是探究自然本质还是付诸实际应用，在将来必定会有令人期待的惊喜和异常快速的发展。

# 第 7 章 知识图谱

## 7.1 知识图谱的原理

知识图谱本质上是语义网络,是一种基于图的数据结构,由节点(Point)和边(Edge)组成。在知识图谱里,每个节点表示现实世界中存在的"实体",每条边为实体与实体之间的"关系"。知识图谱是关系最有效的表示方式。通俗地讲,知识图谱就是把所有不同种类的信息(Heterogeneous Information)连接在一起而得到的一个关系网络。知识图谱提供了从"关系"的角度分析问题的能力(见图 7-1)。

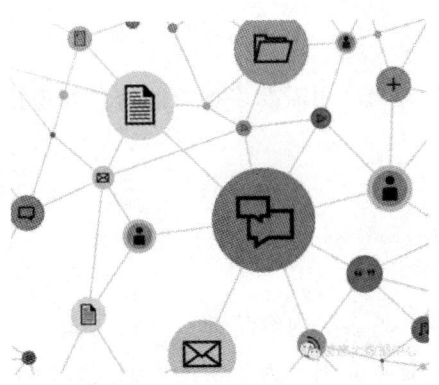

图 7-1 "知识图谱"示意图

知识图谱这个概念最早由 Google 提出，主要是用来优化现有的搜索引擎。不同于基于关键词搜索的传统搜索引擎，知识图谱可用来更好地查询复杂的关联信息，从语义层面理解用户意图，改进搜索质量。比如在 Google 的搜索框里输入 Bill Gates 的时候，搜索结果页面的右侧还会出现 Bill Gates 相关的信息比如出生年月、家庭情况等等。

另外，对于稍微复杂的搜索语句比如"Who is the wife of Bill Gates"，Google 能准确返回他的妻子 Melinda Gates。这就说明搜索引擎通过知识图谱真正理解了用户的意图。

近两年来，随着 Linking Open Data 等项目的全面展开，语义 Web 数据源的数量激增，大量 RDF 数据被发布。互联网正从仅包含网页和网页之间超链接的文档万维网（Document Web）转变成包含大量描述各种实体和实体之间丰富关系的数据万维网（Data Web）。在这个背景下，Google、百度和搜狗等搜索引擎公司纷纷以此为基础构建知识图谱，分别为 Knowledge Graph、知心和知立方，来改进搜索质量，从而拉开了语义搜索的序幕。

下文将从以下几个方面来介绍知识图谱：知识图谱的表示和在搜索中的展现形式、知识图谱的构建和知识图谱在搜索中的应用等，从而让大家有机会了解其内部的技术实现途径和面临的各种挑战。

## 7.2 知识图谱的主要技术

大规模知识图谱的构建与应用需要多种智能信息处理技术的支持，以下简单介绍其中若干主要技术。

### 7.2.1 实体链指

互联网网页，如新闻、博客等内容里涉及大量实体。大部分网页本身并没有关于这些实体的相关说明和背景介绍。为了帮助人们更好地了解网页内容，很多网站或作者会把网页中出现的实体链接到相应的知识库词条上，为读者提供更详尽的背景材料。这种做法实际上将互联网网页与实体之间建立了链接关系，因此被称为实体链指。

手工建立实体链接关系非常费力,因此如何让计算机自动实现实体链指,成为知识图谱得到大规模应用的重要技术前提。例如,谷歌等在搜索引擎结果页面呈现知识图谱时,需要该技术自动识别用户输入查询词中的实体并链接到知识图谱的相应节点上。

实体链指的主要任务有两个:实体识别(Entity Recognition)与实体消歧(Entity Disambiguation),是自然语言处理领域的经典问题。

实体识别,旨在从文本中发现命名实体,最典型的包括人名、地名、机构名三类实体。近年来,人们开始尝试识别更丰富的实体类型,如电影名、产品名等等。此外,由于知识图谱不仅涉及实体,还有大量概念,因此也有研究者提出对这些概念进行识别。

不同环境下的同一个实体名称可能会对应不同实体,例如"苹果"可能指某种水果、某个著名 IT 公司,也可能是一部电影名称。这种一词多义或者歧义问题普遍存在于自然语言中。将文档中出现的名字链接到特定实体上,就是一个消歧的过程。消歧的基本思想是充分利用名字出现的上下文,分析不同实体可能出现在该处的概率。例如某个文档如果出现了 iphone,那么"苹果"就有更高的概率指向知识图谱中叫"苹果"的 IT 公司。

实体链指,并不局限于文本与实体之间,还可以包括图像、社交媒体等数据与实体之间的关联。可以看到,实体链指是知识图谱构建与应用的基础核心技术。

### 7.2.2 关系抽取

构建知识图谱的重要来源之一是从互联网网页文本中抽取实体关系。关系抽取是一种典型的信息抽取任务。

典型的开放信息抽取方法采用自举(Bootstrapping)的思想,按照"模板生成 实例抽取"的流程不断迭代直至收敛。例如,最初可以通过"X 是 Y 的首都"模板抽取出(中国,首都,北京)(美国,首都,华盛顿)等三元组实例;然后根据这些三元组中的实体对"中国 – 北京"和"美国 – 华盛顿"可以发现更多的匹配模板,如"Y 的首都是 X""X 是 Y 的政治中心"等;进而用新发现的模板抽取更多新的三元组实例,通过反复迭代不断抽取新的实例与模板。这种方法直观有效,但也面临很多挑战性问题,如在扩展过程中很容易引入噪音实例与模板,出现语义漂移现象，降低了抽取准确率。研究者针对这一问题提出了很多解决方案：提出同时扩展多个互斥类别的知识，例如同时扩展人物、地点和机构，要求一个实体只能属于一个类别。

还可以通过识别表达语义关系的短语来抽取实体间关系。例如，通过句法分析，可以从文本中发现"华为"与"深圳"的如下关系：（华为，总部位于，深圳）（华为，总部设置于，深圳）以及（华为，将其总部建于，深圳）。通过这种方法抽取出的实体间关系非常丰富而自由，一般是一个以动词为核心的短语。该方法的优点是，无须预先人工定义关系的种类，但这种自由度带来的代价是，关系语义没有归一化，同一种关系可能会有多种不同的表示。例如，上述发现的"总部位于""总部设置于"以及"将其总部建于"三个语义实际上是同一种关系。如何对这些自动发现的关系进行聚类规约是一个挑战。

还可以将所有关系看作分类标签，把关系抽取转换为对实体对的关系分类问题。这种关系抽取方案的主要挑战在于缺乏标注语料。2009年斯坦福大学研究者提出远程监督（Distant Supervision）思想，使用知识图谱中已有的三元组实例启发式地标注训练语料。远程监督思想的假设是，每个同时包含两个实体的句子，都表述了这两个实体在知识库中的对应关系。例如，根据知识图谱中的三元组实例（苹果，创始人，乔布斯）和（苹果，CEO，库克），可以将以下四个包含对应实体对的句子分别标注为包含"创始人"和"CEO"关系（见表7-1）：

表7-1　　　　　　　　　　　　三元组实例

| 样例 | 句子 | 关系/分类标签 |
| --- | --- | --- |
| 苹果-乔布斯 | 苹果公司的创始人是乔布斯。 | 创始人 |
| 苹果-乔布斯 | 乔布斯创立了苹果公司。 | 创始人 |
| 苹果-库克 | 苹果公司的CEO是库克。 | CEO |
| 苹果-库克 | 库克现在是苹果公司的CEO。 | CEO |

将知识图谱三元组中每个实体对看作待分类样例，将知识图谱中实体对关系看作分类标签。通过从出现该实体对的所有句子中抽取特征，我们可以利用机器学习分类模型（如最大熵分类器、SVM等）构建信息抽取系统。对于任何新的实体对，根据该实体对句子的特征，就可以利用该信息抽取系统自动判断其关系。远程监督能够根据知识图谱自动构建大规模标注语料库，因此取得了瞩目的信息抽取效果。

远程监督方法会引入大量噪音训练样例，严重损害模型准确率。例如，对于（苹果，创始人，乔布斯）可以从文本中匹配如表 7-2 所示的四个句子：

表 7-2　　　　　　　　　　　　关系标签与匹配

| 句子 | 关系/分类标签 | 是否正确 |
| --- | --- | --- |
| 苹果公司的创始人是乔布斯。 | 创始人 | 正确 |
| 乔布斯创立了苹果公司。 | 创始人 | 正确 |
| 乔布斯回到了苹果公司。 | 创始人 | 错误 |
| 乔布斯曾担任苹果的 CEO。 | 创始人 | 错误 |

在这四个句子中，前两个句子的确表明苹果与乔布斯之间的创始人关系，但是后两个句子则并没有表达这样的关系。很明显，由于远程监督只能机械地匹配出现实体对的句子，因此会大量引入错误训练样例。为了解决这个问题，人们提出很多去除噪音实例的办法，来提升远程监督性能。例如，研究发现，一个正确训练实例往往位于语义一致的区域，也就是其周边的实例应当拥有相同的关系；也有研究提出利用因子图、矩阵分解等方法，建立数据内部的关联关系，能有效实现降低噪音的目标。

关系抽取是知识图谱构建的核心技术，它决定了知识图谱中知识的规模和质量。关系抽取是知识图谱研究的热点问题，还有很多挑战性问题需要解决，包括提升从高噪音的互联网数据中抽取关系的鲁棒性，扩大抽取关系的类型与抽取知识的覆盖面等。

### 7.2.3　知识推理

推理能力是人类智能的重要特征，能够从已有知识中发现隐含知识。推理往往需要相关规则的支持，例如从"配偶" + "男性"推理出"丈夫"，从"妻子的父亲"推理出"岳父"，从出生日期和当前时间推理出年龄等等。

这些规则可以通过人们手动总结构建，但往往费时费力，而且也很难穷举复杂关系图谱中的所有推理规则。因此，很多人研究如何自动挖掘相关推理规则或模式。目前主要依赖关系之间的同现情况，利用关联挖掘技术来自动发现推理规则。

实体关系之间存在丰富的同现信息。如图 7-2，在康熙、雍正和乾隆三个人物之间，我们有（康熙，父亲，雍正）（雍正，父亲，乾隆）以及（康熙，祖父，乾隆）三个实例。根据大量类似的实体 X、Y、Z 间出现的（X，父亲，Y）（Y，父亲，Z）以及（X，祖父，Z）实例，我们可以统计出"父亲 + 父亲 = >祖父"的推理规则。类似的，我们还可以根据大量（X，首都，Y）和（X，位于，Y）实例统计出"首都＝＞位于"的推理规则，根据大量（X，总统，美国）和（X，是，美国人）统计出"美国总统＝＞是美国人"的推理规则。

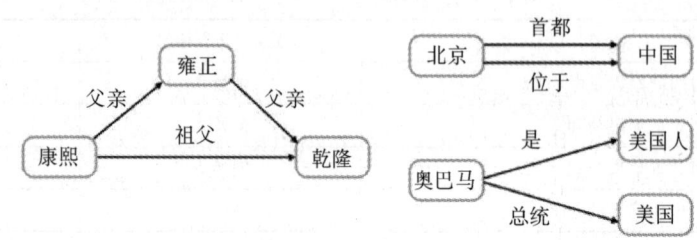

图7-2 知识推理举例

知识推理可以用于发现实体间新的关系。例如，根据"父亲+父亲＝＞祖父"的推理规则，如果两实体间存在"父亲+父亲"的关系路径，就可以推理它们之间存在"祖父"的关系。利用推理规则实现关系抽取的经典方法是 Path Ranking Algorithm（Lao & Cohen 2010），该方法将每种不同的关系路径作为一维特征，通过在知识图谱中统计大量的关系路径构建关系分类的特征向量，建立关系分类器进行关系抽取，取得不错的抽取效果，成为近年来关系抽取的代表方法之一。但这种基于关系的同现统计的方法，面临严重的数据稀疏问题。

在知识推理方面还有很多探索工作，例如采用谓词逻辑（Predicate Logic）等形式化方法和马尔科夫逻辑网络（Markov Logic Network）等建模工具进行知识推理研究。目前来看，这方面研究仍处于百家争鸣阶段，大家在推理表示等诸多方面仍为达成共识，未来路径有待进一步探索。

### 7.2.4 知识表示

在计算机中如何对知识图谱进行表示与存储，是知识图谱构建与应用的重要课题。

根据"知识图谱"字面所表示的含义，人们往往将知识图谱作为复杂网络进行存储，这个网络的每个节点带有实体标签，而每条边带有关系标签。基于这种网络的表示方案，知识图谱的相关应用任务往往需要借助于图算法来完成。例如，当尝试计算两个实体之间的语义相关度时，可以通过它们在网络中的最短路径长度来衡量。两个实体距离越近，则越相关。而面向"梁启超的儿子的妻子"这样的推理查询问题时,则可以从"梁启超"节点出发,通过寻找特定的关系路径"梁启超→儿子→妻子→?",来找到答案。

然而,这种基于网络的表示方法面临很多困难。首先,该表示方法面临严重的数据稀疏问题,对于那些对外连接较少的实体,一些图方法可能束手无策或效果不佳。此外,图算法往往计算复杂度较高,无法适应大规模知识图谱的应用需求。

最近,伴随着深度学习和表示学习的革命性发展,研究者也开始探索面向知识图谱的表示学习方案。其基本思想是,将知识图谱中的实体和关系的语义信息用低维向量表示,这种分布式表示(Distributed Representation)方案能够极大地帮助基于网络的表示方案。其中,最简单有效的模型是最近提出的 TransE(Bordes, et al. 2013)。TransE 基于实体和关系的分布式向量表示,将每个三元组实例(head, relation, tail)中的关系 relation 看作从实体 head 到实体 tail 的翻译,通过不断调整 h、r 和 t(head、relation 和 tail 的向量),使(h + r)尽可能与 t 相等,即 h + r = t。该优化目标如图 7 – 3 所示。

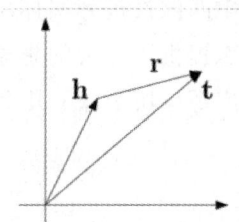

图 7 – 3  TransE 模型示意图

通过 TransE 等模型学习得到的实体和关系向量,能够在很大程度上缓解基于网络表示方案的稀疏性问题,应用于很多重要任务中。

首先,利用分布式向量,可以通过欧氏距离或余弦距离等方式,很容易地计算实体间、关系间的语义相关度。这将极大地改进开放信息抽取中实体融合和关系融合的性能。通过寻找给定实体的相似实体,还可用于查询扩展和查询理解等应用。

其次,知识表示向量可以用于关系抽取。以 TransE 为例,由于我们的优化目标是让 h + r = t,因此,当给定两个实体 h 和 t 时,我们可以通过寻找与 t – h 最相似的 r 来寻找两实体间的关系。(Bordes, et al. 2013)中的实验证明,该方法的抽取性能较高。而且可以发现,该方法仅需要知识图谱作为训练数据,不需要外部的文本数据,因此这又称为知识图谱补全(Knowledge Graph Completion),与复杂网络中的链接预测(Link Prediction)类似,但是要复杂得多,因为在知识图谱中,每个节点和连边上都有标签（标记实体名和关系名）。

最后，知识表示向量还可以用于发现关系间的推理规则。例如，对于大量 X、Y、Z 间出现的（X，父亲，Y）(Y，父亲，Z）以及（X，祖父，Z）实例，我们在 TransE 中会学习 X + 父亲 = Y、Y + 父亲 = Z 以及 X + 祖父 = Z 等目标。根据前两个等式，我们很容易得到 X + 父亲 + 父亲 = Z，与第三个公式相比，就能够得到"父亲 + 父亲 => 祖父"的推理规则。前面介绍过，基于关系的同现统计学习推理规则的思想，存在严重的数据稀疏问题。如果利用关系向量表示提供辅助，可以显著缓解稀疏问题。

## 7.3 知识图谱的典型应用

知识图谱将搜索引擎从字符串匹配推进到实体层面，可以极大地改进搜索效率和效果，为下一代搜索引擎的形态提供了巨大的想象空间。知识图谱的应用前景远不止于此，目前知识图谱已经被广泛应用于以下几个任务中。

### 7.3.1 查询理解

谷歌等搜索引擎巨头之所以致力于构建大规模知识图谱，其重要目标之一就是能够更好地理解用户输入的查询词。用户查询词是典型的短文本（short text），一个查询词往往仅由几个关键词构成。传统的关键词匹配技术没有理解查询词背后的语义信息，查询效果可能会很差。

例如，对于查询词"李娜 大满贯"如果仅用关键词匹配的方式，搜索引擎根本不懂用户到底希望寻找哪个"李娜"，而只会机械地返回所有含有"李娜"这个关键词的网页。但通过利用知识图谱识别查询词中的实体及其属性，搜索引擎将能够更好地理解用户搜索意图。现在，我们到谷歌中查询"李娜 大满贯"会发现，首先谷歌会利用知识图谱在页面右侧呈现中国网球运动员李娜的基本信息，我们可以知道这个"李娜"指的是中国网球女运动员。同时，谷歌不仅像传统搜索引擎那样返回匹配的网页，更会直接在页面最顶端返回李娜赢得大满贯的次数"2"。

主流商用搜索引擎基本都支持这种直接返回查询结果而非网页的功能，这背后离不开大规模知识图谱的支持。以百度为例，图 7-4 是百度对"珠穆朗玛峰高度"的查询结果，百度直接告诉用户珠穆朗玛峰的高度是 8 844.43 米。

图 7-4　百度对"珠穆朗玛峰高度"的查询结果

基于知识图谱，搜索引擎还能获得简单的推理能力。例如，图 7-5 是百度对"梁启超的儿子的妻子"的查询结果，百度能够利用知识图谱知道梁启超的儿子是梁思成，梁思成的妻子是林徽因等人。

图 7-5　百度对"梁启超的儿子的妻子"的查询结果

采用知识图谱理解查询意图，不仅可以返回更符合用户需求的查询结果，还能更好地匹配商业广告信息，提高广告点击率，增加搜索引擎受益。因此，知识图谱对搜索引擎公司而言，是一举多得的重要资源和技术。

### 7.3.2 自动问答

人们一直在探索比关键词查询更高效的互联网搜索方式。很多学者预测，下一代搜索引擎将能够直接回答人们提出的问题，这种形式被称为自动问答。例如著名计算机学者、美国华盛顿大学计算机科学与工程系教授、图灵中心主任 Oren Etzioni 于 2011 年就在 Nature 杂志上发表文章《搜索需要一场变革》（Search Needs a Shake-Up）。该文指出，一个可以理解用户问题，从网络信息中抽取事实，并最终选出一个合适答案的搜索引擎，才能将我们带到信息获取的制高点。如上节所述，目前搜索引擎已经支持对很多查询直接返回精确答案而非海量网页而已。

关于自动问答，我们将有专门的章节介绍。这里，需要着重指出的是，知识图谱的重要应用之一就是作为自动问答的知识库。在搜狗推出中文知识图谱服务"知立方"的时候，曾经以回答"梁启超的儿子的太太的情人的父亲是谁？"这种近似脑筋急转弯似的问题作为案例，来展示其知识图谱的强大推理能力。虽然大部分用户不会这样拐弯抹角的提问，但人们会经常需要寻找诸如"刘德华的妻子是谁？""侏罗纪公园的主演是谁？""姚明的身高？"以及"北京有几个区？"等问题的答案。而这些问题都需要利用知识图谱中实体的复杂关系推理得到。无论是理解用户查询意图，还是探索新的搜索形式，都毫无例外地需要进行语义理解和知识推理，而这都需要大规模、结构化知识图谱的有力支持。因此，知识图谱成为各大互联网公司的必争之地。

最近，微软联合创始人 Paul Allen 投资创建了艾伦人工智能研究院（Allen Institute for Artificial Intelligence），致力于建立具有学习、推理和阅读能力的智能系统。2013 年底，Paul Allen 任命 Oren Etzioni 教授担任艾伦人工智能研究院的执行主任，该任命所释放的信号值得我们思考。

### 7.3.3 文档表示

经典的文档表示方案是空间向量模型（Vector Space Model）。该模型将文档表示为词汇的向量，而且采用了词袋（Bag-of-Words，BOW）假设，不考虑文档中词汇的顺序信息。这种文档表示方案与上述基于关键词匹配的搜索方案相匹配，由于其表示简单，效率较高，是目前主流搜索引擎所采用的技术。文档表示是自然语言处理很多任务的基础，如文档分类、文档摘要、关键词抽取等等。

经典文档表示方案已经在实际应用中暴露出很多固有的严重缺陷，例如无法考虑词汇之间的复杂语义关系，无法处理对短文本（如查询词）的稀疏问题。人们一直在尝试解决这些问题，而知识图谱的出现和发展，为文档表示带来新的希望，那就是基于知识的文档表示方案。一篇文章不再只是由一组代表词汇的字符串来表示，而是由文章中的实体及其复杂语义关系来表示（Schuhmacher, et al. 2014）。该文档表示方案实现了对文档的深度语义表示，为文档深度理解打下基础。一种最简单的基于知识图谱的文档表示方案，可以将文档表示为知识图谱的一个子图（sub-graph），即用该文档中出现或涉及的实体及其关系所构成的图表示该文档。这种知识图谱的子图比词汇向量拥有更丰富的表示空间，也为文档分类、文档摘要和关键词抽取等应用提供了更丰富的可供计算和比较的信息。

知识图谱为计算机智能信息处理提供了巨大的知识储备和支持，将让现在的技术从基于字符串匹配的层次提升至知识理解层次。以上介绍的几个应用可以说只能窥豹一斑。知识图谱的构建与应用是一个庞大的系统工程，其所蕴藏的潜力和可能的应用，将伴随着相关技术的日渐成熟而不断涌现。

## 7.4 知识图谱在智能金融领域的应用

在本文中，我们主要讨论知识图谱在互联网金融行业中的应用。当然，很多应用场景和想法都可以延伸到其他各行各业。这里提到的应用场景只是冰山一角，在很多其他的应用上，知识图谱仍然可以发挥它的潜在价值，这在后续文章中会继续讨论。

### 7.4.1 反欺诈

反欺诈是风控中非常重要的一道环节。基于大数据的反欺诈难点在于如何把不同来源的数据（结构化、非结构）整合在一起，并构建反欺诈引擎，从而有效识别出欺诈案件（比如身份造假、团体欺诈、代办包装等）。而且不少欺诈案件会涉及复杂的关系网络，这也给欺诈审核带来了新的挑战。知识图谱，作为关系的直接表示方式，可以很好地解决这两个问题。首先，知识图谱提供非常便捷的方式来添加新的数据源，这一点在前面提到过。其次，知识图谱本身就是用来表示关系的，这种直观的表示方法可以帮助我们更有效地分析复杂关系中存在的特定潜在风险。

反欺诈的核心是人，首先需要把与借款人相关的所有数据源打通，并构建包含多数据源的知识图谱，从而整合成为一台机器可以理解的结构化知识。在这里，我们不仅可以整合借款人的基本信息（比如申请时填写的信息），还可以把借款人的消费记录、行为记录、网上的浏览记录等整合到整个知识图谱里，从而进行分析和预测。这里的一个难点是很多数据都是从网络上获取的非结构化数据，需要利用机器学习、自然语言处理技术把这些数据变成结构化的数据。

不一致性验证可以用来判断一个借款人的欺诈风险，这个跟交叉验证类似。比如借款人张三和借款人李四填写的是同一家公司的电话，但张三填写的公司和李四填写的公司其实完全不一样，这就成了一个风险点，需要审核人员格外注意（见图7-6）。

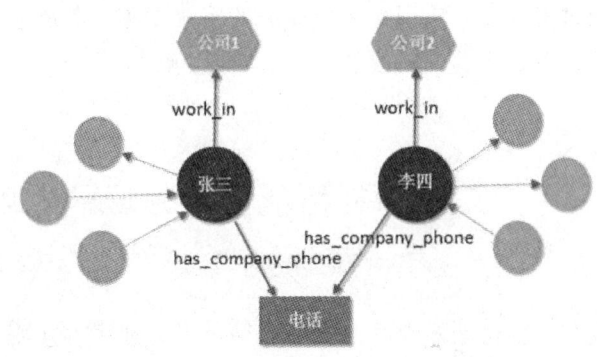

图7-6　知识图谱的反欺诈应用案例

再比如，借款人说跟张三是朋友关系，跟李四是父子关系。当我们试图把借款人的信息添加到知识图谱里的时候，"一致性验证"引擎会触发。引擎首先会去读取张三和李四的关系，从而验证这个"三角关系"是否正确。很显然，朋友的朋友不是父子关系，所以存在着明显的不一致性。

不一致性验证涉及知识的推理。通俗地讲，知识的推理可以理解成"链接预测"，也就是从已有的关系图谱里推导出新的关系或链接。比如在上面的例子中，假设张三和李四是朋友关系，而且张三和借款人也是朋友关系，那我们可以推理出借款人和李四也是朋友关系（见图7-7）。

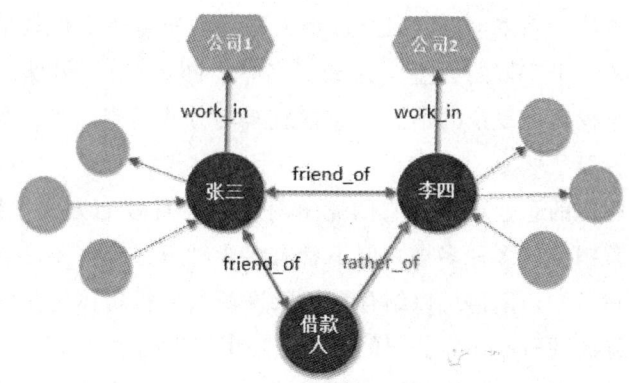

图 7-7　知识图谱的不一致性验证

### 7.4.2　失联客户管理

除了贷前的风险控制,知识图谱也可以在贷后发挥其强大的作用。比如在贷后失联客户管理的问题上,知识图谱可以帮助我们挖掘出更多潜在的新的联系人,从而提高催收的成功率。

现实中,不少借款人在借款成功后却不按约还款,而且玩"捉迷藏",联系不上本人。即便试图去联系借款人曾经提供过的其他联系人,但还是没有办法找到本人。这就进入了所谓的"失联"状态,使得催收人员无从下手。那接下来的问题是,在失联的情况下,有没有办法去挖掘跟借款人有关系的新的联系人?虽然这部分人群并没有以关联联系人的身份出现在我们的知识图谱里,但如果能够挖掘出更多潜在的新联系人,就会大大提高催收成功率。举个例子,在图 7-7 所示的关系中,借款人跟李四有直接的关系,但我们却联系不上李四。那有没有可能通过 2 度关系的分析,预测并判断李四的哪些联系人可能也会认识借款人。这就涉及图谱结构的分析。

### 7.4.3　智能搜索

基于知识图谱,我们也可以提供智能搜索和数据可视化的服务。智能搜索的功能类似于知识图谱在 Google、Baidu 上的应用。也就是说,对于每一个搜索的关键词,我们可以通过知识图谱来返回更丰富、更全面的信息。比如搜索一个人的身份证号,我们的智能搜索引擎可以返回与这个人相关的所有历史借款记录、联系人信息、行为特征和每一个实体的标签(比如黑名单、同业等)。另外,可视化的好处不言而喻,通过可视化把复杂的信息以非常直观的方式呈现出来,能使我们对隐藏信息的来龙去脉一目了然。

精准营销。聪明的企业可以比它的竞争对手以更有效的方式挖掘其潜在客户。在互联网时代,营销手段多种多样,但不管有多少种方式都离不开一个核心——分析用户和理解用户。知识图谱可以结合多种数据源去分析实体之间的关系,从而对用户的行为有更好的理解。比如公司的市场经理用知识图谱来分析用户之间的关系,发现一个组织的共同喜好,从而可以有针对性地对某一类人群制定营销策略。我们只有更好地、更深入地(Deep Understanding)理解用户的需求,才能更好地去营销。

## 7.5 前景与挑战

如果未来的智能机器拥有一个大脑,知识图谱就是这个大脑中的知识库,对于大数据智能具有重要意义,也将对自然语言处理、信息检索和人工智能等领域产生深远影响。

现在以商业搜索引擎公司为首的互联网巨头已经意识到知识图谱的战略意义,纷纷投入重兵布局知识图谱,并对搜索引擎形态日益产生重要的影响。同时,我们也强烈地感受到,知识图谱还处于发展初期,大多数商业知识图谱的应用场景非常有限,例如搜狗知立方更多聚焦在娱乐和健康等领域。根据各搜索引擎公司提供的报告来看,为了保证知识图谱的准确率,仍然需要在知识图谱构建过程中采用较多的人工干预。

可以看到,在未来的一段时间内,知识图谱将是大数据智能的前沿研究问题,有很多重要的开放性问题亟待学术界和产业界协力解决。我们认为,未来知识图谱研究有以下几个重要挑战。

知识类型与表示。知识图谱主要采用(实体1,关系,实体2)三元组的形式来表示知识,这种方法可以较好地表示很多事实性知识。然而,人类知识类型多样,面对很多复杂知识,三元组就束手无策了。例如,人们的购物记录信息、新闻事件等，包含大量实体及其之间的复杂关系，更不用说人类大量的涉及主观感受、主观情感和模糊的知识了。很多学者针对不同场景设计不同的知识表示方法。知识表示是知识图谱构建与应用的基础，如何合理设计表示方案，更好地涵盖人类不同类型的知识，是知识图谱的重要研究问题。最近认知领域关于人类知识类型的探索（Tenenbaum, et al. 2011）也许会对知识表示研究有一定启发作用。

知识获取。如何从互联网大数据萃取知识，是构建知识图谱的重要问题。目前已经提出各种知识获取方案，并成功抽取了大量有用的知识。但在抽取知识的准确率、覆盖率和效率等方面，仍不尽如人意，有极大的提升空间。

知识融合。来自不同数据的抽取知识可能存在大量噪音和冗余，或者使用了不同的语言。如何将这些知识有机融合起来，建立更大规模的知识图谱，是实现大数据智能的必由之路。

知识应用。目前大规模知识图谱的应用场景和方式还比较有限，如何有效实现知识图谱的应用，利用知识图谱实现深度知识推理，提高大规模知识图谱计算效率，需要人们不断锐意发掘用户需求，探索更重要的应用场景，提出新的应用算法。这既需要丰富的知识图谱技术积累，也需要对人类需求的敏锐感知，找到合适的应用之道。

# 第 8 章 区块链

## 8.1 区块链核心技术

大规模知识图谱的构建与应用需要多种智能信息处理技术的支持,以下简单介绍其中若干主要技术。

### 8.1.1 区块链结构核心1:区块+链

(1)区块(Block)

在区块链技术中,数据以电子记录的形式被永久储存下来。存放这些电子记录的文件就称之为"区块"。区块是按时间顺序一个一个先后生成的,每一个区块记录下它在被创建期间发生的所有价值交换活动,所有区块汇总起来形成一个记录合集。表现在数据库的形式上,区块呈现出来的形式就是一个个记录下交易流水或其他信息的文件,按时间先后顺序存储在数据库中。如果把整个区块链数据库想象成一本全世界流通的超级账本的话,那么一个个区块就是账本上单独的一页页纸,这些纸按时间先后顺序记录下了在规定的时间内世界上发生的所有价值交换活动。区块的生成时间由系统设定,通常平均每几分钟会生成一个区块。

区块结构(Block Structure)。区块中会记录下区块生成时间段内的交易数据,区块主体实际上就是交易信息的合集。每一种区块链的结构设计可能不完全相同,但大结构上分为块头（header）和块身（body）两部分。块头用于链接到前面的块，并且为区块链数据库提供完整性的保证；块身则包含了经过验证的、块创建过程中发生的价值交换的所有记录。具体而言，块头包含了与前一个区块有联系的引用（即前一个区块中所有价值交换信息经过算法压缩后形成的一个字符串）、本区块的相关情况（块大小、块生成时间）等信息，而块身包含了区块内发生的价值交换信息（交换数量、每一笔价值交换的详细情况等）。图8-1是比特币中的区块结构图，从中可以很形象地看到这些信息。

图8-1 区块的生成机制演示

资料来源：国信证券博士后工作站

块结构有两个非常重要的特点：第一，每一个区块上记录的交易是上一个区块形成之后、该区块被创建前发生的所有价值交换活动，这个特点保证了数据库的完整性。第二，在绝大多数情况下，一旦新区块完成后被加入区块链的最后，则此区块的数据记录就再也不能改变或删除。这个特点保证了数据库的严谨性，即无法被篡改。

那么谁来记录区块中发生的价值交换活动呢？在区块链网络中，价值发送者会向全网广播其要进行的交换活动给每一个节点，区块链技术试图让所有愿意记录的节点都参与记录、收集这些交换信息，把它们加入正在生成的区块中。这个设计稍后详述。如果网络中的一个节点是"诈骗犯"，试图捏造没有发生的价值交换活动、并记录到区块链中呢？没关系，区块链的记录原理需要所有参与记录的节点来共同验证价值交换记录的正确性。由于所有节点都在记录全网的每一笔交易，因此，一旦出现某节点的信息记录与其他节点不符，其他节点就不会承认该记录，该记录也不会被写入区块。如果发送者广播的价值交换活动是虚假的呢？区块链生成的数据库记录下来了所有自区块链生成以来发生的价值交换活动，因此发送者无法广播虚假的价值交换信息。换句话说，区块链中记录的节点无须验证发送者广播出来的信息是否为真，而只需验证发送者是否有能力履行该信息。如果发送者广播了一段价值交换请求，参与记录的节点就会从区块链数据库中追本溯源，查找该账户是否有足够多的留存价值来进行此项价值交换活动。查找后只可能产生两种结果：（1）记录者发现账户有足够的留存价值，则价值交换活动会自动完成——无论发送者真心或假意；（2）记录者发现账户中并没有足够的留存价值，则此次交易会被认定为失败，记录者不会将其记录到区块链数据库中。所以，区块链通过数据的自动校验功能，成功建立了去伪存真的可信任基础而无须分辨广播信息的真假。区块没有最大数量。根据区块链技术的理论，区块是没有最大数量的，区块按照事先的设计以既定的速度源源不断地加入数据库，只要价值交换活动还在网络中发生，区块就还会被创建。

（2）区块链（Block Chain）

顾名思义，区块链就是区块以链的方式组合在一起，以这种方式形成的数据库称之为区块链数据库。区块链是系统内所有节点共享的交易数据库，这些节点基于价值交换协议参与区块链的网络。区块链将一个个区块像链条一样连接起来，环环相扣，囊括了这个价值交换系统中的所有交易数据，因此它记录了每一笔曾在此系统中发生过的交易，而没有发生过的交易、虚假的交易则不会被记录在册。只要进入区块链数据库，人们可以随时找到系统内任何时候、任何人支付或收到的价值交换活动的详细情况。

由于每一个区块的块头都包含了前一个区块的交易信息压缩值，这就使得从创世块（第一个区块）到当前区块连接在一起形成了一条长链。由于不知道前一区块的"交易缩影"值，就没有办法生成当前区块，因此每个区块必定按时间顺序跟随在前一个区块之后。这种所有区块包含前一个区块引用的结构让现存的区块集合形成了一条数据长链。

根据区块链的这个原理，我们可以发现，要改变一个已经在区块链中存在一段时间的区块，从技术上来说几乎是不可行的，因为如果这个区块被改变，那它之后的每一个区块必须随之改变，因此试图篡改数据的人必须在同一时间同时入侵全球所有参与记录的节点并篡改数据（这样节点参与者才会相信虚假数据的真实性，从而在虚假数据的基础上生成新区块），但这样的入侵从技术上来说几乎是不可能的。

区块链如何解决分叉问题。对于新生成的区块而言，任何区块都只有一条通向创世块的路径。然而，从创世块出发往下记录，却有可能产生区块分叉的问题。当两个以上的区块几乎同时产生时，就有可能在数据库的结构上生成包含多个区块的分叉路径。如果两个节点同时为一个区块盖上了时间戳，两者相互不知的话，就会产生分叉问题。区块链的设计如何来解决这个问题呢？当分叉情况出现时，参与记录的节点会根据收到区块的时间，在先收到区块（时间戳在先的区块）的基础上记录价值交换活动。哪个分叉区块的后续区块先出现，在这个后续区块中参与记录的节点就越多、块链就越长，这个区块就会被包括进主链。区块链网络会在一段短时间内消除这些分叉，仅让"最长"块链作为有效链而存活。换句话说，系统设计者让参与的节点自发地淘汰后续区块较少的分叉区块，我们管这些被淘汰的分叉区块叫"短块链"。短块链中的区块没有有效性。当区块链中所有其他节点均转向另一个长块链时，短块链中所有有效的价值交换活动将会被重新加入交易队列池中，被包括进另一个块中。块链是区块链技术最亮眼的创新，解决了之前困扰科学家们很久的网络交换中的"双花问题"。

（3）区块链的基本结构

我们引用《区块链：互联网金融的终局》（肖风著）的一段话来总结区块链的基本结构："人们把一段时间内生成的信息（包括数据或代码）打包成一个区块，盖上时间戳，与上一个区块衔接在一起，每下一个区块的页首都包含了上一个区块的索引数据，然后再在本页中写入新的信息，从而形成新的区块，首尾相连，最终形成了区块链。"

区块（完整历史）＋链（完全验证）＝时间戳

"区块＋链"的结构为我们提供了一个数据库的完整历史。从第一个区块开始，到最新产生的区块为止，区块链上存储了系统全部的历史数据。区块链为我们提供了数据库内每一笔数据的查找功能。区块链上的每一条交易数据，都可以通过"区块链"的结构追本溯源，一笔一笔进行验证。

区块＋链＝时间戳，是区块链数据库的最大创新点。时间戳服务器是一款基于PKI（公钥密码基础设施）技术的时间戳权威系统，对外提供精确可信的时间戳服务。它采用精确的时间源、高强度高标准的安全机制，以确认系统处理数据在某一时间的存在性和相关操作的相对时间顺序，为信息系统中的时间防抵赖提供基础服务。

区块链数据库让全网的记录者在每一个区块中都盖上一个时间戳来记账，表示这个信息是这个时间写入的，形成了一个不可篡改、不可伪造的数据库。我们认为，时间戳是区块链中一项伟大的技术创新，它可以证明什么呢？（1）时间戳可以证明一个活动/一项发明的最先提出者/创作者是谁：只要先驱者的活动/发明在区块链中盖上时间戳再发布，则所有在其后发表的均为转载；（2）时间戳可以证明某人曾在某天确实做过某件事情，由于信息记录和时间戳的存在，这个"存在性"的证明就变得十分简单了。

### 8.1.2　核心技术2：分布式结构

有了区块+链的数据之后，接下来就要考虑记录和存储的问题了。我们应该让谁来参与数据的记录，又应该把这些盖了时间戳的数据存储在哪里呢？在现如今中心化的体系中，数据都是集中记录并存储于中央电脑上。但是区块链结构设计精妙的地方就在于，它并不赞同把数据记录并存储在中心化的一台或几台电脑上，而是让每一个参与数据交易的节点都记录并存储下所有的数据。

关于如何让所有节点都能参与记录的问题，区块链的办法是：构建一整套协议机制，让全网每一个节点在参与记录的同时也来验证其他节点记录结果的正确性。只有当全网大部分节点（或甚至所有节点）都同时认为这个记录正确时，或者所有参与记录的节点都比对结果一致通过后，记录的真实性才能得到全网认可，记录数据才允许被写入区块中。

关于如何存储下"区块链"这套严谨数据库的问题，区块链的办法是构建一个分布式结构的网络系统，让数据库中的所有数据都实时更新并存放于所有参与记录的网络节点中。这样即使部分节点损坏或被黑客攻击，也不会影响整个数据库的数据记录与信息更新。

区块链根据系统确定的开源的、去中心化的协议，构建了一个分布式的结构体系，让价值交换的信息通过分布式传播发送给全网，通过分布式记账确定信息数据内容，盖上时间戳后生成区块数据，再通过分布式传播发送给各个节点，实现分布式存储。

（1）分布式记账——会计责任的分散化（Distributed Accountability）

从硬件的角度讲，区块链的背后是大量的信息记录储存器（如电脑等）组成的网络，这一网络如何记录发生在网络中的所有价值交换活动呢？区块链设计者没有为专业的会计记录者预留一个特定的位置，而是希望通过自愿原则来建立一套人人都可以参与记录信息的分布式记账体系，从而将会计责任分散化，由整个网络的所有参与者来共同记录。如果每个参与的节点都记录价值交换活动的信息，那么谁的记录是正确的呢？区块链技术构建了一个规则，某个节点要想使自己记录的信息进入区块链数据库，成为全网统一的数据库中最新的一个区块，就必须使该节点记录的信息被所有其他节点批准。换句话说，每个节点既参与交换活动的记录，又参与账本记录信息的验证工作。只有满足这个条件，节点所生成的区块才被视为正确，从而加入区块链数据库中去，这个加入数据的正确性由全网的每一个节点来共同参与保证。每个节点都在参与记账，这些节点的运作共同构成了一个整体验证式的数据库记账机制。

（2）分布式传播——每一次交换都传播到网络中的所有节点

区块链中每一笔新交易的传播都采用分布式的结构，根据 P2P 网络层协议，消息由单个节点被直接发送给全网其他所有的节点（见表 8-1）。这种完全分布式的消息传播方式：(1) 完全去除了中心化机构的"归集—分散"信息处理功能，所有交易信息在区块链数据库中都是个人直接对接个人；(2) 区块链技术采用非对称加密的数学原理，使得虽然交易信息能发给全网的每一个节点，但只有拥有信息私钥的所有者才可以打开信息读取内容。这样两个特点就保证了区块链数据库的"路径安全"：信息拦截者无法通过特定信息传播路径来拦截想要截获的信息，因为每个节点都收到了信息。

表 8-1　　　　　　　　　　2016 年区块链节点的全球分布

| RANK | COUNTRY | NODES | PERCENT | RANK | COUNTRY | NODES | PERCENT |
|---|---|---|---|---|---|---|---|
| 1 | United States | 1945 | 34.9% | 26 | Romania | 27 | 0.5% |
| 2 | Germany | 743 | 13.3% | 27 | Korea, Republic of | 24 | 0.4% |
| 3 | France | 413 | 7.4% | 28 | Lithuania | 24 | 0.4% |
| 4 | Netherlands | 312 | 5.6% | 29 | Denmark | 23 | 0.4% |
| 5 | United Kingdom | 264 | 4.7% | 30 | Hungary | 23 | 0.4% |
| 6 | Canada | 261 | 4.7% | 31 | Latvia | 21 | 0.4% |
| 7 | China | 170 | 3.1% | 32 | Slovenia | 19 | 0.3% |
| 8 | Russian Federation | 154 | 2.8% | 33 | New Zealand | 16 | 0.3% |
| 9 | Sweden | 127 | 2.3% | 34 | Greece | 14 | 0.3% |
| 10 | Austrilia | 113 | 2.0% | 35 | Israel | 13 | 0.2% |
| 11 | Japan | 74 | 1.3% | 36 | Slovakia | 13 | 0.2% |
| 12 | Switzerland | 69 | 1.2% | 37 | Malaysia | 12 | 0.2% |
| 13 | Singapore | 64 | 1.1% | 38 | South Africa | 11 | 0.2% |

资料来源：Bitnodes、国信证券博士后工作站

（3）分布式存储——数据信息的可容错性极高

区块链技术让数据库中的所有数据均存储于系统所有电脑节点中，并实时更新。

完全去中心化的结构设置使数据能实时记录，并在每一个参与数据存储的网络节点中更新，这就极大地提高了数据库的安全性：即使个别节点发生故障（如数据丢失等），整个数据库系统也不会受到任何影响，因为其他节点存储的数据依然可用。分布式存储的思维完全去除了中心化存储时的中心点，保证了数据存储的安全性。

通过分布式记账、分布式传播、分布式存储这三大"分布"我们可以发现，没有人、没有组织、甚至没有哪个国家能够控制这个系统，系统内的数据存储、交易验证、信息传输过程全部都是去中心化的。在没有中心的情况下，大规模的参与者达成共识，共同构建了区块链数据库。可以说，这是人类历史上第一次构建了一个真正意义上的去中心化体系。甚至可以说，区块链技术构建了一套永生不灭的系统——只要不是网络中的所有参与节点在同一时间集体崩溃，数据库系统就可以一直运转下去。

### 8.1.3 核心技术3：非对称加密原理

什么是非对称加密？简单来说，它让我们在"加密"和"解密"的过程中分别使用两个密码，两个密码具有非对称的特点：（1）加密时的密码（在区块链中被称为"公钥"）是公开全网可见的，所有人都可以用自己的公钥来加密一段信息（信息的真实性）；（2）解密时的密码（在区块链中被称为"私钥"）是只有信息拥有者才知道的，被加密过的信息只有拥有相应私钥的人才能够解密（信息的安全性）。

我们知道，中心化的系统中，实现价值交换的基础只是对中心的信任和简单的密码学技术。在这样一个系统中，我只需要向一个中心节点来证明自己的身份，就可以实现价值交换了。比如，客户在银行开户时，会在银行的系统内预留一个密码，下次客户要办理转账业务时，只需要向银行的系统输入这个密码，就可以证明客户是账户的主人，可以支配账户内的财产。然而，我们知道，区块链系统是去中心化的，去中心化就意味着系统内没有中心节点，也没有哪个节点的权力比其他节点更大，所有节点都是平等的。因此，在区块链系统内要证明"自己是自己"，就不是只向某个或某几个节点证明就可以了，而是要向全网所有节点证明"自己是自己"。如果我们还采用中心化系统中的密码学技术，就意味着客户必须向全网广播客户的账户密码，告诉所有节点客户是账户的主人，这毫无疑问是非常荒谬的。因此，去中心化的系统要求我们的密码学技术能达成这种效果：能够让客户在不披露私人密码的前提下，证明自己的身份。换言之，全网节点虽然无法看到客户的密码是什么，但要让他们都知道客户确实拥有这一密码。如何才能做到这一点呢？这就要用到非对称加密数学了。在以非对称加密数学为基础的交易中，A 把价值转移给 B 时，必须用 B 的公钥来对交易信息加密，并将加密后的交易信息向全网广播，而这一加密信息只有拥有相应私钥的人才能解开。因此，B 如果用自己的私钥解开了这条加密信息，别人就能确信他的确是拥有私钥的人了，B 就可以支配 A 转移给他的价值了。在这一过程中，全网络的任何人都在参与验证，只有当解密人 B 通过私钥解密证明自己是解密人时，这一次价值交换才会得到全网的传播和确认。为什么解密成功就能证明信息的所有权呢？因为在非对称加密下，题目的"求解"过程和"验证"过程具有不对称性。在求解过程中，椭圆曲线离散对数的加密算法保证了加密的过程非常安全，不拥有私钥而破解数学难题的可能性几乎为 0；在验证过程中，代入验证的难度级别远远低于没有私钥情况下的求解难度级别，因此一旦某人解开了数学难题，所有人都能很快地验证这一解答是否正确。

区块链系统内，所有权验证机制的基础是非对称加密算法。常见的非对称加密算法包括 RSA、Elgamal、D–H、ECC（椭圆曲线加密算法）等。在非对称加密算法中，如果一个"密钥对"中的两个密钥满足以下两个条件：（1）对信息用其中一个密钥加密后，只有用另一个密钥才能解开；（2）其中一个密钥公开后，根据公开的密钥别人也无法算出另一个，那么我们就称这个密钥对为非对称密钥对，公开的密钥称为公钥，不公开的密钥称为私钥。在区块链系统的交易中，非对称密钥的基本使用场景有两种：（1）公钥对交易信息加密，私钥对交易信息解密。私钥持有人解密后，可以使用收到的价值。（2）私钥对信息签名，公钥验证签名。通过公钥签名验证的信息确认为私钥持有人发出。

可以看出，从信任的角度来看，区块链实际上是数学方法解决信任问题的产物。过去，人们解决信任问题可能依靠熟人社会的"老乡"、政党社会的"同志"、传统互联网中的交易平台"支付宝"。而区块链技术中，所有的规则事先都以算法程序的形式表述出来，人们完全不需要知道交易的对手方是"君子"还是"小人"，更不需要求助中心化的第三方机构来进行交易背书，而只需要信任数学算法就可以建立互信。区块链技术的背后，实质上是算法在为人们创造信用，达成共识背书。

## 8.1.4 核心技术 4：脚本

脚本可以理解为一种可编程的智能合约。如果区块链技术只是为了适应某种特定的交易，那脚本的嵌入就没有必要了，系统可以直接定义完成价值交换活动需要满足的条件。然而，在一个去中心化的环境下，所有的协议都需要提前取得共识，那脚本的引入就显得不可或缺了。有了脚本之后，区块链技术就会使系统有机会去处理一些无法预见到的交易模式，保证了这一技术在未来的应用中不会过时，增加了技术的实用性。

脚本是一种可编程的智能合约，脚本与FORTH类似，是一种简单的、基于栈的、从左向右处理的编译语言，它是图灵不完整的，且没有LOOP语句。我们在此不做过多技术上的解释，只呈现脚本系统的最后嵌入效果。一个脚本本质上是众多指令的列表，这些指令记录在每一次的价值交换活动中，价值交换活动的接收者（价值的持有人）如何获得这些价值，以及花费掉自己曾收到的留存价值需要满足哪些附加条件。通常，发送价值到目标地址的脚本，要求价值的持有人提供以下两个条件，才能使用自己之前收到的价值：一个公钥以及一个签名（证明价值的持有者拥有与上述公钥相对应的私钥）。脚本的神奇之处在于，它具有可编程性：（1）它可以灵活改变花费掉留存价值的条件，例如脚本系统可能会同时要求两个私钥，或几个私钥，或无须任何私钥等；（2）它可以灵活地在发送价值时附加一些价值再转移的条件，例如脚本系统可以约定这一笔发送出去的价值以后只能用于支付中信证券的手续费或支付给政府等。

## 8.2 区块链的运行特点

### 8.2.1 区块链技术

区块链技术重新定义了网络中信用的生成方式：在系统中，参与者无须了解其他人的背景资料，也不需要借助第三方机构的担保或保证。区块链技术保障了系统对价值转移的活动进行记录、传输、存储以及最后的结果一定是可信的。换句话说，在区块链系统中，人们彻底不需要再为"人与人""人与中心化机构"之间的信任问题发愁；信用共识的达成，基础是区块链技术，而非参与者的互信。数据库中所有的价值转移记录及相关信息都是公开的，并通过密码学算法、分布式储存、时间戳等多重技术保证其一经记录无法篡改。

区块链技术实际上是互联网上出现的一种技术，类似于互联网上的一项应用协议。现在广为人知的协议有 HTTP 协议和 SMTP 协议，区块链技术所达成的协议与这两种协议类似。例如：对于 HTTP 协议而言，需要创建一个网站，让全球所有人都能访问到创建的这个网站上来，就一定要依据 HTTP 协议来创建；如果用户用的不是同一套协议，那就无法互相查找到对方创建的网站。对于 SMTP 协议而言，我要给对方发邮件，让所有我的收件人都能看到我发出去的邮件内容，就一定要依据 SMTP 协议来编辑。如果他方和我用的不是同一套协议，那发出的邮件可能就无法正确传递信息。类似于 HTTP 和 SMTP 这样的协议是互联网的底层应用基础协议，在此协议的基础上可以进行网上的信息交换与信息传递。HTTP 和 SMTP 的协议传递的是信息，区块链也能传递信息，但区块链传递的信息内涵更广泛（见图 8-2）。

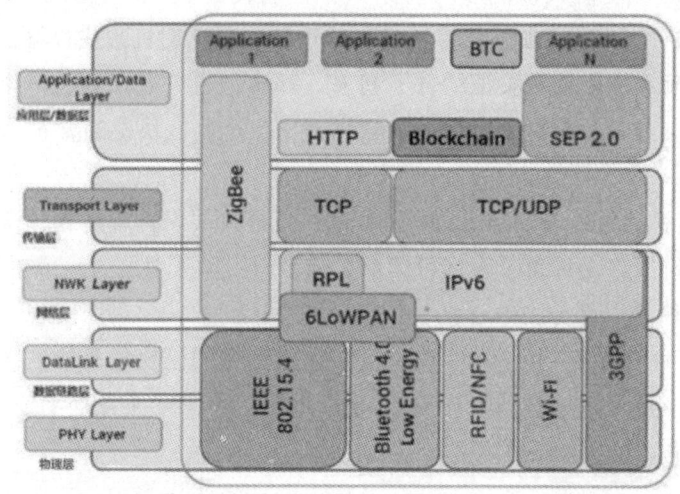

图 8-2　区块链技术堆栈（Technologystack）

资料来源：国信证券博士后工作站

## 8.2.2　区块链的架构分类

区块链的应用按规模可分为公共区块链、联盟链和私有链（见表 8-2）。

表8－2　　　　　　　　　　　区块链架构分类

| | 私有区块链 | 联盟区块链 | 公共区块链 |
|---|---|---|---|
| 参与者 | 个体或公司内部 | 特定人群 | 所有人 |
| 信任机制 | 自行背书 | 集体背书 | POW/POS/DPOS |
| 记账者 | 自拟 | 参与者协商 | 所有人 |
| 激励机制 | 无需 | 可选 | 需要 |
| 中心化程度 | 中心化 | 多中心 | 去中心化 |
| 特性 | 可追溯 | 提升效率 | 信用的自建立 |
| 适用场景 | 审计、发行 | 结算 | 虚拟货币 |
| 代表公司或组织 | Overstock | R3银行联盟 | 比特币和以太坊 |
| 承载能力 | 1 000笔~10万笔/秒 | 1 000笔~1万笔/秒 | 3笔~20笔/秒 |

资料来源：国信证券博士后工作站

- 公共区块链，是指全世界任何人都可读取的、任何人都能发送交易且交易能获得有效确认的、任何人都能参与其中共识过程的区块链。公共区块链的安全由"加密数字经济"维护。"加密数字经济"采取工作量证明机制或权益证明机制等方式，将经济奖励和加密数字验证结合了起来，并遵循着一般原则：每个人从中可获得的经济奖励，与对共识过程做出的贡献成正比。这些区块链通常被认为是"完全去中心化"的。
- 联盟区块链（Federated Block Chain），是指其共识过程受到预选节点控制的区块链。区块链或许允许每个人都可读取，或者只受限于参与者，或走混合型路线。这些区块链可视为"部分去中心化"。
- 私有区块链（Private Block Chain）：完全私有的区块链是指其写入权限仅在一个组织手里的区块链。读取权限或者对外开放，或者被任意程度地进行了限制，如Nasdaq用的Linq。

## 8.3　区块链的技术瓶颈

### 8.3.1　高耗能问题

众所周知，传统的货币银行学中存在所谓的"不可能三角"，而数字货币经济学中也存在所谓的"不可能三角",即不可能同时达到"去中心化""低能耗"和"安全"这三个要求。目前中心化的体系解决了低能耗与安全问题,但中心化的问题无法解决;而区块链技术成功解决了去中心化与安全问题,但却带来了"高能耗"的问题。我们要维持区块链数据的安全性与可靠性,就必须保证全球多个节点同时参与记账,多个节点的数据共享过程实际上也是一个高耗能的过程。区块链是否在节约中心化成本问题的同时又过度使用了电子能耗成本呢?技术的应用要考虑其系统的整体性。我们认为,也许区块链技术的应用过程就是一个权衡成本收益后让技术效用最大化的过程。

### 8.3.2 存储空间问题

区块链数据库记录了从创建开始发生的每一笔交易,因此每一个想参与进来的节点都必须下载存储并实时更新一份从创世块开始延续至今的数据包(见图8-3和图8-4)。如果每一个节点的数据都完全同步,那区块链数据的存储空间容量要求就可能成为一个制约其发展的关键问题。目前市场中提出了两种解决方法:(1)创建一个"轻数据库"供非专业使用节点下载,这些轻数据库剔除了早期的无意义交易数据,为整个数据包减负;(2)互联网世界的存储技术也在高速发展,也许存储技术的发展会让数据库存储空间问题变得无足轻重。

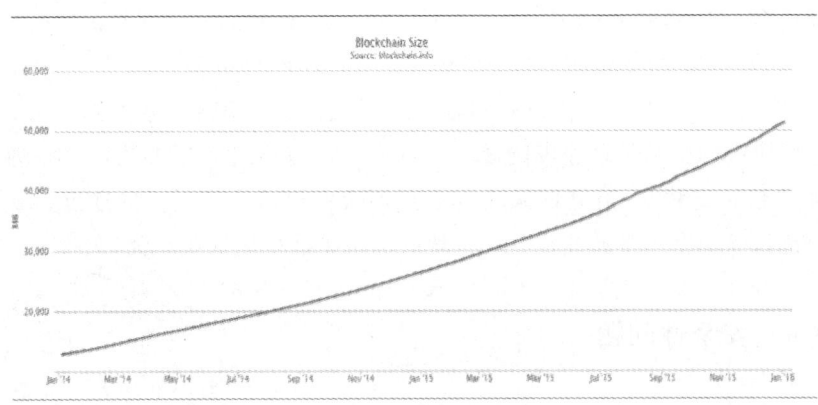

图8-3 2014~2016年区块链的存储空间占用规模(单位:MB)

数据来源:blockchain.info

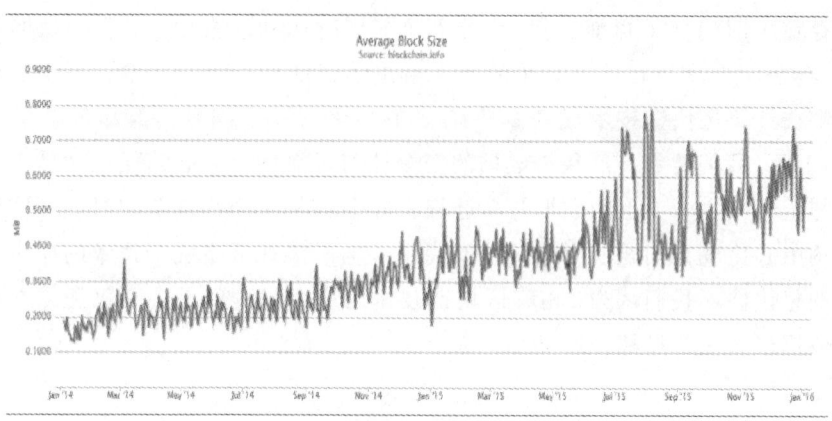

图 8-4　2014~2016 年单个区块大小（单位：MB）

数据来源：blockchain.info

### 8.3.3　抗压能力问题

目前的区块链技术还没有真正处理过全世界所有人都共同参与的大规模交易。目前已投入使用的区块链系统中的节点总数规模仍然很小。一旦将区块链技术推广到大规模交易环境下，区块链记录数据的抗压能力就无法得到保证。以应用最多的比特币区块链系统为例，该系统的理论交易处理速度峰值为每秒 7 笔，而 VISA 网络处理峰值约为 10 000 笔/秒至 14 000 笔/秒。Visa 最新的实验室测试数据是 5.6 万笔/秒，另一家全球性支付清算平台 MasterCard 的实验室测试数据为 4 万笔/秒，2014 年"双十一"支付宝的处理峰值是 3.85 万笔/秒，2015 年则达到了 8.59 万笔/秒。对于区块链的交易处理速度问题，市场中目前有两种解决办法：一是通过技术创新（如"超导交易"、清算型区块链等）加快区块链处理交易的速度；二是寄希望于区块链技术的摩尔定律能成立，区块链的可扩展性能得到加强。

### 8.3.4　安全性问题

目前的区块链技术是基于非对称密码学的原理，但随着数学研究和量子计算机技术的进一步发展，这些非对称加密的算法能否被破解呢？也许在未来，基于数学原理基础上的算法安全性会变得越来越脆弱，那时的区块链技术就失去了信任这一最根本的基石。对于这个问题，市场中目前正在整合更强的加密原理。

# 第三篇 应用篇

# 第 9 章
# 智能投资顾问

## 9.1 引　　言

智能投资顾问作为时下颇为火热的金融科技名词，正凭借其低成本、高效率的优势迅速发展。智能投资顾问行业和其产品还在成长期，不过诸多机构、个人都对其寄予厚望。花旗集团预计在未来十年时间里，智能投资顾问平台资产管理总额将达 5 万亿美元，呈现出指数级增长势头。在 Google Trends 上搜索「Robo Advisor」，你会得到这样一张如图 9－1 所示的图：

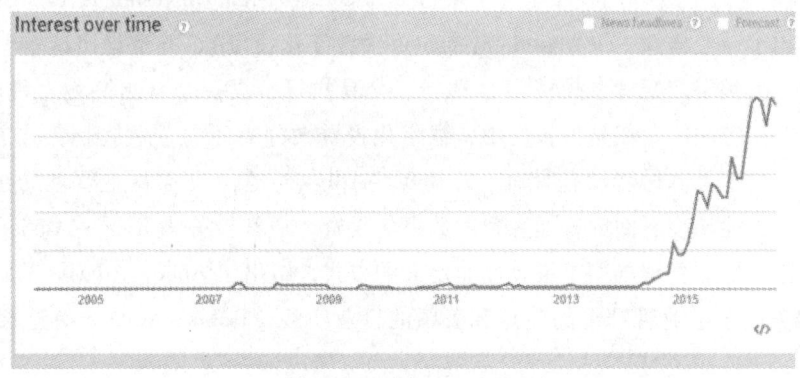

图 9－1　"Robo Advisor" 关键词在 Google Trends 的热度

从发展历程来看，智能投资顾问于2010年左右兴起于美国，用机器人替代原先人工专业顾问使得公司运营成本大幅度下降；在美国等海外市场，近年来智能投资顾问获得了快速发展，已经初具规模。依据Corporate Insight的统计，截至2015年年中智能投资顾问公司管理的资产规模已超过210亿美元。世界知名咨询公司A.T. Kearney预测，美国智能投资顾问行业的资产管理规模将从2016年的3 000亿美元增长至2020年的2.2万亿美元，年均复合增长率将达到68%。

2015年以来，摩羯智投、iVatarGo等智能投资顾问产品的出现，开创了国内智能投资顾问的新局面。相较而言，智能投资顾问在国外日趋成熟，在国内仍处于发展初期，正经历着行业标准混乱的阶段。据HCR慧辰资讯预测，2020年中国智能投资顾问资产规模将超5万亿元，按0.2%管理费计算，行业整体收入规模约在104亿元。随着银行、基金公司、券商等传统金融机构纷纷布局，中国智能投资顾问业务有望呈席卷之势。据悉，公募基金中，广发基金、华夏、南方、博时、汇添富等基金公司都在加速推进智能投资顾问业务。

## 9.2 基本原理

智能投资顾问是Robo – Advisor一词的通俗翻译，也有翻译成机器人投资顾问的。美国金融业管理局（FINRA）并没有对Robo – Advisor做过官方定义，但在2016年3月15日美国金融业管理局发布了一份报告《Report on Digital Investment Advice》。在报告中，提出了一个概念——Digital Investment（数字化投资），并且指出这个概念包括客户分析、大类资产配置、投资组合选择、交易执行、投资组合再平衡、税收规划、投资组合分析等功能。在这份报告中，数字化投资被分为面向金融从业者的工具和面向普通客户的工具。尽管没有明确定义Robo – Advisor，但美国金融业管理局在报告中指出，拥有上述功能、面向普通客户的数字化投资，通常被称为Robo – Advisor。也就是说，美国金融业管理局用了描述而非定义的方式，给出了Robo – Advisor的解释。

根据美国金融业管理局的观点和美国的行业实践，Robo – Advisor有这么几个清晰的特征：

（1）以马科维茨的现代投资组合理论及其后续修正模型（CAPM、B – L模型等）为理论基础。

(2) 通过大类资产配置追求市场增长的 β 收益,而不是配置个股追求 α 收益。

(3) 通常使用以 ETF 为代表的标准化产品,而不是股票或其他非标理财产品。

(4) 无论在美国金融业管理局的报告还是美国的实践中,都强调算法和模型的重要性,但不强调是否使用机器学习或者 AI 技术。

(5) 强调对于客户分析的重要性,组合设计和再平衡要做到千人千面,而不能千人一面,这也是 Robo-Advisor 跟私募或者 FOF 的重要区别。

市场上有两种收益:一种是市场的增长,叫 β 收益;另一种是超过市场整体的收益,叫 α 收益。α 收益是零和的,有人挣就有人亏;β 收益是非零和的,跟着市场一起成长。α 收益是转瞬即逝,只可能是少数人获得;而 β 收益是可以长期存在,并为大众所获得。智能投资顾问的关键就要抓住正在成长的大类资产市场。

## 9.3 概念特征

### 9.3.1 金融理论

所有的智能投资顾问基于的金融理论都是诺奖得主马科维茨在 1952 年提出的现代组合理论(MPT)。这是所有资产配置模型的先驱,后来通过夏普和华尔街的发展,形成了一套完整的体系,可以用图 9-2 来表示。

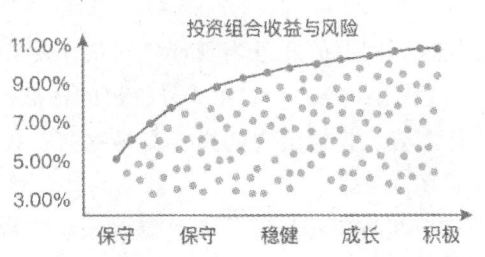

图 9-2 投资组合的有效前沿

图 9-2 上每一个点都是一种可能的资产配置组合,市场上有很多种产品,不同产品体现了不同的风险和收益特性,资产配置的任务就是如何将资产分散到不同的产品有效前沿上任何一个点都是一种可能的资产配置。

马科维茨从数学上证明了所有资产配置的可能性组成了一个面积，最上面的这个向上凸起的曲线叫作有效前沿线，在其上的每一个点都是一个最优资产配置点。从纵向的角度看，它是在某一个确定风险上投资者能够取得的回报最好的一个资产配置组合。从横向的角度来看，是在某一个希望得到的回报上，能够给予投资者风险最少的资产配置组合，所以这样的点的组合的集合就叫作有效前沿线。"智能投资顾问"的一个目标就是在得知每个用户自己风险时，能够帮助投资者决定其最优配置点对应的资产配置以及如何达成这种最优组合。

从原理上看，智能投资顾问是根据现代资产组合理论构建数据模型，其资产配置的过程完全依靠互联网来完成。第一步，智能投资顾问会结合投资者的年龄、风险偏好、家庭状况以及投资时间长短等因素，帮助用户确认其投资目标。第二步，智能投资顾问会分析市场上不同类型金融资产的收益特征、风险特征、周期性特征等因素，生成各个类型的投资策略，为资产配置服务提供数据支撑。第三步，智能投资顾问会将投资策略与用户的投资目标相匹配，通过技术平台交互为用户提供专属的资产配置方案。此外，智能投资顾问还会结合各类型的市场状况，为用户提供再平衡策略，规避市场剧烈变化所带来的风险。

智能投资顾问基于资产配置理论，而资产配置理论是一种贝塔回报理论，它有两个特点：一是策略容量非常大；二是有效期可以非常长，对时效的敏感度不高。这两个特点决定了智能投资顾问可以为大部分人而不是一小群人来服务，克服了阿尔法策略很难用大众型的服务来解决的问题。

### 9.3.2 服务流程

在美国，各种智能投资顾问商的业务表现形式可能不尽相同，但一般具有相似的服务流程。根据美国金融业管理局2016年3月提出的标准，智能投资顾问服务包括：客户分析、大类资产配置、投资组合选择、交易执行、投资组合再平衡、税收规划、投资组合分析（见图9–3）。

（1）客户分析。大部分投资机构投资决策的第一步是了解客户的风险偏好。然而在实践中，客户的风险偏好不是一成不变的。随着时间和市场的改变，客户的风险偏好很大程度上也会发生改变。因此，客户的风险偏好往往很难建立一个统一的标准来测量。智能投资顾问服务已将其作为研究方向之一，期望建立一个动态的、覆盖多因素模型来测量客户的风险偏好。

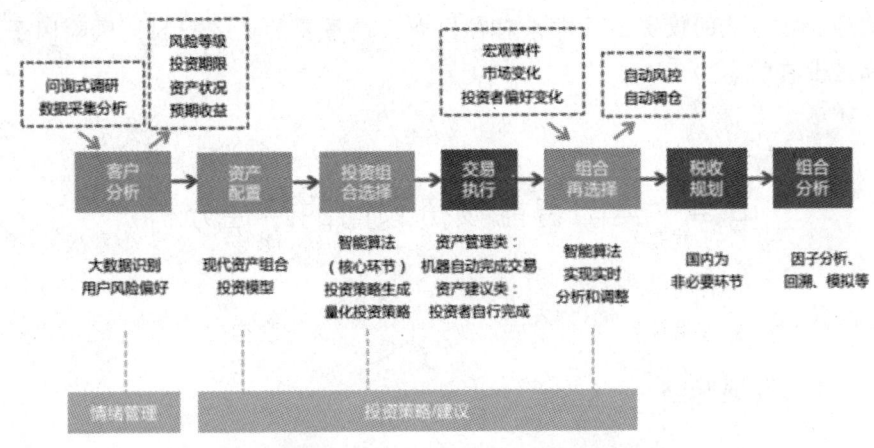

图 9-3 智能投资顾问的服务链

（2）大类资产配置。根据现代资产组合理论，在确定性收益情况下是存在最优投资的。大多数智能投资顾问服务都利用此原理建立了分散的投资组合，并且依据其不同的商业模式做了优化。

（3）投资组合选择是依据前两步骤得出的进一步结论。客户分析是得出良好的风险偏好参数，资产配置是形成不同风险偏好的资产组合，组合选择是完成前两步的一一对应。在实践中，投资组合主要有两种类型：一种是根据风险等级选择不同的投资组合；另外一种是根据投资风格选择不同的投资组合。

（4）交易执行。大多数智能投资顾问的交易执行在本质上没有区别，都是技术上的实现，都是利用自有的券商或合作券商提供顺畅的交易执行服务，没有其他更多的金融工具的创新。

（5）投资组合再平衡。投资组合再平衡主要是指随着市场的变化，投资组合再平衡可以实施动态资产配置向静态资产配置的重新调整。投资组合再平衡不是指资产配置的动态调整。

（6）税收规划。税收规划主要是针对美国市场的一项增值服务。虽然税收规划不是智能投资顾问价值链的一项基础服务，但是其在美国市场运用广泛。税收规划主要是指智能投资顾问分析税收的特征和结构，优化资产配置，使客户获得最多的税后投资收益。我国证券投资因没有资本利得税，因此税收规划方面的需求略低，但红利税和利息税的影响还是需要在投资组合中考虑的。

（7）投资组合分析。投资组合分析主要是智能投资顾问为客户提供的投资分析，一般包括业绩展示、业绩归因、风险因子分析、组合描述性统计分析、回测和模拟等。在传统的投资工具中，对客户而言最重要的业绩归因，风险因子分析往往都是没有的。

## 9.4 美国智能投资顾问的路径分析

### 9.4.1 发展脉络

在美国，严格意义上遵循定义的 Robo－Advisor 有哪些呢？Wealthfront 和 Betterment 当然是其中的领袖，他们都是严格意义上的 Robo－Advisor，推出的是纯自动化的业务产品。从最开始的创业公司到现在资产达上百亿元的大型企业。此外市场上还有一些小企业，如 Acorns、Bloom、Hedgeable、SigFig 等。

与许多发展初期的变革一样，对于很多新事物都是创业公司先行，传统大佬和资本在观望。看到 Robo－Advisor 发展有希望，金融巨头们先后开始行动了。它们借助自己强大的品牌、长期的客户信任和客户资源，快速超越了最初的那些创业公司。资产管理巨头 Charles Schwab 推出了自己的 Robo Intelligent Portfolios，启动后 6 周就拿下了 15 亿美元的 AUM，现在的 AUM 已经达到 100 亿美元。

另一个巨头 BlackRock 索性收购了 Robo－Advisor 创业公司 Future Advisor。ETF 的巨头 Vanguard 推出的 Robo Personal Advisor Services，AUM 已经从零增长到 410 亿美元，超过了市面上所有其他相似公司产品 AUM 的总和。

证券经纪公司 ETrade 也推出了自己的 Robo－Advisor，加入了专业人士的决策机制。2016 年 7 月，Fidelity 也发布了自己的 Robo Fidelity Go。2016 年 11 月，证券经纪公司 TD Ameritrade 推出了 Robo Essential Portfolios。美国银行和 Wells Fargo 也声称即将推出自己的 Robo－Advisor。

传统金融机构的入场，让 Robo－Advisor 来到了另一个分支领域——人机结合，因为他们有人工投资顾问，有自己的客户资源和销售渠道，有深厚的经验和多年来积累的投资人信任。即使人工智能高度发达的今天，人工顾问对于客户及其家庭财富管理需求的把握依然有很大的优势。

Robo－Adivisor 7 年来的发展脉络可以看到它给美国财富管理行业带来了一个巨

大变化：平权。Robo-Advisor 把大类资产投资组合方案带给普通人，尤其是薪水不错、有更高级别的投资和资金管理需求却又够不上富豪资金水平的白领，让他们得以享有以往只有有钱人才能享受到的资产配置服务。而且，由于使用计算机进行配置计算和执行调仓，Robo-Advisor 还大幅度降低了运营成本，传统的人工投资顾问每年收取所管理金额的 1%～3% 作为费用。相比起来，Wealthfront 只收 0.25% 左右，Charles Schwab 索性连费用都不收了，用户可以免费获得自己专属的投资组合方案。

## 9.4.2 交易渠道

美国证券交易的首要交易渠道是交易所（场内交易）。交易所作为资金流动性的提供场所，其业务模型是按客户流动性需求细分收费的。具体地说，交易所对流动性的提取方是收费的，而对流动性的提供方是付费（回扣）。一般的交易所对每手（100 股）交易从流动性提取方收费 35 美分，回扣 25 美分给流动性提供方，交易所自己的收入是每手 10 美分。以信息不对称或者追涨杀跌等动量交易策略属于主动交易策略，主动交易策略需要向市场提取流动性；相反，被动交易策略则可以向市场提供流动性。智能投资顾问通过算法计算投资组合，属于典型的被动交易策略，通过适当的算法交易程序，智能投资顾问涉及的整个交易过程是为市场提供流动性为主，这样，智能投资顾问的交易成本可以是一个负值（即可以通过交易而盈利）。

美国证券交易的第二个主要交易渠道是大型批发做市商（场外交易）。对于做市商来说，其盈利模式是在价格基本稳定的情况下赚取买卖差价，而做市商亏损则是因为订单对价格造成了冲击，所以，做市商对客户的订单是有偏好的，订单的好坏取决于对客户交易策略的了解。对于好的订单，做市商宁愿花钱去买这些订单流（Payment for Order Flow）；而坏的订单，做市商根本就不接。做市商对客户细分收费的标准取决于客户订单对价格的冲击，智能投资顾问的订单正好是做市商想要的订单，智能投资顾问的交易策略是被动的，而被动的交易策略一般不会对标的价格形成不可测量的冲击。

另外，智能投资顾问的投资组合再平衡，是基于逆向交易策略的，亦即当价格上涨时，相应的订单是卖出；当价格下降时，相应的订单是买入。这种买低卖高的订单与价格的形成负反馈会缓冲订单对价格的冲击，这正是做市商能够赚钱的订单，因此做市商愿意花钱购买这类的订单流。

由于上述两种市场微观机制的原因，美国智能投资顾问提供商有可能把交易成本压得很低，因而他们也有能力为客户提供低成本、低门槛的普惠金融服务。

### 9.4.3 核心竞争力

目前在美国最成功的四大智能投资顾问（Robo-Advisor）提供商在优化投资组合所应用的投资标的数目是不同的，Varguard 的投资组合由 4 个投资标的组成，WealthFront 的投资组合由 7 个投资标的组成，Betterment 的投资组合由 10 个投资标的组成，而 Schwab 的投资组合由 19 个投资标的组成。智能投资顾问提供商在产品差异化方面着重于选择不同的投资组合标的。那么如何获取核心竞争力呢？可以从以下几个方面考虑：

（1）系统的智能化程度。智能是无止境的，因而智能化程度的差异也是无边界的。比如，根据大数据用户行为分析某一用户是比较保守、风险取向较低的，但这个用户却要求系统收益较高，一个智能较低的投资顾问系统很可能给出一个风险较高的投资组合；而一个智能较高的投资顾问系统会发现用户要求的不合理性，进而对客户进行更深入的了解，对客户风险取向重新判断，从而推出更适合于用户风险偏好的投资组合。

（2）应用场景的广度。用户的理财需求不一定局限于单一的场景，用户金融服务的需求有广泛的场景，智能投资顾问能在不同应用场景发挥自如，一定会有强大的竞争力。

（3）金融属性的个性化实现能力。金融领域有很多不确定性，因而同样的问题答案却不是唯一的。不同的人，在不同的情况下，也会有不同的答案。智能投资顾问有机会提供个性化、差异化、场景化的解决方案，因而增强竞争能力。

智能投资顾问是一种线上的财富管理服务，提供基于自动化算法的组合管理建议，全程没有传统投资顾问参与。具体来说，智能投资顾问先通过调查问卷的方式得到客户风险偏好程度及流动性需求，再利用自动化算法给出个性化的投资建议并提供投后管理服务。智能投资顾问的优势是投资门槛低，投资范围广，服务成本低和执行力强。

智能投资顾问又称为机器人投资顾问，本质上是一种投资顾问服务模式，狭义的理解是以智能化股票投资组合推荐、自动策略交易服务为代表的服务，根据投资者的风险偏好，为用户推荐投资组合。广义的理解则是考虑投资者的财务情况，对其个人财富进行精确配置，统筹考虑多种资产，如股票、基金、保险等。智能投资顾问利用互联网技术尽可能地为包括中小投资者在内的更多用户提供投资产管理服务，快速、高效解决用户的投资选择难题。相比传统的投资顾问，智能投资顾问具有五个突出的优势：

（1）成本低，充分发挥互联网技术的作用，大大降低投资理财的服务费用；

（2）容易操作，提高投资顾问服务的效率；

（3）避免投资人情绪化的影响，机器人严格执行事先设定好的策略；

（4）分散投资风险，越来越多的用户熟练使用互联网，接受智能投资顾问服务；

（5）信息相对透明，平台披露了大量的信息。

## 9.5 智能投资顾问在中国的发展

### 9.5.1 发展历史

我国居民家庭财富稳步增长，中产阶级日益扩大，财富管理市场空间巨大，但投资渠道稀缺，经过一轮 P2P 市场的洗礼，互联网理财开始广泛被接受并且流行；同时，大众的风险意识也有所提高，年轻一代对互联网财富管理更加认同。在这个背景下，2014 年底，智能投资顾问概念开始引入我国，随后大量的科技创业企业开始出现，2015 年下半年以后传统金融机构也大力布局智能投资顾问方向。

进入 2016 年，我国众多平台推出智能投资顾问概念，致力于为投资者提供自动化、智能化投资服务，提升客户体验，增强客户黏性，多数平台投资标的为通过 QDII 投资追踪国内外股票、债券、房地产市场相关指数的 ETF，或注册美股账户用来投资美国股票市场，以实现全球化资产配置。但整体来看，国内平台智能化程度参差不齐，部分平台仍处于概念化阶段，并未实现通过先进的算法来构建投资模型，而是用概念进行市场宣传，吸引用户。

### 9.5.2 平台分类

国内智能投资顾问的发展虽然跟随美国，但由于用户特征、金融市场发展程度、税收体制以及监管差异等因素，也存在一定程度的区别（见表9－1）。

表9－1　　　　　中国和美国智能投资顾问发展环境比较

|  | 美国 | 中国 |
|---|---|---|
| 用户习惯 | 机构为主，中长期投资 | 散户为主，投机性强 |
| 金融市场成熟 | 产品丰富，市场有效性强 | 产品较少，市场波动大 |
| 税收制度 | 多账户体系、多税收体系 | 无税收规划基础 |
| 政策监管 | 资产管理、投资顾问一体化监管 | 资产管理、投资顾问分离监管 |

按照研发主体可以大体分成三类：一是以弥财、蓝海财富等为代表的独立第三方智能投资顾问平台；二是以京东智投、雪球财经为代表的互联网公司研发的智能投资顾问平台；三是以平安一账通、招商银行为代表的传统金融公司研发的智能投资顾问平台，同花顺、华泰证券、广发证券、申万宏源、中信建投等传统金融公司也正通过收购、自建和合作等方式开始布局智能投资顾问领域（见表9－2）。

表9－2　　　　　按研发主体划分的典型智能投资顾问平台

|  | 公司 | 产品时间 | 资产池 | 投资策略 |
|---|---|---|---|---|
| 独立第三方智能投资顾问平台 | 弥财 | 2015 | ETF、现金 | 分散被动管理 |
|  | 蓝海智投 | 2016.4 | QDII基金、海外ETF和现金等资产 | 分散被动管理 |
|  | 雪球 | 蛋定投2016.5 | 指数基金、海外ETF | 分散被动管理、主题策略 |
| 互联网公司研发的平台 | 同花顺 | IFinD2015 | A股、基金 | 股市知识图谱、时间驱动策略 |
|  | 京东 | 京东智投2016.1 | 主动管理型基金和被动的ETF | 推荐适合预期的理财产品，不提供后续调仓服务 |
| 传统金融公司机构 | 平安集团 | 平安一账通2015.4 | 平安旗下产品、其他50家机构账户、产品 | 综合性资产跟踪、理财平台 |
|  | 招商银行 | 摩羯智投2016.12 | 股票、债券型、ETF、另类资产、现金等11项资产 | 分散被动管理 |

### 9.5.3　面临问题

智能投资顾问作为一种专业化的投资工具，能够更有效地帮助欠成熟的资本市场快速走向成熟，但目前智能投资顾问仍然处在发展初期，面临着诸多挑战。

(1) 我国智能投资顾问投资资产品种有限

目前，我国当前市场上正常的智能投资顾问均是以公募基金为资产标的，通常其认购、赎回、托管成本和管理费用综合高达 1% ~ 2%，是国外智能投资顾问的 2 ~ 4 倍。国外的智能投资顾问均是以 ETF 等作为投资标的，交易实时方便，而我国公募基金申购通常是 T + 1，而赎回则长达 T + 3。一些 QDII 基金，认购或赎回更是长达 T + 7。

在投资品类上，国外的智能投资顾问所能投资的品类非常全面，既有各种类型的股票 ETF，又有全球各个地区债券资产，甚至还有很多另类投资资产。真正达到立体化智能资产管理的效果。然而在我国，由于证券市场发展时间较短，可投资的产品类别还十分有限。尤其是 ETF 市场，整个市场上 ETF + LOF 也不过 300 余只，属于市场上的边缘性产品。

(2) 投资市场认知程度较弱

对比中美投资环境来看，除了中美两国整体金融市场监管、投资标的存在差距外，投资者层面亦呈现出较大差异。

美国投资者更看重的是通过智能投资顾问节约成本和时间；而中国投资者更看重收益率，承受资产风险能力较弱，存在投资"刚性兑付"需求，整体来看投资意识仍很不成熟。同时，智能投资顾问属于被动投资，投资者从主动投资到被动投资仍需教育与引导。

但金融创新和市场教育其实是相辅相成的，尤其是智能投资顾问本身就具有投资者教育特征的金融创新，只要明确了行业标准和监管意见，突出财务诊断、风险识别、资产配置和长期收益等概念，我国普通大众的投资理念和投资者结构，必将向积极的方向快速发展。

(3) "智能投资顾问"鱼龙混杂，行业标准混乱

智能投资顾问正如历史上众多的其他创新一样，经历着行业标准混乱的阶段。这意味着给了一些投机者打着智能投资顾问的旗号却行非法荐股和无牌照代销之事的机会。

这和 P2P 行业之初的乱象极其相似。在 P2P 发展之初，并非没有重视风控、认真经营、持续创新的公司。然而，一些不法分子打着 P2P 金融创新之名，却在行非法集资之实，一度产生劣币驱逐良币的现象。

E 租宝等 P2P 平台风险事件大规模爆发后，众多投资人闻虎色变、望而生畏，

加之 2016 年监管法规相应出台，不少 P2P 平台纷纷转型智能投资顾问。这类转型平台实质并没有智能投资顾问相应的先进算法与模型，仅仅是将客户资金进行固定收益和浮动收益的简单搭配，其中超 90% 是投向同一种非标资产，并未实现真正的资产分散化配置。更有甚者，把智能投资顾问作为掩盖其自建资金池、模糊资金去向的借口。

## 9.6　总结与发展前景

　　智能投资顾问将金融的投融资服务与科技相结合，可以通过科技化金融的工具来提高效率、降低成本，或提高成功率的新金融业态，而智能投资顾问就成为这种趋势下的弄潮儿。

　　结合国内的市场情况来看，接下来我国智能投资顾问行业的发展将呈现以下特征：

　　从投资者角度来看，一方面，国内股票市场散户占比较高，他们更倾向于以市场风向为主导，关注市场短期波动，依赖于追涨杀跌的短期策略，更倾向于个股的简单化操作，较少采取分散投资组合投资；另一方面，智能投资顾问提供的预期收益率与隐含刚性兑付的 P2P 等资产相比并无明显优势，用户教育还有很长的路要走。

　　但是，拥有强大的用户运营能力和用户行为数据分析能力，能够帮助用户管理、分析理财账户并提供资产配置建议的智能投资顾问，因此智能投资顾问的核心诉求是降低投资者的专业化组合投资的门槛，某种程度上更切合投资人的需求。在产品创新上可以参照国外 Betterment 平台，它允许用户查看同龄或同收入的人的投资标的及组合，让用户有一个直观的认识，方便进行投资决策，从而更容易获得用户的认可。

　　目前很多专注于智能投资顾问的平台，面临着牌照、法规等政策限制。证券投资咨询（投资顾问）受《证券法》和《证券投资顾问业务暂定规定》监管，限定其只能提供投资建议，不得进行全权委托管理，这就使得相关智能投资顾问业务在国内主要限于做投资推荐，且因为不能以机构为主体或受托在二级市场上直接交易，所以只能将购买门槛低的公募基金作为资产配置的主要标的。此外，目前尚未发现有智能投资顾问平台获得证监会颁发的咨询业务牌照，整体监管部门对证券的监管正在收紧，抬高了行业准入门槛。

国内智能投资顾问业务的开展可以先从提供产品和服务的合规性切入，取得相关业务和产品投资的资质和牌照。除股票和基金已有明确获取牌照流程外，智能投资顾问往往还会涉及债券、票据和非标资产等，这就需要平台与相关的监管机构保持密切沟通。

# 第 10 章
# 智能研报

## 10.1 引　　言

　　金融是这个世界上最为复杂、高度多变、信息密集的行业之一。互联网时代的金融信息过载问题尤为严重,但有效信息的充裕度却在降低。一方面,分析师面对日益扩大的金融市场,实现全覆盖的成本越来越高;另一方面,即使投资者有能力挑选出所需的高品质研报,在阅读使用研究报告时仍需付出大量精力进行信息筛选。与此同时,进入人工智能时代后,这个问题发生了更为有趣的变化,分析师的地位有可能被机器取代进一步引起了关注。2013年末,两位牛津学者发布了一篇论文称,未来20年内美国将有47%的工作处于高危状态,会被自动化。该研究观察了702个职位,采用了来自劳工局的数据,且根据9个变量分析了每一个职位的自动化可能性。结果明确显示,这不是我们所熟悉的有关机器人取代工厂和仓库员工的故事,现在的软件越来越能够替代白领的工作。由于金融行业在相当程度上建立在信息处理程度上,该行业受到自动化威胁的风险比任何技能型行业都高,约为54%。

　　人工智能作为计算机科学的一个分支,主要研究由生物智慧启发而来的算法,包括完成通过人类智慧才能够完成的一些任务。人与机器在智能的比较优势上有着明显差异,在信息处理速度、工作记忆、执行功能方面,不知疲倦的人工智能秒杀人类。伴随着智能研报的出现,证券分析师的工作会因人工智能而发生何种变化,本文试图做一个粗浅的观察。

## 10.2 基本原理

人工智能（AI）按照发展深度的不同可以分为三个阶段：第一个阶段是自动化（Automatic），机器代替人完成一般性的、重复性的动作。第二个阶段是聪颖化（Smart），机器可以完成一个相对而言比较简单的数据集成的事情，或者花很长时间才能完成但是机器很快就可以完成的事情。第三个阶段是智能化（Intelligent），机器可以提供有深度、有洞察力的观点，真正能够进行预测、分类、聚类、提供策略等。

从目前的发展情况看，人工智能研报还远不能达到智能化的水平，但是自动化的实践国内外都有，聪颖化的案例在海外已经实现。

### 10.2.1 研究流程

在投资导向型研究的过程中，分析过程可以分成四步。第一步，研究主题驱动型的自我学习。研究人员进入一个陌生的研究领域时，首先要经历一个自我科普阶段，分析师大量搜寻资讯信息，以便迅速形成行业认知框架。在此阶段，信息越多越好，所有的信息都是可贵的。第二步，研究分析。研究人员借鉴以人为主的经验辅助，开展数据梳理、财务信息验证等深入分析，力图对研究对象产生深入思考，产生有价值的观点。第三步，交易决定。在此阶段，研究分析工作主体发生转换，投资经理进入主导地位，采用其交易思维模式，进行信息追踪。第四步，投后跟踪。在此阶段，研究投入精力变少，投研人员以风险管理为主，通过跟踪浏览研报及新闻等手段，能关注到任何能引起投资品种质变的蛛丝马迹。

通过对投资研究流程的剖解可见，在分析师所主导的第一步、第二步、第四步，投入大量精力所做的重要工作是将文字、数字等各种形式的信息进行搜寻、整合、呈现。在自我学习和研究分析这两个阶段，分析人和投资决策者基于这些大量有效的知识信息整合出可投资标的的特征标签，最终通过层层的筛滤从一大堆公司中得到了少量符合其投资模型的公司，随后再进行实地访谈等调研工作。

如果采用人工智能，换成机器自动化工作，那么上述分析工作的流程将变为：第一，处理海量异构数据。需要将生产新闻所需的各种资料与数据消化，既包括自然文本的新闻报告，也包括数据库、第三方平台、API等来源的结构化数据，遇到文本中的图片与表格，还需要利用OCR等技术解析。第二，分析结构化数据。这里涉及运用知识图谱中常用的实体提取与实体关联等技术将关键逻辑主干抽出，结合时间地点等因素，将关键信息嵌入预先设计好的模板。第三，文章生成。事实上，用户只需选择符合其需求的模板（需要包含哪些核心研究要素）与形式（表达形式是PDF还是PPT），不仅可以生成券商分析研报，还可以生产上市招股书、企业年报、定增公告、投资建议书等；研究人员可以对生成结果进行校对与人工二次编辑，加入有价值的观点与结论，并提升报告精准度。每一个层面，语义联想技术可以帮助分析师完成高效信息搜索，寻找有报道的摘要、产业链的分析、数据的集成等信息。一系列的机器算法（比如带有条件控制的漏斗模型）可以在每一个细节上提高研究人员的工作效率。

### 10.2.2 技术内涵

在工作起始阶段，人工智能技术首先要解决信息源和数据的问题。如图10-1所示，机器采集信息，其重要前提是：第一，公开信息中有充足的信息源；第二，信息在结构化之后才能为机器所用。在特定领域知识这一部分，机器对信息和数据的要求极为严苛，这导致绝大部分的信息只有人可感知、可理解。这种情况，是大量人工智能产品无法深入的重要原因。

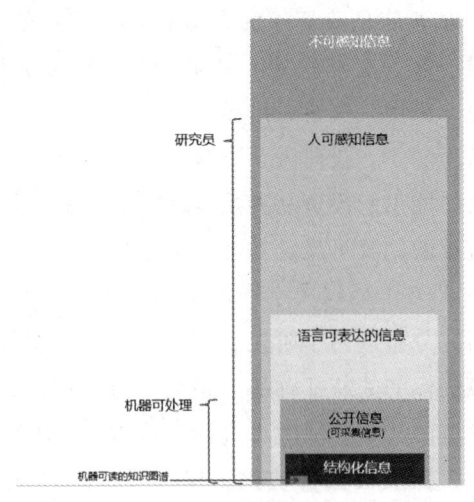

图10-1　信息类别及人工智能可处理层面

在研究分析阶段，人工智能研报需要涉及自然语言处理（NLP）两个方面的技术：自然语言理解（Natural Language Understanding，NLU）和自然语言生成（Natural Language Generation，NLG）。自然语言理解的主要作用是将各种各样的原始数据转换成结构化数据；而自然语言生成的作用是将生成好的结果化数据，最终转换成描述性文章。输入数据的不同会导致处理流程的不同，举例来说，如果输入的是结构化数据，那么自然语言理解这个步骤就可以跳过。

自然语言理解是将各式各样的原始数据转换成具有一定内部逻辑的结构化数据的这样一个过程。首先，对各种各样格式的原始数据进行清洗，通过去除原始文件格式、去除重复数据，对数据排序等一系列操作获得一个中间版本的干净数据。接下来，对干净数据进行一系列处理，包括命名实体识别（比如说识别文本中的公司）、企业名称关系发现、实体关联等一系列操作（见图10-2）。

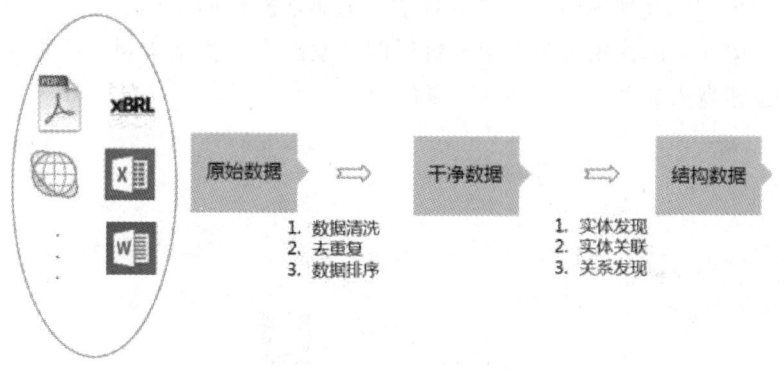

图10-2　自然语言理解的流程

干净数据是指经过处理的去除外部结构的文本数据、文本段落数据和必要的meta data 元数据。

结构化数据是指进行了 NER、词法、语法语义分析后生成的结构化数据，通常以 json 文件表示。

自然语言生成则可分为两种：一种是基于模板的自然语言生成；另一种是基于知识图谱的自然语言生成。在人工智能技术生成的这段话中，有4个部分是可以根据具体的数值的变化，表达"具备，具有"这个含义可以有3个词来表示，根据屏幕的大小也可以给出不同的形容词等等。

基于模版的自然语言生成比较简单直接，整个叙述性文档的语法与结构等由模版事先定义好，输出结果根据具体的数据内容再做一些局部调整。

基于知识图谱的自然语言生成则引入更多的外部资源来辅助文档的生成。它主要分为两个阶段——数据分析阶段和语言表达阶段。数据分析阶段需要完成的工作是将结构化数据与领域知识图谱进行匹配和对比、建立关联、对结构化数据进行补充，筛选出真正有价值和值得关注的信息。语言表达阶段需要完成的工作是将信息自然地、流畅地表达出来，这其中包括：文档规划（决定信息需要以什么样的方式和顺序来表达）；选择什么样的数据可以合并来表示；采用什么样的指示代词来简化表达；通过领域图谱和推理规则，发现结构化数据中不同的数据点，比如偏离行业均值比较远的点。

以汽车行业为例，分析人员从 PDF 文件中解析得出一家公司的主营业务是汽车电泳涂料的生产，联合全网的数据得到汽车行业的销售量在下降，再加上推理可以得到公司的主营业务收入会下降这样一个观点。但是让机器来完成这项工作就十分困难：领域知识库和推理规则的构建本身是一个非常漫长的高成本过程，而人工智能在构建过程中起到的作用极为有限；机器能自发产生一些基本观点但是在很长一段时间内无法超越人的观点（见图 10 – 3）。

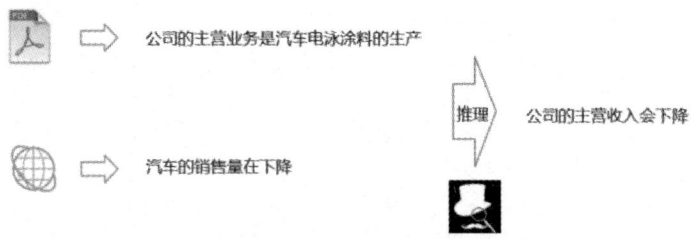

**图 10 – 3　知识图谱构建**

通过上述对人工智能研报的技术内涵分析可以看出，当前人工智能技术的发展，要做到智能化有较大困难，而要做到自动化则相对简单。

## 10.3　国外典型公司

### 10.3.1　Kensho – Warren

Kensho 于 2013 年 5 月成立于马萨诸塞州剑桥市，其名称原意从佛教禅宗而来，意为"见性"——透过现象理解事物的本质。Kensho 的主创团队包括哈佛大学数量经济学博士丹尼尔·纳德勒（Daniel Nadler）、MIT 计算机硕士和谷歌资深云计算分析师彼得·克鲁斯卡尔（Peter Kruskall）。主创人丹尼尔是个典型的跨界通才，具备独特的思维视角和切入点，能够用禅宗的思维、数学的方法、经济学的专业知识来解决金融问题。团队成员还包括来自谷歌和苹果的一流工程师和顶尖投资银行挖过来的资深软件工程师，经验和技能涵盖统计、金融工程、人工智能、自然语言编程、高速搜索算法、机器学习等。

Kensho 主打产品 Warren 被称之为金融投资领域的"问答助手 Siri"。Kensho 结合自然语言搜索、图形化用户界面和云计算，将发生事件关联金融市场，提供研究辅助，用动态数据与实时信息，及时反映市场动态，智能回答复杂金融投资问题，从而提高交易效率。简言之，Warren 就是被设计成一个依赖事件驱动的统计分析系统。

Kensho 创新团队在 2012 年创建 Seasonal Odds 网站，散户在这个网站上通过互联网和云服务进入自己的投资账号，对其股票投资组合做风险分析和最优化处理。网站会对输入的投资问题如"朝鲜发射导弹后，哪只股票涨得最快"进行运算后，告诉你雷神公司、美国通用动力公司以及洛克希德马丁公司的股票。又如"世界油价持续下跌，哪家股票受影响最大"，网站系统也会在几秒钟内告诉你。另外，网站还会对个股每个月和每季节的趋势进行分析。散户一次交易只需付 20 美元。

Kensho 背后是公司用金融算法模型的计算结果，包括"股市季节变化周期策略"、可放大的"风险/回报分析地图""即日股票胜算概率指南""社交媒体的个股综评图"和"聪明的现金流动图"（大投资机构每天花钱在哪些股票上建仓等颠覆性的产品）等。这些算法模型可以为 6 500 万个复杂的投资问题找到答案。提出的问题越多，Warren 学会的东西越多，这也是云计算系统与普通硬件计算系统的差别。到 2014 底，Warren 能解答的问题上升至 1 亿个。

Kensho 的初创网站上曾一度有超过 7 000 只股票、债券、股指，出自美国纽约证券交易所和纳斯达克，最后经过不断修正，大部分散户的投资收益在 15.7%，远高于 S&P 市场回报 8.6% 的成绩，这个网站现已关闭。这些大数据和云计算的创新成功很快震动了整个华尔街。

Kenso 在种子期从加速合伙公司（Accel Partners）、布雷耶资本公司（Breyer Capital）、通用催化剂风投公司（General Catalyst）、谷歌风投（Google Ventures）、和恩颐投资（NEA）等公司筹得了 1 000 万美元。此后，高盛很快发现了这家公司的市场价值，对其投资 1 500 万美元，成为 Kensho 最大的股东。高盛认为，Kenso-Warren 如果广泛应用，可能会撼动长期以来被彭博社和路透社所垄断的 260 亿美元的金融数据市场。此外，Kensho 也能进行分析研究，对高盛的业务有直接帮助。共同基金巨头富达投资集团（Fidelity Investments）的私募股权部门德文郡投资公司也是 Kensho 的投资者。德文郡投资公司认为，Kensho 有助于提高投资理念测试的效率、质量和数量。曾任职彭博社"企业产品与解决方案部门"以及纽约证券交易所技术部（NYSE Technologies）CEO 的斯坦利·杨（Stanley Young）目前是 Kensho 公司顾问团成员之一，他认为 Kensho 在数据分析和洞悉方面，设定了行业新标准。

  回答客户所提出的各种各样复杂的金融问题是一个非常复杂的过程，这要求计算机系统能够以极快的速度读取亿万信息，并能够随时进行提取，并在几秒钟时间内分析大量信息的相关性等等。对这些数据进行实时处理，并同那些结构化和非结构化的数据中寻找相关性需要非常强的计算能力，而且要求有复杂的分布式计算环境。Kensho 为此建立一个虚拟的辅助系统，将研究和分析平台搭建在纳斯达克 OMX FinQloud 上，通过对各种结构化和非结构化的数据（包括有史以来的所有资产价格数据以及全球发生的所有大事件数据等）进行分析计算。OMX FinQloud 能够加强 Kensho 的云计算能力，且能够提供满足金融服务特殊安全和监管要求的技术支持。这是一个专门为金融服务部门设计的云计算平台。金融分析人员需要知道诸如当朝鲜试射导弹时国防类股票价格是如何波动的这类问题，而这些数据的需要储存在一个安全的地方。Warren 最初开发系统的障碍就是建立一个基于云数据的分布式信息网络，用以储存围绕某些事件的金融数据、市场数据、资产价格和一些私人数据，这是前所未有的尝试。为了建立 Warren，Kensho 创造了民用领域最大的非结构化地缘政治和全球自然事件的数据库之一，并且聘请了前美国国家情报总监詹姆斯·希恩博士加入 Kensho 计划的顾问委员会。

  Kensho 是数学洞察力在金融领域运用的胜利。大数据算法是深度分析、关联和挖掘的基础。Kensho 使用了从谷歌技术那里得到的灵感，例如映射化简（Map Reduce，将庞大的处理任务分配给云服务器的一种方法）和 Bigtable（分布式数据存储系统）。通过大量的基础层和技术层工作铺垫，Kensho 完成了高效整理数据和智能分析数据的工作，还能根据自然语言提问提供相应的历史数据和决策建议。

### 10.3.2 Automated Insights – Wordsmith

  Automated Insights 是由美联社、PE 公司 Vista Equity Partners 等其他投资者投资的

提供资讯和报告生成服务的美国科技公司,他们的主要产品自动化报告生成平台 Wordsmith 已自动创造出 10 多亿篇文章与报告,主要客户是美联社、雅虎和 Comcast。

以 Wordsmith 为例,当用户选择了一个财务数据表格时,Wordsmith 根据这段数据生成了财务数据的描述信息,同时还关联到了 Zack Investment Research 对这个公司的财务报表的分析。Wordsmith 可以根据用户输入,不仅能自动生成报告,还能通过关联数据进一步丰富报告的数据细节。

Wordsmith 的底层技术也是基于知识图谱的数据关联和聚合。它引入更多的外部资源和数据来辅助文档的生成,这比基于模版的自然语言生成更具科技含量和研报价值。

### 10.3.3 Narrative Science – Quill

Narrative Science 由西北大学的新闻系和计算机科学系的联合创立,通过对给定主题的数据分析,自动生成文章报告。该公司的著名数据分析平台 Quill 可以分析结构化数据,将人工智能与大数据进行技术融合,理解这些数据的重要性,从而面向金融服务提供商提供简短的文字表述或结构化的报告内容。Narrative Science 的目标是替代人工做绝大部分基础工作,让机器来处理数据和信息。根据公开信息,Narrative Science 总共已经融资 3 200 万美元。

## 10.4　国内典型公司

### 10.4.1　文因互联

文因互联是国内致力于为新三板市场提供智能投研分析工具的金融自动化报告供应商。主板 2 000 多家公司有大量分析师、投资人、媒体进行分析研究,但新三板 8 000 多家公司的研报覆盖率仅有 7%,未来三板的公司数量增加的势头还将保持。新三版这个小领域,里面公司小而多,人工分析师不划算,正是机器智能大显身手的地方。这样的市场调研数据令文因互联决定以新三板市场作为智能研报的切入点。文因互联的搜索以及自动化报告清晰而精准,它从年报、半年报、公司主页、工商信息等等消息中提取信息,经过文本数据结构化和自然语言生成两个环节,生成PPT格式的挂牌公司报告。整个报告生成过程只需要用0.4秒,而1个小时可以生成全市场9 000份新三板挂牌公司的研究报告。

在人工领域,绝大多数新三板公司由于并无研究覆盖,唯一的线上信息来源就是公司股转书。而市场上投资者对于研究的需求主要集中在投前行业研究,新在审、新挂牌企业的研究,企业持续跟踪需求与投后风险提示需求。这些需求背后亟须将人力从数据收集、整理的繁杂工作和数据过载中解放出来,让投资者更关注业务逻辑以及领域模型的构建,在更短的时间内获得必需的数据,从而提升工作效率。文因互联基于投资人的经验,提取了如图10-4所示的十个关键要点。

图10-4 文因互联—核心研报要素

文因互联将关于这个10个核心要素的内容从股转书中提取出来,再通过内部的清洗过的数据库自动完成行业对标及财务水平比较的工作,最终基于自然语言生成技术制作成带有信息图表的精美PPT(见图10-5)。之前投资者需要花费半个小时以上阅读的文字版股转书,现在变成了一份只需5分钟就能看完的PPT,且信息依然保持着较高的含金量。

文因互联在人工智能投研系统中借助机器学习和自然语言处理等技术,将海量数据生成的有价值的特征信息制成标签,可投资公司的模式识别问题被转化为寻找符合适合投资理想中的完美公司所具有的特征集合(即是标签组),通过不断回测和修正,可以寻找出在现有信息下最大胜率的投资模式,而这整个过程则是有迹可循的、可复用可修正迭代的。

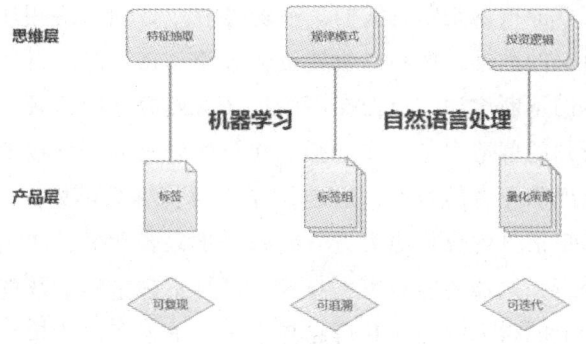

图 10 – 5  文因互联—技术机理

## 10.4.2 其他实践

在国内，智能研报领域的其他公司实践比较粗糙，仅有腾讯、搜狐有所涉及。腾讯的 Dreamwriter 在 2015 年上线使用，它根据算法在第一时间自动生成稿件，瞬时输出分析和研判，1 分钟内将重要资讯和解读送达用户。搜狐的智能报盘在 2016 年上线使用，它由机器人自动跟踪捕捉股票市场动态，并通过搜狐新闻客户端"财经频道"同步推送给用户实时股票信息。

## 10.5 总结与发展前景

人工智能（AI）正沿着硬件和软件两大线条不断深化发展。在软件应用领域，人工智能被应用到研究报告领域后，分析师将被替代的观点不绝于耳。事实上，识别、归类、选择类的研究工作确实可以被机器操作更好地替代。当前的人工智能技术能够高效完成高度模块化的信息拼接工作，能够高效完成识别数据和推荐数据的工作，能够完成非价值创造型的归类选择工作。人工智能一旦被连接入相应的数据库后，所能提供的初级研究服务比人力要优越很多。

然而，这个行业是被称作"有多少人工，就有多少智能"的行业，智能含量这个核心要素问题是通过与之同比例的成本投入来实现的。比如，有价值的搜索往往是一系列链式、多阶逻辑的复杂搜索，在语义搜索无法提供更好的结果前，让用户制造高成本的人工智能搜索是不现实的。在现实中，AI研报应用场景内嵌的核心需求还是获取更多可靠的数据，而不是机器提供决策。在智能研报进阶的每一个层次上，随着投入成本的不断增加，机器在不断提高有效数据的质量，不断加速人的大脑价值，使得分析师的创造力进一步增强。在智能研报的最高技术层级，业务逻辑的生成依然有赖金融从业者的智慧，这是AI技术未来需要继续探索的未知的东西。

面对机器对海量信息的分析能力，分析师是难以匹敌的，甚至机器不仅仅具有经济数据的量化分析，机器还能对人本身这个最具不确定性的数据进行分析，通过对无数人在互联网上的行为倾向，获得趋势信息。未来那些依赖金融数据分析的传统分析师确实可能逐渐被AI所取代，这将推动金融分析师专注于更多增值服务。比如：提供基于他们的行业知识的对企业和行业的长期看法；开展无法从金融数据单一解读中获知信息的产品和管理的实地调研；将基本面发展改变转化为可付诸行动的投资思路。由此看来，分析师行业会被AI取代吗？答案是否定的。正好相反，随着AI技术的发展，信息处理和基础分析能力将更多地由AI技术来高效完成，而人的头脑的力量将更加集中于发挥判断力和创造力。

第一，促进因素。资本市场的快速成长和人工智能技术的快速进步是AI研报发展的核心促进因素。在主板的A股公司以传统产业居多，当市场不断扩容、分层，向新三板、未来国际板等层次发展，大量的新兴产业、新生事物已经不是传统培养行业研究员的方式可以跟上的，这决定了采用技术手段的必然性。2001年之后整个语义网络的技术，2012年之后整个知识图谱的技术，特别是最近几年，深度学习技术和知识图谱技术快速发展，使得技术手段解决市场覆盖和快速学习的问题成为可能。

机器取代人力降低成本，使投研行为标准化、平台化、透明化，让无利可图的商业模式可以成立。目前AI技术对提观点的研究写作尚有很多不足，但自动化已经足以提高效率，还可以检验数据的一致性，督导、尽调标准化，GP、LP服务软件化、自动化，项目平台化共享等等都可以通过AI技术实现。AI中的自然语言处理（NLP）已经可以将券商投研人员从大量枯燥工作中解放出来，并产生更多有价值的观点和判断，并且全面提升金融市场的效率。举例来说，在投资银行的投资银行业务与证券研究业务中涉及大量固定格式的报告撰写工作，如招股说明书中的部分章节、投资意向书。这些报告撰写需要长时间枯燥繁琐的数据罗列、整理工作。在人工智能环境下，标准化格式的信息摘取和报告生成则是在分秒之间就可处理完成的工作。

第二，制约因素。人工智能研报的尝试早在十多年就有，却时至今日才初显成功。这是为什么？这不得不提到基础数据层的重要性。在十年前，从底层到上面每一层的技术架构都不完善，从数据库到前面的搜索引擎，都靠技术人员自己来搭建。那个时候还没有成熟的体系来支撑，也没有开放的数据来建立整个生态链。直到2006年之后，美国的这种数据架构发展完善了，美国的人工智能应用才相应获得了生存之本。从2009年之后，美国开始一层一层研究开放数据，最后要求政府每一级都真正地开放数据。使用数据的每一个人，不需要事先申请就可以使用。有了金融算法模型，还必须有大量的符合模型需求的经济、社会、特定行业变化等数据来测试其效用。比如，Kensho可以无偿或有偿地从美国联储局、银行协会等机构获得宏观经济及其微观影响的数据和相关股票的变化数据史，可以从华尔街各相关企业（如彭博）那里获取社会事件影响当时股票变动的数据，可以从各财经数据经纪商那里获得各种财经历史大数据，也可以从谷歌这种开放引擎轻松找到自己想要的各种免费经济研究数据等。这种数据开放环境为其金融算法模型成功提供了有力的支持。开放的大数据环境是算法创新成功的必要条件。当前在国内，大量数据散落各处，却没有一套很好的开放方法让大家能够访问到。数据无法获取，无法有效转化成为机器可辨识的清洁数据，就无从谈其智能应用。无论金融算法多有创意，逻辑关系设计得有多巧妙，理论上能解决复杂的现实问题，最终需要多个有代表性的数据集，涵盖资本市场变化、社会事件、天气现象、消费者数据等，来测验算法模型的可行性和精准度。这也正是第一个制约因素：大量、规范的数据源。此为困难之一。

90%的人工智能公司是B2B公司，初创期远远长于其他领域公司；同时，国内具备技术有效性的人工智能公司全部在体制之外。这种现象的原因在于：在这个技术上有挑战性的领域，最低可行产品的标准更高，需要更长的开发周期，在B2B销售中典型的长销售周期会在人工智能公司中加剧。尤其在国内，大量人工智能公司的服务模式是提供软件，盈利模式是软件项目收入。在初创团队中，最核心的人才是既懂金融又懂技术的人才（如Kensho的主创人是一个非常优秀的跨界典型），其他三分之一的人是从事支援工作的，创立成本导致的人员数量的有限，令人工智能公司的成活率和利润转化率更低。为什么体制内大型组织难以产生人工智能创新？这是一个典型的创新者窘境。在技术挑战前面，大型组织的价值体系的变化、理念变化、组织架构变化都相对缓慢。此为困难之二。

# 第 11 章
# 智能量化

## 11.1 引　　言

　　量化投资从很早就运用计算机，分析师通过编写简单函数，设计一些指标，观察数据分布。直到近年机器学习的崛起，计算机可以快速海量数据进行分析、拟合、预测，人们逐渐把人工智能用于量化投资，人工智能的机器学习、自然语言处理、知识图谱贯穿量化交易的始终。

　　人工智能运用于量化投资的方法有两种。第一种方法是用机器学习从数字推测模型。途径之一是对财务、交易数据进行建模，分析其中显著特征，利用回归分析等传统机器学习算法预测交易策略。途径之二是建立专家系统，模仿专家的行为，复制他们的决策过程，并导入可重复的计算框架。

　　人工智能用于量化投资的第二种方法是在原有数字推测模型基础上，引入新闻、政策、社交网络中的丰富文本并运用自然语言处理技术分析，对这些信息进行结构化处理，以把握市场动态。率先使用自然语言处理技术的人工智能对冲基金的是伦敦的对冲基金 CommEq。CommEq 的投资方法结合了定量模型与自然语言处理，使计算机能够如人类一样通过推断和逻辑演绎理解不完整和非结构化的信息。该方法涉及对结构化和非结构化数据进行捕捉、标记和编码，形成独特的、专门的和灵活的数据结构和数据系列。然后用这些数据和公开信息共同驱动 CommEq 专有的定量模型和预测系统。2008 年以来，他们一直在公共市场上用专有的预测模型进行交易。结果表明,在绝对不同的市场条件下,无论是绝对收益还是相对收益,该模型都表现出非常高的回报率。生成预测、构建优化的投资组合和执行订单整个过程都是在连续的人为监督下全自动进行的。

## 11.2 技术要求

在交易策略发展的初步阶段,量化分析师主要根据财务和交易数据进行建模,然后分析其中的显著特征,再利用回归分析等传统机器学习算法预测交易策略。以上方法存在两个弊端。其一是数据问题,数据往往不够丰富,仅限于交易数据,同时数据中也存在许多噪声;其二是它受限于特征的选取与组合,模型的好坏取决于分析师对数据的敏感程度,模型选取受量化分析师的主观判断。运用机器学习的技术,模仿专家的行为,选择某一领域的特定专家,复制他们的决策过程,并导入可重复的计算框架。

全球最大的对冲基金桥水基金(Bridgewater Associates)早在 2013 年就开启了一个新的人工智能团队(见图 11-1)。该团队将设计交易算法,通过历史数据和统计概率预测未来。他们把 Watson 负责人 David Ferrucci 挖了过来。他们的核心数据根据市场化而变化,其程序不断适应新的信息,而不是遵循静态指令。

**BRIDGEWATER**

图 11-1 全球最大的对冲基金桥水基金

第二个是 Aidyia,它是我国香港地区的一家人工智能初创公司,致力于用人工智能分析美股市场。基于多种人工智能的混合,包括遗传算法(Genetic Algorithm)、概率逻辑(Probabilistic Logic),系统会分析大盘行情以及宏观经济数据,之后会作出自己的市场预测,并对最好的行动进行表决。它推出第一天的封闭基金池收益率达到 2%,收益率在所有对冲基金中排名前 20%。

## 11.3 国外典型案例

在交易策略发展的中级阶段,量化交易分析师发现了数字推测模型的局限性。此后,他们开始引入政策、新闻以及社交网络中丰富的文本。运用自然语言处理技术分析,将非结构化数据结构化处理,并从中探寻影响市场变动的线索。

代表公司如图 11-2 所示。

图 11-2　智能量化投资国外典型企业

CommEq 是一支率先使用自然语言处理技术的人工智能对冲基金。CommEq 的投资方法结合了定量模型与自然语言处理,使计算机能够如人类一样通过推断和逻辑演绎理解不完整和非结构化的信息。

Sentient 采用自然语言处理技术。它运用自然语言处理、深度学习等多种人工智能技术,进行量化交易模型的建立,企图发现市场变化的线索,利用自然语言处理将非结构化的数据结构化,希望机器可以像人类一样开始进行智能交易。Sentient 是一家李嘉诚投资的美国人工智能系统研发公司。

### 11.3.1　Kensho

Kensho 结合自然语言搜索、图形化用户界面和云计算,将发生事件关联金融市场,提供研究辅助,智能回答复杂金融投资问题,从而加速交易时间,减少成本,用动态数据与实时信息,及时反映市场动态。它也可以利用人工智能回答一些关于深度关系的问题。

Kensho 是由丹尼尔·纳德勒(Daniel Nadler)与程序员彼得·克鲁斯卡尔(Peter Kruskall)在 2013 年成立的一家致力于大数据分析与自然语言处理的金融高科技公司,在种子期就已经从加速合伙公司(Accel Partners)、布雷耶资本公司(Breyer Capital)、通用催化剂风投公司（General Catalyst）、谷歌风投（Google Ventures）和恩颐投资（NEA）等公司筹得了 1 000 万美元。2014 年 11 月，Kensho 获得了高盛领导的 1 500 万美元融资，高盛因此成为 Kensho 的最大股东。Kensho 结合自然语言搜索，开发了 Warren 应用软件。该软件是基于云计算的信息辅助系统，具有很好的人员交互功能，通过搜集、分析数据，为客户提供投资支持。Warren 的研究和分析平台搭建在纳斯达克 OMX FinQloud 上。这是一个专门为金融服务部门设计的云计算平台，能够加强 Kensho 的云计算能力，且能够提供满足金融服务特殊安全和监管要求的技术支持。

Warren 用户不再需要专业的金融工程知识，也不需要设置复杂的参数和配置算法，就可以得到类似于金融分析师分析的结果。Warren 在接受问题后，将问题转换成机器能够识别的信息，并寻找云数据库与互联网中的各类相关数据与事件，运用大数据技术进行分析，并根据市场走向自动生成研究预测报告，回答投资者的问题如各种数据、股票走向等。

Warren 产品到底可以做哪些事情呢？

（1）Warren 能够找到影响资产波动的关联事件。用户在 Warren 搜索框中输入股票的代码，能够知道当天哪些事情能够对该股票波动产生影响。例如，输入亚马逊，Warren 就会呈现一个亚马逊股票走势图。在一天的任意时间节点，用户都可以看到具体是哪件事影响了这个股票的股价，也可以看到这些具体的事件究竟影响了股价波动多少个百分比。此外，用户也可以通过统计性分析的结果，得到相关事件对股价波动影响的 P – Value。

（2）Warren 能够找到事件可能会对哪些资产产生影响。在 Warren 中输入事件或者监管机构的 Key Word，比如输入日本中央银行，Warren 就会将日本中央银行行长发表的讲话以及发布的政策抓取出来，作为输入分析的具体变量，再结合用户在 UI 界面上输入的时间段和变量选择，给出会受到这些变量影响的资产列表，以及价格波动方向和百分比。过去，交易员或者分析师会用他们能想到的所有关键词搜索维基或者新闻库。而 Kensho 的搜索引擎能够寻找新的和未被识别的事件和资产价格的关系，从而推荐给用户。Warren 会自动从成千上万份报告中抓取数据，以及数据的上下文，形成对受影响标的资产范围的判断，用户还可以看到每一个事件对该资产价格失去影响的过程并基于此结果建立自己的优化投资组合。

（3）Warren 通过机器学习预测资产价格，通过可能影响价格的事件预测资产价格波动区间。Warren 在纳斯达克的金融云 FinCloud 上构建数据分析平台，接入 9 万个标准数据源，包括以下比较重要的数据库：收入报告（Earning Releases）、联邦贸易委员会发布的 Economic Reports、股票价格波动（Stock Price Movement）、股票价格的移动平均值（Moving Averages）、公司新产品发布（Company Product Launche）、FDA 批准的新药目录（FDA Drug Approvals）、股票价格触发器（Stock Price Triggers）、货币政策变动（Monetary Policy Changes）、政治事件（Political Events）等。

由于可能存在大量的显著影响资产价格的变量，Kensho 需要判断哪些是可以用来预测价格的相关特征。具体来说，Warren 首先根据数据库中某个资产价格的变动历史，提取出影响该资产价格的所有可能变量，通过特征选择（Feature Engineering）算法，选择出和当期资产价格波动较为相关的变量，再通过机器扫描所有和这些变量相关的数据源，将变量值输入历史数据训练的机器学习模型中。最后，Kensho 会以股票价格概率分布区间的图表呈现其预测的结果以及变量的 P – Value。

Warren 的出现让 Kensho 公司名声大噪，获得多轮融资，它的优势在于快捷的云计算、搜索能力和友好的用户交互界面。

（1）使用云计算作为信息处理中心和信息来源，计算能力强大，能够高效完成人工分析员难以快速做到的数据收集、分析和挖掘工作。Kensho 获得的信息是传统证券分析师的 4 倍多，分析速度是证券分析师的 180 倍。Kensho 使非金融机构公司和普通人也能对金融资产进行专业化的配置调整，专业金融机构的获利优势将被削弱。

（2）Kensho 有良好的人机交互性，用户输入用人类的自然语言写的金融问题，软件能进行识别并返回经过云计算处理后的结果，让信息对金融市场的传导影响更快速。Kensho 开发舆情因子、信用预警模型、资产价格风控模型，金融机构可以根据这些面向金融市场量化的、已经分析好的互联网数据因子，快速分析对资产价格波动的影响，并采取资产配置策略进行应对。

（3）它拥有深度学习能力，可以让此软件通过客户的问题来完善搜索结果，增加新的搜索渠道等。

目前来看，Warren 能搜集较全面、详细的金融领域部分行业数据，并提供简单的分析和图形化呈现，只能做到变量延展，模拟分析师分析数据的过程但却无法替用户去"逻辑推理"事件可能的影响因素，这些还是要靠金融分析师根据行业的深度理解来进行判断。

### 11.3.2 Rebellion Research

传统的量化交易策略有两个主要弊端。其一是数据不够丰富，仅限于交易数据，更重要的是它受限于特征的选取与组合，模型的好坏取决于分析员对数据的敏感程度。目前加入人工智能技术的做法是，模仿专家的行为，选择某一领域的特定专家，复制他们的决策过程，并导入可重复的计算框架。

Rebellion Research 成立于2005年，由4家合作伙伴亚历山大·弗莱斯、斯宾塞格林伯格、杰里米牛顿和乔纳森·斯特格斯组成，希望将数学应用于以新方式进行的股权投资。亚历山大对投资的深厚知识，斯宾塞和杰里米的编程经验和应用数学以及乔纳森的商业头脑让这四个年轻人工作一起创建一个世界级的资产管理公司（见图11-3）。

图 11-3 Rebellion Research 主要创始人

该公司在2007年将机器学习和基于人工智能的资产管理带给最前沿的投资者，推出了第一个纯人工智能投资基金。Rebellion Research 的技术是利用贝叶斯统计作为人工智能投资软件，用于分析基于许多手动选择、宏观、基本面和技术因子，如增长、价值、动量等等，自动更新每天的数据并集成历史数据，以预测股票表现，利用人工智能分析每日最新更新的、与股票表现有关的、每个因素能带来潜在收益的概率，以分析每个股票（见图11-4），预测股票的波动及其相互关系来创建一个平衡的投资组合风险和预期回报，利用机器的严谨超越人类情感的陷阱，有效通过自学习完成全球53个国家在股票、债券、大宗商品和外汇上的交易。

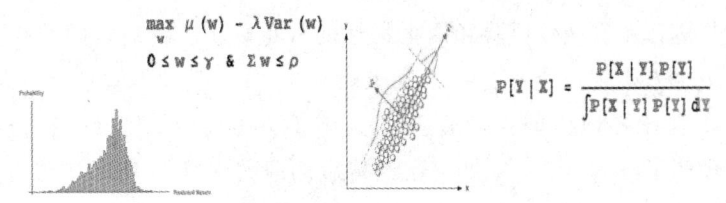

图 11-4 从数字到模型的预测概率计算

Rebellion Research 的运作模式分为四个步骤：

第一步是监测来自超过 53 个国家的每日经济数据和对每一个国家的相对实力和风险进行排名。每个国家的风险与得分都将进行权重分析，这其中重点考虑以下因素：(1) 持续的经济增长；(2) 更强的消费者销售；(3) 更高的零售销售额；(4) 较低的历史股市市盈率和历史标准。

第二步是通过监测 10 个全球行业分类标准（GICS）的集体根本力量来检测其在每个覆盖国家市场上的上涨趋势。这些因素包括：(1) 重大行业相关并购收购；(2) 强劲的客户需求；(3) 在所有竞争对手具有积极势头；(4) 较低的行业敏感商品价格；(5) 较低的销售成本。

第三步是在确定了最高评级的行业在评分最高的国家之后，通过盈利、现金流和资产负债表水平来挑选出最强的公司（见图 11-5）。在这个过程中影响因素是：(1) 增长的现金流或 EBITDA；(2) 良好的资本结构；(3) 相对于其同行的首选估值倍数。

图 11-5　通过前三步骤人工智能选出的股票之一——Daimler AG

注：Daimler AG 的基本与宏观因素有：(1) 美国和中国的汽车需求旺盛；(2) 增长的欧洲市场汽车需求；(3) 具有比全球其他同业公司更强的资产负债表；(4) 在同业中最好的盈利利润率；(5) 相对历史标准具有低现金流。

第四步是进行持有最佳风险和回报特性的权重分析。针对不同的投资策略优化合适的投资组合来实现投资目标。投资策略有：(1) 选出全球股票大概 100~125 股股票加权在全球各地由国家和行业（见图 11-6）；(2) Long-Short 全球股权——利用预测下降的 Alpha 来做空已经持有的股票来降低 Beta 和市场风险；(3) 绝对回报——选择 20~30 个 ETF 代表货币、商品、固定收益和股票市场；(4) 医疗保健——由全球股权部门划分。

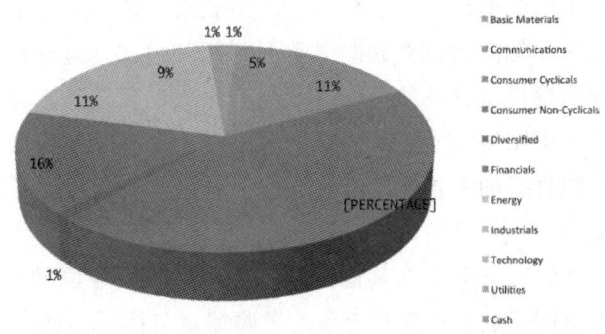

图 11-6　全球股权投资组合的一个例子（2015 年 11 月 30 日）

Rebellion Research 的全球股权投资自 2007 年成立以来总累积回报率超过各类基准指数（见图 11-7），并在应对专有风险优化系统目标上有以下规定：行业上限不超过组合得 30%；要求最小量；多元化；有限的波动率范围；最低最大回撤和降低任何一个资产的 Beta 值。通过这些风险管理方法最大程度地降低了信用、政治、货币、利率和自然资源的系统风险。

图 11-7　Rebellion Research 全球股权投资自成立以来的总累积回报率

在交易策略发展的现阶段，机器学习与自然语言处理的技术经常会在一些意外

（如"黑天鹅"事件）发生的时候预测失败，例如"9·11"、熔断机制和卖空禁令等等。这类事件发生的概率很小，但是一旦发生就会带来很大影响。人工智能系统没有遇到过这些情况，无法从历史数据中学习到相关模式，这时候如果还让人工智能管理资产，就会出现模型失灵的情况，就会有很大的风险。在这种情况下，知识图谱技术被引入，知识图谱本质上是语义网络，是一种基于图的数据结构，根据专家设计的规则与不同种类的实体连接所组成的关系网络，它提供了从"关系"的角度去分析问题的能力。

Dataminr是一家基于Twitter及其他公开信息的实时风险情报分析公司。它致力于从数据爆炸的社交网络提取精简且价值的风险情报与挖掘关键信息，如舆情热点、金融相关的非交易信息、公共机构安全预警、企业安全等，并直接向客户推送。除此之外，Dataminr还加入早期预警系统，并实时推送警报。它目前是一家面对企业的公司。

Palantir Metropolis是一家基于知识图谱的金融数据分析平台。它可以整合多源的量化资料，并提供一套方便易用的分析工具来满足复杂的研究需求，其中的组件能够进行复杂搜索，可视化编辑与分析，有非常丰富的人机交互能力。将结构化客户内部数据、关联相关数据，让客户自己创立分析规则整合并优化模型，量化处理数据，解决特定需求。Palantir Metropolis最早提供反恐的信息，现在和摩根大通合作了一个用户识别的安全系统，目前主要做定制化的一些服务。

# 第 12 章
# 智能搜索

## 12.1 引　　言

　　大数据时代首先对搜索引擎提出了强烈挑战，Google 和百度越来越清晰地意识到，人们需要搜索引擎提供的不仅仅是含有某些字节的信息，更是这些信息背后的智能推理和复杂关系。于是，以图谱的方式来对真实世界进行语义表示的全新信息技术——"知识图谱"应运而生。2012 年，Google 率先将知识图谱应用于搜索引擎，最初的知识图谱包含 5.7 亿节点（对应实体）和 180 亿边（对应实体的属性与实体的关联）。

　　基于这个巨大的语义网络，Google 不再仅仅基于字符串的检索和匹配，而是能理解用户输入的检索字串表达的真实含义，并更精确地返回整合后的事实作为结果。几乎是同时，百度跟进了这个技术并推出中文知识图谱。随后，知识图谱开始迅速从搜索引擎向金融、执法、农业、化学、制药等行业垂直延伸，成为大数据时代的基础性技术平台。

## 12.2 主要技术

### 12.2.1 知识图谱

AlphaSense 是一家私营科技公司，2008 年由杰克·科克（Jack Kokko）和 Raj Neervannan 联合成立，总部设在纽约，员工 60 多人。2010 年推出针对金融从业人员的智能搜索引擎 alphasense（见图 12-1）。

图 12-1 智能金融搜索引擎公司 AlphaSense

AlphaSense 综合利用人工智能、自然语言处理和高级语言搜索技术，从数据库中简化寻找和追踪最相关的信息，可以帮助用户快速查找和发现关键数据点，跟踪与智能提醒有用的新信息，从而有效提升决策效率。AlphaSens 被誉为"公司研究中的谷歌"。AlphaSense 搜索数据库涵盖自有客户的内部数据，同时还有数以千计的外部数据源，包括超过 1 000 多家卖方研究机构和超过 35 000 家上市公司，如券商研究、美国证监会提交的文件和新闻稿、特许财务数据等。

AlphaSense 的使命愿景是运用尖端技术专注信息丰富度和碎片化问题，帮助专业人士快速从大量噪音中寻找有价值的关键信息，获取更深的市场洞察力，节省时间，做出更快、更明智的决策，成为全球专业人士的搜索引擎和研究平台。

### 12.2.2 系统设计

知识图谱是一项系统工程。从多源异构的非结构化数据中抽取出实体本身、实体的属性与实体的关联，需要经过本体建模、文本抽取、语义解析、实体融合/择优/建边等一系列工作。构建的图谱提供到最终用户的可视化交互分析与实时事件触发推理，涉及的技术涵盖从自然语言处理到大数据存储计算、机器学习等多个顶尖计算机科学领域（见图 12-2）。

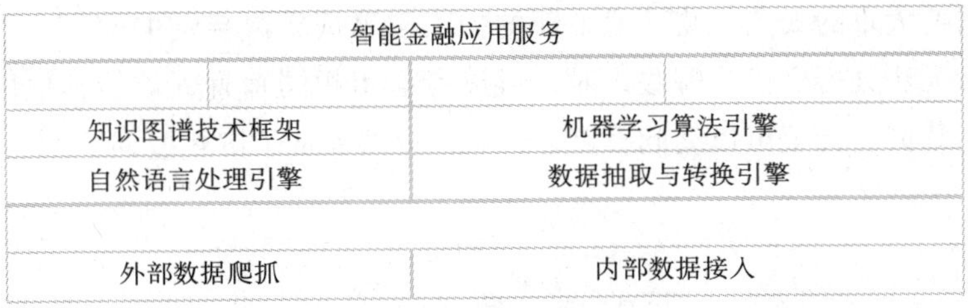

| 智能金融应用服务 | |
|---|---|
| 知识图谱技术框架 | 机器学习算法引擎 |
| 自然语言处理引擎 | 数据抽取与转换引擎 |
| 外部数据爬抓 | 内部数据接入 |

图 12-2　知识图谱系统设计

可以从知识图谱的四个层面来探讨如何设计系统：

（1）知识提取。垂直领域的知识提取很难复用（提取主营业务的代码没法用在提取上下游关系中），每一个信息点的提取成本都不低，首先要清楚的就是信息的重要程度以及需要的粒度。用于搜索只需要段落级别的提取，而做深层关联才需要准确的实体提取。此外，知识提取是需要开发一些辅助工具来提高效率的，最简单的是文本检索系统，可以用 Elasticsearch 快速开发，帮助开发人员定位信息所在的大致段落，再针对这些段落提取；还可以开发一些简单的交互工具，帮助非开发人员进行标注。提取的过程中要顺带建立词库，这个词库不仅可以提高提取的精度，也会用于后续的知识分析和知识检索。知识提取是个反复优化的过程，要开拓思路，联系亲朋好友求取词袋，不能一味死抠正则。

（2）知识存储。目前的图数据库都有不同方面的缺陷，如 Neo4j 性能低下，基于 RDF 的 Triple Stores 需要高昂的学习成本，Titan 尽管性能优异但目前已无社区维护，而有潜力的 Spark GraphX 则刚刚起步且各方面接口还不完善。所以，维护一个在线的图数据库可能会出现各式各样的问题，我们建议使用传统的 PostgreSQL 作为主数据库，稳定、高效，并且支持 JSON 这种弱 Scheme 格式。传统数据库很难处理复杂的图查询与推理，对此需要一个离线的图数据库做计算，计算完成后再将结果推回主数据库。

（3）知识分析。知识分析包含很多环节，比如实体对齐，两个同名同姓的人需要通过简历信息匹配到彼此；比如关系挖掘，企业间需要通过主营业务建立上下游关系或是竞争关系。基本的图关系建立好后，复杂的推理则由具体的业务逻辑驱动，一个推理可以转化成一个复杂的查询语句，并且用一种人们易懂的语法结构维护，直接将业务逻辑写到代码中会带来后续的维护困难。

（4）知识检索。检索效果的好坏取决于前面的数据处理结果，但从一开始设计时就要留出人工修改的接口，从而方便直接将 Query 映射到搜索结果。一个优秀的搜索系统需要大量的人工优化。通常新的搜索引擎面临冷启动的问题。如果没什么用户数据，无法分析要优化哪些词时，可以考虑用相同垂直领域的其他网站作为语料，取其高频词，甚至可以询问百度、Google 内部人员了解热搜词。

## 12.3 应用领域

在传统证券研究工作中，研究员进行研究工作时需要搜集海量信息，再整理和分析其中的内容。目前绝大多数证券分析师所运用的辅助研究软件，比如一些数据终端，它们只解决了基础数据问题，而没有考虑到信息过载的问题。面对大量基础数据与爆炸的信息时无法寻找到最有准确有价值的信息，也无从提高其工作效率，这会浪费许多时间。

### 12.3.1 数据挖掘与分析

通过投资关系、协议或者其他安排数据分析出实际支配公司行为的自然人、企业，可进行实际控制人挖掘；通过图谱分析，挖掘出一致实体集（两个或者两个以上自然人或者企业）对某一企业实体或者任何事物会采取一致行动，以进行一致行动人挖掘；当选中某个自然人实体并展开关系，若该自然人在前端已经存储了多个可融合的自然人实体的前提下，会将所有自然人实体按照选定的关系展开，并进行可融合的算法挖掘。

通过内置图算法，发现实体关系之间的隐含模式，如团伙关系、环状关系、层级网络等，适用于公共安全、社交网络分析等领域。直观的交互式分析，轻松从海量实体中挖掘潜在隐含关联，进行事件定量分析、时空分析，适用于金融反欺诈、公共安全等领域。

### 12.3.2 事件动态推送及追踪

根据预定义的事件规则进行风险事件或存量客户营销事件推送，并对相关人员的后续行为进行追踪。选中某一类实体，根据实体的属性，对实体进行筛选，并可以通过实体筛选条件,来选择呈现的关系范围。基于实体关系网络,帮助客户及时判断新发生的事件对实体以及关联实体的正负面影响。事件动态推送及追踪适用于智能运维、风险、营销等领域。

### 12.3.3 一键生成关系图谱报告

推理引擎引入描述实体与关系的元知识,赋予实体与关系的语义含义,完成实体关系与属性的推导,以及事件对实体的影响在网络上的传导。为了更好地利用已经抓取的数据,给银行客户带来更多价值,通过建立标签体系对企业进行细分,方便客户选出符合某一业务场景的一批企业,提升工作效率。可批量导出多家企业的数据信息及全量关系图谱数据报告,报告内容涵盖:工商信息、涉诉风险信息等内容及企业关系图谱特性:一致行动人、疑似可融合、担保关系等。

## 12.4 典型案例——AlphaSense

美国的 AlphaSense 是一个在数据层面上轻量级,将复杂逻辑判断交给用户去完成,专注于解决专业信息获取和碎片问题的金融搜索引擎;并且面向金融投资领域,从文件、新闻和研究报告中集合投资信息并进行语义分析,在全球公司数据中进行趋势分析。其使命愿景仅是从大量噪音中寻找有价值的信息,专注信息丰富度和碎片化基本问题,从而大大提高金融人士的工作效率,节省工作时间。

该公司的核心业务是为用户提供智能金融搜索的引擎服务。传统的搜索引擎只能通过关键字的搜索找到相关文件,然后用户再通过阅读相关文件后,从中提炼和归纳出答案。而 AlphaSense 能通过自然语言处理技术,比如:近义词搜索、公司追踪搜索等,进行全网抓取数据,建立与搜索信息最完备的数据库,帮助金融从业人员高效率地找到自己想要的信息,甚至直接呈现出问题的答案。目前 AlphaSense 在全球范围内拥有 450 企业用户,其中包括了 JP Morgan、Credit Suisse、Pfizer 等知名公司。

### 12.4.1 产品起源

AlphaSense 的最初灵感来自于 Jack Kokko 作为摩根士丹利分析师时的经验。作为金融分析师，Jack Kokko 了解金融研究复杂、耗时以及不忽视任何细节或信息的重要性，也充分体会自己做分析师时所面临的痛楚。他说："我要对这些大量放在我的桌子上的报告进行大量研究，打印大量的文件、研究文件等，并手动把它们突出显示，写笔记和使用少量粘滞便笺，复制和粘贴文件。这非常无效、非常痛苦。"

后来，当他在沃顿商学院攻读工商管理硕士学位时，他发现自己学校项目也处于类似的情况。于是，他想："我想知道，难道真没有人能创建一种产品来解决这个问题？"于是，他和 Raj Neervannan 一起合作，琢磨如何解决这个问题，并在 2008
年毕业创立了 AlphaSense 公司。由于他们是在金融危机爆发时推出金融服务产品，他们必须确实从根本上说这个项目是伟大的。他说："在不利的市场条件下开始这样的事情，就是要确保产品能真正解决一个非常大的问题，一个不论市场好坏总是需要的一个解决方案。"

### 12.4.2 产品原理

AlphaSense 是一个 SaaS 平台，解决了专业人员信息丰富和分散化的根本问题。它利用专有的自然语言处理和机器学习算法，提供强大而高度差异化的产品。平均来说，金融分析师每天使用近十几种不同的工具和系统来搜索信息，将其组合到一个位置进行分析，保存并再次访问。而 AlphaSense 将所有这些整合到一个单一的平台，可以帮助用户从数据库中快速查找和发现关键数据点，并跟踪与智能提醒有用的新信息（如图 12-3 所示）。

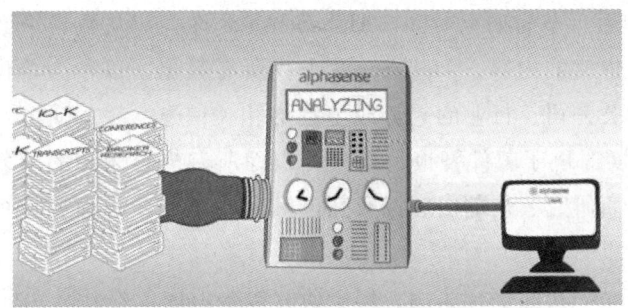

图 12 – 3　AlphaSense 的运行原理

正如 Jack Kokko 所言，在许多不同的数据中集中找到关键信息并没有很好的工具。使用 AlphaSense，用户不用去登录摩根士丹利，然后再登录 IDC 的门户网站获得他们的研究，或利用任何成千上万个其他来源，我们已经将信息聚合在一起，添加智能搜索超过所有这些内容，这些内容超过任何一个内容提供商可以自行提供的信息。因而，使用 AlphaSense，分析师能将搜索信息的时间减少一个数量级或更多，从而使他们有更多的时间进行分析并做出更明智的建议。

### 12.4.3　产品特点

（1）使用智能同义词专利技术迅速找到关键数据点，解决信息过载。AlphaSense 拥有专为金融研究而设计的开创性语义搜索技术——AlphaSense Smart Synonyms TM。该技术能智能地对每行文字进行索引，并让客户掌握关键字，用智能同义词技术扩展关键词搜索到同义词，同时过滤掉误报，客户通过几次点击就能搜索数百万个文档，可以确定任意一家公司或全球 35 000 多家公司的关键数据点、趋势和主题，查找并获取关于报告、新闻、研究和客户自己上传的重要信息，而且界面直观，搜索、阅读和注释文档效率都非常高（见图 12 – 4）。

**Intelligent Search**

Aggregates 1000s of disparate sources in one location.

Intelligently indexes every line of text and takes you right to your keywords.

Smart Synonyms™ expand keyword searches to include synonyms.

Interface is intuitive and very efficient. Search, read and annotate documents.

图 12 – 4　AlphaSense 的智能性

（2）快速搜索，节省研究时间。AlphaSense 允许客户从数千个数据来源中一次性智能搜索出高价值的内容。AlphaSense 查找所有数据，以秒为单位，在几秒钟内就能轻松找到有关公司、行业的趋势或主题的相关信息，手动研究则要数天或数小时。AlphaSense 实时电子邮件警报，客户可跟踪所有内容来源的新发展，包括第一手资料研究、券商研究、内部内容以及新闻和贸易期刊，从而客户可以将节省的时间投入增值分析。

（3）AlphaSense 功能多样实用，便于研究报告形成，提升研究报告生产效率。

上传功能：客户可以上传文件，同步任何驱动器的内容或连接 Evernote 账户，可将任何数量的内容添加到 AlphaSense 安全可扩展的数据基础架构中，可运行搜索以找到相关的内部研究以及外部内容，可在内部文档上获取智能搜索，警报和协作。提醒功能：通过强大的电子邮件提醒，把客户关心的搜索片段和文档发送到收件箱。过滤功能：利用 AlphaSense 的高级标记和相关性过滤功能，快速找到任何主题、公司或行业的最佳内容。表格提取功能：可将文件或券商研究报告中找到的表格直接提取到 Excel。网页剪辑功能：可以将搜索的网页进行剪辑，并与其他内容放在一起。

（4）符合用户安全标准，内容和数据安全：AlphaSense 已通过 SOC2（1 类）认证，符合用户安全标准。AlphaSense 采取精心设计的一系列步骤，安全地处理数据端到端的问题，包括存储、传输、网络、系统和程序。具体如下：

存储中的数据安全：使用高级加密标准（AES）256，使用 256 位加密密钥自动加密客户端内容；存储用户数据的数据库、搜索引擎和系统驱动器被直接加密；通过第二个安全映射层将数据存储为通过映射到用户提供的名称的扰码；根据请求，客户端可以管理和保存自己的加密密钥。

在传输和用户认证中的数据安全：所有数据在传输过程中端对端加密；与 AlphaSense 服务器的最终用户通信通过 HTTPS 安全 Web 协议进行，并且在用户认证的登录过程之后完成；所有用户请求都使用针对安全数据库的单向加密和具有特定访问密钥的命名服务器进行身份验证。

网络安全：AlphaSense 服务器托管在防火墙后面，入口和出口端口关闭，并限制在服务器上的单一 HTTPS 访问，满足用户请求；子系统进一步隔离到虚拟专用云，无须 Internet，这限制了对防火墙内仅特定命名服务器的访问，并通过安全的单向加密密钥。

数据中心和管理员访问：AlphaSense 与世界一流的安全数据中心提供商 Amazon

Web Services 合作，利用其最先进的电子监控和多因素访问控制系统；数据中心全天候由经过培训的安全技术人员组成，经过严格的后台检查，严格授权访问权限。访问服务器受多因素身份验证（MFA）协议的保护，用户访问控制由身份访问管理工具通过 SSL／TLS 的安全通信会话进行管理。

监测和渗透测试：不断监控整个 AlphaSense 系统，记录异常检测的任何访问或输出；持续监控服务器级别的 Web 服务正常运行时间，以防止任何意外事件或高使用率提示拒绝服务攻击；AlphaSense 系统定期对第三方安全专家的渗透和漏洞进行审核和测试。

## 12.5　总结与发展前景

AlphaSense 是一家成功的智能金融搜索引擎公司，它具有与其他卓越的智能金融公司相同的特点：产品具有革命性、安全性 + 产品市场前景广 + 风险资本支持 + 管理团队优秀。其产品的革命性在于智能金融搜索领域无人能出其右，其拥有专门的智能搜索同义词技术 AlphaSense Smart Synonyms™ 能切断噪音，挖掘有价值的数据点并能找到别人忽略的东西，其金融数据库覆盖全球 35 000 家机构文件、1 000 多家卖方研究机构研究报告以及高价值的新闻贸易报刊等。其产品的市场前景广，源于该产品是应市场需求而生，是公司创始人根据自己的切身体会，针对金融分析师研究分析中迫切需要解决的问题而提出的一种解决方案，并采取精心设计的一系列步骤，安全地处理数据端到端的问题，包括存储、传输、网络、系统和程序，从而安全地解决了金融分析领域的行业痛点，也正因如此，才获得风险资本的青睐，毕竟资本是逐利的。

优秀的专家管理团队以产品为核心，保证了公司朝着正确的方向发展。如公司在产品推出后持续丰富数据库的内容，2012 年搜索引擎添加 Russell 3000 成分公司的投资者关系演示文稿，2013 年扩大其索引内容数据库至包括 60 多个国家的20 000 多家公司，2014 公司扩大搜索数据库包括全球 1 000 多家顶级券商研究报告，2016 年搜索数据库添加道 - 琼斯新闻（其中包括巴朗和华尔街日报）和金融时报的实时新闻，2017 年扩大其搜索内容包括新闻媒体，以及贸易和工业杂志。可以预见，AlphaSense 的应用前景十分看好。

从国内券商研究来看，分析师们无不面临 Jack Kokko 作为摩根士丹利分析师时面临的同样问题。目前绝大多数证券分析师所运用的辅助研究软件如 Bloomberg、万德等数据终端只解决了基础数据问题，而没要考虑到信息量过载的问题。这使得分析师在面对大量基础数据与爆炸的信息时无法寻找到最准确最有价值的信息，也无从提高其工作效率。由于金融搜索引擎的背后是大数据与高质量的知识图谱和大量的业务规则，帮助实现联想、属性查找、短程关系发现，要求的技术更高，所以，国内主要发力端是在智能投资顾问，在智能投研方面发力的公司还很少，主要有通联的萝卜投研（Robor）和数库的数库港，两者基本上都是在模仿 AlphaSense。前者称数据库含股票、基金、债券、研报、宏观、资讯、社交、电商数据等海量数据，目前已服务于中信证券、海通证券、招商证券等千余家金融机构；后者称数据库含 A 股、港股、美股、新三版、非上市金融、股权交易中心公司，已被京东金融、花旗银行、浦发银行等国内外众多顶级金融机构广泛使用。由此可以看出，国内领先券商中信等金融机构已开始布局智能投研。其他券商也应抓紧着手智能投研工作，不论是通过投资或是直接购买相关的金融服务，都应以 AlphaSense 为标杆；以是否解决行业痛点为指导；以产品是否建立在大数据和专有人工智能技术上，是否具有革命性、安全性、智能性、有效性；以及管理团队是否优秀来选择人工智能科技公司。

# 第13章
# 智能风控

## 13.1 引言

　　AlphaGo 的成功,让大家发现人工智能已非昔年靠穷举法赢棋的"深蓝"(IBM 开发的国际象棋机器人),而是有了自主推理学习能力,大家进而担心人类是不是有朝一日会被人工智能机器人"颠覆"?人工智能已经在无人驾驶、图像处理、语音识别方面取得了突破性的应用,那金融领域呢?

　　人工智能应用有三个要素:数据、处理数据的能力和商业变现的场景。人工智能解决金融界问题的过程,很好地对应了这三个要素。也许,金融领域是人工智能最合适不过的颠覆场景了。

　　人工智能最好的应用领域之一是金融领域,因为金融领域是唯一的纯数字领域。互联网金融时代,躲在手机背后的用户、缺失央行征信的人群,虽有庞大诱人的市场,但是仅凭传统的风控手段很难判断是"君子"还是"小人"。借助人工智能和大数据,金融的风控能力得到了质的提升。

　　因此,整个金融业态正在技术、资本和市场的共同作用下发生数字化重构。面对剧烈变化的市场竞争格局和趋严的监管政策,金融机构纷纷通过引入先进技术强化其核心竞争力,提升其原有体系的效率。

　　在过去的几十年甚至百十年中,无数的银行家、金融工程师、数据分析师、金融从业者为我们设计了很多非常便利的金融产品,比如信用卡业务、个人贷款业务,在这些产品迭代的过程中形成了非常严谨的迭代和风险控制的方案。所利用数据的特点是针对这些金融产品业务区分能力强,但是覆盖人群相对较低。

如图13-1所示的冰山,传统金融行业对数据的利用率只有10%左右;而智能公司需要做的就是挖掘那些隐藏在冰山之下的数据,把智能风控带给企业。

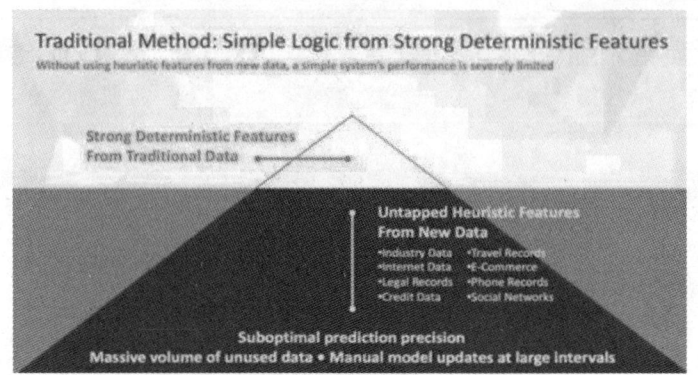

图13-1 传统金融对数据的利用率偏低

随着人工智能及大数据解决方案的普及,我们可以搜集更多维度的数据更精细地进行用户画像,包括利用一些行业数据、用户的互联网浏览数据、司法执行数据、第三方信用数据、出行数据、电商平台的交易数据、电话通讯数据和社交数据。这些数据的覆盖人群会远远超过现有的金融行业。

而人工智能就是对这些数据进行组合,从而挖掘出有效的特征。

如何利用好这些维度很高的数据,需要一个智能的解决方案。因为这些数据大多是非结构化的数据,可能来自邮件、视频、文本、语音、点击浏览行为、社交网络等多种渠道。数据的量级和清洗是一个重要环节。

人工智能和大数据的一些解决方案为我们提供了较好的基础设施。

## 13.2 步骤技术

### 13.2.1 数据基础

数据是智能风控的基础。整个智能风控的起点从获取数据开始,主要数据来源为用户注册时提交的数据、使用过程中产生的数据、交易时产生数据、第三方如政府及征信机构等数据。这其中有大量非结构化的数据需要处理。形成对信用评估有价值的组合。

数据已经成为金融业务的新边界。体现在三个方面：场景边界、群体边界、效率边界。也就是说，如果我们有大量场景的数据、客户的数据，金融服务就可以触及场景和这些群体所在的地方，同时带给他们极致的客户体验和高度的流程融合（见图13-2）。

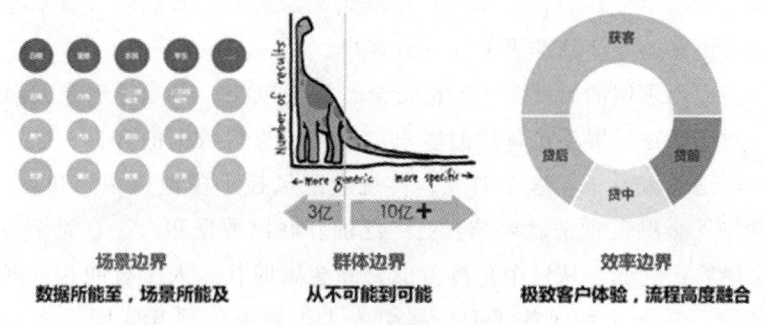

图13-2 "数据"是基础

### 13.2.2 建立模型

建立模型，其中最重要的是反欺诈和信用评定两项工作。反欺诈确保平台安全，信用评定直接影响平台经营。人工智能的实力强弱也在于此，经过周期性运营之后可以看出效果。

再有一点，反欺诈有其相对应的模型，A卡、B卡也有对应的模型。我们会看到有一些公司说自家模型效果很好，但场景不一样、客群不一样。所以不要在这个领域里面对新鲜的算法盲目崇拜甚至直接移植，还需要更多的从业者一起探索和再创新。

### 13.2.3 模型应用

第三步是将模型结合现有业务进行计算和应用，将其最大的价值发挥出来。相信随着业务需求驱动快速发展，人工智能将在金融风控变革中发挥越来越大的价值。

## 13.3 应用领域

在金融业务的前端,已经有不少传统银行将人工智能用于为客户定制服务,开发理财产品的应用,例如巴克莱银行和花旗银行等。国内银行中走在科技前列的招商银行,也开始试用全新的人工智能业务模式。未来人工智能和机器学习技术在金融业前端会有更多的便捷精准服务提供给客户。

那么金融应用领域的后端呢?信息安全、投资风控、资产管理等方面的问题成了新问题。对于躲在触屏手机背后的客户、缺失了央行数据的客户,银行没有办法判断用户是不是谦谦君子。这个时候,传统金融风控手段覆盖不到和难以触及的,那么"互联网+金融"业务就要结合更广泛的互联网数据和人工智能手段,来处理更广泛的金融客户问题。从这个角度考虑,新金融时代,人工智能和机器学习,是真的要"颠覆"传统金融风控了吗?在引入人工智能处理互联网行业几十万维数据,在"降维"处理金融业界数据万维、千维数据的时候,是否会形成有效的降维攻击?

在谈及机器学习在金融场景的实际应用之前,首先对金融风控的一个标准业务流程进行梳理。通常,一个风控业务包括前端页面用户资料申请提交和收集,反欺诈、合规、逻辑校验,核心决策授信包括申请评分和电调,以及最后的催收。

面对这套业务流程,新金融风控领域面对的数据痛点,一般如图13-3所示的几大类:

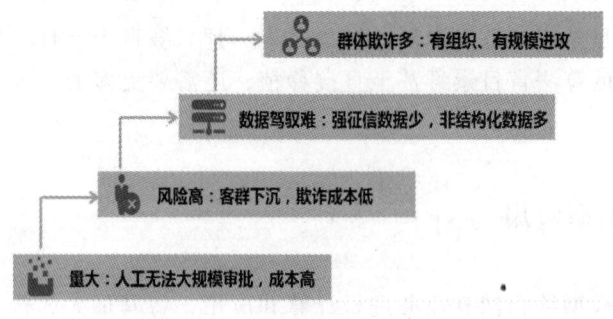

图13-3 金融风控领域数据痛点

### 13.3.1 反欺诈

机器学习已经在各个风控节点发挥作用。比如反欺诈环节,在泛互联网的环境里,金融风控面临的传统个体欺诈已迅速演变为有组织、有规模的群体欺诈和关联风险。传统反欺诈手段包括验真、客户信息逻辑校验、外部信息对比校验、灰黑名单过滤等方式,主体还是在识别个人风险,无法根据千丝万缕的关系挖掘潜在的群体欺诈,这需要基于网络的全局风险识别能力来覆盖风险漏洞。

一方面,针对机构的存量数据,利用譬如申请资料、运营商等数据构建复杂网络。每一个申请人、id、手机号、设备、地址等都是网络中的实体,而诸如申请人拥有设备、手机号等有向联系就是图中的边,边的权重为关系的紧密程度,各类信息节点构建庞大网络图,并在此之上可进行基于规则和机器学习的反欺诈模型实时识别(见图13-4)。

另一方面,可以采用先进的动态社区挖掘算法(如 Louvain Community Detection)实现风险分团,并利用无监督算法等计算相应的全局风险特征和局部风险特征,在此之上训练基于有监督算法的集成机器学习模型。

事实上,这不仅在方法论层面有所突破,相对以往基于有限维度的网络和规则模型,在最终识别效果上也有较大提升。

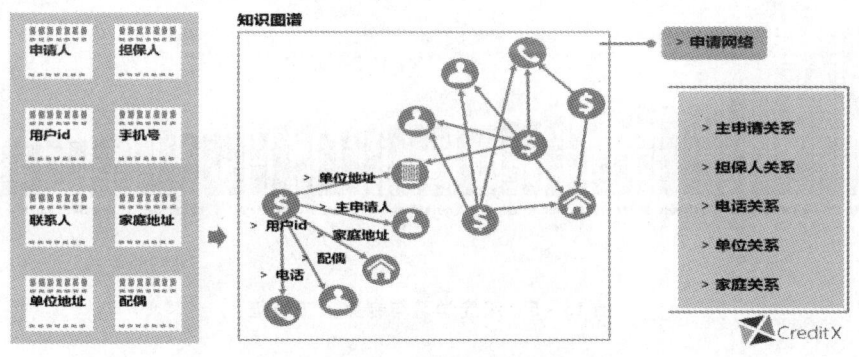

图 13-4 申请人的负责网络体系

### 13.3.2 核心授信决策

在申请评分环节,传统金融风控往往是基于评分卡体系对强征信数据如银行借贷记录等进行建模；而新金融业务下，客群的进一步"下沉"，覆盖更多收入群体，新增群体的强征信数据往往大量缺失，金融机构不得不使用更多弱金融数据，譬如消费数据、运营商数据、互联网行为数据等。这类底层数据的改变，对传统信用评分卡造成了巨大的困难。具体体现在：

诸如互联网行为、运营商数据很多都是非结构化数据，数据繁杂，建模前的特征工程很难用传统人工的方式完成加工。

由于数据类型和范围的大幅扩大，新模型面对的往往是加工出来的上千维弱变量特征，评分卡体系根本无法融合吸收这些特征。

线上新金融业务风险环境频繁演化，传统人工迭代模型无法适应风险变化速度，迭代优化太慢。

人工智能和机器学习对上述问题有独到处理：

面对数据繁杂的问题，基于深度学习的特征生成框架已被成熟运用于大型风控场景中，对诸如时序、文本、影像等互联网行为、运营商非结构化数据实现了深层特征加工提取，显现出对模型效果超出想象的提升。

图 13-5 为大型信用贷场景中模型重要性特征列表，机器学习特征比例已经超过专家人工特征。

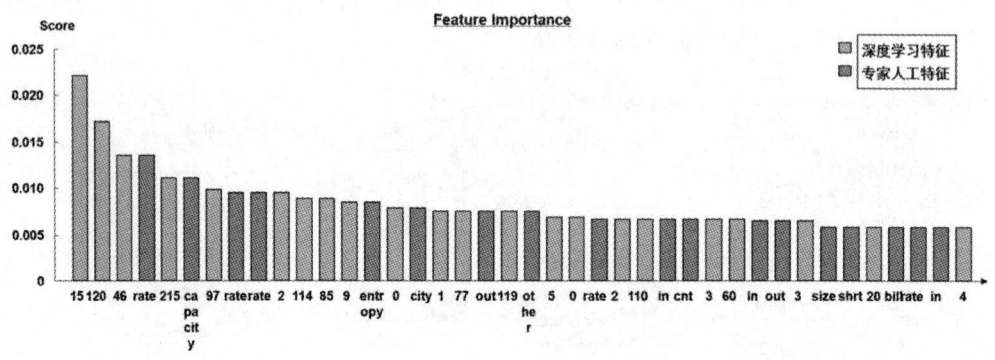

图 13-5 深度学习与专家人工特征

针对数据驾驭难的挑战，经过大量实践表明，不同的数据用合适的模型才能挖掘出其最大价值。幸运的是，机器学习方法过去在互联网广告、搜索、推荐等技术的成熟应用正是对不同类型的数据用不同的机器学习模型进行处理，将此移植到金融场景中，用复杂集成模型就可以轻车熟路地处理上千维度的弱变量，并将之与违约风险的精准挂钩（见图 13-6）。

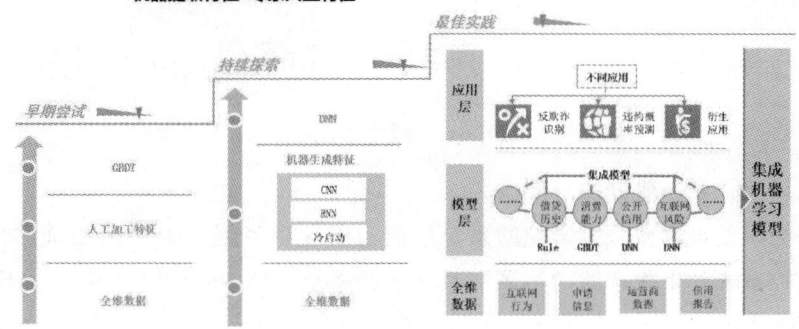

图 13-6　机器学习建模

解决模型迭代慢也是机器学习最擅长的事情。过去，互联网公司每天都产生海量用户数据，需要对搜索、推荐模型持续频繁地在线优化，自迭代频次比金融领域更快速更准确，这是人工迭代几乎无法解决的问题。因此，在金融风控中，通过对模型特征、借贷群体、模型性能和业务反馈等多方面的监控，机器学习模型已经能很好地进行在线快速自迭代。

### 13.3.3　大数据风控

事实上，机器学习要解决的问题很清晰，所有的这一套数据适配融合、群体反欺诈、特征工程、模型构建和训练、性能监控与自迭代的机制，包括深度学习、半监督学习、在线学习等技术，核心都是为了将互联网级别的机器学习技术"降维"应用到金融领域，解决新金融场景上数据的独特性，一方面可用数据比互联网要少，另一方面又比传统评分卡体系多了很多不可解释、高维稀疏的大数据。

上述三个方面的挑战贯穿风控的各条业务线，此次案例的解决方案着眼于风控核心的反欺诈和授信两个阶段来阐述如何解决这几个问题，并构建一整套完整的申请贷前风控体系。

在整个线上信用贷场景实践下来，经过跨多个时间段多批次的验证，可以看到，效果上还是有非常直接的提升。仅基于有限的弱数据，在模型层面，性能相比传统模型提升了大约 70%，最大 Ks 值始终稳定在 0.3 以上，风控维度也从之前的数十维扩展至 2 600 多维；业务层面，经测算，坏账率也有 46% 的直接下降。

## 13.4 典型企业和案例

智能风控企业一般分为三类。

第一类研发自用型，所研发的系统匹配自身业务发展。例如拍拍贷的"魔镜"大数据风控系统、爱钱进的"云图"动态风控系统、融360的"天机"大数据风控系统等等。

第二类为纯技术输出型，即为商业银行、小贷机构、理财平台、消费金融公司等提供信用评估审核、智能风控、反欺诈等金融解决方案。

第三类混合型既支持自身业务发展，也对外输出技术能力。这类型企业一般以建立生态为目的，希望以技术输出换取接入更多的数据。比如蚂蚁金服对中小企业开放的风控产品"蚁牛"、个人征信产品"芝麻信用"；网易金融的"北斗"风控系统；品钛集团的"读秒"等等。

因为智能风控已经成为金融科技公司的"标配"，本文主要盘点了以输出智能风控技术为主要业务或者建立金融生态的大型公司在技术输出方面的布局。详见表13-1：

表13-1　　　　　　　"AI+金融"典型公司盘点

| 公司 | 智能风控产品 | 应用领域 | 融资额/轮次 |
| --- | --- | --- | --- |
| 邦盛金融 | 流式大数据毫秒级处理产品"流立方" | 风控 | 1.35亿元/B |
| 极光大数据 | 金融反欺诈产品 | 反欺诈 | 千万美元/C |
| 九次方大数据 | 投资银行项目风险实时预警大数据平台等 | 风控、产业链金融 | 7亿元/C |
| 氪信 CreditX | "非或然引擎"自动化决策系统个人风险评估"XCloud" | 风控、信用评估 | 1500万元/Pre-A |
| 量化派 | 基于 MapReduce、Spark 框架的 BI 和数据挖掘系统 | 信用评估、消费分期 | 5亿元/C |
| 蚂蚁金服 | 风控产品"蚁盾"征信产品"芝麻信用" | 风控和征信 | 45亿美元/B |
| 牛蛙金服 | "神盾"大数据风控云平台 | 风控 | 未透露/A |
| 品钛集团 | 智能决策信贷引擎"读秒" | 信贷 | 8400万美元/C |
| 融360 | "天机"风控系统开放数据平台 | 风控 | 10.35亿元/D |

续表

| 公司 | 智能风控产品 | 应用领域 | 融资额/轮次 |
|---|---|---|---|
| 同盾科技 | 反欺诈、信贷风控、核心风控工具、信息核验服务 | 反欺诈、风控 | 3 200万美元/B+ |
| 网易金融 | 北斗智能风控开发平台 | 信贷 | / |
| 小赢科技 | WinSAFE智赢产品风控体系、WinAGILE轻赢产品开发体系 | 风控 | 10亿元/B |
| 星桥数据 | "蜂鸟"金融搜索系统、"鹰眼"大数据风控系统 | 风控 | 2 000万元/Pre-A |
| 用钱宝 | 柯南特征工程系统、D-AI机器学习模型、A-nubis计算架构 | 风控 | 1.56亿元/B+ |
| 元宝铺 | 电商贷ECL、数贷引擎FIDE | 信贷 | 1亿元/B |
| 智信度 | 智信度评分、数据、报告、策略模型产品 | 民间借贷 | 近千万元/天使 |

注：表中融资一栏，除已注明单位为美元以外，其他数据单位均为人民币。
资料来源：企业官方及公开信息

在这些公司中，蚂蚁金服、品钛集团、网易金融分别发布对外开放平台，积极与生态体系以外的企业合作，合作对象主要以商业银行、中小金融机构为主。在为他们提供智能风控能力的同时，还能将其纳入自己的生态体系中，获得更多的强关联数据。

### 13.4.1 氪信

氪信成立于2015年12月，是一家2B金融科技公司，通过人工智能技术为金融机构提供风控服务。

对于消费金融公司来说，业务和风控能力均是其壁垒，然而部分消金公司虽有较好的展业基础，风控能力却比较缺乏。自建大数据、人工智能风控模型对其是较大的挑战。氪信主要作为独立第三方公司提供风控服务。

传统银行信用卡在申请过程中需要面签，还需用户提供工资流水等材料，繁琐复杂，效率低下。所以，信用卡业务在发展过程中，必然要通过大数据、人工智能等新技术提高风控效率，这也为氪信提供了机会。

业务上，氪信专注于贷前反欺诈和用户还款能力评估。风控链条很长，从上游的数据收集、清洗，到建立模型防范欺诈风险、确立授信额度，再到贷后的催收、失联修复,每一个环节对核心能力的要求均有不同。

氪信并不追求大而全,而是聚焦于对建模技术要求最高的环节,例如基于用户行为、关系网络的反欺诈和预授信。

建立智能风控模型的基础是具有大量的数据,氪信本身不涉及数据采集工作。数据来源于两方面:一方面是合作机构本身已经收集了大量的用户数据;另一方面氪信也与主流的征信平台合作,比如芝麻信用、前海征信等。

产品功能上,氪信的风控模型主要针对 C 端的借款用户,因为 C 端用户能够满足小额、分散、数据量大的特点。目前,氪信除了以项目的形式与大型金融机构合作外,也输出标准化的产品。

### 13.4.2 蚂蚁金服"蚁盾"

阿里巴巴旗下金融子公司蚂蚁金服的风控产品"蚁盾"利用大数据技术为金融机构和各类互联网商户提供反黄牛、反作弊、反欺诈服务。

据蚂蚁金服官方介绍,蚁盾的核心数据产品为风险评分(Risk of Acitivity,Identity and Network,RAIN),这是一套能对手机号、支付宝账号等主体进行风险预测、风险解释的评分体系。通过大数据以及用户的身份信息、行为特征、关系网络等多维度来评估风险。

使用蚁盾的商户通过注册用户的手机号,能得到其风险评分,借此能有效识别批量的机器注册、恶意刷单的虚假交易以及黄牛抢购。

此前,蚁盾仅提供给大型商户——滴滴出行是最初接入的商户之一。在滴滴活动补贴期间,引入蚁盾后,通过 RAIN 评分服务,对用户的真实性进行甄别,系统有效识别出存在刷单行为的高风险账号。

目前,有多家平台已接入蚁盾 RAIN 评分。2015 年,蚁盾共为金融机构和合作商户提供了累计超过数亿次风险咨询服务。如今,拥有企业支付宝账号的用户都有可能使用上蚁盾,在支付宝的"产品商店"里,可以进行自助签约。

### 13.4.3 小赢科技

2017 年 4 月,小赢科技在北京正式宣布获得 10 亿元人民币 B 轮融资。小赢科技独创了 WinSAFE 智赢风控体系(Scientific - 智能、Agile - 敏捷、Focused - 专注、

Effective–精准），依靠数据引擎、反欺诈模型、信用价值模型、抵押物估值模型与极客学习引擎构成的大数据风控系统来分析用户价值、用户的还款能力和还款意愿，依靠强大的数据处理与建模能力确保用户的资金安全。智赢风控体系拥有强大的数据引擎，相关数据资料可以与数十个第三方数据源交叉验证。通过自动识别、秒级人脸识别与人脸分析等技术，可以带给用户更加智能化的体验。同时，基于大数据生态环境的风控体系，可以持续优化信用价值模型，达到智能、敏捷、专注、精准的行业最高标准。

小赢科技建立了完善的系统架构，在产品方面保障银行级安全能力与互联网极致体验。独创的 WinAGILE 轻赢产品开发体系对账户、支付、安全、风控、产品、理财六大系统进行了精雕细琢。将复杂金融产品抽象出 100 多个属性，通过可视化的配置就能完成一款新的金融产品上线；通过全覆盖的自动化测试和监控体系，保障金融产品的严谨性、正确性。小赢科技的系统依托于腾讯金融云，并在此基础上定制了防火墙、反黑客、容灾等模块，为用户安全保驾护航。通过自研的产品发布系统，持续迭代、快速测试、高效发布，让用户更快享受小赢科技最新产品。

## 13.5 面临问题

### 13.5.1 孤岛数据的融合

首先来看一下风控和营销的本质差异在哪里？营销可以管中窥豹，如果你在京东上面买了一本跟数学相关的书，那么大概可以从这个行为判断出你是一个数学爱好者或者周围有数学爱好者。但是如果让仅仅通过这一个维度的数据，就判断你是一个好人，这可能很难，必须要收集你在每一个角落的数据，360 度都是一个好人的时候才能说你是一个好人，所以对风控而言最大的挑战，就是不能像营销一样可以随心所欲地管中窥豹，必须要收集更可能全的数据才能洞悉一个人，才能给一个人下结论。

但是，这 360 度的数据，包括金融数据、消费数据、行为数据等等，从小数据到大数据、从静数据到动数据、从薄数据到厚数据，收集起来绝不是那么容易的

(见图 13-7)。

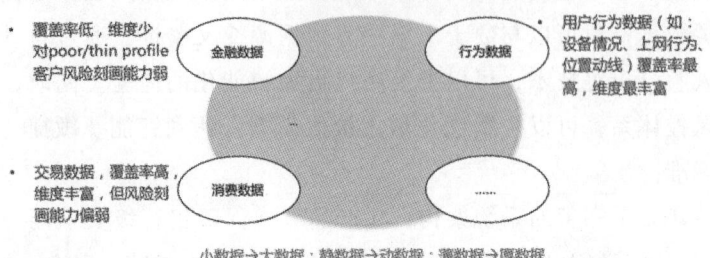

图 13-7 孤岛数据的融合

### 13.5.2 数据缺乏标准化

各数据的饱和度不一、精度不一、状态不一、标准不一,这会是数据精确应用的障碍,这些问题需要通过建立一个可靠和有效的标准来处理。

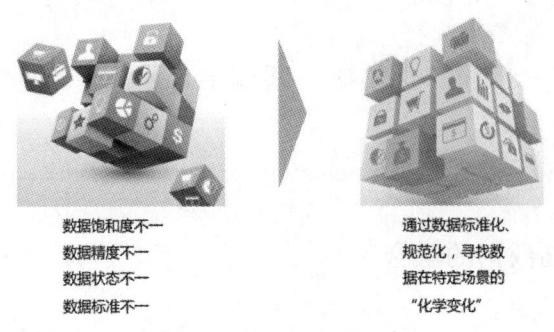

图 13-8 数据缺乏标准化

### 13.5.3 对算法的错位应用

有一个问题,为什么在银行的风控领域,使用的算法一直以来都是以逻辑回归为主的传统算法?难道银行不知道人工智能、机器学习吗?在金融体系里面,包括巴塞尔在内的各种协议都要求变量的可解释性以及透明,种族、性别、年龄虽然是很好的变量,但是不能用,因为这是对人的歧视。现在金融体系只能停留在利用传统的逻辑回归加机器学习而形成的整合式应用方法中。

# 第 14 章
# 智能客服

## 14.1 引　　言

　　早在人工智能发展起来之初,关于"人工智能将取代人类"的言论就一直未曾停歇。作为一项工作形式单一、工作内容重复性强的工作,智能客服上手可谓相当容易,再加上人工客服人手不足,智能客服的发展就顺应行业的发展要求。

　　受到全球范围内下游应用需求迫切倒逼和上游技术基础成型推动的双重压力,近年来人工智能赢来了加速发展的黄金期。以美国、欧盟和日本为代表的发达国家分别推出了大脑研究计划(BRAIN)、人脑工程项目(HBP)、人脑探究计划(MINDS)等支持政策;Google、Microsoft、Facebook、Apple、IBM 等巨头纷纷加码人工智能产业布局,根据风投调研机构 CBinsights 统计的数据,截至 2016 年 12 月 20 日,全球人工智能领域融资事件数已达 635 宗,预计 2016 全年将达 655 宗,总融资额将达 5.1 亿美元(见图 14-1)。

　　中国人工智能产业规模 2016 年已突破 100 亿元,以 43.3% 的增长率达到了 100.60 亿元,预计 2017 年增长率将提高至 51.2%,产业规模达到 152.10 亿元,并于 2019 年增长至 344.30 亿元。

　　中国人工智能产业起步相对较晚,但产业布局、技术研究等基础设施正处于进步期,随着科技、制造等业界巨头公司的布局深入,人工智能产业的规模将进一步扩大。而随着众多垂直领域的创业公司的诞生和成长,人工智能将出现更多的产业

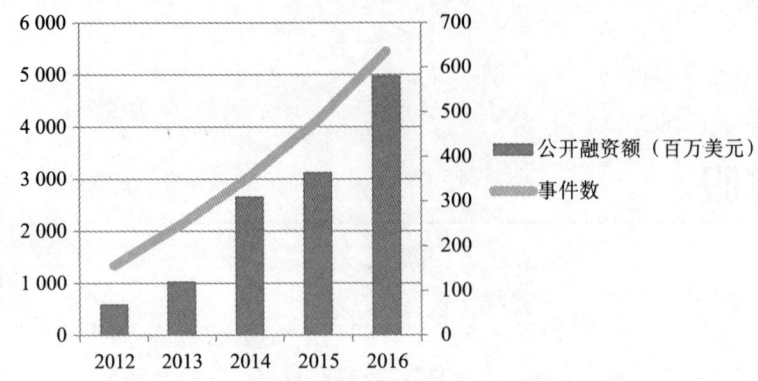

图 14-1　2012~2016 年全球人工智能融资额统计

级和消费级应用产品。

由于人工智能属于基础型技术，与机器人和大数据联系紧密，其水平的提升将带来多领域的应用扩展，大幅拓宽传统产业的发展之路，造成未来 5~10 年的巨大颠覆性影响，产生 10~100 倍的溢出效应，由此打开万亿规模的市场空间。

根据上述溢出效应，BBC 预测，人工智能市场将继续保持高速增长，促进产业爆发的新浪潮。预计到 2020 年，全球人工智能市场规模将达到 183 亿美元，约合人民币 1 190 亿元。国内著名的咨询机构艾瑞咨询也推算得出，在不包括硬件产品销售收入（如机器人、无人机、智能家居等销售）、信息搜索、资讯分发、精准广告推送等的情况下，预计 2020 年中国人工智能市场规模将达到 91 亿元人民币。市场前景广阔，投资机会看好。

智能语音技术在企业级市场主要应用于呼叫中心（Call Center），具体包括语音导航和声纹识别两种方式。呼叫中心，又称客户服务中心，是把计算机和电信技术集成在一起，形成用电话与用户沟通的手段。我国呼叫中心座席规模近年来保持稳定增长。据前瞻网数据，截至 2011 年底，我国呼叫中心产业座席数为 48 万个，累计投资规模达到 701 亿元；2012 年为 58 万个，累计投资规模达到 826 亿元。2013 年底，中国呼叫中心市场投资达到 900 多亿元人民币，市场投资堪比游戏行业营业额，国内呼叫中心座席规模达到 70 万个。2014 年末中国呼叫中心市场投资达到 1 000 亿元以上人民币，座席规模突破 100 万个。2015 年中国呼叫中心投资规模可突破 1 300 亿元。这表明客服市场空间巨大，且具备较大的成长空间。

随着智能手机的应用和普及，移动互联网兴起，越来越多的客户通过移动端进行浏览、消费和交易，这也导致客户移动端客服需求大量增加，未来市场潜力巨大。

截至2016年第二季度,中国手机网民规模突破7亿大关,达到7.01亿(见图14-2)。中国智能手机用户与中国手机网民的规模保持同向增长,中国智能手机用户规模占中国手机网民比例均保持在90%左右,手机上网成为主流。移动端应用已逐渐渗透大众生活,移动客服需求将进一步被放大。

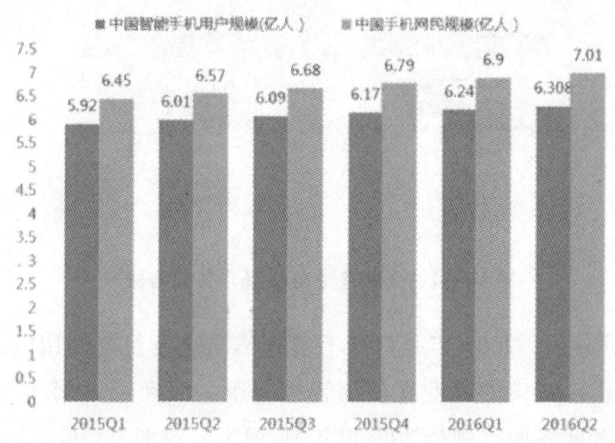

图14-2 2015年~2016年第二季度中国智能手机用户规模

据艾媒咨询调研数据显示,66.4%的受访B2B用户和60.9%的受访B2C用户在享受到好的客户体验后会购买更多的产品,而71.3%的受访B2B用户和54.6%的受访B2C用户在遭遇糟糕的客户服务互动后会停止购买产品(见图14-3)。艾媒咨询认为,客户服务是评判产品和企业重要的软指标,对塑造企业品牌至关重要。其中,"85后""90后"等新一代用户群体,对客户服务更加敏感。

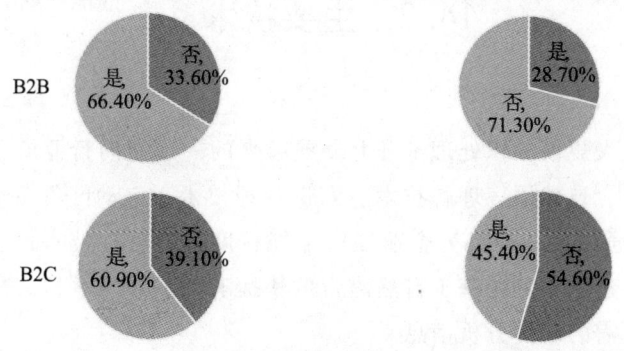

图14-3 享受到好或糟糕的客服体验后的持续购买意向

资料来源:艾媒咨询、国信证券博士后工作站

随着人工智能的推进，客服市场存在市场爆发的趋势，即将迎来企业智能客服的风口机会。智能客服在移动互联网、呼叫中心、政府、媒体、金融、电信、保险、制造等行业均具有巨大的市场潜力。据艾媒咨询调研数据显示，受访互联网企业中6%已使用了智能客服，41%的有意向使用智能客服（见图14-4）。

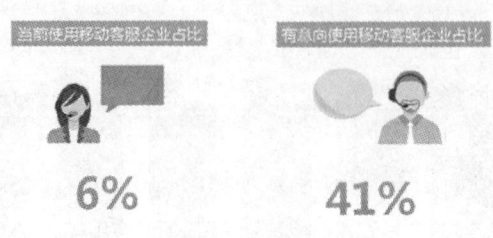

图14-4 企业有意向使用"智能客服"

IDC公布数据显示，2005年有70%有客服需求企业都在使用电话客服作为自己客户服务方式，只有20%的企业在使用智能客服。而到了2015年电话客服比例从70%降到30%，智能客服比例从20%增长到70%。根据Gartner Group 2015年研究报告，到2020年，智能座席能满足40%的客服市场需求，中国市场上将有1 000万客服人员被智能坐席所替代。

以上种种信息给了市场一个讯号，智能服务会是资本下一个关注点。确实，尤其是国内，创业公司很缺人，如果智能客服能做好，就能解决一大批用户体验问题。

## 14.2 主要技术

智能客服是在大规模知识处理基础上发展起来的一项面向行业应用的技术（大规模知识处理技术、自然语言理解技术、知识管理技术、自动问答系统、推理技术等等），具有行业通用性，不仅为企业提供了细粒度知识管理技术，还为企业与海量用户之间的沟通建立了一种基于自然语言的快捷有效的技术手段，还能够为企业提供精细化管理所需的统计分析信息。

系统的关键技术涉及三个主要方面：基于自然语言理解的语义检索技术、多渠道知识服务技术、大规模知识库建构技术。

### 14.2.1 自然语言理解

自然语言处理是计算机科学、人工智能、语言学关注计算机和人类（自然）语言之间相互作用的领域。因此，自然语言处理是与人机交互的领域有关的。在自然语言处理面临很多挑战，包括自然语言理解。因此，自然语言处理涉及人机交互的面积。在自然语言处理诸多挑战涉及自然语言理解，即计算机源于人为或自然语言输入的意思，和其他涉及自然语言生成。

自然语言理解是计算机科学中的一个引人入胜的、富有挑战性的课题。从计算机科学特别是从人工智能的观点看，自然语言理解的任务是建立一种计算机模型，这种计算机模型能够给出像人那样理解、分析并回答自然语言（即人们日常使用的各种通俗语言）的结果。

在自然语言理解语义检索技术方面，让公众以最自然的方式表达自己的信息或知识需求，并能够获得其最想要的精准信息。首先对用户的查询进行自然语言分析，这种分析在三个层次上进行：语义文法分析、代词类的短语文法分析、特征词检索。同时，对上述用户的自然语言查询继续进行缩略语识别、错别字识别、模糊推理、特征术语识别，以进一步增强自然语言理解的准确性。

### 14.2.2 多渠道知识服务

在支持多渠道、多用户的知识服务技术方面，根据可以利用现有技术和行业需求进行分析，设计一种可支撑不同用户、不同渠道的统一知识服务模式。该模式不仅融合了人工智能的研究成果，也融合了专家、话务员、知识管理员等人工因素，是一种人机结合的服务模式。该模式以统一的方式服务不同的用户，应用于不同的渠道（可支持短信、MSN、QQ、飞信、BBS等渠道无缝接入）。因此，大大降低了企业客服成本。

### 14.2.3 知识库建构技术

在使用过程中，当用户提出问题时，智能客服会将之与知识库中的数据进行配对，以找到类似的问题来提供答案。

在通常情况下，客户提出来的问题都不是明确的。大部分客户只会描述现象，他们没有能力界定出具体问题，这时智能客服需要建立现象—可能原因的关联；需要将常见现象、引起的原因、对应的问题、可行的对策建立起关联，还需要在智能客服里基于大数据分析的结果判断最大可能性的原因，从而将可能性最高的结果排到前面去。

智能客服的知识库是可以提前录入的，需要将大部分知识库作为一项专门的内容进行整理和存储，毕竟规章制度什么的都只是一些死东西，只需在发生变化时进行实时更新即可。因而，在此基础之上，智能客服的知识库还需加入更多全面的问题，以便其多加学习，提供优质服务。而要实现真正的智能客服，基于客户需求对显性和潜在问题的分析是智能化的基础工作。

## 14.3 国外典型公司

### 14.3.1 Zendesk

Zendesk 成立于 2008 年，总部位于美国加州旧金山（见图 14-5）。该公司为客户提供基于互联网的 SaaS 客户服务/支持管理软件，使企业可以更加轻松地管理终端客户的服务和支持需求。

图 14-5 成立于 2008 年的 Zendesk

2008 年 6 月，Zendesk 从天使 ChristopherJanz 处获得起始基金 500 000 美元。

2009 年，在 B 轮投资中 Charles River Ventures 和 Benchmark Capital 向 Zendesk 提供了 600 万美元的资金，公司搬去了美国加州旧金山，建立了他们自己的总部。

2012 年，Zendesk 估值达到 6 000 万美元（包括抵押资产净值 4 500 万美元和信用机构 1 500 万美元），总投资达到了 8 600 万美元。

2013 年，Zendesk 财年亏损报 2 260 万美元，2012 年亏损 2 440 万美元。不过

2016 年营业收入增幅达到 88%，为 7 200 万美元，客户数超过了 4 万。

2014 年 5 月 Zendesk 在纽约交易所上市。

Zendesk 已经成功获得了多家知名的客户，包括 Groupon、Twitter、Yammer、索尼音乐、TriptIt、Lonely Planet、Foursquare 和 MSNBC。Zendesk 每天的新增客户数量达 20 家，不久前使用 Zendesk 客服支持平台的客户数量达到 5 000 家。

据国外媒体报道，基于互联网的客服管理服务商 Zendesk 在第三轮融资中获得了 1 900 万美元，目前该公司融资总额已达 2 550 万美元。参与 Zendesk 本轮融资的投资方包括经纬创投（Matrix Partners）、标杆资本（Benchmark Capital）和 Charles River Ventures。

最近，Zendesk 更加深入地与 Twitter 进行了整合，允许用户将 Twitter 信息发布到 Zendesk 平台，而且客户可以通过 Twitter 公开回应 Zendesk 平台上出现的投诉，同时记录 Zendesk 平台内部的 Twitter 信息。

这家创业公司还宣布，与 Salesforce 进行更加深入的整合。Salesforce 的 Service Cloud 服务与 Zendesk 的服务有很多相似之处。Zendesk 首席执行官米克尔·斯瓦尼（Mikkel Svane）表示，Zendesk 愿意与 Facebook 在客服平台方面进行更深入的整合。

目前，Zendesk 已经面向 iPhone、Android 等智能手机推出了应用，尤其是 iPhone 应用的下载次数已经突破 5 万次。

### 14.3.2　Freshdesk

2010 年以前，智能客服市场中只有 Zendesk 一家，而 Zendesk 前 CEO BillMacaitis 则采用了"凡勃伦商品"定价策略。于是乎，当 Freshdesk 的两位创始人 GirishMathrubootham 和 ShanKrishnasamy 听说 Zendesk 要对所有的用户提价 300% 时，便创立了 Freshdesk。之后 Freshdesk 获得了 Accel 风投和 TigerGlobal 风投的投资，并且发布了免费加增值的模式。另外，还建立 1 000 万美元的基金，用于支持创业企业来使用它们的产品。

### 14.3.3　KITT.AI

KITT.AI 总部位于西雅图，是一家自然语言理解创业公司，由艾伦人工智能研究所和亚马逊 Alexa 基金等机构资助。KITT.AI 开发的可定制热词检测器（Hotword

Detector）和对话引擎 ChatFlow 可以为任何基于语音或文本的设备/聊天机器人提供在线多回合对话功能。

### 14.3.4 MindMeld

MindMeld 总部位于旧金山，是一家提供对话式人工智能平台的技术公司。MindMeld 的深域对话（Deep – Domain Conversational），是人工智能平台不仅支持自然语音或文本输入，还可以向另一端的任何应用设备提供对话式用户界面。该用户界面可以是聊天机器人、语音助理，或者是多模态界面（在触摸、点击和语音之间无缝切换）。MindMeld 的客户和投资者包括谷歌、三星、Uniqlo、Spotify、英特尔、Telefonica、Liberty Global、IDG、USAA 和 In – Q – Tel 等。

## 14.4 国内典型公司

2014 年国内大量新兴创业团队和资本进入智能客服市场。软银、IDG、真格基金等知名大量投资该领域，这也导致创业团队有充足的资金用于客户拓展。

### 14.4.1 环信

环信是北京易掌云峰科技有限公司旗下一家企业级服务软件品牌，环信成立于 2013 年 4 月，并于 2016 年荣膺 "Gartner 2016 Cool Vendor"。产品有即时通讯云 Paas 平台——环信即时通讯云，移动端全媒体智能云客服 SaaS 平台——环信移动客服。

2014 年 5 月，环信获得经纬中国 500 万元人民币天使投资；2014 年 8 月，环信获得 SIG 500 万美元 A 轮融资；2014 年 10 月，环信获得红杉资本 300 万美元 A + 轮融资；2015 年 5 月：环信获得红杉资本 & 经纬中国 &SIG 1 250 万美元 B 轮融资；2017 年 3 月：环信获得由经纬领投，银泰嘉禾跟投 1.03 亿元人民币 C 轮融资。

环信移动客服——全媒体智能云客服，于 2014 年 12 月上线，并于 2016 年荣膺 "Gartner 2016 Cool Vendor"。支持全媒体接入，包括网页在线客服、社交媒体客服

（微博、微信）、APP 内置客服和呼叫中心等多种渠道均可一键接入。环信移动客服基于环信业界专业的 IM 长连接技术保证消息必达，并通过智能客服机器人技术降低人工客服工作量。同时，基于人工智能和大数据挖掘的客户旅程透析产品"环信客户声音"能够帮助企业优化运营，发现销售机会。

截至 2016 年底，环信移动客服共服务了 58 541 家企业客户，包括泰康在线、中意人寿、中信证券、国美在线、优信二手车、新东方、新浪微博、链家、58 到家、神州专车等。

### 14.4.2　智齿科技

智齿科技专注于智能客服领域，属技术创新型互联网企业。旗下智齿客服系统将自然语言理解、机器学习及大数据技术有效整合，解决移动时代、体验经济之下传统客服所不能解决的企业客服痛点。截至 2016 年 2 月用户注册量达到 13 000 万，乐视、海尔、宜信、PP 租车、爱鲜蜂、Roseonly、量化派等行业领军企业已经成为智齿的小伙伴，覆盖互联网电商、O2O、在线教育、在线医疗、游戏等多元领域。

2015 年 3 月获得由真格基金领投，华创、芳晟跟投的 770 万元 PreA 轮融资。

2015 年 12 月获得由 IDG 资本领投，华创、真格、芳晟资本跟投的 500 万美元 A 轮融资。

智齿科技立足于客服领域，意图打通企业内外连接，塑造一个围绕客服的生态系统，同时整合上下游的资源，以客服职能转化为切口，促进企业用户由服务型转向运营型。目前集合了"机器人 + 人工客服 + 工单 + 呼叫中心"的全功能客服系统。开放了更多 API 端口的智齿客服已经迈出构建统一客服平台的第一步。

智齿 4.0 版本全面优化了语义分析算法，并增加了寒暄库，让客服机器人更加智能。在精确地理解并回答客户的业务问题时，节省 85% 的客服成本；同时，知识库的添加方式变得更加便捷，搭配智齿独创的智能学习技术让知识库成长更加迅速。

全面掌握客服数据，完善客服考核：全新的统计系统不仅丰富了大数据统计内容，并支持实时的数据查询和展现，让企业可以把所有信息尽收眼底，提供完善的客服考核、客服工作改善所需的数据和建议。

### 14.4.3　网易七鱼

2015 年以来，网易公司在云计算领域动作频频，继 2016 年上线 IM 云服务产品

"网易云信"之后，2017年初又轮番上线了网易视频云、网易蜂巢等产品，并开放测试。2016年1月14日，网易再次进军在线客服领域，上线公测七鱼云客服产品。这也是该领域的 to B 市场首次迎来重量级玩家，一改以往主要由创业公司充斥的局面。

针对这些痛点问题，网易七鱼在上线前进行了有针对性地开发和定位，比如推出人工智能技术，节约客户人力；通过信息大数据分析，提供给客户精细化运营；通过多渠道平台接入，为企业提供全方位咨询入口；取经于成功企业的客服管理，向企业输出管理经验等。

网易七鱼能做的不只是帮助企业搭建智能、丰富、多渠道的客服系统，更包括通过大数据实现企业对用户的细分。通过智能化管理，改善企业与用户关系，"改变客服"是七鱼的愿景。

作为网易系 to B 市场的新产品，网易七鱼以及之前的网易云信都有着转化网易盈余技术实力的作用，七鱼工程师团队多数来自于网易内部亿级用户平台架构师、顶尖前端专家、移动专家等，支撑着网易系众多电商产品的客服需求，比如网易考拉海购、一元夺宝等。作为巨头进军云客服，网易给该领域的创业公司带来了不小的压力。

## 14.5  总结与发展前景

据相关机构统计，国内整个客服的市场规模已经超过千亿元。目前，在用户体验上，在线客服是企业使用率最高的客服系统，达到73.9%，呼叫中心使用率50.7%，而智能客服的使用率仅为31.5%。

在消费者的问题，其中八成以上都是一些高度重复的问题，只要知识库的数据足够全面，相信智能客服对问题的解决还是能够做到令用户满意的。在此之上，智能客服的使用率仅仅达到了31.5%，因此未来市场发展空间巨大。

技术决定用户体验，用户体验决定企业的发展，目前技术是企业竞争的核心。因移动互联的需求带动智能客服移动客户端的增长，多数云客服创业团队和传统企业通信服务商均在加大该方面的投入。

随着多屏化时代的来临，客户服务的渠道也越来越多，包括微信公众账号、微博、APP、移动网站、桌面网站等渠道，需要有软件可以统一管理所有的渠道，全渠道云管理成为智能客服的重要发展趋势。

因人口红利不断消失、客户服务人工成本持续增加，面对庞大的客服市场需求，借助人工智能实现智能客服成为发展的热点。因操作复杂、准确率低，智能客服（付费）预计采用率并不高。据Udesk统计，87%的客服需求企业知道智能机器人客服，其中35%企业试用过。在试用过智能机器人客服的企业中，仅有5%的企业计划在2016年采用智能机器人。

目前已有智能客服企业在新三板挂牌，国内人工智能企业开始将借助资本力量去进一步扩大市场，加强技术研发，为市场提供更优秀、更人性化的智能机器人产品。同时，伴随生物技术的突破、人工智能的实现等等，未来人类社会一定会崛起非常多的大产业。

目前智能客服的市场仍处于萌芽期，但已经站在了"风口"，必将成为未来一大趋势。与此同时，萌芽期也就意味着技术不是那么成熟，服务不是那么优质，因而，智能客服的发展空间还是很大的。伴随着人工智能技术的先进以及知识库的完善，再加以推广的话，相信智能客服的使用率将大大增加。

第四篇

实践篇之一
海外投资银行机构

# 第15章
# 全球投资银行业务创新龙头：高盛

## 15.1 组织架构科技化

高盛作为全球投资银行业务创新的龙头，在智能金融领域的创新也力度空前。从目前高盛开展智能金融业务的逻辑来看，主要包含以下几个要点，即：人员机构技术化、标准化岗位自动化以及机构服务长尾化。其中值得注意的是，高盛作为世界顶级投资银行，其服务重点一直针对大机构、大客户，而对于消费市场一直涉足不深。在金融科技的冲击下，传统消费金融业务服务成本被极大地降低，市场格局面临重新洗牌的可能，高盛也凭借资本运作的经验和金融科技的技术红利，以并购为依托，积极介入业务规模较小的消费金融服务领域（见图15-1）。

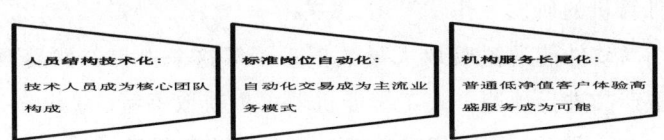

**图 15-1 高盛金融科技布局逻辑分析**

资料来源：国信证券博士后工作站

## 15.2 人员结构技术化

高盛投资银行部联合主管 David Solomon 表示:"我们非常专注于建设技术平台。我们过去为客户提供的许多服务都需要大量人工,但是在今天的科技和平台的帮助下,许多事情不再像以前一样创造价值。"高盛近年来不断加大在科技领域的投资,招聘了大量的计算机工程师,并投资外部科技公司。高盛此前任命了 George Lee 为该投资银行的首席信息官(CIO)。Solomon 表示:"Lee 专注于如何运用科技来增强我们的外部和内部沟通。我们相信这是大势所趋,而我们处在前面。"2017 年 4 月,美国财经科技网站 Business Insider 报道,高盛 33 000 名雇员中,约有 9 000 名为工程师和编程人员。

## 15.3 标准岗位自动化

2014 年,高盛投资并开始部署一款由人工智能驱动的交易平台"Kensho"。对冲基金创业公司 Walnut Algorithms 从一开始就研究人工智能技术。另一家对冲基金公司 Bridgewater Associates 还组建了自己的团队,来打造可进行自我实际操作的人工智能系统。该项目的负责人为大卫·费鲁奇(David Ferrucci),之前曾领导 IBM 沃森(Watson)计算机的研发工作。

人工智能交易软件能通过吸取大量数据来了解这个世界,然后对股票、债券、商品和其他金融产品进行预测。人工智能机器可以获取书籍、Twitter 消息、新闻报道、金融数据、企业财报、国际货币政策,甚至是综艺节目《周六夜现场》的概况等一切有助于其软件理解全球趋势的信息。人工智能可以持续不间断地观察这些信息,不知疲倦,一直学习,并不断优化预测。对冲基金数据服务公司 Eurekahedge 追踪了 23 家使用人工智能技术的对冲基金,结果发现,人工智能的表现要优于人类。在过去的 10 年,宽客们一直是对冲基金的宠儿。但是,他们是依靠对历史数据的分析,来创建一个可以预测市场趋势的模型。Eurekahedge 称,传统模型的建立基于历史数据，通常不能实时提供更好的回报。人类交易员和对冲基金经理不再有机会，很大一部分原因在于他们是人。曾帮助苹果公司开发 Siri 的 Sentient 公司联合人巴巴克·霍德加特（Babak Hodjat）称："人类通常带有偏见，又相对敏感，无论是有意的，还是无意的。有充分证据表明，人类易于犯错。我认为，依赖于人类直觉和理性，比纯粹依靠数据和统计学更可怕。"因此，当金融从业人员发现自己站在正在驶来的人工智能快车面前时，会有什么后果呢？商业智能公司 Coalition Development 的报告显示，12 家最大投资银行的销售、交易和研究员工的平均年薪为 50 万美元，许多交易员甚至达到百万美元。另一项行业调查结果显示，2015 年，5 个对冲基金经理的薪水加起来有 10 亿美元，甚至更高。

高盛向我们展示了自动化是如何给交易员带来毁灭性打击的。2000 年，高盛位于纽约的股票现金交易部门有 600 个交易员。而如今，只剩下两个交易员，剩余的工作全部由机器包办。这还是在人工智能全面冲击高盛之前的情况。Kensho CEO 丹尼尔·纳德勒（Daniel Nadler）称："十年后，高盛员工肯定比今天还要少很多。"除了高盛，主要金融公司的交易大厅也将如此。虽然如此，麦纳维奇也看到了积极的一面：那就是人工智能将金融领域的这些优秀人才"驱赶"到其他领域。

高盛第一轮为 Kensho 分析平台融资 1 500 万美元。Kensho 开发了 Warren 应用软件，该软件是基于云计算的信息辅助系统，具有很好的人员交互功能，通过搜集、分析数据，为客户提供投资支持。Kensho 位于马萨诸塞州剑桥市，由丹尼尔·纳德勒（Daniel Nadler）与程序员彼得·克鲁斯卡尔（Peter Kruskall）联合创立，他的团队成员不乏来自谷歌和苹果的一流工程师以及华尔街分析师、物理学家、经济学家等。应该说 Warren 不仅仅是一个软件，它的信息搜集和分析处理技术都非常先进，并且具有很好的应用价值。为何 Warren 这么受投资人的欢迎，大概有三个方面的原因：第一，具有高效的分析能力；第二，能够给客户带来直观的用户体验；第三，具有强大的学习能力。

（1）高效的分析能力。利用云技术搜集和分析数据，把长达几天时间的传统投资分析周期缩短到几分钟，是一个巨大的跨越。它是如何做到的呢？当用户提出一个问题以后，Warren 立即将问题转换成机器可以识别的信息，并通过扫描信息库以及互联网中的各类信息，比如药物审批信息、经济报告、货币政策变更、政治事件、自然灾害以及这些事件对地球上几乎所有资产的影响等大量资料，迅速为问题找到答案。一旦某个问题已经明确了，研究者和投资者就可以继续进入他们投资过程的下一阶段。以往分析师需要花几天时间搜集数据、建立模型，再进行推演分析，最后得出投资结论，并且关键是他们并不一定能够找到这些数据。而 Warren 完成这个工作只需几分钟时间，大大提高了分析的效率。对于某些突发事件的分析，Warren 具有绝对的优势：分析师无法在短时间内充分考虑各方面的因素，而只能基于相当有限的信息进行方向性分析，进而作出的决策也具有很大的不确定性。Warren 则能够在很短的时间内综合各类信息，并且做出相对精确的判断。金融市场本身就是瞬息万变的，当某些冲击性事件爆发时，早一分钟的正确的布局很可能意味着完全不同的风险和收益。当然，除了针对突发性的事件外，Warren 也能就各类持续性现象对资产价格的影响作出分析判断。

（2）直观的用户体验。直观简洁是一大卖点，你只要用简单正确的英语进行提问，Warren 就能给你提供精确的回答。创始人纳德勒曾解释说，Warren 与人交互的方式与苹果的 siri、谷歌的 whatson 等都是非常相似的。就像是在跟一个拥有"超脑"的大师在交流，你转过身来问他一个问题，他给你答案，就这么简单。相比那些传统的统计分析方式和数据报表等，这个软件已经相当人性化了，并且随着资金的大量投入，团队正在加大力度进行研发升级，能够支持更丰富的提问方式。事实上，Kensho 背后的想法诞生于纳德勒在美联储工作期间，他之前一直以为美联储的统计分析工具应该很先进，去了以后才发现这家全球最具权势的金融监管机构仍然依靠 Excel 来对经济进行分析，于是才有想法开发新的工具来分析市场。那么使用 Warren 来获取投资建议是一种怎样的体验呢？媒体这样描述到："你可以像在谷歌进行搜索一样，在简单的文本框里用直白的英语描述一个复杂的金融问题，例如：当三级飓风袭击福罗里达州时，哪只水泥股的涨幅会最大？［德州工业（Texas Industries）］。当朝鲜试射导弹时，哪只国防股会涨得最多？［雷神公司（Raytheon）、美国通用动力公司（General Dynamics）和洛克希德马丁公司（Lockheed Martin）］。当苹果公司发布新 iPad 时，哪家苹果公司的供应商股价上涨幅度会最大？［为 iPad 内置摄像头生产传感器的豪威科技股份有限公司（OmniVision）］"。

（3）强大的学习能力。Warren 还具有非常强大的学习能力，能够根据各类不同的问题积累经验，并逐步获得成长。比如，你对 Warren 提问：如果 4 级飓风袭击了佛罗里达州，住宅建筑公司的股票将会有什么走势？Warren 可能会回答，＊＊股票将大涨。然后你接着问，如果是里氏 7 级地震呢？这个时候 Warren 可能并不了解地震等级所代表的强度以及它的破坏性，于是它开始扒网页，等扒了无数网页并计算了各类相关性以后，它就成了专家。等下次有人利用系统问到类似问题时，它就能利用以前计算过的逻辑结合当前数据进行分析，并迅速给出回答。强大的学习能力让 Warren 越用越聪明，提出的问题越多，Warren 学会的东西越多，这也是云计算系统与普通硬件计算系统的差别。在 2014 年 1 月时，Warren 理论上就能回答大约 100 万个问题，到 2014 年底，能力将提升到 1 亿个不同类型的问题。

为了建立 Warren，Kensho 创造了民用领域最大的非结构化地缘政治和全球自然事件的数据库之一，并且聘请了前美国国家情报总监詹姆斯·希恩博士加入了 Kensho 计划的顾问委员会。在没有充分技术支持的情况下，要具体了解地缘政治事件对资产（如石油、货币和股票）价格波动性影响是一件需要耗费大量人力、物力的事，而且做起来非常困难，而依赖事件驱动的统计分析系统是了解这个世界的强大武器，Warren 就是为此而设计的。

他们的研究和分析平台搭建在纳斯达克 OMX FinQloud 上，这是一个专门为金融服务部门设计的云计算平台。像 Siri 这类应用是利用云数据来分析和回答问题的，你并不会在意有关"林肯身高"的数据从哪儿来的，你只要知道它的回答是正确的就行了。但是金融分析人员需要知道诸如"当朝鲜试射导弹时国防类股票价格是如何波动"的这类问题，而这些数据需要储存在一个安全的地方，Warren 需要解决这个问题。Daniel Nadler 在接受采访时说，他们最初开发系统的障碍就是建立一个基于云数据的分布式信息网络，用以储存围绕某些事件的金融数据、市场数据、资产价格和一些私人数据。因为在这以前还从来没有做过这样的尝试。

建立一个虚拟的辅助系统，通过对各种结构化和非结构化的数据（包括所有资产价格数据以及全球发生的所有大事件数据等）进行分析计算，利用得到的结论来回答客户所提出的各种各样复杂的金融问题，是一个非常复杂的过程，要求计算机系统能够以极快的速度读取亿万条信息，并能够随时进行提取，并在几秒钟时间内分析信息的相关性等。对这些数据进行实时处理，并在那些结构化和非结构化的数据中寻找相关性需要非常强的计算能力，而且要求有复杂的分布式计算环境。在解决这个问题的过程中，Kensho 与 NASDSC OMX FinQloud 继续合作，后者能够加强 Kensho 的云计算能力，且能够提供满足金融服务特殊安全和监管要求的技术支持。

总的来看，高盛在交易自动化领域对金融科技的需求体现在以下几个方面：第一，全球网络基础设施。保障整个集团的 IT 系统流畅运转，安全可靠，有冗余，对各种天灾人祸有紧急预案。这其中也包括了和全球各大交易所的系统保持畅通。第二，风险控制系统。高盛作为做市商，自己持有大量证券，对于许多资产类别和行业有风险敞口。高盛的风控部门需要实时把握风控，确保所有仓位信息都完善、及时，并且能够通过 VAR 和更复杂的风险敞口模型提前预知风险，对仓位进行对冲或者削减。这一切都需要科技部门的协助。第三，科技部门和量化部门的合作创收。高盛历史悠久的量化策略小组就拥有许多程序员和数据分析师，与交易员并肩作战，设计满足客户需要的金融衍生品，或者研发量化策略。

## 15.4 机构服务长尾化

智能金融技术的发展使得高盛较高的个人账户资产管理门槛（5 000 万美元）大为降低（100 万美元）。高盛资产管理平台、高净值个人客户和机构客户服务等业务口也在招聘和前端客户交互界面相关的技术人才。新的机器人投顾业务将隶属于高盛增长最为迅速的投资管理部门。

高盛收购了通用电气资本银行网上储蓄平台。该网上储蓄平台拥有 80 亿美元的储蓄和 80 亿美元的大额存单，实质上等于高盛拥有了 160 亿美元的资金。此外，高盛对此不需要支付任何费用。因为在零利率政策下，高盛不需要为这些存款支付利息。高盛宣布，已同意收购线上退休账户理财平台 Honest Dollar。美国有大约 4 500 万人无法享受企业支持的退休计划，基于网络和移动平台的 Honest Dollar 的目标则是为这部分人提供简便的退休账户管理。在 Honest Dollar 上进行退休账户管理每月费用为 8 美元，企业主注册完成后将需要回答一系列问题，然后根据风险偏好情况获得一个资产组合的自动推荐。总共有六大资产组合，每一个都包括四只不同的 Vanguard ETF。高盛资产投资管理部联合负责人 TimothyJ. O'Neill 以及 EricS. Lane 表示，Honest Dollar 为复杂的退休资金管理问题提供了简易的解决方案。"与他们联合，我们将有能力帮助数百万人实现他们的投资目标。"

（1）高盛网上银行 GSBank.com

高盛推出了网上银行 GSBank.com 业务，跨入投资另一端，服务于普通个人储蓄业务（见图 15-3）。此前，在高盛开设账户最低资金要求为 1 000 万美元，现在 GSbank.com 的最低存款额仅为 1 美元。GSBank.com 线上业务的开展源于在 2015 年 8 月高盛开启收购通用公司旗下约有 160 亿美元存款的网络银行 GE Capital Bank，并于 2016 年 4 月 18 日完成交易。

GSBank.com 与业界内网上银行一样，以高于传统银行利率来吸引客户。传统银行 CHSAE 存款利率 0.01%，绑定白金卡支付账户的储蓄账户可获得 0.03% 的存款利率；1年期CD的利率根据存款额的不同，在0.02%~0.05%之间浮动；5年期CD利率为0.35%~0.6%。另一家BOA的储蓄用户存款利率0.01%；储蓄账户每日资金可以维持在2 500美元左右，可获得较高一点的存款利率为0.03%~0.06%；1年期CD最低额为10 000美元，利率0.07%；5年期CD的利率0.15%。高盛的储蓄账户存款利率为1.05%，1年期CD的利率为1%，5年定期CD的利率为2%。与传统银行相比，高盛储蓄账户的存款利率是传统银行的100倍，5年期CD利率是传统银行的3~13倍。在利率优势之余，高盛网络银行对最低限额设置也相对宽松，储蓄账户最低存款额为1美元，CD账户的最低存款额为500美元。

行业网上银行Ally Bank的储蓄账户存款利率为1%，1年期CD的利率为1.05%，5年期CD的利率为2%。BofI的储蓄账户存款利率为0.8%，1年期CD的利率为0.55%，5年期CD的利率为1.35%。与业内其他的网上银行相比，可以看出高盛设定的利率与Ally Bank差不多，但高于BofI，有相较优势。但高盛的网络银行没有提供全面的零售银行服务。如，在高盛开立的储蓄账户是没有支票功能，也不能在自动取款机上取款或高盛的分支机构存入现金。

一是公司的传统盈利部门不能保证盈利水平。Goldman的净利润已经连续4个季度下滑，财报数据显示，2015年公司利润为60.83亿美元相较2014年84.77亿美元，下滑了将近24亿美元。在最近公布的第一季度财报中，净利润同比下降了60%。据报道，高盛2016年在报告中提出的2016年六大推荐交易中，已有五个交易止损关闭，剩余的另一个交易实现盈利3.9%。在金融危机中，高盛等投资银行为了获得来自美联储贴现窗口提供的流动性，成为银行持股公司，接受美联储的监管。随着因Dodd-Frank、Basel III等相关法案及金融监管框架相继引入，以及2016年金融市场的波动等原因，高盛的盈利水平出现下降，公司面临战略上的转变。

二是网络银行在银行业业务中持续增长。TNS Global的数据调研显示，在过去10年间，网络银行是唯一一项持续增长的银行业务，根源于大众客户觉得这种方式更可以享受到便捷的服务，也因为大众对主流银行失去了信心。高盛的财务主管表示："高盛新推的在线储蓄业务，提供了额外的存款收集渠道，帮助GS Bank丰富了资金来源多样化，加强了资金的流动性。"

三是高盛看到了借贷市场增长的潜力。在2015年的致股东信中提到过去几年，投资与借贷的构成发生了重大变化，公司旗下的贷款业务相较2012年增长了3倍。在2015年，公司的债权融资业务得到快速发展，公司也开始为企业发放了一些过桥贷款。高盛的首席战略官在接受采访时表示从GS Bank中获得的融资将用来投资

Mosaic 项目，Mosaic 项目实质上就是一个类似 Lending Club 和 Prosper 的 P2P 网络借贷平台。Mosaic 目前员工有 100 人，预计将在年底推出产品。

四是近期 Basel III 有所变化，也从另一侧推动面向公众储蓄业务的开展。Basel III 的监管转变使得相对于其他资金来源，如大型机构的存款，更有利于小投资者的存款。从风险角度看，在金融危机期间，零售储蓄用户不太可能从储蓄账户中将钱取出。对于这些存款银行持有的监管资本相对要少，因此也使这些存款成为更便宜的资金来源。而高盛目前的存款大部分来自大型机构的存款，监管的转变也是促使网络银行业务开展的另一因素。

（2）高盛网贷平台 Marcus

高盛线上放款平台于 2016 年 9 月正式推出。高盛瞄准的是寻求信用卡替代品的人群。高盛称信用良好的借款人可向 Marcus 申请利率固定（5.99%～22.99%）、不含其他费用的借款。并且，Marcus 允许借款人选择每月还款日和还款计划，并提供最高 3 万美元的借款，借款期限为 2～6 年。

在线借贷创业公司往往需要费心寻找贷款的资金来源，或是按照特定的标准包装以更好地出售这些贷款产品，而高盛银行则没有这样的烦恼。因而，高盛拥有更大的灵活性，能够提供更多的选择，包括贷款产品的数额、条款和偿付期限。

高盛不以平衡资产负债表为目的，（Marcus 的贷款）并不是为了迎合市场，出售豁口。高盛曾考虑收购一家现有的借贷平台，但随后放弃了，因为这些平台估价过高，而且高盛也想要一份"干干净净的资产表"来展现给监管人员和消费者。

- 高盛将采取"传统方式来获得客户"，如邮件、合作伙伴关系还有网络渠道，多种方式结合来寻找那些想要贷款的客户。
- 存款方面，Scherr 说高盛已在原有的 80 亿美元传统零售存款金（从 GE 购得）基础上增加了 30 亿美元。
- 虽然吸收存款和发放贷款同时进行，并且这两个业务也让高盛参与了大众银行业务市场，但公司内部的策略机制完全不一样。
- 高盛并不计划发展"跨市场"业务，即向储户发放贷款或让借贷者开办储蓄账户。

# 第 16 章
# 嘉信理财

嘉信理财（Charles Schwab）是世界上最大的网上理财交易公司，创立于 1971 年，总部设在旧金山。旗下包括嘉信理财公司、嘉信银行和嘉信理财香港有限公司，提供证券经纪、银行、资产管理等相关的金融服务，目标客户群定位为中低端投资者，最低账户余额要求 1 000 美元，服务客户包括美国国内以及世界各地的独立投资者、独立经纪顾问及公司退休与投资计划的企业。

嘉信理财不断发展新的业务和新的商业模式，堪称创新的典范。更为重要的是，其创新过程并未曾影响公司的运营效率。20 世纪 90 年代中期，嘉信理财实现重大突破，推出基于互联网的在线理财服务。正因为对"求变"如此执着，嘉信理财在质疑中坚守自己战略，重塑华尔街证券经纪业务，成为集资产管理、银行和折扣经纪商于一身的美国证券业巨头。现在，嘉信理财主营业务涵盖经纪业务、资产管理业务、银行业务、财务咨询金融服务。

## 16.1 嘉信理财的创新史

嘉信理财从成立至今，经历了三次大转型四次身份变化：佣金折扣证券经纪商、资产集合商、互联网券商、全面金融服务商。居安思危，顺应时代变化，是嘉信理财能成为伟大公司的特征。嘉信理财每次战略定位变化都顺应外部大环境的变化。1975 年，美国证券交易委员会取消固定佣金制度，转而推行协商佣金制——促成佣金折扣模式；1982 年，美国国会通过了允许个人退休账户出台的条例。银行对此账户收费，嘉信理财以免费吸引客户，搭建理财金融超市——促成资产集合商模式；1995年，互联网作用凸显，在美国销售的个人电脑数第一次超过电视机销售数，以计算机网络为基础开始为证券交易主流——促成互联网券商模式；2002年，美国的网上经纪业务同质化竞争激烈，为了寻求差异化，嘉信理财开展机构业务，涉及银行、资产管理、保险、养老金等多业务——综合金融服务商模式（见图16-1）。

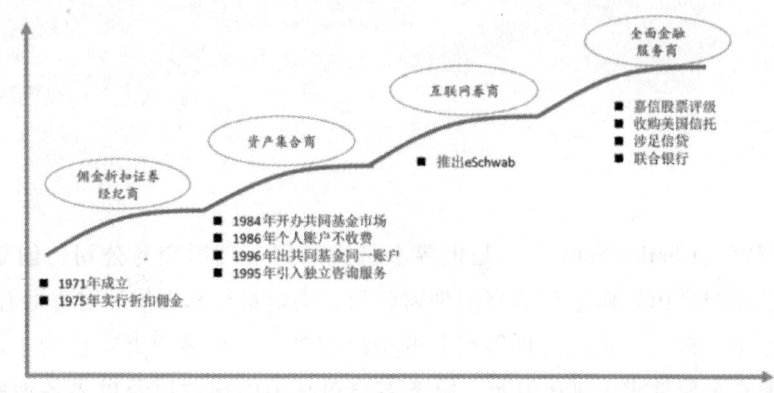

图16-1 嘉信理财转型战略

资料来源：国信证券博士后工作站

创新伴随着嘉信理财的成长，每次在外部环境变化的时候，嘉信理财总是能主动求变，朝着未来行业发展趋势进行自我改造（见图16-2）。

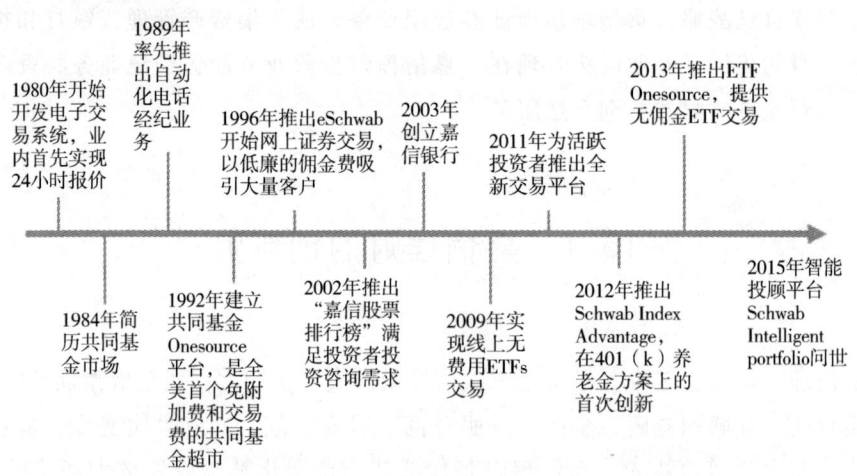

图16-2 嘉信理财创新历程

资料来源：国信证券博士后工作站

嘉信理财善于把握行业发展机会和技术的动向，率先突破形成首发效应。对智能投资顾问这块大蛋糕，嘉信理财在 2015 年 3 月推出产品——Schwab Intelligent Portfolios。传统金融机构进入智能投资顾问行业在客户资源上具有很大优势，是独立的智能投资顾问如 Wealthfront 无法比拟的。嘉信理财的智能投资顾问产品在上线 3 个月后就获得了 24 亿美元的管理资产规模和 33 000 个账户。

## 16.2 Schwab Intelligent Portfolios 的业务模式

### 16.2.1 目标客户

嘉信智能组合的目标客户有以下五种：
- 初级投资者。
- RA 投资者。
- 想要交易广泛的资产类别和交易所买卖基金的投资者。
- 不想支付额外的咨询费用、佣金或账户服务费的投资者。
- 还有一些热衷于投资已成立的知名公司的投资者。

### 16.2.2 主要产品

与其他主流的智能投资顾问产品类似，Schwab Intelligent Portfolios 也是一个输入用户的风险水平、输出投资组合的服务产品。在该平台上，用户首先设定投资目标并提供个人信息和计划。Schwab Intelligent Portfolios 根据这些信息为用户建立符合用户的风险偏好的最优化投资组合，其 Goal Tracker 通过模拟出不同市场环境下、用户的投资组合未来的可能表现，在不同时点判断用户的投资组合是否可以按计划达成目标，并给出调整计划的建议。在投资产管理理过程中，Schwab Intelligent Portfolios 对投资组合进行每日监控，识别节税机会和资产再平衡。

### 16.2.3 投资标的

嘉信智能组合的投资门槛为 5 000 美元。嘉信智能组合根据设定的标准（如 ETF 成立期限、规模、杠杆、费用率）以及 CSIA 的筛选流程，从 1 600 多只 ETF 中选择 54 只 ETF 作为投资标的，其中有 14 只 Schwab ETF、8 只 Schwab One Source ETF（见图 16-3）。每个投资组合由不超过 20 种不同种类资产构成，包括股票、固定收益产品、房地产、大宗商品、现金，用以分散化投资。此外，嘉信智能组合也提供自动化的资产再平衡、税收盈亏收割服务（但是只针对 5 万美元以上资产的账户）。

**Stocks**

| Sector | Primary ETF | Secondary ETF |
| --- | --- | --- |
| US Large Company Stocks | SCHX | VOO |
| US Large Company Stocks – Fundamental | FNDX | PRF |
| US Small Company Stocks | SCHA | VB |
| US Small Company Stocks – Fundamental | FNDA | PRFZ |
| Intl Developed Large Company Stocks | SCHF | VEA |
| Intl Developed Large Company Stocks – Fundamental | FNDF | PXF |
| Intl Developed Small-Cap Company Stocks | SCHC | VSS |
| Intl Developed Small-Cap Company Stocks – Fundamental | FNDC | PDN |
| Intl Emerging Markets Company Stocks | SCHE | IEMG |
| Intl Emerging Markets Company Stocks – Fundamental | FNDE | PXH |

**Bonds**

| Sector | Primary ETF | Secondary ETF |
| --- | --- | --- |
| US Treasury Bonds | SCHR | VGIT |
| US Corporate Bonds | ITR | VXIT |
| US Securitized Bonds | VMBS | MBB |
| US TIPS | SCHP | STIP |
| Intl Developed Bonds | BNDX | IGOV |
| US Corporate High Yield Bonds | SHYG | JNK |
| International Emerging Bonds | EMLC | VWOB |

**Alternatives**

| Sector | Primary ETF | Secondary ETF |
| --- | --- | --- |
| US REIT | SCHH | VNQ |
| Intl REIT | VNQI | GQRE |
| Gold / Precious Metals | IAU | GLTR |

图 16-3　嘉信智能组合的投资标的

### 16.2.4 盈利模式

Schwab Intelligent Portfolios 产品的一大亮点是零平台费用，客户只需要承担较低的 ETF 管理费用。零平台费用的支撑是大型传统金融机构嘉信理财的大平台优势。对于这个零平台费用的智能投资顾问产品，嘉信理财的盈利方式是：（1）对于投资组合中配置的嘉信理财 ETF 产品，用户承担的 ETF 管理费用实际上构成嘉信理财的收入；（2）除了嘉信理财 ETF，投资组合中的其余部分 ETF 参与了嘉信理财 ETF One Source 投资平台，嘉信理财对此也会收取服务费用；（3）投资组合中配置的少部分现金直接投资在嘉信银行的账户，这部分资金也可以带来净收益。相比独立的智能投资顾问，嘉信理财利用集团产品和平台优势大大减轻了用户需要负担的费用。图 16-4 是对这三个主流智能投资顾问产品的费用比较。

| Fees | Schwab Intelligent Portfolios | Wealthfront | Betterment |
|---|---|---|---|
| Advisory fee | No advisory fee | 0.25% of assets with the fee waived for the first $10,000 | 0.15% to 0.35% of assets based on account size |
| ETF fees (OERs) | From 0.03% to 0.55% | From 0.05% to 0.40% | From 0.05% to 0.34% |
| Other fees | No other fees | No other fees | $3 monthly fee for accounts under $10,000 that do not auto-deposit |

Source: Wealthfront.com, Betterment.com and Morningstar. As of November 30, 2015. Fees are subject to change.

**图 16-4　嘉信智能组合的成本优势**

数据来源：嘉信理财官网、国信证券博士后工作站

## 16.3　Schwab Intelligent Portfolios 的操作步骤

Schwab Intelligent Portfolios 的具体运作流程分为以下四个步骤：用户信息评价，为用户建立投资组合，Goal Tracker 后续跟踪以及税收亏损收割和资产再平衡。

### 16.3.1 第一步：用户信息评价

Schwab Center for Financial Research 为 Schwab Intelligent Portfolios 的用户设计了个人问卷（Individual Profile Questionnaire，IPQ），并基于问卷填写内容就用户对风险承担能力（Risk Capacity）和风险承担意愿（Risk Willingness）评分，为用户设计出合适的投资组合。问卷由三部分，一共 14 道题构成。前 5 个问题针对用户对风险承担能力，主要是用户收入、财富；接着 5 个问题针对用户的风险承担意愿，了解用户面对风险的行为表现；最后 4 个问题询问用户的年龄和产品偏好，如偏好 Total Return 还是 Income 组合，偏好市政债还是其他纳税债券。Schwab Intelligent Portfolios 对问卷中需要用来评分的每个问题都设置了分数，最后分数简单相加得到总分。风险承担能力和风险承担意愿的最高分都是 100 分，分值越高代表用户的风险承担能力越强，越愿意承担风险。计算出的风险承担能力分数和风险承担意愿分数会被用于为用户构建投资组合。

### 16.3.2 第二步：为用户建立投资组合

（1）选择标的指数

Schwab Intelligent Portfolios 建立的每个投资组合均投资于不多于 20 种类别的资产，但实际上是投资于跟踪资产指数的 ETF，因此首先需要确定投资资产对应的标的指数。在确定标的指数时，Schwab Intelligent Portfolios 主要考虑两个方面：标的指数的特征和标的指数提供商。Schwab Intelligent Portfolios 用 SAMURAI 标准对各标的指数进行检查和筛选；指数提供商方面主要考虑是否有管理系统和数据的质量、透明度。Schwab Intelligent Portfolios 将资产类别分为股票、固定收益产品、大宗商品和现金四大类，每一类下面再进行细分，比如股票细分为新兴市场股票、美国市场股票、REIT、高股息股票等；最后将不同类别资产的标的指数按照相同的权重相加得到混合的标的指数后，可以与投资组合的表现直接比较。Schwab Intelligent Portfolios 使用的部分标的指数如图 16-5 所示。

（2）筛选 ETF

Schwab Intelligent Portfolios 从 1 600 多只 ETF 中选择了 54 只 ETF 作为投资标的，其中有 14 只 Schwab ETF，8 只 Schwab OneSource ETF。Schwab Intelligent Portfolios 为

| Asset Class | Benchmark |
|---|---|
| US Large Company Stocks | S&P 500® TR Index |
| US Small Company Stocks | Russell 2000® TR Index |
| US Large Company Stocks - Fundamental | Russell Fundamental US Large Company® TR Index |
| US Small Company Stocks - Fundamental | Russell Fundamental US Small Company® TR Index |
| International Developed Large Company Stocks | MSCI EAFE® NR Index |
| International Developed Small Company Stocks | MSCI EAFE Small Cap® NR Index |
| International Developed Large Company Stocks - Fundamental | Russell Fundamental Developed ex-US Large Company® TR Index |
| International Developed Small Company Stocks - Fundamental | Russell Fundamental Developed ex-US Small Company® TR Index |
| International Emerging Market Stocks | MSCI Emerging Markets® NR Index |
| International Emerging Market Stocks - Fundamental | Russell Fundamental Emerging Markets Large Company® TR Index |
| US Exchange-Traded REITs | S&P US REIT® TR Index |
| International Exchange-Traded REITs | S&P Global REIT® ex-US TR Index |

图 16-5　嘉信智能组合使用的部分标的指数

数据来源：嘉信理财官网、国信证券博士后工作站

用户构建投资组合的 ETF 均来自于这 54 只 ETF。Schwab Intelligent Portfolios 的主要筛选规则有：一是低风险：排除杠杆、主动管理型基金，排除集中投资在某一个国家的基金，以及成立少于三个月的基金；二是规模：符合的 ETF 需要具有较大的管理资产规模，避免清算风险；三是买卖价差：排除买卖价差较大的 ETF；四是跟踪误差：符合的 ETF 跟踪标的指数的误差应当较小；五是 OER：符合的 ETF 应当有较低的运营费用率（Operating Expense Ratios，OER）。Schwab Intelligent Portfolios 的网站上详细公布了每个细分资产类别下选取的 primary ETF 和 secondary ETF。primary ETF 和 secondary ETF 属于同一个细分资产，但是跟踪不同的标的指数，主要是避免违反美国的洗售规则（Wash Sale Rule）。

(3) 建立投资组合

①资产配置原则。

Schwab Intelligent Portfolios 为用户建立投资组合设立了三个原则：

- 传统的分散化投资：最大化收益风险比。
- 分散风险来源。
- 目标驱动：资产配置依据用户的特定目的，比如追求绝对收益、对冲通胀、获得收入。

另一个影响因素是，投资者普遍具有厌恶损失的特征。

②明确资产类别

建立投资组合的第一步是明确哪些资产类别要包括在组合中。Schwab Intelligent Portfolios 主要考虑三个因素：

- 资产必须有至少两个对应的 ETF，并且 ETF 不会给投资者带来复杂的税务问题；
- 资产间的相关性尽可能小；
- 在收入模型中需要考虑预期收益水平。

Schwab Intelligent Portfolios 按照投资目的将不同类别的资产分成几类（见图 16-6）。比如：以获得收入现金流为投资目标的组合，主要配置债券、优先股和银行贷款、票据。

③确定最优配置结构

Schwab Intelligent Portfolios 采用了两种优化模型：Mean - variance Optimization 和 Full Scale Optimization。前者按照传统的理论，在给定的风险水平下追求最高预期收益率；后者从行为金融学的角度考虑了投资者具有的损失厌恶特征，认为亏损给投资者造成的痛苦是获得同样收益带来的愉悦的两倍。最终通过对两种最优化方法的结果进行平均加权，得到用户的最优投资组合。某些资产类别的权重需要根据风险分散化配置的原则进行调整。

④现金配置

投资组合中也配置了一部分现金，主要是从降低投资组合风险、分散化投资角度考虑。现金配置比例与用户的风险承担能力和风险容忍度有关，Schwab Intelligent Portfolios 根据用户的风险偏好设定了现金配比（见图 16-7）。

## 第 16 章 | 嘉信理财

**Growth**
- US large-company stocks
- US small-company stocks
- International developed large-company stocks
- International developed small-company stocks
- International emerging markets stocks

**Growth and Income**
- US large-company stocks (high dividend)
- International developed large-company stocks (high dividend)
- Master limited partnerships (MLPs)

**Income**
- US investment grade corporate bonds
- US corporate high-yield bonds
- US securitized bonds
- International emerging markets bonds
- Preferred stocks
- Bank loans & other floating-rate notes

**Inflation**
- US inflation protected bonds
- US REITs
- International REITs

**Defensive assets**
- Cash
- Treasuries
- Gold & other precious metals
- International developed country bonds

图 16 – 6　嘉信智能组合按资产投资目的分类

数据来源：嘉信理财官网、国信证券博士后工作站

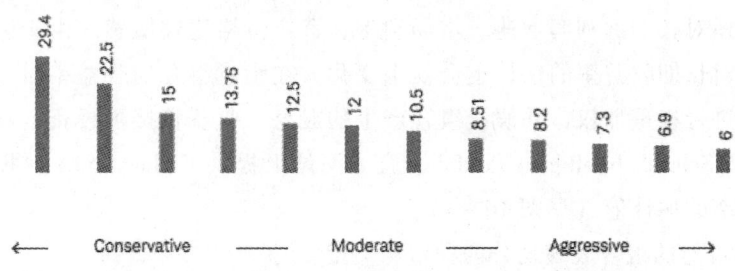

图 16 – 7　嘉信智能组合根据风险偏好设定现金配比

数据来源：嘉信理财官网、国信证券博士后工作站

⑤组合调整

最后,Schwab Intelligent Portfolios 对最优化组合实施定性评价,看是否符合用户的偏好和目的,对最优化组合进行较小调整。

- 基本面策略。根据研究,市值加权策略和根据基本面因子加权策略结合可以对投资组合的长期表现有利。因此,在对美国大公司股票、美国小公司股票、国外大公司股票、国外小公司股票和新兴市场股票加权建立投资组合时,依据大致40%市值加权系数和60%基本面加权系数的方法。
- 收入策略。由于投资组合的目标是获得收入现金流,因此投资组合中排除股价增长导向的股票、黄金及贵金属,加入高股息回报的股票、优先股、银行贷款和浮动利率票据。

### 16.3.3 第三步:GOAL TRACKER 后续跟踪

Goal Tracker 的主要功能是根据用户的信息和计划,在动态的市场环境下,动态地模拟出投资组合的可能表现,判断用户是否需要修改投资计划来达到投资目标。在模拟时,Goal Tracker 使用蒙特卡洛模拟方法,并基于 Charles Schwab Investment Advisory Inc.(CSIA)估计的长期收益率、波动率数据。

(1)蒙特卡洛方法模拟不同市场环境的组合表现。

Goal Tracker 使用 Charles Schwab Investment Advisory Inc.(CSIA)预测的长期(10年期)资产收益率、波动率数据,用蒙特卡洛方法模拟不同环境下投资组合可能的表现路径。预测模型采用净利润、股息、通胀率等因子预测未来股票的收益率和风险,用收益率和久期预测未来债券表现,这些因子在长期的预测中比较稳定。收益率预测还对长期的利润增速、市场利率、资产价格比较敏感。由于因子数据每年会变化,对长期收益率的估计也会发生变化。在生成组合的收益率时,对不同资产的收益率进行权重加权,并假设组合产生的股息、收益直接再投资,不考虑税费和管理费用。Schwab Intelligent Portfolios 官方网站上提供了目前 CSIA 对投资组合收益率和波动率的估计值(见图16-8)。

(2)对可能的组合表现划分四种市场类型

在模拟出未来到达投资期末可能的多种组合表现后,Goal Tracker 对组合未来表现的分布取了4个分位点,划分出4种市场情况(见图16-9)。

| Portfolio | Arithmetic Return (annual) | Standard Deviation (annual) |
|---|---|---|
| Total Return 1 | 3.60% | 3.57% |
| Total Return 2 | 4.18% | 5.15% |
| Total Return 3 | 4.67% | 6.28% |
| Total Return 4 | 5.10% | 7.68% |
| Total Return 5 | 5.51% | 9.01% |
| Total Return 6 | 5.94% | 10.52% |
| Total Return 7 | 6.31% | 11.60% |
| Total Return 8 | 6.62% | 12.43% |
| Total Return 9 | 6.88% | 13.19% |
| Total Return 10 | 7.07% | 13.94% |
| Total Return 11 | 7.27% | 14.72% |
| Total Return 12 | 7.62% | 15.76% |

图 16-8　嘉信智能组合 Return model 估计参数

数据来源：嘉信理财官网、国信证券博士后工作站

| Market performance | Your projected ending balance would reach this amount... |
|---|---|
| Better market | In 25% of the simulations |
| Average market | In 50% of the simulations |
| Worse market | In 75% of the simulations |
| Very Poor market | In 90% of the simulations |

图 16-9　Goal Tracker 市场情况分类

数据来源：嘉信理财官网、国信证券博士后工作站

- Better market：取组合表现分布从小到大的 75% 分位点，即在所有可能的组合表现中，Better market 代表了前 25% 最优的情况。
- Average market：取组合表现分布从小到大的 50% 分位点，即在所有可能的组合表现中，Average market 代表了前 50% 最优的情况。
- Worse market：取组合表现分布从小到大的 25% 分位点，即在所有可能的组合表现中，Average market 代表了后 25% 的情况。
- Very Poor market：取组合表现分布从小到大的 10% 分位点，即在所有可能的

组合表现中，Average market 代表了后 10% 的情况。

（3）判断用户是否远离目标

在这一步，Goal Tracker 比较用户设定的目标与模拟出的组合表现，判断用户是否远离目标，分为：On Target、At Risk、Off Target。用户的目标可以分为储蓄目标（Saving Goal）和收入目标（Income Goal）两种。目标不同，这三种情况的具体运用也不同。

- 储蓄目标。储蓄目标指的是用户通过一笔一次性的投资和数笔每月投资，计划在未来某个时点能够获得一定数量的金额的目标。对于储蓄目标，On Target、At Risk、Off Target 的含义见图 16-10。

| Goal Status | Definition |
| --- | --- |
| "On Target" | Better than 50% chance of reaching your goal |
| "At Risk" | Between a 25% and 50% chance of reaching your goal |
| "Off Target" | Less than a 25% chance of reaching your goal |

图 16-10　储蓄目标下对达成目标情况的设定

数据来源：嘉信理财官网、国信证券博士后工作站

On Target：模拟出的未来组合表现有 50% 及以上的可能可以达成用户的储蓄目标，即目标金额落在 Average market 及以下位置。意味着即使市场环境一般、甚至较差（低于 50%），用户都可以达成最终的储蓄目标（见图 16-11）。

图 16-11　储蓄目标下在 On Target 下示例

数据来源：嘉信理财官网、国信证券博士后工作站

At Risk：模拟出的未来组合表现有 25%～50% 的可能可以达成用户的储蓄目标，即目标金额落在 Average market 和 Better market 之间。意味着只有当市场环境较好（在前 25%～50% 的情况下）的时候，用户才能够达成最终的储蓄目标（见图 16-12）。

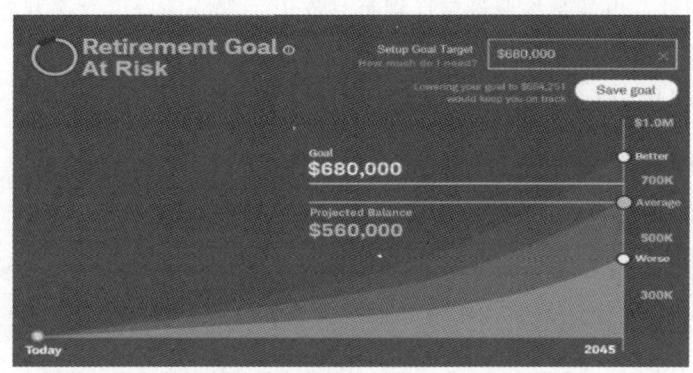

图 16-12　储蓄目标下在 At Risk 下示例

数据来源：嘉信理财官网、国信证券博士后工作站

Off Target：模拟出的未来组合表现有 25% 以下的可能可以达成用户的储蓄目标，即目标金额落在 Better market 及以上位置。意味着只有当市场环境达到前 25% 最优情况，用户才能达成最终的储蓄目标（见图 16-13）。

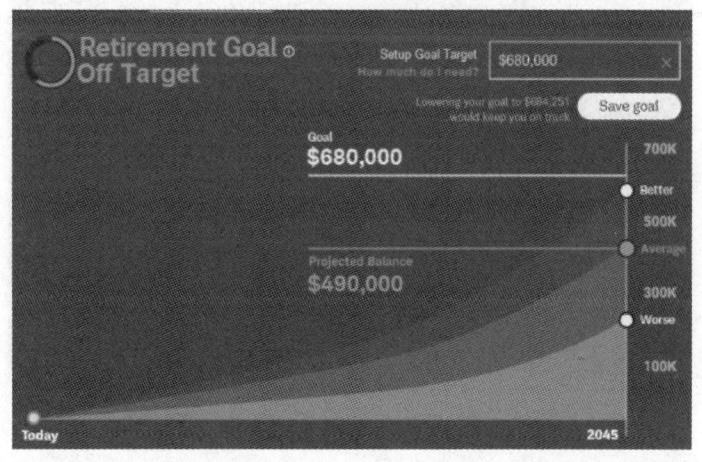

图 16-13　储蓄目标下在 Off Target 下示例

数据来源：嘉信理财官网、国信证券博士后工作站

智能金融变革

- 收入目标

Schwab Intelligent Portfolios 上设定的另一类目标是收入目标，指的是投资期初用户投入一笔资金，在之后一段时期内每月提取一部分（相当于工资收入）。收入目标是否达成的判断依据是，是否可以按照设定计划每月支出一部分资金，一直持续到设定的到期日，也就是按照设定计划每月支出一部分资金，这个状态可以持续的时间长度，是否覆盖到了计划设定的期限。对于收入目标，On Target、At Risk、Off Target 的含义见图 16-14。

| Goal Status | Definition |
| --- | --- |
| "On Target" | Between a 90% and 75% chance of your money lasting |
| "At Risk" | Less than a 75% chance but better than a 50% chance or your money lasting |
| "Off Target" | Less than a 50% chance of your money lasting |

图 16-14　收入目标下对达成目标情况的设定

数据来源：嘉信理财官网、国信证券博士后工作站

On Target：在 Worse market（后 25%~10% 组合表现）情况下，用户按设定每月支出后在期末仍然剩余资金，即 Worse market 下按照设定计划每月支出一部分资金这个状态可以持续的时间长度覆盖了目标期限（见图 16-15）。

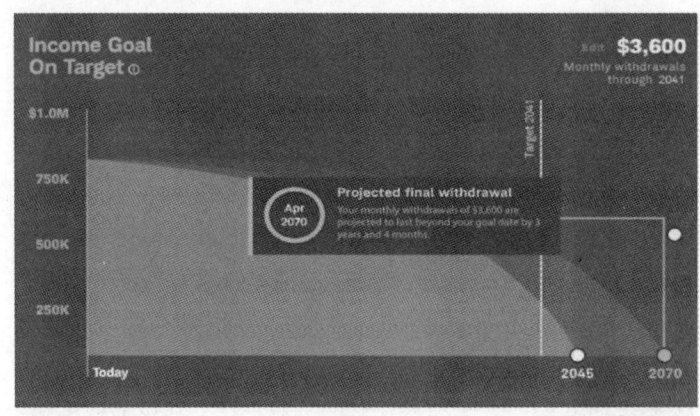

图 16-15　收入目标在 On Target 下示例

数据来源：嘉信理财官网、国信证券博士后工作站

At Risk：只有在 Average market 和 Worse market 之间（50%~75% 组合表现）

情况下，用户按设定每月支出后在期末才能剩余资金，即只有在 Average market 和 Worse market 之间，用户按照设定计划每月支出一部分资金这个状态可以持续的时间长度才能够覆盖目标期限。如果组合表现为后 25%（Worse market 及更差），则用户无法在计划的期限内每月都能够提取设定的金额（见图 16 – 16）。

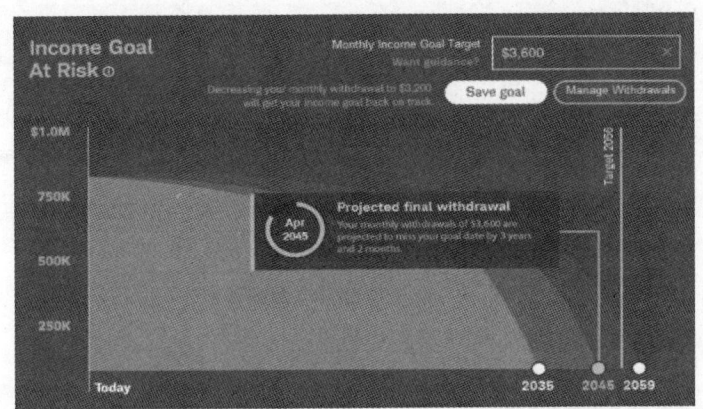

图 16 – 16　收入目标在 At Risk 下示例

数据来源：嘉信理财官网、国信证券博士后工作站

Off Target：只有在 Average market 及更好的情况下，用户按设定每月支出后在期末才能剩余资金（见图 16 – 17）。

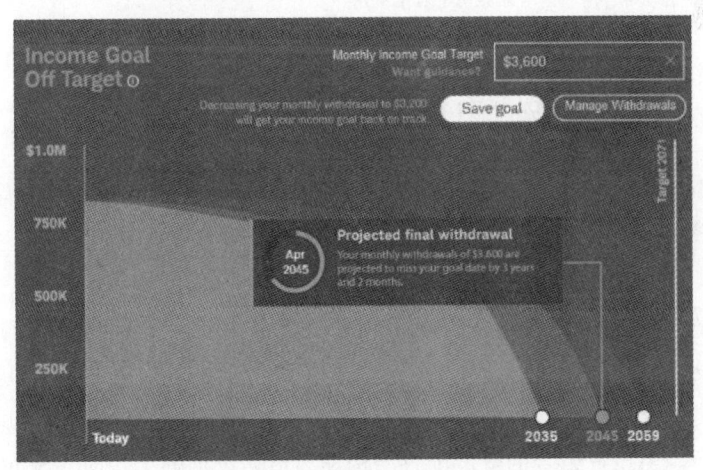

图 16 – 17　收入目标在 Off Target 下示例

数据来源：嘉信理财官网、国信证券博士后工作站

Goal Tracker 提出调整计划的建议。

如果用户的投资计划处于 At Risk 和 Off Target 两种情况，Goal Tracker 会为用户提出调整计划的建议，如延长计划期限、增加每月投资。根据两类目标，Goal Tracker 提出不同的建议（见图 16-18 和图 16-19）。

| Goal Status | Suggested Action |
|---|---|
| "On Target" | Looking good. Continue to monitor your progress |
| "At Risk" | Your goal has gone off target based on our projections. Consider adjusting your contribution amount based on your current situation |
| "Off Target" | Your goal has gone of target based on our projections. Consider adjusting your contribution amount based on your current situation |

图 16-18　储蓄目标调整建议

数据来源：嘉信理财官网、国信证券博士后工作站

| Goal Status | Suggested Action |
|---|---|
| "On Target" | Looking good. Continue to monitor your progress |
| "At Risk" | Your income goal is at risk. Consider lowering your monthly withdrawal amount |
| "Off Target" | Your income goal has gone off target. Lower your monthly withdrawal amount. |

图 16-19　收入目标调整建议

数据来源：嘉信理财官网、国信证券博士后工作站

### 16.3.4　第四步：税收亏损收割和资产再平衡

Schwab Intelligent Portfolios 的算法每日检查用户的投资组合是否具有税收亏损收割机会和资产再平衡的需要。税收亏损收割（Tax Loss Harvesting，TLH）指 Schwab Intelligent Portfolios 卖出用户亏损的 primary ETF，抵免一部分资本利得税，同时买入类似的 secondary ETF 以避免违反洗售规则（Wash Sale Rule）。洗售指投资者卖出亏损的证券，但是投资者及其家属、退休金账户在投资者卖出证券前后 30 个日历日内买入了同一只或者实质上一样的证券。Schwab Intelligent Portfolios 的算法同时兼顾资产再平衡（Rebalancing）。当投资组合的资产配置结构偏离最初设定的结构时，Schwab Intelligent Portfolios 通过买入、卖出资产来修正结构。对于 TLH 和 Rebalancing 的调整，Schwab Intelligent Portfolios 分别对投资组合设置了亏损线和偏离容忍度，避免过度调仓，并通

过 TLH 交易次数、再平衡次数、节税比率、跟踪误差四个指标评价算法优劣。

## 16.4 嘉信对券商发展智能投资顾问的启示

嘉信的成功离不开对行业发展趋势的准确判断、及时的战略转型和战术实施。如前所述，嘉信每一次新产品、新商业模式的创新都为其提升了客户数量和服务水平。嘉信在转型过程中，一方面注重开拓新渠道吸引新客户群体，另一方面更注重经纪业务客户的进一步开发。虽然经纪业务收入在总收入中的占比在下降，但资本中介业务和资产管理业务需要经纪业务的客户基础，投资银行业务也需要经纪业务渠道分销。对于智能投资顾问这块大蛋糕，嘉信理财发展自己的投资顾问产品 Schwab Intelligent Portfolios 抢占先机。

现阶段，美国智能投资顾问公司遍地开花，目前已有超过 200 家公司布局智能投资顾问市场，且这一数字在不断攀升。但是美国智能投资顾问行业集中度明显，从竞争态势看，前五大智能投资顾问公司（或产品）占据超过 90% 的市场份额（见图 16-20）；其中先锋基金（Vanguard）位居第一，管理资产达 310 亿美元。传统券商嘉信理财 41 亿美元，而著名的 Betterment 和 Wealthfront 落后位居分别第三、第四位，这足以证明大金融机构的品牌效应和资源优势，可以让智能投资顾问走得更远更大。

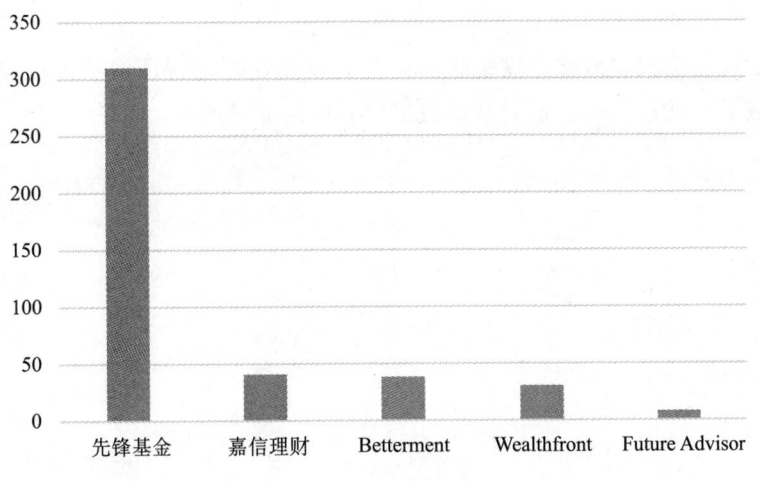

图 16-20　美国前五大智能投资顾问超过 90% 份额（2016Q1）

目前美国越来越多的传统金融机构和各大知名投资银行开始搭建自身智能投资顾问平台，除了嘉信理财（CharlesSchwab）之外，2015年全球最大的资产管理公司贝莱德（Blackrock）收购了智能投资顾问初创公司Future Advisor，高盛（Goldman Sachs）收购了线上退休账户理财平台HonestDollar。此外，蒙特利尔银行（Bank of Montreal）和TD Ameritrade都在积极布局。还有一些传统巨头通过与新兴智能投资顾问合作以获得白标方案和软件平台，例如摩根和高盛积极投资Motif，富国基金则已与Betterment展开战略合作。依托大金融机构的品牌效应、研发优势、产品资源，智能投资顾问将给投资者提供更便利、更高效的服务，庞大的客户资源将促使产品迅速扩张。这一布局下，智能投资顾问行业注定会更加迅猛发展。

在这一紧急情势下，中国券商发展智能投资顾问势在必行。国内券商现阶段境况和嘉信理财2001~2005年相似——低佣金抢客户，经纪业务收入下滑。嘉信理财是通过提升资产管理业务比重来抵消因经纪业务收入下滑带来的影响。资产管理行业在国内还处于起步阶段，以银行理财产品为主，国内券商有资产管理的天然优势，可以通过提升资产管理业务带来收入增长。但即使经纪业务向资产管理转型，也必须盘活现有客户，以此为基础向纵深发展。Schwab Intelligent Portfolios这类没有金融机构作为靠山的独立产品，也会受到来自用户资源、营销成本、产品接入等多个方面的压力和挑战，寻求合作伙伴、优化产品服务可能是这类产品的突破口。智能投资顾问产品的创新性功能成为产品的加分项，比如Wealthfront首先将美股ETF用个股组合代替，探寻更低的成本模式；再比如贝莱德收购的智能投资顾问产品FutureAdvisor，可以直接管理用户现有的投资组合，而不必须建立新的投资组合，为用户带来了更多的便捷。美国智能投资顾问产品的一个共同点，是投资在被动型ETF上。目前，美国主流智能投资顾问尚没有投资在主动管理型基金或股票上，但是股票市场的广阔前景让我们对智能投资顾问应用充满期待。

第五篇

实践篇之二
海外金融科技公司

# 第 17 章
# 海外智能投资顾问平台标杆：Wealthfront

在美国，近年来智能投资顾问获得了快速发展，已经初具规模。依据 Corporate Insight 的统计，截至 2015 年年中，智能投资顾问公司管理的资产规模已超过 210 亿美元。世界知名咨询公司 A. T. Kearney 预测，美国智能投资顾问行业的资产管理规模将从 2016 年的 3 000 亿美元增长至 2020 年的 2.2 万亿美元，年均复合增长率将达到 68%（见图 17 – 1）。

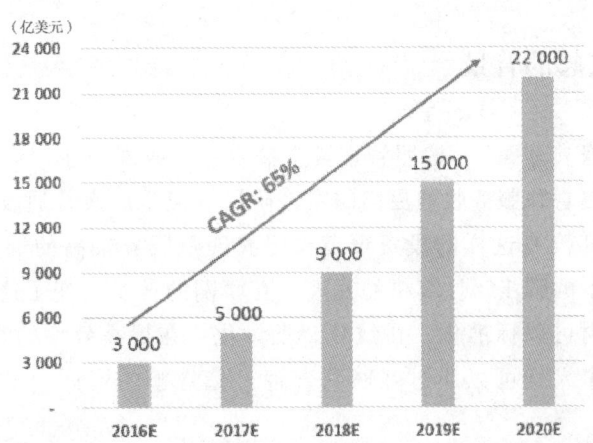

**图 17 – 1　A. T. Kearney 预测智能投顾行业 AUM**

资料来源：A. T. Kearney，国信证券博士后工作站

与此同时，全球各地智能投资顾问平台不断涌现，包括美国的 Wealthfront、Betterment、Personal Capital、Charles Schwab Intelligent Portfolio 等，英国的 Money on Toast 等，但目前大部分智能投资顾问平台在美国（见表 17 – 1）。

表 17-1　全球主要国家的智能投资顾问平台

| 国家或地区 | 主要智能投资顾问平台 |
| --- | --- |
| 美国 | Wealthfront、Betterment、Charles Schwab Intelligent Portfolio、Vanguard Personal Adviser Services、Personal Capital、Future Advisor |
| 英国 | Money on Toast、Vaamo、Zen Assets |
| 德国 | Finance Scout 24、Quirion |
| 法国 | MarieQuantier、Fund Shop、Advize. fr |
| 加拿大 | Wealthsimple |
| 澳大利亚 | Stockspot |
| 意大利 | Money Farm |

数据来源：互联网公开资料、国信证券博士后工作站

## 17.1　发展背景

### 17.1.1　兴起的背景

传统银行"嫌贫爱富"，按照管理资产额度进行收费，在"一对一"服务成本相同的情况下，更青睐服务收益更高的富裕阶层。但是广大普通收入者对投资理财也有迫切需求，却没有这样的投资渠道，传统理财服务较高的资产管理费（1%）阻隔了普通投资者的脚步。计算机的发展、互联网的普及改变了这种状况，使得财富管理、投资理财可以标准化、在线化、批量化，在提高效率的基础上降低成本，几十个人甚至几个人就可以通过互联网管理上亿规模的资产。正因如此，Wealthfront 才得以诞生。

2007 年，从 15 岁就开始投资、具有长期投资经验的丹·卡罗尔（Dan Carroll）为了提高投资界的透明度，并帮助缺乏经验和投资技能的中小投资者获得投资高手的指导，创立了 Wealthfront 公司的前身 Kaching。Kaching 主要是一个在线交易和业绩展示的平台。用户在 Kaching 注册后，就可以开立自己的账户。Kaching 会根据用户每日的交易情况，公布每日的持仓以及业绩情况。每位用户可以随时查看优秀投资人的投资情况并借鉴与学习。另外，如有需要的话，用户还可以通过付给少数业

# 第 17 章 | 海外智能投资顾问平台标杆：Wealthfront

绩优秀投资人一定比例的佣金，将自己的股票账户与其进行连接，自动跟随这些优秀投资人进行交易。而 Kaching 将和这些优秀的投资人分享佣金收入。

2008 年，风险投资基准资本（Benchmark Capital）的创始人之一安迪·拉切列夫（Andy Rachleff）加入公司，并成为公司第二任 CEO，并在同年年底，将 Kaching 正式注册成为一家投资咨询顾问公司。

## 17.1.2 发展历程

经过近两年的发展，2011 年 Kaching 正式转型成为一家专业在线财富管理公司，并更名为 Wealthfront（见图 17-2）。公司利用所处硅谷地区的区域优势，开始专注为 20~30 岁之间无暇理财的硅谷科技人才提供代理投资理财服务。

**图 17-2　Wealthfront 公司的 LOGO**

数据来源：Wealthfront 官网、国信证券博士后工作站

2012 年 12 月，国际投资界著名人物、《漫步华尔街》一书的作者、普林斯顿大学经济学教授马尔基尔（Dr. Burton Malkiel）加盟 Wealthfront，成为首席投资官。由于马尔基尔教授认同有效市场理论，所以促使 Wealthfront 在财富过程中完全采用指数化的被动投资方式，利用多样化的 ETF 来达到风险充分分散化的效果。

2014 年，亚当·纳什（Adam Nash）接任安迪·拉切列夫成为公司的第三任 CEO。亚当·纳什是一个非常善于利用大数据进行个人理财业务分析的人，这一点非常契合当时 Wealthfront 的公司需求。另外，由于亚当·纳什早年分别在苹果、eBay、LinkedIn 工作过，累积了非常多的人脉关系。因此，他的加盟还使得 Wealthfront 获得了许多来自斯坦福大学等名校的优秀工程师和具有金融产品工作经验的硅谷高管的支持。

在新模式下 Wealthfront 资产管理规模实现高速增长。2014 年 6 月，25 人的团队管理的资产规模超过 10 亿美元，平均每个客户投资 10 万美元，同时没有最低门槛，最大的投资已经超过 500 万美元。

2015 年 1 月，公司资产管理总规模达到 18.3 亿美元，2015 年获得了长足的增长。截至2016年4月底，Wealthfront的资产管理规模超30亿美元，已经成为规模最大、发展最快的基于软件的在线理财咨询公司。

### 17.1.3 融资过程

Kaching早在2008年10月就获得了300万美元天使轮投资，随后在2009年获由DAG Ventures领投的750万美元A轮融资。2013年Wealthfront获Greylock Partners、Index Ventures领投的2 000万美元的B轮融资。2014年4月获得Index Ventures、Ribbit Capital领投的3 500万美元投资，同年11月获得由Spark Capital领投6 400万美元的融资，公司整体估值7亿美元（见表17-2）。

表17-2　Wealthfront历次融资情况

| 时间 | 金额/轮次 | 领投机构 |
| --- | --- | --- |
| 2008年10月 | 300万美元/天使轮 |  |
| 2009年10月 | 750万美元/A轮 | DAG Ventures |
| 2013年3月 | 2 000万美元/B轮 | Greylock Partners, Index Ventures |
| 2014年4月 | 3 500万美元/C轮 | Index Ventures, Ribbit Capital |
| 2014年11月 | 6 400万美元/D轮 | Spark Capital |

数据来源：CrunchBase、国信证券博士后工作站

经过多轮融资，公司投资人除了Index Ventures、Benchmark、Spark Capital、Greylock Partners、Ribbit Capital、DAG Ventures、the Social + Capital Partnership、Dragoneer等投资机构（见图17-3）外，还有48位个人投资人。

图17-3　Wealthfront的八大投资机构

数据来源：Wealthfront官网、国信证券博士后工作站

第 17 章 | 海外智能投资顾问平台标杆：Wealthfront

## 17.2 业务模式

### 17.2.1 主要产品

智能投资顾问改变了传统的理财顾问的销售模式，利用互联网大数据，对用户行为、市场、产品等进行详细的分析，系统为客户推荐多元化的投资组合，既能避免客户与理财顾问之间可能的利益冲突，也能减少用户的投资理财成本支出，使投资人获得更多的收益。Wealthfront 提供的主要产品和服务是自动化的投资组合理财咨询服务，包括为用户开设、管理账户及投资组合的评估。用户能够通过 Wealthfront 平台投资，标的为 ETF。

### 17.2.2 客户定位

Wealthfront 的客户定位明确。与美国最大的金融服务公司之一嘉信理财集团（Charles Schwab）主要服务于美国当年的"婴儿潮一代"不同。Wealthfront 公司服务的对象定位于"千禧一代"高科技行业的年轻人。由于 Wealthfront 公司提供的在线理财模式完全是一种全新的方式，对于高科技行业的年轻人来说更容易接受。并且就人口数量而言，"千禧一代"的年轻人的数量已经比"婴儿潮一代"要多得多。另外，Wealthfront 的低投资门槛以及低费率，更容易获得美国中产阶级的欢迎。

### 17.2.3 操作流程

Wealthfront 为用户提供基于 PC 和移动端的服务。以 IOS 版为例，目前 Wealthfront 移动端 APP 仅在 Appstore 美国上架，其主要界面见图 17-4。

图 17-4　Wealthfront 移动端 APP 界面

数据来源：Wealthfront 移动端 APP、国信证券博士后工作站

在客户使用公司产品前，系统会对客户进行调查问卷测试，以此了解客户的风险评好、资金规模以及账户类型。根据检测报告结果，系统自动给予投资建议，但客户可以根据自己实际需求进行适当修改。在确定投资策略后，客户注册新的投资账号或者绑定已有账号，最后公司进行投资产管理，购买相应的产品并根据市场情况及时调整策略（见图 17-5）。

图 17-5　Wealthfront 产品服务流程

数据来源：Wealthfront 官网、国信证券博士后工作站

具体投资流程如下：要求用户在注册之前，首先要填写问卷调查，平台根据问

卷了解用户的风险偏好,然后推荐量身定制的投资计划。整个操作流程包括6个主要的步骤。

(1) 风险容忍度评估,用户需要回答一些问题(如表17-3所示)。

表17-3　　　　　　　　Wealthfront 风险容忍度测试的问题

| 问题 | 选项 |
| --- | --- |
| 您投资的主要原因? | A. 储蓄;B. 为了退休金;C. 其他 |
| 您期望什么样的理财顾问? | A. 我喜欢多样化的投资组合;B. 我希望在税收上省钱;C. 我希望有人来完全管理我的投资;D. 我希望跟上或超越市场投资表现 |
| 您目前的年龄是多少? | |
| 您每年的税前收入是多少? | A. 单收入家庭,没有抚养人;B. 单收入家庭,至少一个抚养人;C. 双份收入家庭,无抚养人;D. 双收入家庭,至少一个抚养人;E. 退休活财务独立 |
| 您目前的家庭状况? | |
| 您的现金和短期投资总额是多少? | |
| 当决定投资时,您最关心的是什么? | A. 收益最大化;B. 损失最小化;C. 收益和风险兼顾 |
| 全球股市经常波动,如果一个月在某个市场您的投资组合价值损失10%,您将如何应对? | A. 清仓;B. 出售一部分;C. 继续持有全部投资;D. 买入更多 |

数据来源:Wealthfront 官网、国信证券博士后工作站

(2) 系统推荐投资计划。投资组合包括两大类:有需要纳税的投资组合(适用个人账户、联合账户、信托账户)和退休金投资组合[适用传统 IRAs 账户、401 (K) Rollovers 账户、Roth IRAs 账户、SEP IRAs 账户]。资产类别有十一大类:美股、海外股票、新兴市场股票、股利股票、美国国债、新兴市场债券、美国通胀指数化证券、自然资源、房产、公司债券、市政债券。投资组合的载体为指数基金(ETF:Exchange Traded Fund)。依据风险容忍度的不同,向投资者推荐的投资计划可能只包括部分类别的资产。

(3) 开户。首先要求用户选择所开账户类型、是否选择避税的工具和方式,然后是填写基本信息、个人信息(如雇佣情况、每年净收入)、排除的股票清单、资金支付方式、检查核对五个小的步骤。

(4) 平台代客户向证券经纪公司 Apex Clearing 发送交易指令,买卖 ETF。

(5) 用户评估、检查自己的投资组合。如果需要变更投资组合,平台会根据用户的需求更新投资组合。

(6) 平台获得佣金。自用户开户之日起的下一个月，每月第一个工作日收取账户余额扣除 10 000 美元之后的 0.25% 的佣金。

由于纳税规则不同，系统根据账户类型推荐不同的投资组合。投资组合包括需要纳税投资组合（适用个人账户、联合账户、信托账户）和退休金投资组合〔适用传统 IRAs 账户、401（K）Rollovers 账户、Roth IRAs 账户、SEP IRAs 账户〕两大类（见表 17－4）。

表 17－4　　　　　　　　　　Wealthfront 管理账户的类型

| 投资组合类型 | 相关账户类型 |
| --- | --- |
| 需要纳税的投资组合 | 个人账户 |
|  | 联合账户 |
|  | 信托账户 |
| 退休金投资组合 | 传统 IRAs 账户 |
|  | 401（K）账户 |
|  | Roth IRAs 账户 |
|  | SEPIRAs 账户 |

信息来源：Wealthfront 官网、国信证券博士后工作站

### 17.2.4　投资标的

Wealthfront 利用现代投资组合理论（Modern Portfolio Theory，MPT）为用户推荐投资组合。该理论是诺贝尔经济学奖得主马克维茨和威廉·夏普创造的理论，通过分散的投资组合在降低风险的同时不会降低预期收益率，投资者能够在同样的风险水平上获得更高的收益率，或者在同样收益率水平上承受更低的风险。平台选择的资产种类多达 11 类，一方面有利于提高分散化程度，降低风险；另一方面具有不同资产的特性能为用户提供更多的资产组合选择，满足更多风险偏好类型用户的需求。

Wealthfront 投资组合的投资标的是各类 ETF。ETF 资产类别包括美股、海外股票、新兴市场股票、股利股票、美国国债、新兴市场债券、美国通胀指数化证券、自然资源、房产、公司债券、市政债券 11 种类，但并不是所有投资组合都包括上述资产种类。

### 17.2.5 盈利来源

Wealthfront 的特点是成本低，主要客户为中等收入年轻人，区别于传统理财主要针对高净值人群。平台的盈利来源为其向客户收取的咨询费。账户资金低于1万美元则不收取咨询费，高于1万美元的部分每年收取0.25%咨询费用，并且客户每邀请一个新用户，邀请人则可获得5 000美元投资额的咨询费减免。客户在使用过程中会支付转账费用以及交易费用，其中转账费用由平台补偿，其中交易费用约为0.12%。具体收费比例见表17-5。

表17-5　　　　　　　　　　Wealthfront收费情况

| 费用项目 | 比例 | 备注 |
| --- | --- | --- |
| 咨询费 | 低于1万美元，不收取咨询费；超过1万美元的部分收取0.25%咨询费 | 计算公式：(账户资产净值-10 000)×0.25%×投资持有天数/365（或366） |
| 咨询费减免 | 每邀请一名新用户，减免5 000美元额度的咨询费 | |
| 转账费用补偿 | 平台对于用户原有的经纪公司向用户收取转账费用予以补偿 | 用户需要联系平台 |
| 其他费用 | ETF持有费用，平均约0.12% | 适用于持有ETF期间，归属于ETF所属基金公司 |

数据来源：Wealthfront官网、国信证券博士后工作站

公司的收费费率不仅远远低于传统投资理财公司，而且低于其他智能投资顾问平台。受限于数额庞大的用人成本、场地费用以及其他开支，美国传统投资理财机构整体费率较高，而且种类繁多，比如包括交易费、充值提现费、投资组合调整费用、隐藏的费用、零散的费用、咨询费等，平均费率约为每年1%，部分机构甚至高达3%。

平台的收费既低于传统理财机构的费用，也低于类似知名的智能投资顾问平台的费用。通常，美国传统的投资理财机构收取的费用项目较多，整体费率较高，如交易费（Trade Fees）、充值提现费（Transaction Fees）、投资组合调整费用（Rebalancing Fees）、隐藏的费用（Hidden Fees）、零散的费用（"Nickel and Dime" Fees）、咨询费（Advisory Fees），平均约为1%，也有达到甚至超过3%的情况。其实，这是可以理解的，美国的人力成本、房屋租金高，传统投资理财机构有大量的理财顾

问，甚至开设了不少线下营业网点，这都是巨大的成本开支，唯有通过向用户收取较高的费率才可能收回成本甚至盈利。而智能投资顾问平台依靠互联网技术的优势，不需要那么多雇员，只需要较少的办公场所即可，因而能够极大地节省传统投资理财机构所承担的上述成本。即使采用低费率的策略吸引投资者，只要成交规模足够大，也完全能够实现较多的利润。

### 17.2.6 其他服务

Wealthfront 提供的其他服务包括：税收损失收割（Tax-loss Harvesting）、税收优化直接指数化（Tax-Optimized Direct Indexing）、单只股票分散投资服务（Single-Stock Diversification Service）。

（1）税收损失收割即将当期亏损的证券卖出，用已经确认的损失来抵扣所获投资收益的应交税款（主要是资本利得税），投资者可以将这些节省的税款再投资，从而使得投资者税后收入最大化。该项服务是依靠平台开发的软件来实现的，以往只是服务于账户金额超过 500 万美元的用户，现在所有纳税账户的用户都可以使用。Wealthfront 为用户提供两种税收损失收割服务：每日税收损失收割（Daily Tax-Loss Harvesting）和税收优化直接指数化（Tax-Optimized Direct Indexing），前者要求用户至少投资 10 万美元，后者要求用户至少投资 50 万美元。对于每日税收损失收割，平台系统审视市场上所有的 ETF 来抓住收割机会。用户在享受税收损失收割服务时，需要做到以下四点：

第一，理解美国税务局的洗售规则（Wash Sale Rule），并且不违反该规则。所谓洗售即投资者卖出亏损的证券，但是投资者及其家属、退休金账户在投资者卖出证券前后 30 天内买入同一只或者实质上一样的证券。Wealthfront 建立了系统来特别跟踪用户的投资组合，并依据该规则向用户建议哪些证券可以买卖，但是用户理解该规则是非常重要的。

第二，每日监控投资组合，以避免错失收割机会。

第三，将税收损失收割纳入用户的整体投资策略中，包括储蓄、取款、再平衡、股息再投资等，所有这些交易都需要遵守洗售规则。

第四，跟踪投资组合中每只股票的购买价格，这对于收割机会非常关键。

通常情况下，每日税收损失收割能为用户增加约 1% 的投资回报，Wealthfront 对 2000~2013 年的投资业绩研究显示，每年能为用户增加超过 1.55% 的收益率。

（2）税收优化直接指数化是强化版的税收损失收割，不是购买单只股票相关的ETF，而是购买多只股票相关的ETF，并且用户不需要承担额外的佣金。该服务既能减少投资ETF需要支付给基金公司的管理费用，又能实现在个股层面上的税收收割，获得更多的潜在节税收益。Wealthfront对历史数据的回测结果显示，直接指数化的投资组合平均收益率高于直接投资指数（如S&P500）的投资组合的收益率，而且个股数量越多的组合，平均收益率越高，即越能利用税收亏损收割的方法增加收益。

（3）单只股票分散投资服务是将单只股票逐步以无佣金、低税的方式卖出，并且分散投资到多种类型的ETF中。目前，该服务只针对Facebook和Twitter两只股票。当投资者大量持有某只股票时，需要完全承担这只股票的风险，包括股价波动、抛售股票时机不当等。结合用户短期、长期的资金需求和投资计划，以及风险容忍度，Wealthfront为用户提供在一定时间内逐渐卖出一定数量该公司股票的服务，而且将卖出股票所得现金投资于用户的分散化投资组合。对比用户自己卖出股票，单只股票分散投资服务的好处包括以下几点：

第一，免佣金。Wealthfront对使用该服务的用户不收取佣金或其他费用。

第二，逐日卖出股票。有计划地逐日甚至每日卖出，减少错失出售股票的良机。

第三，尽可能地减免税收支出。Wealthfront的股票售卖计划考虑纳税及短期资金需求，还能与税收损失收割等服务结合，尽可能地降低用户的税收负担。

第四，收入再投资。基于用户的风险水平，该项服务将出售股票的税后收入自动投到Wealthfront的投资组合中，避免用户持有现金而错失投资机会。

第五，非常灵活。用户可以根据需要随时中止、更新、重新设置售股计划，也能够随时清仓、资金转移至其他经纪账户。

单只股票分散投资服务是将单只股票逐步以无佣金、低税的方式卖出，并且分散投资到多种ETF中。该服务暂时只针对Facebook和Twitter两只股票。当投资者拥有这两只股票时，需要自主完全承担股票投资风险，并且由于缺乏专业性往往会错失良好的投资机会。公司平台会结合客户投资时间以及风险容忍度等情况，为客户提供在一定时间内逐渐卖出一定数量该公司股票的服务，并将所获资金进行分散投资。

## 17.3 投资模式

Wealthfront 运用现代投资组合理论（MPT）为每位客户确定理想的投资组合。如今，现代投资组合理论是管理分散投资组合中最常用的基础理论。虽然现代投资组合理论也存在局限性，尤其是在一些非常小概率的显著下行场景，但是 Wealthfront 认为现代投资组合理论依然是建一个有吸引力的投资产管理理服务的最好理论框架。

过去，先进的投资资产管理服务都是为富人和机构投资者提供的。一般来说，这些投资顾问收取超过 1% 的管理年费，并且要求最小投资额度为 1 亿美元。通过一个完全基于软件的解决方案和旗下顶级的理财专家，Wealthfront 带来了超低费率的自动投资产管理理服务，为普通大众提供了享受高质量理财服务的入口。

Wealthfront 的投资方法遵循五个步骤：

（1）根据现有的投资环境，确定一套理想的资产类型；
（2）选择低费率的 ETF 来代表每一种资产类型；
（3）确定客户的风险偏好，为客户定制合适的投资组合；
（4）应运现代投资组合理论来分配选择根据客户的风险偏好选出的投资组合；
（5）监测和定期调整客户的组合。

### 17.3.1 资产类别选定

任何风险级别的投资回报最大化的最好方法是组合资产类别，而非单一资产。Wealthfront 投资方法的第一步就是确定一套多样化的资产类别，以供投资组合使用。Wealthfront 考虑在不同经济情况下每种资产组合的长期轨迹，然后基于长期趋势和宏观经济环境进行前景预测。同时，Wealthfront 通过每种资产组合的股本增值及营收潜力、波动率和其他资产组合的相关性、抗通胀、基于 ETF 和税收效率的实施成本等方面，对它们进行评估。

资产组合归为三类：股票、债券和抗通胀资产。股票，除去它的高波动性，能使投资者分享经济增加的收益，带来获得长期资本收益的机会。股票能提供长期有效的通胀保护。同时,归功于针对长期资本收益和股息红利的税收优待政策(相对于同等的普通工资收入),股票也相当的节税。债券和债券类资产对于寻求收益的投资者来说是最重要的产生收益的资产组合。尽管债券的回报率更低,但它们在经济动荡时,因为低波动率以及和股票的弱相关性,为偏股型投资组合提供了缓冲。大部分债券是不节税的,因为债券收益和普通收入的税率一样,但除了免税的地方债券。保护投资者在中等和高通胀环境中的抗通胀资产,包括如抗通胀保值国债、不动产和自然资源,其价格和通胀有高度的相关性。

基于上面的分析,目前 Wealthfront 的投资团队专注的资产类别列在表 17–6 中。

表 17–6  资产类别以及其作用

| 资产类别 | 优点 |
| --- | --- |
| 美股 | 资本增值,长期抗通胀,节税 |
| 国外发达国家股票 | 资本增值,长期抗通胀,节税 |
| 新兴市场股票 | 资本增值,长期抗通胀,节税 |
| 股息成长性股票 | 资本增值,收益,长期抗通胀,节税 |
| 美国国债 | 收益,低波动率,多样化 |
| 公司债 | 收益,低波动率,多样化 |
| 新兴市场债券 | 收益,多样化 |
| 地方债 | 收益,低波动率,多样化,节税 |
| 通货膨胀保值债券 | 收益,低波动率,多样化,抗通胀 |
| 不动产 | 收益,多样化,抗通胀 |
| 自然资源 | 多样化,抗通胀,节税 |

数据来源:Wealthfront 官网、国信证券博士后工作站

### 17.3.2 资产分配原理

Wealthfront 通过用优化均方差(MVO)来寻找有效边界,确保 Wealthfront 的投资资产组合是最优的,这也是现代金融的基础理论。有效边界能够描述出不同风险级别所能产生的最大回报。每一种组投资组合,都是通过特定风险偏好所能对应的最大回报率或者能带来特定回报率的最小风险这两个维度来生成的。当对各类资产进行组合时,优化均方差会计算出最佳的风险收益比组合。

除了建构投资组合,Wealthfront 也把优化均方差作为一个重要的定量工具,来评估 Wealthfront 需要在一种组合中投入多少种资产。如果增加资产会提升有效边界,那么就会提升风险收益比。

优化均方差为评估资产的风险收益比提供了强大的数学架构。在选择所管理的

资产的时候，Wealthfront还会用到其他的定量方法和定性评估。优化均方差需要输入和评估每一种资产的标准差、相关性和回报率。

要评估每种资产的标准差，Wealthfront会考虑它的长期标准差、短期标准差以及基于其在期权市场的定价而可预见的波动率。长周期评估源自于大样本，短期评估则捕捉市场演进和期权市场可预见的波动性。针对相关性的评估，Wealthfront考虑长期相关性和短期相关性。图17-6表示了资产之间的相关性。表17-7是资产类别标准差假设。

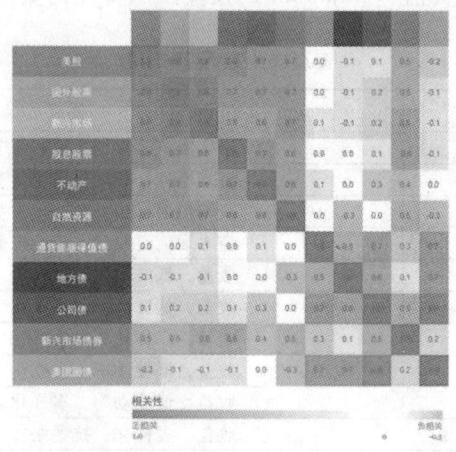

**图17-6　资产类别相关性假设**

数据来源：Wealthfront官网、国信证券博士后工作站

表17-7　　　　　　　　　　资产类别标准差假设

| 资产类别 | 标准差（年化） |
| --- | --- |
| 美股 | 16% |
| 国外发达国家股票 | 18% |
| 新兴市场股票 | 24% |
| 股息成长性股票 | 14% |
| 美国国债 | 5% |
| 公司债 | 5% |
| 新兴市场债券 | 7% |
| 地方债 | 5% |
| 通货膨胀保值债券 | 5% |
| 不动产 | 18% |
| 自然资源 | 22% |

数据来源：Wealthfront官网、国信证券博士后工作站

股票和债券的相关性很低，证实了债券收益的多样性。不同类型股票之间的相关性在过去几年中有所加深。曾经境外发达国家股票和新兴市场股票，都是美股很好的分散经营者，但是近年来却不是这样。Wealthfront选择非美股主要考虑它的回报潜力。不动产和自然资源如今和股票的相关性远大于20世纪80年代和90年代，但是仍然提供了多样化的收益。新兴市场债券近期的历史波动率和隐含的波动性要比80年代、90年代时低了很多，反映出了这种资产的成熟性。

Wealthfront从资本资产定价模型入手，来评估每种资产的预计回报率（见表17-8）。资本资产定价模型推导出在特定假设中市场均衡的情况下的预计回报率，同时表明该资产的预计回报率是由其在数据中显示的系统性风险来测量的。风险级别高的资产指向高的预计回报率。优化均方差和资本资产定价模型都是现代资产组合理论的重要组成。同时，Wealthfront通过表格的形式来分析每一种资产类别的长期回报预期，主要基于利息、信用利差、红利回报率、GDP增长和其他宏观经济变量。Wealthfront应用Black-Litterman模型和Gordon股利增长模型来调整资本资产定价模型。Wealthfront从每种资产的总收益中扣除ETF支出后计算出它的净预期回报。Wealthfront还扣除每种资产的预估税来计算出税后预期回报，接着把所有的回报放入优化均方差扣除了通胀以后的模型。通过表17-8可详细了解Wealthfront是如何计算每种资产的预期回报。Wealthfront的资产类别的预期回报是相对低于历史标准，主要是因为低利率和经济增长较慢的大环境。值得关注的是Wealthfront提出的回报呈现是真实回报（基于通胀会有2%的浮动），而不是名义上的回报。

表17-8　　　　　　　　　　资产组合预计回报率　　　　　　　　　　（单位：%）

| 资产类别 | CAPM回报 | WEALTHFRONT 观点 | BLACK-LITTERMAN 净收益 | 净回报 | 税后净回报 |
| --- | --- | --- | --- | --- | --- |
| 美股 | 5.3 | 4.3 | 4.6 | 4.5 | 3.9 |
| 国外发达国家股票 | 6.2 | 3.3 | 5.3 | 5.2 | 4.4 |
| 新兴市场股票 | 8.1 | 5.4 | 7.0 | 6.8 | 5.9 |
| 股息成长性股票 | 3.7 | 5.3 | 3.5 | 3.4 | 2.5 |
| 美国国债 | -0.8 | -1.5 | -0.9 | -1.0 | -1.4 |
| 公司债 | -0.2 | 1.0 | -0.3 | -0.4 | -1.1 |
| 新兴市场债券 | 1.0 | 2.0 | 1.1 | 0.8 | -0.5 |
| 地方债 | -0.8 | 1.0 | -0.7 | -0.9 | -1.0 |
| 通货膨胀保值债 | -0.5 | -2.3 | -0.7 | -0.8 | -1.2 |
| 不动产 | 5.0 | 3.5 | 4.4 | 4.3 | 2.7 |
| 自然资源 | 6.2 | 3.0 | 4.7 | 4.6 | 3.9 |

数据来源：Wealthfront官网、国信证券博士后工作站（备注：长期通胀预期为2%）

优化均方差对于输入参数过于敏感，而且如果这些参数是直接指定的，它构建的投资组合就会过于集中和不直观。为了克服在实践中应用优化均方差的困难，Fischer Black 和 Robert Litterman 在高盛投资公司工作时，提出了 Black-Litterman 模型。他们的模型应用了一种技术是通过均衡回报来获得预期回报率参数，来管理多样化和直观的投资组合。同时，Black-Litterman 模型提供了一种灵活的框架来表示资产类别回报，而这些也最终会反映到资产配置中。

Wealthfront 每年微调并更新 Wealthfront 推荐的资产配置评估数据。如果基于新的评估，一种特定的投资组合收益跌出 Wealthfront 设置的最低临界值，原有客户的投资组合就会进行调整。

### 17.3.3 资产组合构建

除了为优化均方差仔细估算参数，Wealthfront 还为每种资产类别设置最低和最高的配置限定。这种方法被广泛应用于确保适当的分散投资，降低参数估算误差和描述投资者偏好。通过表17-9可以得知 Wealthfront 选择的每种资产类别的最低和最高值配置。Wealthfront 选择5%作为最低值，因为在 Wealthfront 的估算中任何低于这个数值的资产对多元化资产收益都失去了意义，Wealthfront 选择35%作为最高值来确保相对其他资产组合，该资产是足够多样化的。其他方法还包括推荐相似的最小和最大的资产配置（见表17-9），特别说明的是，Wealthfront 不会将某种最小的配置用于通货膨胀保值债券，因为它们对有中高风险偏好的投资者无效（见表17-10）。

表17-9　　　　　　　　资产类别配置区间　　　　　　　　（单位:%）

| 资产类别 | 最低配置 | 最高配置 |
| --- | --- | --- |
| 美股 | 5 | 35 |
| 国外发达国家股票 | 5 | 35 |
| 新兴市场股票 | 5 | 35 |
| 股息成长性股票 | 5 | 35 |
| 美国国债 | 5 | 35 |
| 公司债 | 5 | 35 |
| 新兴市场债券 | 5 | 35 |
| 地方债 | 5 | 35 |
| 通货膨胀保值债券 | 0 | 35 |
| 不动产 | 5 | 35 |
| 自然资源 | 5 | 35 |

数据来源：Wealthfront 官网、国信证券博士后工作站

表 17-10　　　　　　　　资产类别和税收效益的相关性

| 资产类别 | 税收效益 |
| --- | --- |
| 美股 | 有效 |
| 境外发达国家股票 | 有效 |
| 新兴市场股票 | 有效 |
| 股息成长性股票 | 有效 |
| 美国国债 | 无效 |
| 公司债 | 无效 |
| 新兴市场债券 | 无效 |
| 地方债 | 有效 |
| 通货膨胀保值债券 | 无效 |
| 不动产 | 无效 |
| 自然资源 | 有效 |

数据来源：Wealthfront 官网、国信证券博士后工作站

不同资产类别的征税差别，在确认一种资产类别是否适合应税账户、退休金账户或两种账户并存时，起了非常重要的作用。在 Wealthfront 的优化均方差框架中我们可以发现资产分配对不同的税收假定并不敏感。更具体地说，资产分配的决策并没有受到最高的四种联邦纳税等级和不同州纳税假设的影响。

纳税账户资产配置的 11 个资产类别中，有个 7 个配置是能够节税的——通货膨胀保值债、市政债、股息成长性股票、美股、境外发达国家股票、新兴市场债券和自然资源。随着风险级别从左自右提升，分配的保守型资产类别如通货膨胀地方债和市政债减少，而分配的激进型资产类别如美股、境外发达国家股票和新兴市场股票增加。股息成长股票是介于保守型资产和激进型资产之间的，在资产配置中，市政债呈现为主要的债券资产类别因为它们有较高的净税后预计回报，这得益于它们在联邦税中的减免，市政债 ETF Wealthfront 仅用于免除联邦税，Wealthfront 还未能找到免除州税的市政债 ETF 中具充分流动性的产品置入资产配置中，Wealthfront 将持续监测市场并计划把它们尽快引入。通货膨胀保值债，虽然不能节税，仍然出现在保守的投资组合中因为它们是仅有的低波动率资产，能用于抗通胀。各类股票都存在于配置中因为股票红利仅收取股利税，要少于普通的工资收入所得税。自然资源也存在于配置中因为它们节税。不动产、企业债和新兴市场债不在其中，因为其股息或者收益与工资所得税税率一样，不节税。

这里要着重声明的是，当 Wealthfront 设计基础级别服务的资产配置时，Wealthfront 没有把税收亏损收割的获益考虑进来。Wealthfront 评估了 11 中资产类别并选择

其中的 8 种（通货膨胀保值债、企业债、新兴市场债券、股息成长股票、美股、境外发达国家股票，新兴市场股票和不动产）放到了基于优化均方差框架设计的退休金账户资产配置中。同样，随着风险级别从左至右升高，配置的保守型资产类别如通货膨胀保值债和企业债会减少，而配置的激进型资产类别如美股、境外发达国家股票，新兴市场股票和不动产会增加。新兴市场债和股息成长型股票属于介于保守型和激进型之间的资产类别。通货膨胀保值债仅仅置于不愿意承受风险的投资者的保守资产配置中，而风险承受力高的投资者就会配置较多的股票和不动产来抗通胀。美国国债、市政债和自然资源没有放到其中，因为它们在其他 8 种资产类别的基础上不会增加收益。

一般来说，理财顾问会为其客户配置三种资产（美股、境外发达国家股票和美国国债）。归功于现代资方组合理论，Wealthfront 可以将这种三种传统的资产配置和 Wealthfront 的 7~8 种资产配置进行比较。图 17-7 显示了增加更多资产类别的好处，给这三种传统资产类别组合增加更多和它们不相关的资产类别，将会给退休金账户和应税账户提升大约每年 0.6% 的有效边际。换句话说，增加更多的资产类别会提升每个风险级别的实际回报，或者为每个回报级别降低风险。不采用传统的资产配置，会给投资者提升更大的机会成本。

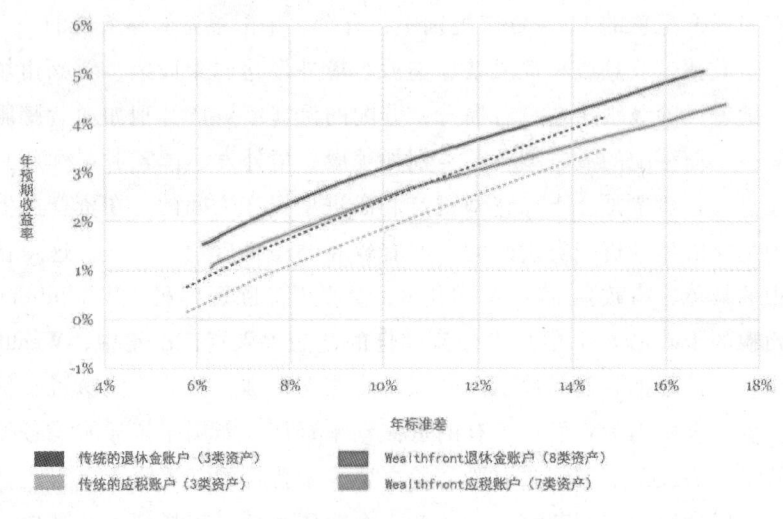

图 17-7 增加多种资产类别所带来的收益

数据来源：Wealthfront 官网、国信证券博士后工作站

### 17.3.4 选择投资工具

Wealfront 使用成本效益好的交易型开放式指数基金（ETF）来代表每种资产类别。相反，很多理财顾问推荐共同基金。因为共同基金可以被简单置于一个由晨星提供的著名评级系统，但大多数（65%～75%）共同基金没有跑赢大盘。在长达20年的周期中，因为其高收费和较弱的选股能力，共同基金税前收益逊色于先锋500指数基金每年2.1%。

因此，指数基金，更具体来说被动指数 ETF 在过去的 10 年里面暴发了。超过 1 500 只 ETF 被创建，总计累积了超过 1 万亿美元的资产。不同于共同基金，ETF 没有一个标准的评级机构，因此会给一般投资者（或投资顾问）了解 ETF 费率和确定每种资产的最佳配置方式带来困难。

但是，Wealthfront 会定期回顾整个 ETF 的种类来识别出最合适的，来代表每一种类及其 6 种推荐的资产。Wealthfront 寻找的 ETF，具有最少的费率和追踪误差，能提供丰富的市场流动性，能最小化它们所对应的基础证券的支出。

当大多数投资者了解到 ETF 不全是跟踪指标还要模拟指标时，都会感到惊讶，如果其选出的基准方差越高，就说明这个 ETF 越不合适代表它的资产类别。ETF 发行人可以通过改进它的运行系统来减少它的跟踪误差，但是那样会增加成本并会将较高的管理费转嫁给投资者。换句话说，成本和追显示误差经常是反相关的，Wealthfront 会更多关注这种平衡。

Wealthfront 选择那些有望具备充分流动性并允许随时赎回的 ETF。新发行的 ETF 通常距离被推荐还需要一些时日。此外，大多数投资者没有认识到很多 EFT 发行的收入来源，是将其标的证券借贷给对冲基金以确保卖空。借贷越广泛，ETF 的买家就风险越高。Wealthfront 推荐的 ETF 是那些最小借贷规模的或者是把借贷利润分享给投资者以降低管理费的。

Wealthfront 试图选择那些在整个投资组合最理想的 ETF。相对于针对单个 ETF 本身的评价，Wealthfront 更关心的是每种 ETF 在投资组合中 EFT 税后的风险调整报酬率。比如，Wealthfront 选择先锋总股票市场指数基金（VTI）来代表美股，因为它在大型、中型和小型资本市场中都有广泛的投资比率，相对于将美股资产打散到三个单独市场的那些 ETF，它在费后税后和风险调整方式上更优。然而，Wealthfront 也会选择一种特定的 ETF，虽然它的管理费更高，但是因为它与其他资产的反相关性较高，会带来更高的费后税后的风险调整回报率。

### 17.3.5 确定客户风险

一旦有效边界被建立起来，就必须确定投资者的风险承受力以便确定符合其需要的投资组合。不同于理财顾问用 25 个问题来确定个体的风险承受力，Wealthfront 梳理的行为经济学研究通过几个问题简化评估过程。举例来说，Wealthfront 可以基于个人的年龄和现阶段收入来构建客户的收入成长，Wealthfront 通过问目标客户问题，来评估他们客观上承担风险的能力和主观上承担风险的意愿。Wealthfront 认为，高级的计算方法可以比大多数传统的顾问在评估风险方面做得更好。

Wealthfront 通过询问主观风险问题并通过其答案的一致性来确定个体的风险承受意愿。答案越不一致，表明投资者可能承受风险指数越低。比如：如果一个人在一种情况下愿意承受很大风险，但是在另一种情况下几乎不愿意承受风险，那么他就是前后矛盾的，因此给他一个较低风险的分数，而不是简单的加权平均。

Wealthfront 通过询问尽量少的客观问题，来评估个体是否愿意在退休时存足够的钱来满足他所期待的花费需要。这笔钱超出收入越多，这个用户就越愿意承担风险。相反，如果他预期的退休收入少于他期待的花费，那么他就无法承担太大风险的投资。

Wealthfront 整体的风险度量标准结合了主观和客观的风险承受能力，如果哪一个部分更愿意规避风险，该部分就获得更多的权重。Wealthfront 选择这种方法，是因为行为经济学研究指出，人们通常会夸大他们真实的风险承受力，尤其是受过教育且过于自信的男性投资者。依赖投资者有主观偏见的回答，可能会选择波动性更大的投资组合而非合适的，也会增加投资者在价格下跌的时候卖出投资产品的可能性。

Wealthfront 每个季度发送邮件给 Wealthfront 的客户，确认他们的财务资料是否有会给其风险承受力带来影响的变化。比如：结婚、生孩子、受益于公司 IPO 后股票升值或者是获得了一个薪水得到显著提升的职位，这些都会对 Wealthfront 给出的风险评分有重要的影响，从而影响客户理想的投资组合。此外，随着客户年龄增长和退休临近，Wealthfront 逐步调整他们的投资组合来确保低波动率。

基于客户的个人情况，如果他们希望选择一个更保守或者不那么保守的组合，Wealthfront 允许客户每 30 天可以调整其风险评分。Wealthfront 会提前提醒他们这可能不太适合他们的最终目标，Wealthfront 限制风险评分只能每 30 天调整一次，是因为 Wealthfront 不认为它是一个市场时机选择工具。Wealthfront 可能同时限制客户更改风险评分的次数，以进一步阻止投机市场的尝试。

Wealthfront 为每个客户在有效边界基础上，通过最大化由诺贝尔获得者 Harry Markowitz 提出经典应用函数，选择一种投资组合：

$$\text{Max}_{(t,a)} r - \sigma^2/2T$$

其中：

$r$ 表示一种投资组合的预期回报；$\sigma$ 表示一种投资组合的标准差；$T$ 表示 Wealthfront 的风险承受度量，被标准化为 0~10，其中 5 相当于市场的投资组合，其资产类别会和全球资本市场成比例配置。

这个应用函数是用来测量投资者对其投资组合的幸福感。假定投资者更偏向于在回报和风险中找到一个平衡，同时也会最大化预期回报和最小化标准差。如果一个投资者有相对较高的风险承受能力，他将会专注于最大化回报从而到达有效边界的最顶端；如有他有低风险承受能力，他就会关注最小的风险从而达到有效边界的最底端。

或者，Wealthfront 可以如下表示 MOV：

$$\text{Max}_w \mu^T w - w^T \Sigma w/2TS. \ T. \ 1^T w = 1, \ a \le w \le b$$

其中：$\mu$ 表示资产类别的预计回报；$\Sigma$ 表示资产类别的协方差矩阵；$w$ 表示资产类别的重量级；$T$ 表示 Wealthfront 的风险承受度量；$a$ 和 $b$ 表示最小和最大分配约束。

注意资产类别加权总和为 1 的限制。Wealthfront 仅考虑做多的资产组合，同时在权重上实行最小和最大限制。

### 17.3.6 组合再平衡和持续监测

基于现代投资组合理论技术创建的投资组合，随着时间的推移不会永远都是最佳组合。任何投资组合的组成部分，都会随着资本市场的变化发生自然偏移，其中一些表现会优于另一些。这会产生两种不良后果：

（1）随着该组合的权益增加会超出其原有的配置，该投资组合风险增加。

（2）配置变成次优的。为了维持原有的风险水平和资产配置，一个资产组合应当阶段性调回其原有的目标，就需要更高级的算法来优化调整税费和交易成本的影响。

Wealthfront 监测公司用户的资产组合并阶段性调回客户的目标，试图最优化其风险级别的回报。考虑纳税和交易成本，Wealthfront 会在客户相关资产配置出现调整时，比如 ETF 累计并获得分红时，存款或者取款发生时，对其资产配置进行调整。用现金流买入配置不足的资产类别是非常精明的调整方法，以此来最小化税费影响和交易成本。Wealthfront 使用临界值为基础的调整，取代时间为基础的调整，来更优于市场动向。

正如耶鲁大学首席投资官 David Swensen 分析，他发现十年间相对于那些没有调整过的组合，调整后的投资组合风险更低且会每年多挣 0.4%。Burt Malkiel 和 Charley Ellis 另一份经历了另一个 10 年的分析也得出了相似的结论。一般来说，随着时间的变化重新调整资产组合将会降低风险，但是不一定会增加收益，重新调整组合能增加收入多半是在波动率高的市场中。

需要特别注意的是，一个客户的资产配置总是需要随着时间的推移进行调整的，因为他的投资目标和风险承受能力会发生变化。Wealthfront 建议客户每 3～5 年详细回顾自己的投资计划，以便确定风险承受能力和目标配置是否需要更新。Wealthfront 同时也会在每个季度提醒客户，如果有任何变化也告知 Wealthfront。

## 17.4 特点总结

Wealthfront 应用最先进的优化工具，综合世界级的投资团队的判断来确定有效的投资组合。Wealthfront 努力为特定风险偏好客户提供最大化的净税后实际回报。这意味着未来 Wealthfront 将继续寻找有意义的方式去改进它的投资方法，同时持续监测和阶段性调整 Wealthfront 客户的投资组合，在测量他们的风险承受能力后为他们实现最大回报。Wealthfront 坚信，遵循这个过程将会为 Wealthfront 客户带来出色的长期投资回报。

总结 Wealthfront 有四大投资特点。

### 17.4.1 采取被动投资策略

Wealthfront 的投资策略属于被动型投资，这是 Wealthfront 首席投资官 Burton 教授的投资理念。作为著名经济学 Burton 教授是有效市场理论的推崇者,他认为:"有效市场理论告诫 Wealthfront,无论投资者的策略有多么明智,从长期来看,也不可能获得超过一般水准的回报。"

有效市场理论主张,只要普通投资者采取"购买并持有"的战略,投资于指数基金,就可以获得安全、稳定的长期回报,并轻而易举地击败大多数机构投资者。然而,大多数人在几十年中由于感性的原因很难坚持投资的原则,专业的金融机构给出的投资建议又会多少受到回扣等方面的影响。Wealthfront 就是利用有效理论,帮助客户"购买并持有"ETF,以期获得长期、稳定的超额收益。

### 17.4.2 投资标的广、以 ETF 为主

一般情况下,金融机构会推荐 3 类投资产品(美国股票、其他发达国家股票和美国国债),而 Wealthfront 选择的投资种类高达 11 种。首先,投资种类越多,投资组合的分散化越高,利于降低风险。其次,不同资产的作用不同。股票可以获得资本利得,债券则有定期利息收入。房地产、TIPs、自然资源可以抵御通货膨胀带来的贬值,市政债券、自然资源可以合理避税。债券的波动性较小,降低了风险。

另外,Wealthfront 选择跟踪指数的被动型投资工具 ETF 作为投资对象。原因在于以各类资产指数为标的的 ETF 反映了此类资产的整体状况,获得与标的指数相近的收益,且费用低廉,有足够多的投资品种(1 400 多种)。这是被动投资的精髓所在:关注整体状况,而非个体表现。

### 17.4.3 投资透明化、客户跟踪便捷

在 Wealthfront 平台中,用户的所有投资都是完全透明的。在投资清单提交前,平台会精确显示将要投资的项目以便用户确认。同时,用户在任何时候都可以清楚地查看、跟踪自己投资的最新动态。Wealthfront 平台使用的便利性和结果展现的明晰性是其拥有的又一大优势。

### 17.4.4 小额理财先锋、侧重财富管理

Wealthfront 在小额理财方面有着更大优势,尤其对投资金额少于 1 万美元的用

户给予了更多的选择和优惠。Wealthfront 的主要目标受众是 20~30 岁的高科技专业人才。为了贴合硅谷的需要，Wealthfront 还设计了专业的工具帮助硅谷员工确定如何操作公司的股票期权。

同时，Wealthfront 注重财富管理，尤其在税收优化方面，有一套引以为傲的税收优化索引服务（Direct Indexing）。相比通过 VTA 复制，Direct Indexing 可以通过追踪 ETF，从个股的变动中挖掘税收收益，从而更好地实现资本利得的有效抵扣，达到节税的目的。同时，为了保障税收优化的效果，Wealthfront 还设立了交易限制清单（Exclusion List），详细记录被限制交易的证券，尽可能避免洗售等损害税收收益情况的发生。

# 第 18 章
# 全球智能投资顾问领头羊：Betterment

## 18.1 发展背景

从 20 世纪 90 年代末起，美国就已有金融机构推出了它们的线上资产配置工具；2005 年全美证券交易商第 2210-6 号文件明确允许投资顾问或经纪人向客户推荐使用投资分析工具，成为数字化投资顾问持续发展所依赖的政策基础。2008 年以后，Betterment、Wealthfront 等机构依靠网络技术和机器运算的进步，为最终客户提供多元化的投资顾问服务。2014 年，"Fintech"在华尔街成为重要的议题，智能投资工具迎来爆发式增长期，嘉信理财、先锋、富达等传统投资产管理理公司也加入了数字化投资顾问的布局。

美国智能投资顾问目前与传统投资顾问一样受美国证监会监管，主要遵循《1940 年投资顾问法》（Investment Advisers Act of 1940）的相关规定。投资顾问和资产管理相结合的方式，允许智能投资顾问平台将客户资金投向挂钩全球市场的各类资产，传统金融机构及拥有注册投资顾问（RIA）牌照的公司均可开展投资顾问业务。截至目前，美国智能投资顾问领域的主要参与者包括新兴投资顾问公司、投资银行（证券公司）、投资产管理理公司等，该领域的两家明星公司 Betterment 和 Wealthfront 的平台背景均属于投资顾问公司。

Betterment 于 2008 年 8 月 25 日成立于美国纽约州纽约市，是第一家通过自动化在线服务为客户进行资产管理的投资理财公司。公司业务于 2010 年正式上线，由于对资产没有最低限额且费率相对较低，加之其自动化理财的方式受到广泛认可，业绩增速强劲，2015年全年管理资产增长了27亿美元。

Betterment在2016年3月成功完成了1亿美元的E轮融资，现已经发展成为美国最大的智能投资顾问平台之一。截至2016年9月，Betterment共进行了6轮融资，已披露信息的融资共计融得资金2.05万亿美元。截至目前，Betterment已服务客户超过12.5万人，管理资产规模超过50亿美元。

## 18.2 业务模式

### 18.2.1 目标客户

Betterment服务的客户有三类，分别是零售用户、机构用户及退休用户，因而分别推出了三类平台：Betterment、Betterment for Advisor（B4A）及Betterment for Business（B4B）。

针对零售客户，Betterment基于财务规划目标为用户提供投资咨询服务，用户选择财务规划目标后，在不同的财务目标下，Betterment为用户提供投资组合推荐。同时，用户也可以基于自己的偏好与风险承受能力选择其他的投资组合（见表18-1）。

表18-1　　　　　Betterment根据投资目的默认股票配置比例范围

| 投资目的 | 股票配置比例范围 | 预计期限 | 提取假设 |
| --- | --- | --- | --- |
| 退休储蓄 | 90%~56% | 最高50年 | 在期满时达到退休收入目标 |
| 退休后收入 | 56%~30% | 最高30年 | 在期满前提供稳定的退休金金额动态提取目标 |
| 安全方案 | 40% | 不定期限 | 在任意时间完全提取资金 |
| 一般投资 | 90%~55% | 无期限 | 不提取资金 |
| 大额支出（购房、教育、其他） | 90%~5% | 最高30年 | 在期满时完全提取资金 |

数据来源：Betterment官网、国信证券博士后工作站

## 18.2.2 投资标的

Betterment 基于用户的投资目标建立投资组合,为用户设置了三个投资目标:预防性资金(Safety Net)、退休保障(Retirement)、无明确目的(General)(见图 18-1)。

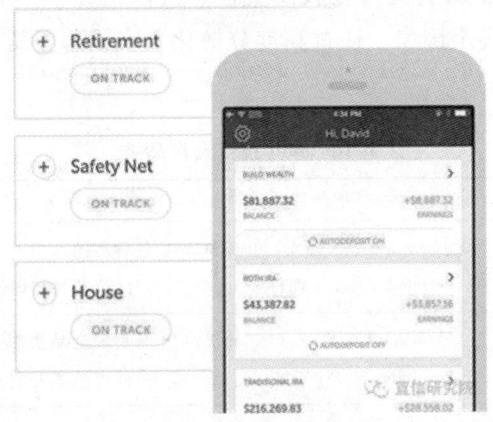

图 18-1　Betterment 为用户设置的投资目标

数据来源：Betterment 官网、国信证券博士后工作站

目标导向型的投资计划方便客户针对个人生命周期中的每个目标定制个性化的投资策略,有助于明确个人投资理财的目的,增强理财与个人生活关系的紧密性;同时,客户也能更真切感受到理财带来的资产的增值以及达到个人目标的成功感。这种方式将个人投资理财达成资产增值这一较缥缈的大目标拆解成一个个的短期实际的小目标,客户可以针对每一个目标设定一个投资计划和资产组合,决定每月为此存入投资的资金数量,从而获得风险调整后的对应回报。Betterment 提供智能定存服务(Smart Deposit),客户可以设置一个每月花销预算限额,每月 Betterment 自动将客户银行资金账户超过此门限的金额转入投资账户中,让每一块钱都为个人的目标服务,获得最大化的资产收益。

Betterment 通过帮助客户购买 ETF,进而完成资产配置。Betterment 提供了总共 13 个品类的 ETF,不同品类的资产提供相对应的高收益、低风险、分散投资等不同的资产配置功能,Betterment 会根据个人投资目的来决定适用各功能的资产在客户投资组合中的权重比例。

Betterment 为用户推荐的投资组合都为 ETF,并且每个用户的账户投资的 ETF

不多于 12 只。其主要的投资 ETF 包括股票型 ETF 与债券 ETF。通过对两类 ETF 进行组合，达到用户的配置目标。

ETF 包含的种类丰富多样，股票指数基金包含：美国的总股市、大型股、中型股、小型股，发达国家市场和新兴市场（见表 18-2）。债权指数基金包含：新兴市场债、全球债、美国企业债、美国优质债、通货膨胀保护债和短期政府债。地域上来看，大部分投资于美国，此外还投于英国、法国、日本、中国、迪拜、墨西哥、澳大利亚等全球 100 多个国家。通过高度分散化，来化解投资风险，这是绝大部分个人投资者无法企及的。

表 18-2　　　　　　　　　　　Betterment 投资资产品类

| 股票型 ETF | 基金名称 | 描述 |
| --- | --- | --- |
| 美国全品类股票市场 | Vanguard U.S. Total Stock Market Index ETF（VTI） | 包含美国股票市场几乎全部股票，此类资产的收益与美国经济相关 |
| 美国大盘股 | Vanguard U.S Large-Cap Value Index ETF（VTV） | 与美国全品类股票市场相似，区别是调高了低市盈率大型公司股票的比例 |
| 美国中盘股 | Vanguard U.S Mid-Cap Value Index ETF（VOE） | 与美国全品类股票市场相似，区别是调高了低市盈率中型公司股票的比例 |
| 美国小盘股 | Vanguard U.S Small-Cap Value Index ETF（VBR） | 与美国全品类股票市场相似，区别是调高了低市盈率小型公司股票的比例 |
| 国际发达股票市场 | Vanguard FTSE Developed Market Index ETF（VEA） | 包括除美国外，英国、欧洲、日本和其他发达国家市场多种公司股票，与美国股票市场相关性低 |
| 新兴市场国家股票 | Vanguard FTSE Emerging Market Index ETF（VWO） | 提供高收益与高风险，有助于资产组合整体风险的分散 |
| 债券型 ETF | | |
| 美国短期国债 | iShares Short-Term Treasury Bond Index ETF（SHV） | 此类资产期限在 1 个月至 1 年之间，提供货币等价物级别的极低风险，产生利息收入，有助于降低资产组合整体风险 |
| 美国通胀保值国债 | Vanguard Short-Term Inflation-Protected Treasury Bond Index ETF（VTIP） | 提供本金价值抵御通货膨胀的保护，降低资产组合整体通货膨胀贬值影响，同时与其他类资产相关性低 |

续表

| 股票型 ETF | 基金名称 | 描述 |
|---|---|---|
| 美国高质量债券［IRA 和 401（K）投资账户］ | Vanguard U.S. Total Bond Market Index ETF（BND） | 美国投资级债券市场资产，提供高于国债的收益，信用风险较低但期限平均为 7 年，面临利率波动风险 |
| 美国市政债券（应税账户） | iShares National AMT–Free Muni Bond Index ETF（MUB） | 州政府或地区政府债券投资不需缴纳联邦税赋，提供较低但仍高于国债的风险，较应税资产可获得略高收益 |
| 美国企业债券 | iShares Corporate Bond Index ETF（LQD） | 企业债券提供较高收益，有助于资产增值，同时为固定收益资产组合提供风险分散手段 |
| 国际发达国家债券 | Vanguard Total International Bond Index ETF（BNDX） | 包括除美国以外的发达国家政府和组织发行的债券，具有较高信用同时提供资产组合分散投资功能 |
| 新兴市场国家债券 | Vanguard Emerging Markets Government Bond Index ETF（VWOR） | 包括快速发展和工业化的新兴经济体政府发行的以美元计价债券，此类资产具有高风险高收益的特点，与其他类资产相关性低，为资产组合提供分散投资的功能 |

数据来源：Betterment 官网、国信证券博士后工作站

截至目前，美国发行的 ETF 数量已经超过 1 600 只。得益于快速发展的 ETF，Betterment 可以帮助投资人极大地分散投资，尤其是在地理层面上的投资分散程度极高。在股票和债权各占一半的投资组合中，可以看到投资资金去向已经基本覆盖各大洲，总计超过 100 个国家，以及超过 5 000 家公开交易的公司。同时，种类不同的各类资产相关性较低，也保证了资产组合在面临非全球性系统风险下的收益稳定性。

### 18.2.3 操作步骤

与 Wealthfront 不同，Betterment 没有设计关于用户的风险偏好的问卷，而是只需要了解用户的年龄、投资目标和投资期限，以为用户输出优化的投资组合。

Betterment 的设计原理是，用户在问卷中回答的风险偏好并不是达成投资目标所需要承担的风险水平，而投资期限、投资目标以及资金支出计划才是资产配置需要

考虑的问题：长期的投资计划（比如储蓄退休金）可以投资更高比例在股票资产上，因为长期看股票的投资回报高于债券的投资回报；短期的资金需求（比如购房买车）则需要投资较多收益类的债券、较少的股票来避免短期内亏损；对于没有明确目标的投资计划，Betterment根据用户的年龄来配置资产投资比例，用户越年轻，投资组合可承受的风险也越高，通常这类投资组合中股票占比不低于55%。具体步骤如下：

第一步：根据客户输入的年龄和收入信息，计算机顾问将会给出投资目标建议，假如一位30岁的投资者，年薪6万美元，Betterment的投资建议是优先考虑安全净投资计划、退休金管理计划以及一般投资，建议的资产配置比例为90%股票和10%债券（见图18-2）。

图18-2 Betterment提供的投资目标建议

数据来源：Betterment官网、国信证券博士后工作站

第二步：机器人顾问根据投资者采纳的资产配置目标，给出具体的投资组合建议。如果投资者采纳了退休金管理计划。

第三步：根据给定风险水平，Betterment的算法能够设计出相应的最高预期回报，且可供选择的组合涵盖了广泛的资产类别，公司股票、企业和市政债券、国债等，地理范围覆盖全球100多个国家。投资者根据个人需求，对配置进行调整，生成适合的投资组合。

投资者都知道要构建投资组合来分散风险和确保回报，Betterment优势在于依据算法制定的投资策略，能够给普通投资者带来更广泛的资产配置、税收优势以及便捷的资产再平衡，加上节约了人力成本降低投资产管理理费用，综合起来能提供更高的投资回报（见图18-3）。

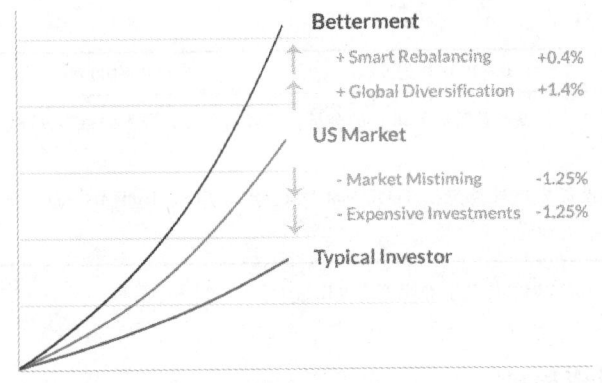

图 18-3 Betterment 的优势明显

数据来源：Betterment 官网、国信证券博士后工作站

## 18.2.4 盈利模式

Betterment 的盈利模式具有很大亮点。根据用户的投资金额设定浮动收费制，用户投资金额越多，平台费率越低。平台费率范围在 0.15% ~ 0.35% 之间，对低于 1 万美元的账户，年费率为 0.35%（每月增加不低于 100 美元投资）或每月 3 美元费用（每月增加投资低于 100 美元）；对 1 万美元至 10 万美元之间的用户收取 0.25% 年费，不要求每月增加投资；对 10 万美元以上的用户收取 0.15% 的年费，同样不要求每月增加投资。此外，Betterment 对账户也没有最低投资金额的要求，因此在平台使用成本方面相当诱人（见表 18-3）。

表 18-3 Betterment 账户政策及收费标准

| 账户结余 | 0 ~ 10 000 美元 | 10 000 ~ 100 000 美元 | 100 000 美元以上 |
| --- | --- | --- | --- |
| 年费 | 每月 0.35%<br>每月自动存款金额不低于 100 美元<br>每月 3 美元 | 0.25% | 0.15% |

- 自动存款是一项每月自动从关联银行账户转入资金的服务；
- 账户资金超过 50 万美元可获得一次财务管理专家的私人咨询服务；
- Betterment 没有账户最低金额限制，也不对 0 元账户收取费用，所有费用在每季度最后一日或大额取现时从投资账户扣除，或大额取现时收取；
- 费用的收取综合个人在 Betterment 拥有的所有账户决定费率，交易费用免费、存取免费、资产配置重新平衡服务免费；

续表

| 账户结余 | 0～10 000 美元 | 10 000～100 000 美元 | 100 000 美元以上 |
| --- | --- | --- | --- |
| • Betterment 是 SIPC（证券投资者保护公司）的会员，后者为每位投资人的每类投资账户都提供最高 50 万美元的保险； <br> • Betterment 平台的投资账户种类包括 Traditional IRA、Roth IRA、Joint Account、Trust Account、Personal Taxable Account。 ||||

数据来源：Betterment 官网、国信证券博士后工作站

### 18.2.5 投资原理

Betterment 通过自动化算法，将原先只有高净值客户才能享受到的专业投资顾问服务普及大众，投资 100 美元也可以得到专业的顾问建议和科学的资产配置方案。Betterment 将每一美元都拆成 12 份，投资于股票和债权的交易型开放式指数基金（ETF）。收益的高低、风险的大小和由不同投资标的所占的比例决定。Betterment 的投资理念是以结果为导向，建立基于财富增值目标的投资框架。客户需要填写个人信息、年龄、收入、退休与否、投资目的、期望收益，Betterment 的自动化算法就会根据个人情况与设定目标向用户提供一个包含资产配置方案和预计持有期限的投资计划。

（1）投资路径

Betterment 将个人风险与个人偏好作为辅助参考因素，而投资目的设定为投资计划的主要条件，在此条件下确定了投资方案框架之后，再根据个人风险和个人偏好进行具体调整。这一过程本质上是 Betterment 通过了解客户对于资产增值所要达到的结果，再根据客户目前资产初始情况，为客户提供一个达成目标的资产增值轨道路径。

Betterment 通过综合两种技术手段从而为客户优化最佳的路径，这两类技术手段分别是 Black - Litterman 预期回报模型和下行风险最优防范措施。Betterment 先获取各类资产的信息，通过 Black - Litterman 预期回报模型，使用贝叶斯方法将投资者的主观观点和市场均衡收益相结合，从而对每类资产形成一个科学的期望收益估计值。之后，采用将市场潜在下行可能与预期波动结合的方式有效测量每类资产的风险可能，将其与该类资产收益一一对应，形成一个包含资产收益与风险的投资资产集。通过下行风险最优防范措施，逐一将各类资产加入资产配置的投资组合中，完成预期收益下最优风险的投资组合。

为了避免资金增值的实际路径与 Betterment 为用户设定的投资路径不相同，资金增值偏离既定轨道，Betterment 会提供自动平衡账户的服务（Rebalancing），通过将新入资金（分红或是存入资金）投入按低于预设权重的资产中，将投资组合中资产比例调至最初设定比例，从而避免发生为调整资产权重而需要出售某类资产的情况，防止由于资本利得导致的应税利润，影响整体资产组合的税后收益，进而消除市场波动的影响，避免造成投资的不理性。这也是机器人投资较人投资的优势，就是不论在何种市场环境下，都能严格执行投资策略，不受干扰因素的影响。由于计算机技术和自动化算法的优势，Betterment 可以完全免费的提供此类服务。此外 Betterment 支持整合用户的所有投资账户，用户可以将外部的投资账户同步到 Betterment，同时获得投资建议，了解投资改善的方式。

（2）资产管理计划

Betterment 的资产管理计划主要分为四个类型：高收益再投资型、稳定保值型、计划消费型、退休金规划型。依据每部分资金的用途、投资时间的长短配置不同的策略（见图 18-4）。

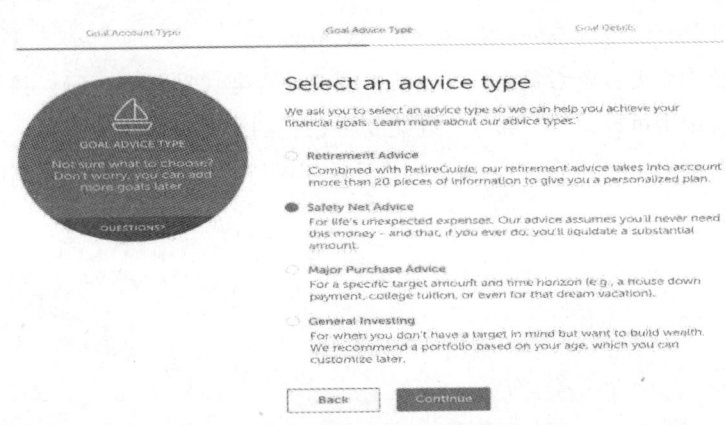

图 18-4　Betterment 四大资产管理计划

数据来源：Betterment 官网、国信证券博士后工作站

（一）高收益再投资型（Build Wealth Goal Risk Advice）

高收益再投资型主要用于投资储蓄，资产增值（见图 18-5）。投资者可获得最高的收益，相应承担着较高的风险。依据 Betterment 的模型，建议适用于 45 岁以下的用户，这部分资金股票配置的比例为 90%，债券为 10%。随着年龄的增长股票配置的比例逐渐减少为 58%，之后长期维持在这个水平。因为随着年龄的增加、不可

预见支出增加,风险承担能力也不断下降。

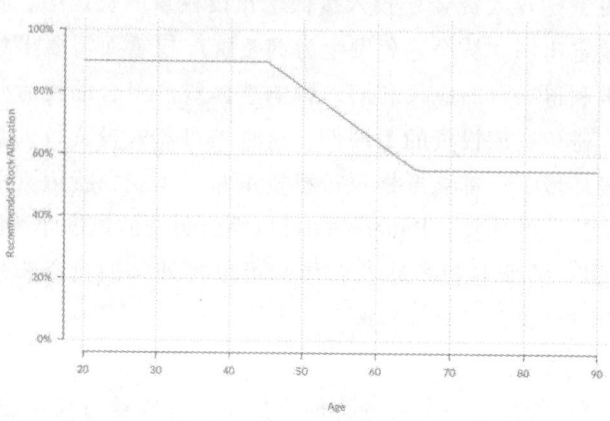

图 18-5　高收益再投资型

数据来源:Betterment 官网、国信证券博士后工作站

(二)稳定保值型(Safety Net Goal Risk Advice)

稳定保值型主要投资对象为日常生活中的流动资金(见图 18-6)。该类型是大部分人资产配置中不可或缺的一部分,既能获得稳定的收益又能随时提取。这部分资金股票配置的比例为 40%,债权为 60%,并且长期保持不变,从而保证较高的流动性。

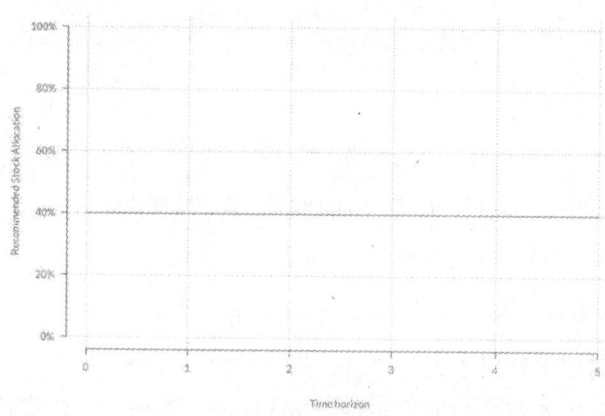

图 18-6　稳定保值型

数据来源:Betterment 官网、国信证券博士后工作站

## （三）计划消费型（Major Purchase Goal Risk Advice）

计划消费型的储蓄资金，主要用于购买家庭大宗商品，包含房子、汽车、家具等。这部分资金区分为长期型与短期型两种，随着期限变短，流动性增加，风险减少，收益也相对减少。长期型股票配置的比例为 90%，随着期限的临近，股票的配置减为 0。整个投资周期，在保证到期资金流动性的情况下，获得最高的收益。

## （四）退休金规划型（Retirement Goal Risk Advice）

退休金规划型主要投资来源为用于退休后日常开支的资金。无论用户初入职场，还是年迈已退休，都需要对退休后的生活进行规划。输入退休后年可支配收入的期望值，Betterment 将依据目前的年收入，规划如何达到目标值，是否需要减少开支或增加收入。投资的策略随着年龄的增加，渐趋于保守。

### 18.2.6 其他服务

Betterment 还提供包括智能投资理财、税收损失收割、面向投资顾问及机构提供智能投资顾问服务、为企业提供 401（k）账户管理等服务。

在美国，资本利得需要缴纳个人所得税，所以真正的投资收益需要考虑税收的影响。Betterment 向客户提供两种税务优化工具：Tax Loss Harvesting+ 服务和 TaxMin Lot Selling 服务。

Tax Loss Harvesting+ 服务通过将出现损失的资产及时出售，并购入相关性系数高的资产，一方面实现投资损失，从而冲抵需要缴纳的个人所得税（美国政府允许资本市场投资损失冲抵个人所得税，最高可达 3000 美元），同时不影响出售资产后导致投资组合权重出现变化。据 Betterment 称，此项服务可以提高资产组合年化 0.77% 的税后收益。

TaxMin Lot Selling 服务通过策略实现投资资产出售时的最优节税。与行业一般的 FIFO（即先进先出）的操作不同，Betterment 将待售资产分为：

出现短期损失、出现长期损失、出现长期利得、出现短期利得。（短期持有比长期持有需要缴纳的税率更高，资本利得越多缴纳的税费越多）并按从前至后的顺序出售资产。Betterment 的内置算法可以对同一只股票的不同买入价格进行排序，将应税最少的那部分出售。同时，Betterment 提供了投资组合的实时税务信息，方便投资人了解税后回报。

# 第 19 章
# 海外科技巨头布局智能金融：Google

## 19.1 投资 Algorithmia

如果要用一个词来说清 Algorithmia 是做什么的，那么最贴切的就是"算法商店"。2013 年的时候，在微软工作了 5 年多的 Diego Oppenheimer 在老东家的大本营成立一家自己的公司——Algorithmia，并在成立一年之后获得了由 Madrona Venture Group 领投的 240 万美元的资金。就在 2017 年，Algorithmia 还上榜调研公司 CBinsights "最值得关注的 100 家人工智能公司"。

Algorithmia 自始至终做的最核心的一件事就是，努力帮助开发者构建 AI 驱动的应用。Algorithmia 希望成为一个开放式算法市场，一方面挖掘那些被"雪藏"的算法；另一方面帮助互联网企业、开发人员甚至普通人提升"AI 能力"，让算法使用起来更简单、更有效。算法能够解决问题，如果拥有很多算法，就能解决很多问题。然而大多数情况下，学术界把算法写在论文中发表，但工业界却无人知晓。大量的互联网企业拥有数据，却没有算法或不懂如何利用算法，处于"无意义"状态。

简单来说，Oppenheimer 创建了一个"算法商店"。在 Algorithmia 出售的算法，如同 Play Store 中的 App 一样，用户可以对其打分、评价，并显示被使用的次数，让所有公司都可以在这个算法商店中购买机器学习的工具。目前，这家位于西雅图的公司在其平台上拥有 4.5 万名开发人员，并有 3 500 个算法"上架"（见图 19-1）。该网站上的算法来自全球大学的研究人员和个人开发者。

# 第 19 章 海外科技巨头布局智能金融：Google

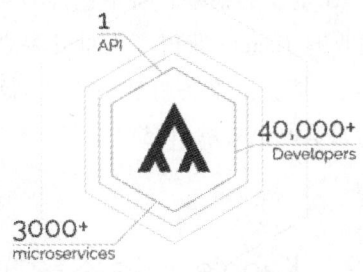

**图 19-1　Algorithmia 平台的构成**

在"商店"中，算法开发者（包括学院、科研机构等）将其发明的算法共享并定价，App 开发者通过浏览和查询找到自己想要的算法，完成支付，Algorithmia 的云平台可以反馈结果，从而避免将算法直接集成到应用中的过程，降低了 App 开发者实现算法的门槛。当然，算法作者也可以选择开源，让 App 开发者自己集成到其应用中。

那么，谷歌投资 Algorithmia 的背后到底打的是什么算盘呢？

（1）让 Algorithmia 使用谷歌的云服务

Algorithmia 一直希望 App 开发者们使用其云服务平台来进行测试、交易，虽然简单便利难度低，但也有个不容忽视问题——那就是开发者必须要将其数据交给 Algorithmia 的服务器进行处理，这既涉及数据安全问题，也涉及大数据运算的性能问题。而谷歌在投资 Algorithmia 之后，就可以推广自己的云服务。

此前，Kaggle 加入谷歌之后，其创始人 Anthony Goldbloom 就曾表示："加入谷歌后，我们能够向社区提供谷歌云技术。这将使大家能利用更强大的基础设施和部署服务，进行可扩展的训练，并且帮助 Kaggle 拥有存储、获取大型数据集的能力。"

因此，未来 Algorithmia 使用谷歌的云服务，也是有可能的。

（2）让"AI"变成下一个"Mobile"

目前，谷歌的 TensorFlow 是全球最大的深度学习开源平台，遥遥领先微软、亚马逊等竞争对手。对于开发者这一群体，谷歌的影响力具有天然优势，而收购 Kaggle 则将这一优势无限扩大。而此次投资 Algorithmia 则相当于为 Kaggle 上的开发者群体，以及每次比赛所产生的各种算法，提供了一个新的平台、一个可以转化为收入的平台。

根据著名统计机构 Statcounter 的数据，谷歌的 Android 已经超越微软的 Windows，成为全球第一大操作系统。依靠 Android 系统以及 Play Store，谷歌在"Mobile"时代变得愈加无可取代。显然，谷歌希望在"AI"时代也能够复制在"Mobile"时代的成功。

如果把 TensorFlow 看作 AI 生态的根基，谷歌已经具备了海量的数据和深厚的技术积累，而且此前已经通过收购 Kaggle 获得了大批开发者资源，那么这次投资"算法商店"——Algorithmia，很可能就是准备打造一个 AI 版的 Play Store，而这一切都可以在谷歌的云端实现。也就是说，谷歌自己打造了一个生态的闭环。

## 19.2　Kaggle 加速谷歌布局

谷歌对 AI 的重视已经不用再赘述，为了从"Mobile‐First"向"AI‐First"转型，谷歌已经先后收购创造了 AlphaGo 的 DeepMind 以及数据科学和机器学习竞赛平台 Kaggle。

Kaggle 创立于 2010 年，专注于举办数据科学周边的线上竞赛。它吸引了大量数据科学家、机器学习开发者的参与，为各类现实中的商业难题开发基于数据的算法解决方案。在这个平台上，有几十万个数据科学家。可以说，Kaggle 是当今最大的数据科学家、机器学习开发者社区，其行业地位独一无二。

2017 年 3 月，在谷歌云计算大会上，谷歌云首席科学家李飞飞在宣布收购 Kaggle 消息的同时，发表了主题为"让 AI 民主化"的演讲。在演讲里，她给出了谷歌收购 Kaggle 的意图："我强调 AI 民主化的重要性——我们必须降低进入 AI 领域的门槛，让 AI 技术能为尽可能多的开发者社群、用户和企业所用，让 AI 被用于解决他们各自的问题和需求。Kaggle 加入谷歌，能加速这一进程。显然，谷歌希望推动 AI 技术分享和推广的战略，和 Algorithmia 所承载的功能是一致的。"

# 第 20 章
# 海外科技巨头布局智能金融：IBM

在 2012 年，Watson 就已经进军金融领域。Watson 采用全新的认知计算系统，可以提供诸如客户需求分析，预测经济走势等服务。它还能够结合个人投资履历给出智能化的投资计划。在商业领域，能够完整地理解句子和段落比起谷歌的单纯检索功能自然要有用得多，这也是 Watson 的核心竞争力之一。

IBM 正在与各类金融服务机构紧密合作，利用 IBM 云、认知技术、监管技术和区块链应对其业务挑战。借助 IBM Watson 金融服务提供的认知和人工智能功能，银行、财富管理和保险等领域将为实施颠覆性变革做好准备。目前，Watson 在金融方面的主要应用是证券组合投资风险管理，以及为银行提供投资建议。而在保险行业，利用自然语言回答用户的业务咨询，并推广公司的相应服务，同样能够为客户提供个性化的体验。秘鲁最大的保险产品和服务提供商 RIMAC Seguros 就利用了 Watson 的语义分析技术大大提升工作效率，而法国农业信贷银行预测那些系统创造的收入将在 2018 年占到 IBM 总收入的 12% 以上。

## 20.1 一代智能投资顾问系统"蓝海图灵"

2017 年 4 月 11 日，2017 IBM 中国论坛上，蓝海智投和 IBM Watson 协作开发的新一代智能投资顾问系统"蓝海图灵"原型正式发布。据了解"蓝海未来金融实验室"邀请到一位退休 IBM Watson 高级研究员为项目顾问，融合了蓝海投研团队的资深全球投资经验，力图打造出一个"超级私人银行家"（Uber Private Banker），正式开始挑战专业金融机构的水平。

蓝海图灵是利用 IBM Watson 的人工智能对话引擎、IBM Watson 的自然语言处理（NLP）和机器学习技术（ML），深度学习 CFA 级别的金融专业知识，实现与客户的自然语言交互，让客户享受到私人银行一对一对话式的财富服务，进一步开拓智能投资顾问的前沿。蓝海图灵可根据时事热点、客户信息及交流历史等，主动预测并提示相关问题，自动给出专业有效的理财建议。看到蓝海图灵的时候就如同面对一个资深理财顾问。

此外，在分析客户的需求方面，花旗集团也开始运用 Watson 人工智能技术来预测经济走势等等服务。

## 20.2 Watson 协助合规和发现潜在金融犯罪

2016 年 10 月收购鹏睿金融集团（Promontory Financial Group）（见图 20-1）。这是一家世界有名的风险防范的公司，主要业务是风险管理和法规合规，并且初期已经训练 Watson 掌握 60 000 条监管条文。他们对于 Watson 了解全盘性的认知的帮助很大，已经搭建了 Watson 金融服务平台。

图 20-1  鹏睿金融集团（Promontory Financial Group）

2017 年 6 月 14 日星期三 IBM 发布了一款基于 Watson 的金融行业认知解决方案，旨在帮助金融专业人士管理监管合规和信托责任问题。这套经由鹏睿金融集团（Promontory Financial Group）金融专家训练的工具将会开启"监管科技的认知时代"。具体产品包括 Watson 金融监管合规工具、IBM Watson 金融犯罪管控工具和 IBM Algo One 大数据计算平台。

（1）第一款 Watson 监管合规（Watson Regulatory Compliance）。Watson 监管合规将有助于金融机构更好地了解和应对不断变化的监管要求。Watson 的自然语言处理能力正在用于训练和理解监管语言，IBM 已经开始将 200 个不同来源的法规输入系统,以识别和标记潜在义务。这将极大简化合规专业人员的日常工作,明确特定公司需要遵守的监管要求。

使用Watson监管合规解决方案的合规专业人员可以访问一个定制化的可搜索法规要求库,以识别与其业务相对应的各种义务和控制措施,并能按地区、业务线、产品、流程和合规领域进行筛选。此外,他们还可以更加轻松地跟踪变更,并订阅直接相关的特定法规内容。

(2) 第二款 IBM Watson 金融犯罪管控工具(IBM Financial Crimes Insight with Watson)。每年,金融机构需要花费180亿美元到210亿美元用于反洗钱,160亿美元到190亿美元了解客户需求,110亿美元到150亿美元开展行为监控。这些活动基本都需要人工完成,并且通常需要耗费大量时间从各种来源收集信息。而最终的决定却全凭分析师个人的经验。

IBM Watson金融犯罪洞察解决方案汇集了认知计算、智能机器人过程自动化、身份解析、网络分析、机器学习和其他高级分析功能,能够加快尽职调查,帮助企业更有效地理解和管理现有交易监控系统产生的大批反洗钱警报。结合鹏睿的技术专长,各金融机构可以提高客户认证的速度和准确性,收集负面新闻以了解客户要求,从而减少误报,加快对反洗钱警报审查的调查。

此外,IBM的行为监控解决方案正进一步扩展,以应对更广泛的行为风险,如销售惯例、客户适用性和信托责任。该解决方案超越了传统的基于规则和专业术语的方法,能够识别与不当行为相关的各种活动和行为,提升洞察力。它还能进一步协助不当行为识别负责人,从而推进投诉管理。

(3) 第三款 IBM Algo One 大数据计算平台(Big Data Foundation)。对于很多金融机构来说,升级现有系统无疑是一项挑战,但扩大规模是满足《交易账户根本审查》(FRTB)法规、《估值调整》(XVA)措施和流动性分析的必要条件。

作为一种新型架构方式,IBM Algo One可帮助客户实现监管合规性所要求的绩效。该解决方案将大数据技术与Algo One的核心风险数据管理应用相结合,以帮助金融机构以更加直观的用户界面更快地检查风险。该解决方案利用结构化和非结构化数据发挥自己的最大潜力,旨在鼓励决策者在制定新业务战略时更快提出更加复杂的问题,并获得更好的答案。此举将大数据从试点或银行的小范围应用推广到日常生产中,以帮助银行完成监管和财务规划。作为新架构方法的一部分,首批解决方案侧重于流动性,应用生命周期管理和市场风险。

在合规领域,利用Watson工具公司和监管机构将实现互惠互利。机构提交的可疑活动报告将更加精准有用，这对监管机构的工作来说将是一个巨大的帮助。

## 20.3 Watson Explorer 代替保险索赔业务员

日本富国生命保险（Fukoku Mutual Life Insurance）从 2017 年 1 月开始使用 Watson Explorer，代替 34 位保险索赔业务员的职位。Watson 的人工智能系统将扫描被保险人的医疗记录与其他信息来决定保险赔付的金额，受伤定性、患者病史和治疗形式都将纳入理赔金额的考量。人工智能系统将自动搜索数据，完成数据计算任务，帮助该公司剩余的员工更快地处理理赔事宜。

根据日本《每日新闻》的报道，在此项目中，富国生命将斥资 170 万美元（约合 2 亿日元）引入 IBM 公司的人工智能系统，随后每年的维持费用约为 12.8 万美元。通过使用人工智能系统，该公司将在未来每年节约 110 万美元的开支，这意味着此项投资两年后即可收回成本。Watson AI 的效率预计会比人类员工高 30%，公司已经受益于 IBM 的新技术，类似的人工智能系统正被用于处理客户投诉电话等任务。如使用软件识别客户语音，将语音转换为文字，而后分析这些话的内容。

# 第 21 章
# 海外科技巨头布局智能金融：微软

## 21.1 与思科合作推动数据中心创新

思科公司是全球领先的互联网设备供应商，1984 年由斯坦福大学的一对教授夫妇创立，总部位于美国加利福尼亚州的圣何塞。思科向客户提供端到端的网络方案，使客户能够建立起其自己的统一信息基础设施或者与其他网络相连。思科制造的路由器、交换机和其他设备承载了全球 80% 的互联网通信，成为硅谷中新经济的传奇。过去 20 多年，思科几乎成为"互联网、网络应用、生产力"的同义词，思科公司在其进入的每一个领域都成为市场的领导者。

在 2014 微软全球合作伙伴大会上，微软与思科两家公司共同宣布了一项为期三年的合作协议。该协议旨在整合两家公司的资源，思科将会把统一计算系统（UCS）等产品融合到数据中心解决方案当中，以及 Nexus 网络交换机与微软的云操作系统等产品整合，包含 WindowsServer、SQLServer、Hyper–V、Azure 云平台。两家的合作关系还包括销售、渠道以及围绕云计算和数据中心等相关营销方面的内容（见图 21–1）。

图 21–1　微软与思科合作推动数据中心创新

基于思科 Cloud Scale ASICs，思科与微软携手对 Nexus 9500 交换机上的思科 NX - OS 进行了调整。此外，运行思科交换机抽象接口（SAI）的思科 Nexus 9200/9300 平台将支持客户在 SAI 就绪的思科 Nexus 平台上自由运行其选择的网络操作系统。

思科对其 Nexus CloudScale 交换机上的 SAI 抽象层所提供的支持有助于实现微软对 SAI 的愿景，从而能够跨多个平台实现芯片、CPU、电源、端口密度、光学和速度方面的快速创新，同时使微软和云运营商能够在各种交换机硬件平台上充分利用同一软件运作。

## 21.2 与毕马威联手打造区块链开发创新工场

2016 年 9 月，微软和四大会计事务所毕马威（KPMG）再次联手打造以区块链开发为核心的新的创新工场"Blockchain Nodes"，以推动区块链应用的检验和开发，尤以金融应用为重点。

早在 2015 年，两家公司就已经宣布促进全新战略合作关系形成，包括联手提供数据和分析（D&A）、云合规和变革以及商业解决方案方面的全新创新解决方案和服务的全球性合作；2016 年共同携手英国 FinTech 初创公司建设区块链资产管理平台，宣称将于 2017 年初发布核心平台计划。

"区块链节点"（Blockchain Nodes），是区块链技术用例联合开发中心，尤其是金融应用。而且该新闻宣布了 2016 年开始的区块链合作项目的延伸。Blockchain Nodes 将在区块链新应用及新案例探索中起到重要作用，让我们可以直接与客户合作，在市场信息基础上发现和测试新创意，利用该创新技术搭建及实施解决方案原型"。Blockchain Nodes 是两家机构现有区块链合作项目的加深，将联合在新加坡、法兰克福和纽约成立办事处。该区块链技术开发方式已经日益成为全球趋势，有利于公司与客户的直接沟通以及新创意的探索与实现。

Blockchain Nodes 将会辨认区块链相关的移动应用和实际运用中发挥关键作用。使用这种新技术能帮助我们直接对接客户，更利于发现和验证更具有市场前瞻性的想法，创造原型解决方案并付诸实际。

全球范围内很多大公司都在搭建区块链平台，这是一个无法阻挡的趋势。例如德勤在 2016 年一年内建立了都柏林、纽约实验室；IBM 为了推动应用科技的发展已经推出了"Garages"网络。

## 21.3 微软智能云 Azure

2017 年 5 月,美国上市公司开元金融(Fincera Inc.)旗下互联网金融平台"轻易贷"与微软(Microsoft)达成合作,将使用基于微软技术的 Microsoft Azure 云为平台信息安全、智能产品、运营系统等进行升级,结合 Azure 云进一步优化用户体验。

微软 Azure 云服务具备多项国际安全标准,拥有更高阶的网络环境和更严苛的机房环境,Azure 云将通过开启防 DDOS 攻击、入侵检测防护、黑名单防刷过滤等实时安全策略,全方位加固轻易贷平台的安全保护,让平台用户的个人信息安全得到更深层次更高阶的保障。

利用 Azure 高性能的云服务平台,轻易贷将在延续高效流畅的投融资操作体验基础上,通过各项金融科学技术的落实与升级,进一步为用户带来更加安全稳定的平台体验。

通过在 Azure 云平台上进行部署,轻易贷平台在选用线上资源环节上,可实现随流量大小进行智能调节,从而大幅优化平台运维负重,缩减运维成本。

微软 Azure 云强大的数据分析能力,也将帮助轻易贷实现平台信息服务能力的进阶。以 Azure 云大数据存储与计算分析技术为基础,轻易贷平台资金与资产端可实现更精准匹配,不仅理财端获得最大化收益、中小微企业融资效率更高,这也为国内智能金融的成熟发展做出实质性贡献。经微软技术升级后的轻易贷平台将具备更大的业务包容性,通过将资源弹性伸缩优势嵌入到业务系统,将完好应对客户数量激增所带来的服务要求。

微软与轻易贷的合作将国际顶级云服务平台与智能金融相结合,为投融资用户带来更加高效便捷、技术领先的金融服务,实现用科技手段提高金融效率、升级体验。

此外,与微软智能云 Azure 合作的国内金融机构还有弥财、招商证券以及财富共赢(见图 21-2)。

**弥财**
弥财在 Azure 上利用开源技术,以智能化的投资服务让财富管理更加简革。

**轻易贷**
在 Azure 上打造"轻易贷"平台,轻易科技提供安全、可靠的互联网金融服务。

**招商证券**
负载均衡、存储、虚拟机、SQL 数据库 Azure 混合云解决方案的实施,大幅提高系统弹性和数据安全。

**财富共赢**
借助 SQL 数据库、存储等服务,有效消除运维管理压力。

图 21 – 2　微软智能云 Azure 合作的金融机构

# 第六篇

## 实践篇之三
## 国内传统金融机构

# 第22章 海通证券

尽管从技术上,国内券商的智能金融业务没有实现颠覆性突破,但是从业务布局模式中,却涌现出了一批与中国资本市场未来发展趋势契合的布局模式。其中最具有代表性的是海通证券。海通模式呈现出两个主要特点:

## 22.1 运营特征:PE 式扩张

从 2014 年 6 月至今,不到一年时间,海通证券已经四次出手互联网金融企业。2016 年 6 月,海通证券通过旗下直投子公司海通开元投资了互联网金融超市 91 金融;到 2015 年 4 月,海通开元又分别入股麦子金服和积木盒子;直到 5 月 7 日,海通创意资本投资爱有财平台(见图 22-1)。

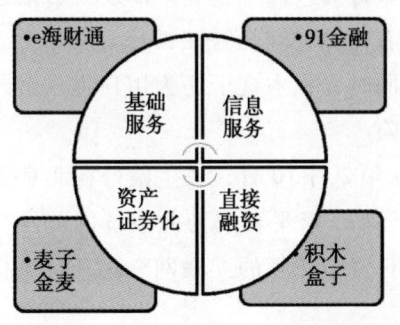

图 22-1 海通证券金融科技布局

资料来源:海通证券、国信证券博士后工作站

从海通证券的布局实现路径来看，只有 e 海财通的产品搭建有海通证券自己完成，而 91 金融、积木盒子、麦子金服等布局则是通过海通证券旗下的海通开元投资公司以直投、跟投等形式介入，以外部控制的形式进行布局，具有较高的投入产出效率，同时降低了内部资源整合冲突成本和创新。

## 22.2 主要布局平台

### 22.2.1 网贷：积木盒子

积木盒子平台上线于 2013 年 8 月，定位于为中产阶层提供金融服务。公司旗下运营的全球化智能综合理财平台涵盖积木股票、积木基金、固定收益理财、零售信贷等产品。积木盒子旗下公司拥有中国监管部门颁发的基金代销牌照、企业征信牌照在内的多个准入资质。公司已获得了三轮投资，投资人包括 Investec Bank、经纬、小米、淡马锡祥峰、银泰资本等国内外知名机构，包括海通证券旗下的直投子公司海通开元。积木盒子 2013 年 12 月交易额突破 1 亿元，2014 年 5 月的交易额突破 10 亿元，2015 年 3 月突破 50 亿元，目前已超过 58 亿元。

积木盒子，从用户资金流向、逾期债权收购到海外市场账户保险，已经建立了一套完整的风险控制管理体系。主观上，平台的内部管理体系高度尊重用户资产安全；客观上，无论在固定收益类产品、基金产品还是在股票交易产品中，积木盒子都仅作为信息中介，投资者的资金均托管在银行。实际上，积木盒子已做到了平台与用户资金全隔离。与此同时，积木盒子还为用户提供额外的保障系统，以覆盖用户交易之外的资金损失风险。

- 全资金托管：2015 年 2 月 10 日，民生银行在北京就发布了"网络交易平台资金托管系统"，积木盒子等三家平台成为此系统的首发合作伙伴。这也是业内首家真正实现完全意义上银行资金托管的互联网金融平台，标志着资金托管一个全新时代。
- 穹顶计划：为了更好地保障投资人的利益以及平台的长久发展，积木盒子业内创新性推出"穹顶计划"，设立逾期债权收购储备资金机制，引入第三方机构和部分融资人的资金，以更加专业的手段来分散可能出现的贷后风险。

• 保险担保：投资人通过积木进行股票投资时，单个证券账户将享有高达3 750万美元股票和90万美元现金的 excess SIPC 保险，并享有托管银行提供的25万美元的 FDIC 保险，以保护投资者在交易损失之外的资金损失。

### 22.2.2　大资产管理型金融渠道：91金融

2014年7月91金融完成新一轮投资人引入，领投方为海通证券直投子公司海通开元，前期投资人宽带资本、经纬创投等跟投。2016年10月再次获c轮融资，此轮融资由依然海通开元领投，宽带资本、经纬中国跟投。

目前，91金融在北京、上海、深圳设有运营中心，业务遍及全国87个重点城市。团队成员主要来自中国农业银行、浙商银行、新浪、百度等公司，超过一半为金融数据及互联网金融产品研发人员，员工总数近100人。

早期的营销通道业务、中期的互联网金融产品业务，目前的金融服务业务，分别承载于在线的金融产品与服务导购平台91金融超市，面向中小企业理财服务的91增值宝，以及打通资产证券化市场的互联网直接理财平台91旺财这三个支撑点上，构成了91金融服务所有的金融消费人群的完整金融生态体系。

在业务覆盖上，91金融已经与全国300家以上的银行类金融机构成为战略合作伙伴，包括百度、工商银行、光大银行、北京银行、海通证券、渣打银行、阳光保险、大地保险等。每天申请购买各类金融产品消费者超过1万人，每天成交超过2 000笔，每天交易金额超过3亿元。平台累计服务金融产品消费者超过200万人，创造了接近1 000亿元的交易量，已经成为中国第一的互联网金融服务平台。

同时，依托自主技术能力和金融大数据体系所形成的91金融云，已成为91金融不断创新、为金融市场用户提供全方位全产业链服务的重要基础。在服务支撑上，为确保给用户提供优质稳定的服务，91金融的IT服务系统每天升级一次。在91金融的平台，用户可以使用20多种专用计算工具，多元化的产品设计完全基于用户考虑，不仅涵盖金融服务，还包括还房贷计划、个税等。此外，用户还可以通过跨屏社交体验，通过网站、手机APP、微博、微信等社交网络完成各类操作。

在产品纵深上，91金融还全力建立最具价值的金融消费者数据库和最丰富的金融产品库。帮助全中国所有金融产品的消费者，用最快速度、最低成本获得最适合自己的金融产品，并且在消费过程中享受到7×24小时、免费、定制化的顾问式服务。

互联网新经济的发展，促使互联网金融公司的业务模式不断升级。作为国内最大的互联网金融服务提供商，91金融已与海通证券（15.58，-0.050，-0.32%）加强合作，并推出"岁月留金资产管理计划"。91金融联合创始人吴文雄表示，2015年公司将加大资产管理业务的发展力度，确立"大资产管理"战略，实现从通道业务向金融产品业务的全面发展。

### 22.2.3　海通式金融科技大资产管理

2016年年初，在海通证券支持下，91金融推出了"岁月留金资产管理计划"，在时间上把信托产品2年改为1年和6个月，100万元起投、5万元整数倍追加。在收益上，与同类理财产品相比，最高年化收益达到12%。该资产管理计划是在基金业协会备案的私募基金产品，也是北京市政府、北京银行和91金融共同合作的"中小微企业成长基金"的重要组成部分，将为北京市的中小微企业提供新的融资渠道。事实上，随着互联网金融业务的发展，91金融正对旗下业务不断升级。早在2013年年底，公司便开始筹备资产管理业务，直到2014年11月，公司配备了更为专业的团队和资源，并逐步确立"大资产管理"的发展方向。

91金融目前已推出几种类型资产管理产品，包括与其他金融机构合作的资产管理计划，自营设计的私募基金产品及互联网配资业务。资产管理业务在2014年完成了40多亿元，主要是通过91增值宝产品实现。但未来资产管理业务将不仅仅以91增值宝来实现，将更加细化，实现对用户的精确定位。随着与海通证券合作不断深入，91金融资产管理业务迎来快速发展期。不仅如此，公司还计划在未来提供更多定制类产品，最终实现金融产品交易所的发展目标。公司互联网证券业务、资产管理业务都是依托在与海通证券合作的基础上。目前，91增值宝、91资产管理等只是91金融和海通证券合作的初级阶段，未来很有可能涉及券商的核心业务，如券商自营业务、股票网上发行、买卖与推广、承销发行等。

### 22.2.4　智能投资：麦子金服

2015年9月10日，麦子金服正式对外宣布，公司已于2017年上半年完成由海通创新资本所投资的A轮融资，融资金额为8.7亿元。

据悉，尽管距离2017年的A轮融资不到半年时间，现已有多家大型机构希望参与B轮融资，融资结果预计年底前公布。目前麦子金服已经形成了以优质资产为核心，囊括财富管理、股权投资、投融资咨询等综合资产矩阵。

拥有"金融范儿"和"科技范儿"双重标签的麦子金服在移动金融领域率先突围，围绕支付与消费场景正在打造自己的生态圈。

智能机器人是麦子金服在实现移动金融场景化的新尝试。其投资的"人智科技智能机器人"项目，目前产品已完成测试，未来将通过机器人实现消费金融与智能硬件场景应用的结合。在扩大校园场景营销布局方面，麦子金服已与最大校园O2O服务商"俺来也"达成战略合作，未来三年将为"俺来也"提供100亿元借贷授信额度，覆盖2 000万名大学生。针对强化风险控制，麦子金服旗下的名校贷已经与芝麻信用达成全面合作协议；同时，与阳光财产保险正式签约。所有在麦子金服旗下平台交易过程中的资金都将享受阳光保险提供的保险保障服务。数据显示，过去6年，麦子金服旗下各个公司已经累计为超过320万客户提供了年化收益率高达16%的稳健收益。在完成海通证券8.7亿元融资后，麦子金服发展进入快车道。据麦子金服首席运营官杨恒介绍，在过去半年，麦子金服旗下品牌累计交易额同比增速达到200%～300%，目前麦子金服的累计交易额已经超过60亿元，2017年预计超过100亿元。

# 第 23 章
# 华泰证券

## 23.1 概　　况

　　作为业内最早推进互联网布局的券商，华泰证券凭借其互联网发展策略，持续保持经纪业务在行业内的龙头地位，2014 年、2015 年和 2016 年前三季度公司的股基市占率分别为 8.49%、9.01%、8.42%，稳居行业前列。此外，凭借互联网平台的导流作用，公司经纪业务以量换价，自 2013 年以来大幅降低佣金率，市占率不断上升，且"一人三户"的实施也有助于华泰证券维持市场份额的稳定。一直以来，华泰保持人员、网点精简的运营模式，经纪业务主要通过线上完成，佣金率显著低于行业平均。近年来，随着互联网金融应用水平和线上开户业务的普及程度不断加深，证券行业佣金率一直处于下滑趋势。华泰证券的佣金率自 2012 年一直处于持续下降的状态，2016 年上半年佣金率为 0.023%，较行业平均低了将近一半，下滑空间非常有限。

## 23.2 华泰模式核心

### 23.2.1 涨乐财富通

华泰金融移动客户端用户体验与用户活跃数显著提升。2016年上半年,"涨乐财富通"下载量414.78万,日均活跃用户数183.18万;自上线以来,累计下载量1 516.49万。上半年,"涨乐财富通"移动终端客户开户数55.5万,占华泰全部开户数的92.39%;华泰78.27%的交易客户通过"涨乐财富通"进行交易。上半年,华泰加大"涨乐财富通"研发投入,开发完善了涨乐FM、猜涨跌、打新神器、level-2十档行情等板块内容(见图23-1)。其中,涨乐FM免费提供音频形式的研究所研究成果,帮助投资者进行投资决策;猜涨跌分为现金版和游戏版,为投资者提供投教服务;打新神器够提供新股发行计划、进行新股发行提醒、新股申购,为投资者提供便捷的打新股渠道;level-2十档行情属于券商首创服务,价格与互联网厂商相比有一定竞争力。目前,华泰实现线上线下共同销售,互联网销售占比50%左右,其中包括公募、私募产品销售。线上平台资源利用方面,目前华泰有超过2000产品的理财产品在移动APP上展示。

图 23-1 涨乐财富通官网界面

资料来源:华泰证券、国信证券博士后工作站

截至 2016 年 9 月，华泰证券管理资产总规模共计 8 220 亿元，位居行业排名前列。到 2016 年 6 月为止，华泰证券主动规模管理达到 2 096 亿元，居行业第四位。此外，资产管理公司新增资产证券化产品规模和发行数量在行业中也位居前三。同时，华泰与银行、基金、信托等机构的合作不断深化，资产管理业务的深度与广度不断提升，在资产规模上有望实现高增长。

### 23.2.2 收购 Assetmark

2016 年 4 月 13 日，华泰证券将通过其全资子公司华泰金融控股（香港）有限公司收购 AssetMark Financial Holdings, Inc.（"AssetMark"）全部股份，交易的总对价约为 7.80 亿美元。这是华泰证券的首次海外并购。2016 年 11 月 2 日公告，公司完成对 AssetMark 的收购，最终交易对价为 7.68 亿美元，AssetMark 成为公司间接控股的下属公司。

Assetmark 是美国独立的全方位服务统包资产管理项目平台（TAMP）[①]，为独立

---

① Assetmark 在美国属于 TAMP（Turnkey Asset Management Platform）行业，从字面上讲叫"提供一揽子资产管理的平台"，但是美国的资产管理和财富管理界限其实也是比较含糊，很多大公司都如摩根士丹利（MS）等都把资产管理业务并入大的财富管理线，所以这个一揽子资产管理平台其实也是一揽子财富管理平台。投资顾问入驻这样的平台就像拿到了一把钥匙，用钥匙把门打开以后，所有需要的服务平台里应有尽有，除了投资顾问的客户由理财师自己管理以外，其他所有的服务全由平台公司提供外包服务。这种平台公司主要聚焦机构服务，业务是一种 TOB 的模式，为美国的财务顾问企业提供投资和咨询方面的解决方案，并且通过服务于投资顾问（投资经理、理财师）、经纪商和投资者，满足最终投资者的财富管理需求。这类平台通过提供全套一条龙的服务，使得其客户可以专注于构建金融顾问服务及维护客户关系。一般这样的外部独立第三方平台会提供三大核心服务：投资产管理理、客户关系管理和执业管理。由于其所提供的服务及工具依然服从于标准的财富管理及资产配置的逻辑，并不是所有的投资者都适合，最终接受投顾服务的对象仍然以高净值客户为主。TAMP 利用市场上的共性化产品，使用高效率的方法，为每个客户提供个性化的打包服务，做到量体裁衣，实现个人定制化的资产配置组合，但是不直接服务最终客户，即使一般也只给最终客户提供解决方案，而不直接提供产品，以避免可能的利益冲突，Assetmark 就是这样。TAMP 行业总共有五种投资组合标的的打包方式。(1) 公募基金打包账户 TAMP 平台上有一篮子预先筛选好的公募基金。平台供应商已完成了管理每支基金的基金经理的尽职调查，并确认了他们的投资策略。平台对客户收取一笔统一的费用，使客户享受批发的价格，这个价格通常要比客户自己直接购买基金更便宜。公募基金打包账户的最低资产通常是 25 000 美元。(2) ETF 打包账户在这里，TAMP 平台上预先选好的是一篮子可供投资的 ETF。ETF 在证券交易所交易，可以被动地跟踪股票、债券、大宗商品等指数。ETF 打包账户的目标是以最低的成本为投资者提供基准的回报，通常交易是免佣金的。总费用往往比公募基金打包账户还要少。(3) 单独管理账户（SMA）在这里，TAMP 平台上预先选好的是一篮子可供投资的个股而不是 ETF 或基金。SMA 可以用不同个股之间的盈利和亏损相抵消的方法来优化税收效益，使税负极小化。SMA 一般需要更多的资产才有资格参与，一般账户的最低额度是 50 000 美元。(4) 统一管理账户（UMA）这类私人投资账户的篮子里拥有所有可投资的产品（包括公募基金、ETF、股票、债券）为客户账户做投资组合。UMA 只需要一个账户即可，类似于 FoF 或者是 MoM 类型的统一管理，能使税收、交易、投资组合再平衡等决策更优化。费用由平台商统一收取，并在理财师、保荐商、平台供应商和资产管理公司之间分配。(5) 统一管理家庭账户（UMH）UMH 是一种 UMA，不过它覆盖的资产是一个家庭所有个体账户的集合，并包括家庭的非流通资产（房地产或私持的公司）。投资组合的优化覆盖整个家庭，以尽量减少交易成本和税负。这是一个家庭理财办公室所用的方法，这种方法能够提高客户的黏性。

投资顾问提供一揽子资产管理服务，其在美国已经有20多年的运营历史，目前平台资产总额约为295亿美元，客户数量达到8.7万名，是美国TAMP行业的第三大企业。Assetmark2010-2011年收购Altegris公司，扩展了Assetmark的产品种类与投资策略，更重要的是扩展了Assetmark的服务范围。其2011~2012年创建的Streamlined GPS Solution Offering，丰富了平台投资组合。Streamlined GPS Solution Offering解决方案，即一套复杂的多策略家解决方案，目的是实现财富的保值增值、创造收入或实现其他投资目标。GPS解决方案中，一个账户可以包含多个投资组合策略，为财富管理平台的投资顾问提供强大的新方法，从而帮助他们的客户。顾问可以使用GPS Select Solutions的多元化、多策略性投资组合，从而提供广泛目标的综合投资解决方案（表23-1）。

表23-1　　　　　　　　　Assetmark资产管理业务模式

| 组合 | 目标 | 简要说明 | 投资门槛 |
| --- | --- | --- | --- |
| GDP Select Accumulation | 财富增长 | 全面地、分散化的投资策略，强调ETF与减少成本 | $250 000 |
| GDP Select Accumulation plus | 财富增长 | 全面地、分散化的投资策略，强调主动的共同基金投资 | $250 000 |
| GDP Select Retirement income | 收入增长、收入分配 | 全面地、分散化的投资策略，旨在提高收入并控制风险 | $250 000 |
| GDP Select Wealth Preservation | 财富保值 | 全面地、分散化的投资策略，旨在财富保值与通货膨胀的抵御 | $250 000 |
| GDP Select Low Volatility | 减少波动性 | 关注降低波动性与资产保值的策略 | $100 000 |
| GDP Select Multi-Asset Income | 提高收入 | 关注在不同市场环境下，可以提供较高的且持续收入的策略。 | $100 000 |
| GDP Select Tactical Advantage | 减少下行风险 | 关注在不同市场环境下，通过分散化投资的策略组合 | $100 000 |

资料来源：国信证券博士后工作站

Assetmark为美国的财务顾问企业提供投资和咨询方面的解决方案。通过新技术的引进，提升其客户的服务效率，减少不必要的工作量，从而通过帮助投资顾问间接使投资者获益。Assetmark提供的服务包括获得资产管理产品、第三方和自有托管服务和投资策略师产品。Assetmark引进了一系列技术平台以实现这一目标，其中，Research Hub等系统将为投资者提供他们的资产组合的解决方法，而投资顾问将可以 Portfolio Engine 等系统提供资产组合的解决方法，并且按照不同的市场进行分类。通过这种方式，投资顾问能够更有效地使投资者理解自己的想法。许多券商和私募基金的投资顾问或许拥有良好的投资技巧，但他们通常会为如何向投资者解释他们的投资策略而烦恼，而 Assetmark 的使命就是帮助投资者更好地理解投资策略，促进投资顾问和投资者有效的沟通交流。Assetmark 主要服务于投资顾问，使投资顾问更好地服务于投资者，投资者从中受益。在这个过程中，由首席投资顾问建立顾问平台，完整的 TAMP 平台简化了投资产管理理，实践管理和客户管理。而经纪商通过提供一系列广泛的服务，帮助他们的顾问放心使用策略，管理客户投资组合和完成关键的实践管理功能。最后，投资者则得到一系列多样化的投资选择和服务，实现所有生活阶段的投资目标。

Assetmark，作为新兴金融科技（FinTeck）的一个代表，可以说改变了美国投资顾问界的游戏规则，通过为投资顾问提供服务，链接投资顾问与投资者，Assetmark 吸引了包括私募基金在内的大量客户。除了金融科技部分外，Assetmark 还拥有自己的专家团队，对投资顾问的策略提供一定的建议，在一定程度也代替了部分投资顾问的职能。

华泰证券通过境外子公司收购 Assetmark 后，在积极转型财富管理的发展道路上迈出了重要的一步，对公司未来发展资产管理业务的发展有重要意义。收购完成后，华泰证券可借鉴 Assetmark 在 TAMP 业务，包括投资产管理、财务顾问咨询以及客户关系管理等方面的全方位服务经验优势和技术优势，有助于华泰证券实现向财富管理转型并有效提升其全面的财富管理能力。华泰证券收购的 Assetmark 属于 TAMP 行业，在国内目前还没有对标公司，这主要是由于中美证券市场发展的阶段有显著差异，市场化程度迥异。美国财富管理行业充分竞争，供应链完整，外包强大，而中国证券行业长期以来的管制，行业内公司目前仍然大而不全。随着未来的市场逐步开放，价值链的重构也必将相伴相随。国内的资产管理行业过去几年蓬勃发展，私募机构迅速崛起，私募等资产管理服务机构的需求强大，但是可以提供服务的机构却寥寥，华泰的战略收购前瞻意义重大。

华泰证券收购 Assetmark 的战略意图，可能不在于美国 TAMP 行业，而是其自身平台与技术能否较好地移植并服务于国内财富管理业务，这才是其收购的核心价值所在。通过对华泰证券海外收购的分析，以及 2016 年以来在组织结构调整、薪酬考核的变化和对营销人员的减少等举措，华泰证券的在财富管理战略转型上继续领先对手，它在零售业务上的成功不是偶然的。

# 第 24 章
# 平安集团

## 24.1 平台架构

平安致力于为客户提供"一站式服务"。平安近年来致力于为客户提供更为方便快捷的"一站式"服务,希望能通过一个账户实现平安旗下所有产品的网上金融服务;并通过网上平台的方式为客户提供更多信息,以及用客户账户积分换取奖品等多种方式来提高客户黏性。为此,平安先后建立了"平安一账通""平安万里通"以及"平安陆金所"。其金融科技的核心平台是"陆金所"。

### 24.1.1 平安一账通

平安一账通是平安推出的创新的网上账户管理工具。通过一账通,只需要一个账户、一套密码、一次登录,就可管理所有平安账户网上账户,轻松实现保险、银行、投资等多种理财需求。功能包括:将名下的平安网银、信用卡、保单、证券、基金、信托等平安账户添加到一账通,之后登录到一账通,就能查询到所有平安账户的最新信息,办理平安的各种网上业务;除平安账户外,还可以管理众多账户,将其他机构的网银、信用卡、证券、基金、第三方支付、社保、通信、航空、电子邮箱等多个网上账户添加到一账通,只要登录一账通,就能查看到所有账户的最新信息,办理各种网上理财业务;平安一账通能将活期、定期、股票、基金、理财产品、债券、信托、信用卡、商业贷款等各类账户汇总，呈现出清晰的资产负债合计及清单，方便全面查看资产负债状况；平安个人寿险、产险、团体寿险、企业年金、社保（仅限深圳社保）等保单进行汇总，方便全面了解自己的保险保障，做好合理的投资规划。

### 24.1.2 上海陆家嘴国际金融资产交易市场股份有限公司

2011年9月，中国平安全资子公司——上海陆家嘴国际金融资产交易市场股份有限公司（以下简称"陆金所"）在上海正式成立。公司注册资本4.2亿元，投资银行是平安集团旗下专业的金融资产交易平台和全新的网络金融创新平台。公司的经营团队由金融管理和电子商务等业界一流的国际专业人士组成，结合中国平安集团强大的资金优势，以及数十年综合金融的经验，拥有行业领先的风险管控能力与先进、安全的互联网平台（见图24-1）。

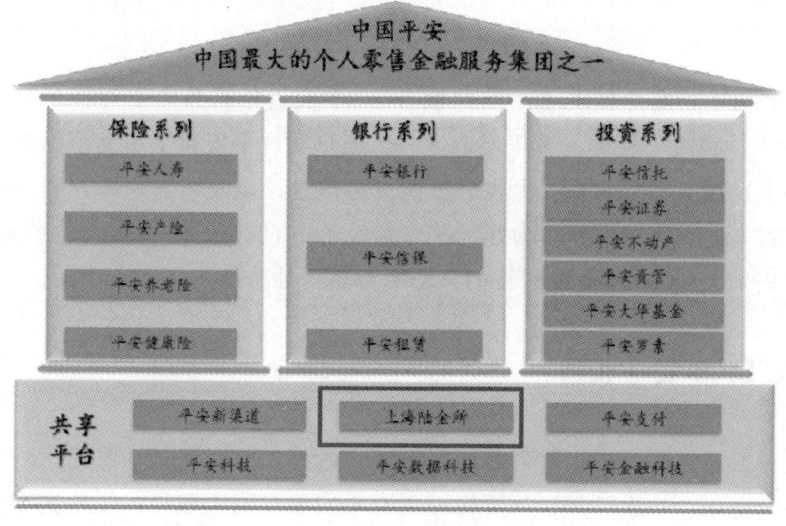

**图24-1　平安集团与陆金所功能架构**

资料来源：平安集团、国信证券博士后工作站

陆金所的核心模式演变包括以下几个阶段（见图24-2）：

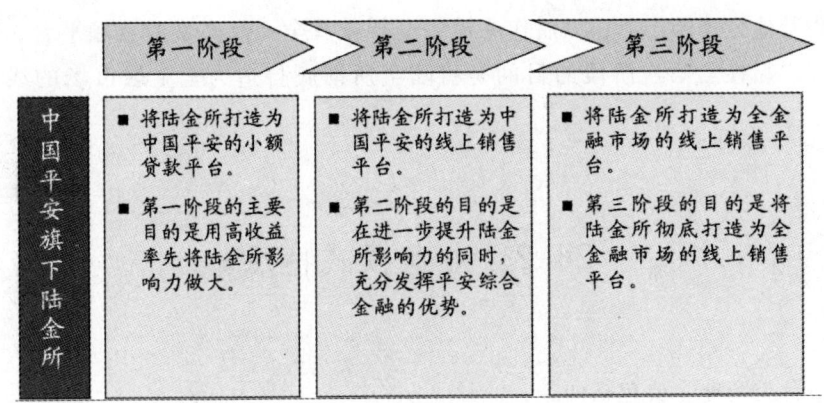

图 24-2 陆金所的核心功能演变

资料来源：平安集团、国信证券博士后工作站

第一阶段，将陆金所打造成为中国平安的小额贷款平台。陆金所作为小额贷款平台，将致力于弥补现有市场的缺陷——资产和负债流动不匹配。目前，国内小微企业，尤其个体工商户的融资需求不能得到满足，面临实体经济缺钱与中小投资者缺乏好的投资渠道之间的矛盾，金融运营及交易成本高。陆金所网站（www.lufax.com）作为中国平安集团倾力打造的网络投融资平台，隶属于上海陆家嘴国际金融资产交易市场股份有限公司，结合全球金融发展与互联网技术创新，致力于为中小企业提供融资新渠道，更为个人提供创新型投资理财服务，使之成为具备高安全性、稳定性和流动性的投融资平台。

第二阶段，将陆金所打造成为线上销售平台，充分发挥综合金融作用。在陆金所的影响力逐渐扩大之后，平安集团未来将把旗下各金融子行业中的金融产品，如平安寿险的产品、平安财险的车险、平安银行的银行卡及银行理财产品、意外险以及平安大华基金的基金产品、平安信托的产品等都放到陆金所这个线上销售平台上销售。一方面，充分利用互联网接触客户广的优势，另一方面可以让客户在陆金所网站上享受到"一站式服务"以提高客户黏性。尽管互联网的缺陷也比较明显，复杂产品（如平安寿险的传统险和分红险等）难以销售，但中国平安可利用自身的线下销售平台，利用近55万代理人来进行辅助。如在陆金所网站上可以留下代理人或理财专员的联系方式，供感兴趣的客户使用。第二阶段的目的是在进一步提升陆金所影响力的同时，充分发挥平安综合金融的优势。

第三阶段，将陆金所打造成为全金融市场的线上销售平台。在陆金所的影响力进一步提升之后，公司规划陆金所未来将不仅可以销售平安集团自己的产品，同时还将销售其他公司的产品；以后作为销售全行业及全产品类型的金融平台，以进一步提高客户黏性。第三阶段的目的是将陆金所彻底打造为全金融市场的线上销售平台。

## 24.2 业务模式特点

纯平台类企业主要包括两类：

一是线上平台类企业，主要包括阿里巴巴、微信、东方财富等单纯依靠客户黏性较高的互联网平台来从事金融业务的企业。

二是线下平台类企业，主要包括诺亚财富等单纯依靠销售能力较强的线下代理人来从事金融业务的企业。纯平台类企业具有较大平台优势，但往往缺乏自身产品开发能力，缺乏核心竞争力，只能销售其他企业的产品；而平安则同时具备产品和平台的优势。

平安作为牌照齐全的综合金融集团，产品开发能力强大。作为全牌照综合金融集团，中国平安旗下同时有寿险、财险、银行、基金、证券、信托、小额贷款等子公司，在产品开发能力上要远远强于其他公司，在分业到混业的大格局下未来将获得更大优势。同时，平安线上线下平台均较完备。在线下销售平台方面，截至2012年底，中国平安有51.3万代理人，主要分布在城镇地区。平安代理人的发展模式是效仿汇丰集团的"个人理财分析师"，计划未来所有代理人将不仅可以销售寿险产品，还能销售财险产品、银行理财产品、基金产品、券商理财产品以及小额贷款类产品等等，产能远高于其他上市公司。

近年来，电商行业发展呈现出线下化趋势，这一点在中国投资银行金融科技发展模式选择中也有所体现。这主要是由于流量红利逐步减弱，线上获客成本增加。网购经过多年的高速成长，2015年占我国社零额的比重达到15.2%，已超出美国、日本以及我国台湾等经济发达地区的水平。网购的流量红利渐入尾声。目前我国网购人数约4.13亿人，占总人口比重约30%，与20岁至40岁人群（我国网购主力军）规模基本一致。随着网购群体增速的逐步放缓，未来新增客户的获客成本将呈逐步增加趋势。

与纯网企业相比，平安具备强的线下销售渠道，可销售复杂产品。尽管互联网企业接触客户量较大，但只能销售一些较为简单的产品，如银行理财产品、意外险等易于客户理解的产品；而大部分的长期寿险产品、部分券商理财产品由于较为复杂，只能通过代理人详细讲解后才能卖出。因此，与互联网企业相比，平安可销售复杂产品，优势较大。

# 第 25 章
# 广发证券

## 25.1 推出"贝塔牛"

2016 年 6 月广发证券推出了"贝塔牛"智能投资顾问服务,为客户提供的一种基于金融工程理论及大数据的智能化、个性化的投资服务,可根据客户的不同目标及风险承受能力给出不同的投资建议。同时,机器人服务可克服人为情绪造成的追涨杀跌,帮助客户更加理性的投资。它的强大之处在于客户可以选择股票的推荐,机器人投资顾问会根据客户的选择推荐短中长的股票,以及目前机器人操作的收益率都会体现。

"贝塔牛"其主要功能包括"i 股票"和"i 配置",是一款融合了股票投资机器人和大类资产配置机器人的产品。自上线以来,不仅关注中小投资者的股票投资现状,更将智能投资顾问领域延伸到基金产品配置中,引导投资者的资产配置理念。"贝塔牛"推出仅半年时间,客户达到近 26 万户,已占公司客户将近 4%,用户月均增长 26.76%,组合月均增长 34.31%。可以说,"贝塔牛"是广发证券经纪业务转型的关键步骤和重要里程碑。

### 25.1.1 "i 股票"

"贝塔牛"投资策略的生成通过以下几个组件来完成:选股模型、择时模型、组合构建模型和组合再平衡模型。其中，选股模型和择时模型是模型的核心。

（1）选股模型

"贝塔牛"所使用的选股模型为多因子模型。该模型对大量的个股风格数据进行跟踪测试，筛选出盈利、股价反转、换手率、市值以及估值等若干指标，并运用量化模型将指标进行有效整合，定期挑选综合得分最高的股票组合，作为智能选股的备选股票池。

目前"i股票"上线的选股策略包括短线智能策略、综合轮动策略、价值精选策略以及灵活反转策略，每类策略对应不同的投资风格，满足不同客户的需求。

其中，短线智能策略擅长波段操作、智能调仓换股，追求弹性收益。

综合轮动策略采用"相似性匹配"策略，每个月对行业板块进行轮动筛选，该策略通过观察近期行业之间的涨跌顺序，与历史样本进行相似性匹配，寻找"似曾相识"的样本时期，并以随后的强势行业作为当前配置的依据。

价值精选则将选股的范围缩小至蓝筹股，通过大数据策略选择出各个行业内估值最具优势的个股，追求稳健收益。

最后，灵活反转策略则主要偏向于布局抄底，筛选市值较低且具有相对超跌特征的个股，追求大幅反弹（见图25-1）。

图25-1　"i股票"选股策略

以综合轮动策略为例，该策略是一种基于时间序列的"相似性匹配"策略。其投资逻辑是，行业轮动是一定的驱动因素和传导逻辑的结果，且行业轮动具有一定的周期性及记忆性，往往出现与历史样本"似曾相识"的时期。该策略通过下列三个原则来定义一个行业是否"启动"：行业的区间累计超额收益最高；行业累计超额收益超过历史年度最大累计超额收益的最小值；上涨区间内，超额收益的最大回撤不超过区间最大涨幅的50%。将各行业的启动时间对应的先后顺序记录下来（若区间内没有行业启动，则取值为0），则可得到申万一级行业分类下全部22个行业的启动顺序序列。然后采用序列之间的相关距离刻画两个序列的相似度。

（2）择时模型

择时模型负责控制仓位和输出股票的买入卖出信号，在"贝塔牛"中具体是指根据GFTD（广发Thomas Demark模型）、LLT等多个择时模型所给出信号的多空占比情况确定当前的持仓仓位，并给出对应的买入或卖出信号。以 GFTD 模型为例，为大型投资基金 Tudor 执行副总裁 Thomas Demark 所提出的 TD 模型经 A 股实证研究得出的版本，其预测过程由启动阶段、交叉条件和计数阶段三部分组成。当走势经过一系列的连续启动后，开始考虑交叉条件，自满足交叉条件处的 K 线开始进入计数阶段，当 TD 序列计数达到一定值时，预示市场原来的趋势已经处于衰竭的时刻，并有反转的倾向。模型的中心思想是做趋势跟随，并辅以止损机制。回测结果显示，以 GFTD 模型进行买卖，自 2000 年来只有 2003 年负收益，其他年度都有较佳的正回测收益。

（3）执行流程

选股模型根据各策略提供的选股因子，对所有的个股进行打分，然后将得分较高的股票放入备选股票池，用户输入组合金额等个性化参数后，组合构建模型则根据该参数从备选股票池中选取一定数量的个股构成用户的组合。为了避免大量客户操作过于集中，选股模型会采取一定的随机化策略，使每个客户生成的股票组合更具个性化。择时模型负责产生股票的买卖信号和仓位控制信号，提供合适的买卖时间点，并通过仓位控制信号控制投资计划的风险。组合再平衡模型则负责监控择时模型产生的信号，配合客户的投资计划形成操作策略。这些操作策略将通过信息推送发送到客户的手机终端，用以指导客户进行下单操作。客户可以通过手机证券"一键下单"功能批量处理操作策略，将组合复制到实盘账户。

### 25.1.2 "i 配置"

为满足投资者多样化的投资需求，广发证券开发了"i 配置"大类资产配置管理服务。"i 配置"按照客户设置的风险偏好和投资期限定制不同的大类资产配置建议。

该服务将微观的生命周期理论与金融工程理论相结合，综合应用 MV 模型（Mean-Variance 模型）、B-L（Black-Litterman）模型、精算模型等现代投资学成果，以客户的个性化需求为着眼点，建立以个人的短期与长期投资需求、大宗购置投资需求、子女教育投资需求以及未来养老的投资需求为主体的智能投资顾问体系与策略算法。按照风险偏好和投资期限分为 18 个组合，应用 Black Litterman 模型。Black Litterman 模型是建立在传统金融配置理论上的优化模型，用于创建最优（同风险下收益最高，或同收益下风险最低）的资产组合，它的特点在于既考虑了各类资产的客观历史表现，又考虑了投资者对资产未来收益的主观判断。目前采用的 Black Litterman 模型，主观判断意见来自于广发证券发展研究中心的卖方分析师。机器人投资顾问目前对接八大类海内外投资品种，为客户量身定制理论最优，实践可行的资产配置方案。

从微观的生命周期理论来看，个人一生的投资决策主要包括以下几个方面：

一是个人的基本投资需求，这类需求仅以资产的增值保值为目标，一般与具体的人生规划无关，可以是短期的决策也可以是长期的投资决策。二是大宗购置类的投资需求，包括青年的刚需型住房与中年的改善型住房需求。三是中年的子女教育投资需求，这一投资是当前中国人必不可少的投资项目，可以是国内的大学学费投资产管理也可以是国外高校的学费投资管理。四是退休前的养老金财富管理需求，需要在年轻时期缴费，退休后领取养老金，这就需要非常专业的团队对我国宏观经济与市场环境有非常敏锐的把握，能够以最优的策略在不同时期找到良好的资产配置方式，使得退休后的收入得以保障，这对于我国即将来临的老龄化时代而言十分重要。

"i 配置"正是立足于以上投资需求，旨在为帮助缺乏专业投资知识与投资经验的客户提高资产配置效率的产品。"i 配置"的基础功能是使用我国上市 ETF 等为中小投资者构建大类资产配置组合。权益、固收产品配置组合有三种策略：行业量化轮动、短期理财和长期理财。行业量化轮动策略为 300 元起投，资产配置建议每两周更新一次；短期理财策略 2 万元起投，有保守、谨慎、稳健、积极和进取五种风格选择，然后给出资产配置建议；长期理财策略包括养老理财、教育理财、二胎计划和大宗购置四种，手动填写基础信息后，系统自动计算出每月投入金额及资产配置建议。

以属于"i 配置"的行业量化轮动策略为例，该紧跟客户需求，能提供低成本、低门槛的基金组合投资体验，通过利用智能金融，实现普惠金融。行业量化轮动策略亦优势明显，行业量化轮动策略以"动量效应"为基本原理，覆盖 9 个行业，包括能源、信息技术、医药、消费、环保及养老等热门领域。策略采用轮动的方式，基于经济周期、股市周期、行业前景和技术指标等重要影响因素，建立行业量化轮动量化模型，模型将判断在九大行业（主题）指数基金之间可能出现的机会，并进行切换，从而抓住近期表现最好的行业的上涨机遇。根据近期价格走势、均线等因子指标，优选最强势几个行业指数。如果市场整体走势疲软，则增持买入固定收益类资产进行避险；如果市场整体偏强，增持买入权益资产（行业指数）博取收益。

近期广发证券还将推出衍生功能，如大宗购置投资的功能、子女教育投资功能以及退休后的养老保障功能等。通过整合公司产品生产部门、各子公司（资产管理、OTC、广发信德、广发香港、广发期货等）的产品资源以及各代销产品，"i 配置"能更全面地为客户提供相关的产品配置建议，最大限度地发挥公司内部的协同效应。

### 25.1.3 小结

贝塔牛是广发证券于 2016 年 6 月推出的，号称拥有"金融+人工智能"的最强大脑组合，为客户提供的一种基于金融工程理论及大数据的智能化、个性化的投资服务。为了让用户体验更连贯、操作更简便，只需要在创建的组合详情页基于该组合一键批量下单即可，避免了交易软件和机器人投资顾问软件之间反复切换。它可根据客户的不同目标及风险承受能力给出不同的投资建议。同时，机器人服务可克服人为情绪造成的追涨杀跌，帮助投资者更加理性的投资。

贝塔牛的强大之处在于客户可以选择股票的推荐，机器人投资顾问会根据客户的选择推荐短中长的股票，以及目前机器人操作的收益率都会体现；如果客户想合理配置自己的资产，不想全仓股票，那么客户可以根据自己的预期收益、额度以及想放置的时间去配置。大部分投资者会有感觉自己卖了股票涨，买了股票跌，人在市场会有自己的感情影响自己的判断，而"贝塔牛机器人"会严格按照策略去操作，规避相应的风险。

未来"贝塔牛"有三个方向：一是更加科技，利用技术测度投资者的个人信息和风险承受能力，形成精准的客户画像，为他们推动更精准的策略；二是社交化，通过互联网金融发掘牛人，分享投资经验；三是平台化，将核心算法平台化，对接机构的系统和客户，助力行业发展壮大，实现普惠式金融目标。

## 25.2 量化交易云端集成平台

2017 年 5 月，由广发证券主导开发的"广发量化交易云端集成平台（GF-Quant Research and Investment Cloud Hybrid Platform）"（以下简称"广发量化交易云平台"）一期正式上线，成为国内首家券商版量化交易云平台。广发量化交易云平台基于大数据的量化策略研究、回测、模拟及实盘交易，为投资者提供行情、财务、回测、交易等一站式服务；进一步丰富客户证券交易工具，提升客户服务能力。该平台的上线，标志着广发证券通过科技创新在完善金融服务体系上又迈出了重要一步。

随着科技的进步，国内量化交易市场正快速发展，量化交易已逐渐成为权益类投资的热点。广发量化交易云平台兼顾易用性和专业性，可满足用户在线完成一体化的投资研究、策略研发、产品组合管理、账户实盘交易、风险管理及控制等业务需求；平台不仅支持股票、股指期货、场内 ETF/LOF 等交易品种，还支持融资融券等交易。目前，广发量化交易云平台已完成一期数据维护、策略编辑、历史回测、模拟交易等功能的开发与上线；广发证券客户均可用"广发通"账户及密码登录使用；未注册"广发通"的用户亦可通过广发量化交易云平台注册并体验。

值得注意的是，广发量化交易云平台一期功能别具特色。在金融数据方面，在提供股票行情数据、财务数据、场内 ETF/LOF 数据、指数数据的基础上，还提供广发证券资讯云、广发证券大数据等特色数据；在策略研究方面，支持编写多因子策略、事件驱动（爱基，净值，资讯）策略、统计套利策略、CTA 策略等，以及全量股票回测、参数调优、动态前复权回测等特色功能；在历史回测和模拟交易方面，支持股票、基金、金融期货等品种的日级、分钟级回测和日级、分钟级、Tick 级模拟交易，还将增加商品期货、期权等多个类别。后续，广发量化交易云平台产品组合管理、账户实盘交易、风险管理及控制等二期功能也将适时推出。

广发量化交易云平台由广发证券主导，联合国内量化交易云平台聚宽共同打造。聚宽是国内专业的量化交易云平台，拥有活跃的量化交流社区，既服务于机构客户，也服务于专业个人策略开发者。借助聚宽在量化交易云平台业务上的积累与经验，广发量化交易云平台还将进一步整合内外部资源，为广发证券的财富管理、投资产管理理、PB 等各项业务提供策略管理平台、智能投资顾问等专业化服务。

量化交易为国内证券市场提供了新的交易方式，市场前景广阔。随着国内证券市场交易机制和交易品种的不断完善，随着人工智能等计算机技术的不断进步，未来国内量化交易将取得长足的发展。广发证券有志于为市场提供最专业的交易工具，为投资者提供最优质的交易和风险管理服务，与投资者共同培育与壮大量化交易市场。

## 25.3 科技金融布局初见成效

### 25.3.1 佣金率下滑放缓

随着业内经纪业务竞争日趋激烈、网上开户业务的普及,行业整体佣金率持续下滑。广发证券2017年中报数据显示,上半年经纪业务手续费净收入为25.70亿元,同比下降27.53%。广发证券的佣金收入增长率2016年中报时期环比下降65.22%,年报环比下降61.28%,佣金率下行速度明显放缓,优于行业水平。

作为首家发布机器人投资顾问券商,广发证券利用智能投资顾问系统,向新增用户推荐优质产品,提供具有价值的投资指导意见,新增开户量始终名列行业前三,交易量持续放大。截至2017年6月,手机证券用户数超过1 200万,同比增长125%;微信平台的关注用户数超过300万;金钥匙系统服务客户超过542万,完成服务订单数超过1 089万。在互联网理财业务方面,广发证券上半年完成了交易终端体验优化和行情加载速度提速30倍等重大升级工作,易淘金电商平台的金融产品销售和转让金额达465亿元。广发证券通过不断优化用户体验,形成自己独特的竞争优势,在维持相对稳定的佣金水平同时,进一步扩大客户规模。

### 25.3.2 业务规模稳步扩张

广发证券投资银行在巩固新兴行业和有成长潜力的中小企业客户优势基础上,提高对大型客户的开拓力度;同时,继续打通投资银行业务境内境外运作,努力提升国际业务竞争力。2017年上半年广发证券完成股权融资主承销家数35家,行业排名第2;主承销金额213.46亿元,行业排名第4。其中,IPO主承销家数为20家,行业排名第1;主承销金额105.66亿元,行业排名第1;实现股票承销及保荐净收入8.66亿元,同比增加57.17%。

另外,广发证券在上市公司并购重组、新三板挂牌等财务顾问业务方面也表现良好。报告期内,广发证券财务顾问业务实现净收入2.16亿元。上半年,上市公司并购重组市场降温，广发证券担任财务顾问的重大资产重组项目12家（包括通过中国证监会并购重组委项目和非行政许可类重大资产重组项目），行业排名第2，完成交易金额813.82亿元，行业排名第1。此外，广发证券进一步加强对战略新兴行业重点客户的综合服务，截至2017年6月30日，广发证券累计推荐了329家新三板挂牌公司，督导企业中创新层挂牌企业58家，行业排名第5。在海外投资银行业务领域，广发证券通过间接全资持股子公司广发融资（香港）开展相关业务，报告期内，完成主承销（含IPO、再融资及债券发行）、财务顾问和并购等项目21个。

2017上半年，广发证券资产管理业务综合实力继续领跑。据中国证券投资基金业协会数据显示，广发证券全资子公司广发资产管理集合计划管理规模在同行中排第一，主动管理规模在同行中排第二，广发资产管理在交易所市场发行的租赁资产证券化产品及应收账款资产证券化产品继续保持排名行业前列，保持行业影响力和领先的优势。

### 25.3.3 业务转型财富管理

广发证券自主研发的智能投资顾问贝塔牛第二期上线。贝塔牛获得《国际金融报》2017智能投资顾问先锋券商奖项、《金融电子化杂志》2016产品创新突出贡献奖和美国《机构投资者》2016金融科技产品最佳创新奖等奖项。一方面，广发证券注重在信息技术领域的创新，不断提高自主研发能力，推动金融科技的持续升级；另一方面，广发证券大力提高资产管理服务水平，构建专业的投资顾问团队，发挥财富管理优势。

围绕零售业务转型的战略任务，广发证券实行财富管理、科技金融和综合化经营三轮驱动，加强布局银证合作、推进经纪人队伍建设、建立以客户需求为驱动的财富管理产品体系、构建私人银行客户服务体系等措施，全面推进向财富管理方向的转型发展。未来，金融科技与财富管理两者相辅相成，发挥综合性券商功能，触发新的收入增长点。

# 第 26 章 长江证券

## 26.1 背 景

一直以来,券商行业"靠天吃饭"的盈利模式为市场所诟病,行业内各个券商也在寻找多种方式进行突破。《证券期货投资者适当性管理办法》于 2017 年 7 月 1 日正式实施,"如何识别投资者并提供适当的服务"已是券商等机构迫切需要解决的难题。一方面,投资者在专业水平、风险承受能力、风险收益偏好等方面存在很大不同;另一方面,证券市场、产品和服务具有非常复杂的风险等级分类,要将两者有效连接绝非易事。券商经纪业务正在经历由传统通道业务向财富管理的深刻变革。在转型过程中出现投资顾问模式同质化、资产配置销售导向化的倾向,一定程度上让券商的财富管理转型陷入迷局。

从近年来传统金融行业与互联网金融企业的实践来看,大多券商互联网战略基本围绕业务线上化,用户获取互联网化来进行。但随着互联网红利的消失,互联网流量"去中心化"愈加明显,证券公司线上引流成本快速提升,引流效果却快速下降,要打赢互联网证券下半场的战斗,证券行业确实要有"用洪荒之力拥抱金融科技的决心"。中国式"智能投资顾问"更多还处于概念化层面,多是先行引入或创建若干资产配置方案与股票投资策略,再根据基础的在线测评问卷将客户划入阈值较宽的区间,然后通过简单的映射关系将方案或策略推荐给投资者。行业范式千篇一律,投资者感知千人一面,在服务模式上存在较大的软肋。

长江证券2016年开启市场化改革之路,2017年以来改革进入"深水区",持续对体制机制、组织架构、人员和业务模式进行市场化的调整,紧密围绕行业发展趋势,强化前瞻性布局,积极抢抓市场机会,主动优化收入结构,ABS、PPP、金融科技等热点业务积极布局,代表未来转型方向的资产管理、投资银行和资本中介等业务收入占比达到51%以上。2017H1实现归母净利润10亿元,同比下降11%;实现营业收入28亿元,同比上升7.3%;EPS为0.18元,ROE为3.86%。公司营收增幅大幅好于行业平均。本部分将重点分析长江证券是如何实施战略转型,促进业务发展,以及一步步走在智能金融的前沿。

## 26.2 "智变":从互联网金融到智能金融

在各大券商全面布局智能金融的紧急情势下,2017年4月8日,长江证券与通联数据合作研发推出一款号称是证券行业的"今日头条"的智能财富管理系统——iVatarGo,它是以大数据、云计算为核心、以投资为入口的移动互联网平台,标志着长江证券在金融科技的智能化方向上迈出了坚实的一步(见图26-1)。

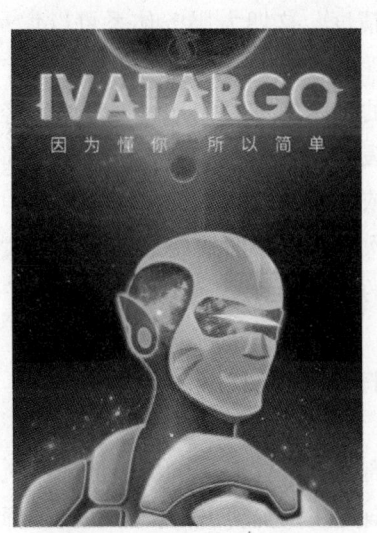

图26-1 长江证券的 iVatarGo

### 26.2.1　长江踏上互联网发展之路

互联网时代的高速发展，金融行业也是借势迎来自己发展的新时代，走上了互联网金融时代。互联网金融时代将金融经济投入一个高速发展、便捷运作的新环境，为广大企业迎来了一个新春天。在这个互联网金融日益全球化的今天，金融行业充分与互联网相溶是大势所趋，也是时代发展的要求。

为了能够将投资理财服务遍及国内各个网点以及线上线下，长江证券于2013年11月28日在天猫旗舰店正式开业，开业当天便获得了众多投资理财者的高度关注。从此长江证券踏上互联网发展道路，看作是国内投资理财行业一个良好的开端。一直以来，理财行业未能够很好地应用于互联网，实现双线发展。长江证券此次入驻天猫，借助互联网的强大信息背景，谋求自身发展，无疑是为业界做了一个良好的典范作用。

长江证券为此次踏上互联网金融时代的发展之路，特别进行了为期3个月的精心调研安排，深层次了解广大受众的需求，进行全面细致的计划安排，以一个全新的姿态应用于互联网金融的大环境中。在天猫旗舰店开业后，长江证券全面推出了专家财智汇、牛股大搜罗、长江大视野、资讯抢鲜读等各项服务以及各类活动，极大地激发了全民的参与热情度。这四大服务体系可以说是涵盖投资理财各个方面，全方位、多层次地为投资理财者带来最新咨询以及权威投资指导。

长江证券走上互联网的发展之路，一方面为互联网经济注入新的活力，另一方面也为自己拓宽了未来的发展之路。长江证券作为国内最有实力的证券公司之一，拥有强大的企业实力作为依托，顶尖的团队人员作为动力，是国内投资理财行业的先行者以及领导企业。此次走上互联网发展之路，充分发挥其自身的号召力，将投资理财行业带入一个全新的发展空间，为广大的投资爱好者开辟新的理财渠道。

### 26.2.2　携手360打造"互联网+金融证券"

随着互联网企业与券商的合作越来越广泛，带来的机遇也越来越多，互联网金融作为公司的重点创新方向之一，主动出击，牵手中国领先的互联网和手机安全产品及服务供应商——奇虎360。2016年6月27日下午，360集团与长江证券联合举办战略合作新闻发布会，是长江证券与360集团的首次合作（见图26-2）。

图 26-2 长江证券与奇虎 360 签署战略合作框架协议现场图

奇虎 360 公司是中国领先的互联网和手机安全产品及服务供应商，拥有国内规模领先的高水平安全技术团队，旗下 360 安全卫士、360 杀毒、360 安全浏览器、360 安全桌面、360 手机卫士等系列产品深受用户好评。截至 2016 年底，360 公司的 PC 网络安全产品拥有 5.23 亿月活跃用户，普及率达 98%；公司的智能手机使用 360 手机卫士的用户超过 8.68 亿人；公司的 360 手机助手 APP 始终保持着在安卓应用分发最大的市场份额，拥有超过 750 万人智能手机使用者。公司的 PC 浏览器保持月活跃用户 4.11 亿人，参透率 77.1%。

360 集团与长江证券共同签署《长江证券股份有限公司与奇虎 360 科技有限公司战略合作框架协议》，其主要合作内容为：在满足监管合规条件的前提下，公司将与奇虎 360 在证券信息技术安全、投资者教育、炒股大赛活动、线上服务系统、金融产品、产业基金、股权投资合作等方面开展全面深度合作，培育、提升互联网用户的理性投资观念和投资能力，更好地为互联网用户提供专业的证券知识和服务。此外，在产业基金与股权投资方面，双方也将探讨合作，满足中小企业的融资需求。双方将在"互联网+金融证券"方面开展深度合作，合作方向将集中在安全和创新两个领域。360 的金融产品、你财富及 360 金控的一些业务都会与长江证券开展业务合作，360 的企业安全集团也将与长江证券在证券金融的产品安全方面展开合作。

## 26.3 推出 iVatarGo 向智能金融迈进

### 26.3.1 合作对象：通联数据

投资银行数字化，或者往小一点说，券商零售的数字化，可以按照业务线上化、用户和产品数据化、服务个性化和投资决策服务智能化（远景）进行规划（见图26-3）。从智能金融的视角来看，业务线上化和服务个性化以及投资智能化，都绕不过对用户的理解和分析。一年多来，人工智能在金融行业应用的话题极其火爆。人工智能在投资上的商业模式目前看无外乎两种：信息服务和交易盈利。从证券公司的业务（零售）结构上看，利用人工智能技术，为用户提供信息获取、情报分析、自动交易、投资建议等方面的服务，与用户建立充分的信任感，利用互联网服务的思维和运营技术，提升服务水平，全生命周期管理与服务用户是一个理性且实际的选择。

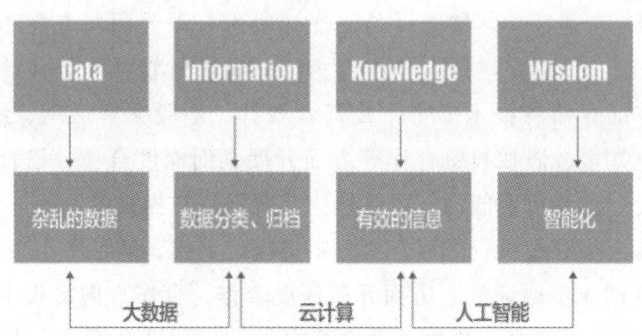

图26-3　2017年券商机构人工智能战略普遍升级

当前，能够利用算法来进行智能投资，平台类服务机构，除了同花顺公开宣布进行智能投资尝试外，寥寥无几。其中通联数据股份公司（DataYes）就是最好的金融科技公司之一（见图26-4）。通联数据是由金融和高科技资深专家发起、万向集团投资成立的一家金融科技（Fintech）公司，致力于将大数据、云计算、人工智能等信息技术和专业的投资理念相结合，打造国际一流的、具有革命性意义的金融服务平台。

公司总部位于中国金融中心上海，并在中国北京、南京、深圳以及美国硅谷等地设有分公司。

图 26－4　通联数据的官网首页

通联数据创始团队有 20 年以上的资产管理经验，对中国资产管理行业和国际前沿金融科技具有深刻理解和丰富经验，因此可以把投资理念和前沿技术结合在一起。基于深厚的金融专业背景和先进的算法技术，通联数据能够深刻理解用户的交易和行为数据，并据此对用户行为进行多维度分析——分析维度涵盖风险偏好、投资偏好、交易行为特征、投资能力、投资策略、资产规模、流动性需求等。在此基础上形成用户画像。通联数据提供的用户画像系统构建在当今最流行的分布式处理平台 spark 上，拥有强大的计算性能，百万级用户的交易和行为数据可以在一小时以内处理完，相当于每秒处理 300 个用户。

### 26.3.2　产品功能

长江证券自主研发的 iVatarGo 是一个以大数据、云计算为核心，以投资为入口的移动互联网平台（见图 26－5）。iVatarGo 灵感来自卡梅隆导演的电影"阿凡达"，电影中的阿凡达原意是人类基因 NaVi 族基因结合，克隆出无所不能的物种。iVatar-Go 则是将投资者基因与金融产品基因结合，打造智能化、个性化的智能财富管理系统,尝试实现客户服务的"千人千面"。按照"投其所好"和"给其所需"的原则,将互联网和投资行业产品设计理念——用户喜好与用户价值实现进行有效统一。

图 26-5 iVatarGo 的主要功能

iVatarGO 到底有什么用呢?

首先是认识客户,也帮助客户认识自己。狗的鼻子特别灵,iVatarGo 也不差。在确保客户信息资料保密的前提下(客户登录后只能看到自己的数据),长江证券 iVatarGo 运用用户投资能力量化评估体系,提取所有正常交易客户五年共 86.7 亿条交易数据,每日计算 1 878.5 亿次,得到六大类、106 个因子和 231 个标签,可以全面解析客户特征和投资能力,为每位投资者进行标签化标注,也就是给每名客户进行精准"画像",实现真正意义上的"千人千面"。通过对投资者特征、交易行为特征、投资能力、投资风格、投资策略、当前持仓等用户投资行为的个性化标注,认识客户,也帮助您更加清晰地了解自己。

其次是"懂得"客户(见图 26-6)。认识客户的目的是为了更好地"懂得"客户。在识别客户后,它就会使用数据获取、数据处理、智能分析、数据应用落地等一套工程化的方法,理解客户真正的需求,并持续跟踪分析客户资产状况、投资行为,随时调整标签,力求在任何场景、任何时间都能为客户提供最适合的服务和产品,帮助客户实现最大价值。

"贴身"服务(见图 26-7)。根据"懂你",服务更贴身、更专业。通过对某个用户的投资数据分析后,对资讯、产品、组合等进行标签化定义,希望通过精准匹配,为客户提供最有效、最容易接受、最适合客户特征的产品及资讯,提升客户在使用长江 e 号 APP 的用户体验,成为客户投资决策的智能化好帮手。所有的资讯信息、金融产品、投资顾问组合、投资顾问人员等内容,均是依据客户标签,通过

图 26-6　iVatarGo 的"懂你"功能

图 26-7　iVatarGo 根据每个人的投资分析推送不同讯息

机器算法智能化呈现：（1）资讯算法：适配与用户具有相同特征的资讯（持仓、自选股、投资偏好、亏损行业等），为客户呈现合适的资讯；（2）产品算法：基于用户投资特征（用户交易行为），采用有监督分类算法，为用户呈现适合的产品；（3）投资顾问算法：参考客户与投资顾问的相似度，为客户呈现合适的投资顾问人员，适配合适的投资顾问组合。

在前端呈现方式上，iVatarGo 并非单一对话框的查询交互，而是在具体业务场景中根据客户需要的直接效果呈现，做到真正意义上的伴随、懂得客户。长江 e 号上的"看资讯""挑组合""选产品""找投资顾问"等模块所提供的内容，都由 iVatarGo 基于每位客户的标签进行智能呈现。

### 26.3.3　产品特点

iVatarGo 系统的特点是业务线上化、用户数据化、服务个性化、决策智能化。iVatarGo 产品特点主要包括三个方面：

第一方面，iVatarGo 深度剖析客户"基因"，精准"标签"。行业通常搜集投资者的场外数据，iVatarGo则搜集场内数据（投资者历史的交易数据），对客户的基因进行刻画，了解他们的投资风格、交易习惯、擅长的行业等，提供匹配的资讯和投资建议。

第二方面，iVatarGo了解投资顾问性格和产品特征服务个性化。iVatarGo对长江证券投资顾问的特征（性格等）做了梳理，按各种评级方法对所有理财产品都进行了梳理。先是基于用户投资特征（用户交易行为），采用有监督分类算法，为用户呈现适合的产品。再参考客户与投资顾问的相似度，为客户呈现合适的投资顾问人员，适配合适的投资顾问组合。

第三方面，iVatarGo改变资讯生产和提供方式。对资讯进行全方面梳理，贴标签，基于用户投资特征（用户交易行为），采用有监督分类算法，为用户呈现适合的产品，做到"千人千面"。比如说iVatarGo发现似乎客户对某一行业很感兴趣，那以后它会给客户贴身推送该行业的资讯和服务，让客户更加深入了解这个行业，提高自己赢钱的概率，而不是东一榔头西一棒子的四处出击。当然，也可以客户自己来选定一些行业，自己挑一个界面，iVatarGo再根据客户的需要，提供更加精准的信息和服务。

### 26.3.4 竞争策略

在竞争策略上，iVatarGo主要采取了：

一是提高存量用户交易活跃度。事实上，目前存量客户中只有不到20%的活跃客户，如何诱导另外80%的不活跃客户进行交易和激发20%客户交易提速是提升经纪业务竞争力的重要方式，公司通过IvatarGo提升用户体验的同时，更加有效地深度激发存量客户潜力。

二是提升增量引流，实力精准导流。长江证券与腾讯云和百度云合作，以自身客户的基因组合去找到公司想要的客户，减少无效投放，降低成本。不同于一般第三方引流的方式，公司通过提取现有长江客户的"基因"特征，在各类云平台重建客户特征，以实现精准导流。通过该种方式预计有效户率能到达30%~40%，远高于目前的7%，大大提升公司获客效率，降低获客成本。

三是加强内部管理，提高投资顾问管理效率。通过完善投资顾问掌握的用户画像，投资顾问管理的用户数可以从5~10个提升到100个，效率进一步提升。iVatarGo运用用户投资能力量化评估体系，提取所有正常交易客户五年共86.7亿条交易数据，每日计算 1 878.5 亿次，得到六大类、106 个因子和 231 个标签，可以全面解析客户特征和投资能力。真正实现以客户为中心，做到真正意义上的"千人千面"。

## 26.4　经验借鉴

虽然重视已成业内共识，但是能把金融科技打造成核心竞争力的券商依旧屈指可数。但已有不少券商在金融科技方面的发展布局已被写入了"核心竞争力分析"。券商 2017 半年报揭晓的同时，华泰证券、国泰君安证券、广发证券、长江证券等，均将金融科技写入核心竞争力。转型与创新将是未来券商发展最重要的主题。

金融科技早布局的券商已尝到甜头。长江证券的 iVatarGo 只是率先推开了一道通向宝藏的大门，但要取得宝藏比拼的还是各家的业务能力、效率和投入程度，要实现决策智能化至少还需要多年的时间，现在判断谁将夺宝还言之尚早。传统券商业务转型可遵循一切从用户出发，从用户的触达、唤醒、服务到价值实现，按照业务线上化、用户和产品数据化、服务个性化和投资决策服务智能化（远景）逻辑，形成业务闭环。券商经纪业务的转型将是互联网与传统业务相结合，同时催生财富管理等高附加值业务的模式。智能金融将为券商打开业务入口，对券商创新业务的开展（如资本中介业务等）、投资银行项目的获取、完善财富管理功能等具有积极意义，也将驱动券商的产品创新，为客户提供差异化服务。

### 26.4.1　从"通道服务商"到"财富管理服务"

改革开放以来，伴随着中国宏观经济连续几年的高增长，中国居民逐渐积累起财富。尤其是早期从事实业、房地产投资等的人群快速积累大量的财富，同时随着互联网快速发展，一群年轻企业家们迅速发展壮大。居民财富的快速累积和高净值人群规模的扩大为财富管理业务的发展提供了市场保证。随着金融产品的丰富以及理财需求的扩大，客户原有以股票为主的单一投资模式也将转变为以产品配置为主的优化型服务模式。

随着智能金融的大力发展，券商经纪业务的竞争模式将从原有的线下网点扩张向"线上+线下"竞争模式转变,通过设立轻型营业部(C型)扩展客户资源,引导至网上完成交易,并提供差异化服务(等如财富管理、投资咨询、融资解决方案)增强客户黏性。券商通过提供差异化投资咨询及增值服务增强客户黏性,向投资银行本质回归,从"通道服务提供商"转变为"综合性财富管理"。

### 26.4.2 从"互联网"到"大数据+人工智能"

证券行业服务应与金融科技融合,利用大数据、云计算技术,结合相关算法,全面"认知"用户的投资水平、风险承受能力、风险偏好、投资偏好,将用户标签化。通过基金评级、评价以及其他签注手段,对标准化金融产品标签化。此外,还可以将券商投资顾问人员和目前的一些投资顾问产品标签化,实现用户差异化服务、资讯推送和资产配置。

随着各家券商"用户标签系统"的逐步完善,下一步就需要内容和产品来构建服务体系,同时建立用户标签和内容标签的推荐算法。未来哪家的推荐算法更合理无疑将决定哪家的服务体验更好,而推荐系统的优化则依赖于用户侧和内容侧标签的完善程度。换句话说,一套应用场景明确、标签化程度高的资讯和产品体系是必不可少的,对用户和内容的数据化必须同步推进才有意义。

第七篇

实践篇之四
国内金融科技公司

# 第27章
# 独立第三方智能投资顾问平台

## 27.1 弥 财

弥财于2015年上线,通过APP将获得诺贝尔奖的经典投资理论与最前沿的互联网技术相结合,让每个普通投资者都能享受到高端的定制投资服务主要投资海外ETF(交易型开放式指数基金)。在获得个人投资需求以及风险承受能力数据后,平台可进行自动化资产配置,并实时跟踪市场状况,调节不同资产的投资比例(见图27-1)。2017年3月15日,智能投资顾问平台"弥财"获Pre-A轮融资,投资方为伯藜资本,但此次融资金额尚未透露。

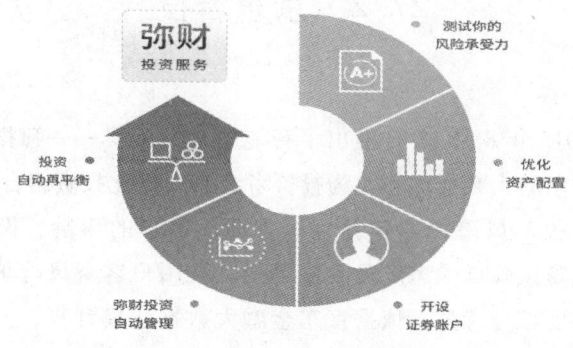

图27-1 弥财投资服务

弥财背后的资产其实就是不断管理和调整的 ETF，这个 ETF 中含有上证指数、深证指数、标准普尔 500 指数、纳斯达克指数、中国公司债券、中国政府债券、黄金期货和恒生指数。弥财会根据不同用户的风险承受能力制定最优的资产组合，并每天监管这些投资组合，根据市场变化实时调整不同部分的投资比例。

用户在注册弥财 APP 时会先做一个问卷调查表明自己的风险承受能力，之后弥财会自动为用户匹配一个投资组合，用户在购买投资组合后弥财会调整组合中资产的配比并实时通知用户组合的变化，组合产生的收益也会被自动用来复投（见图27－2）。

另外，用户还可以选择让弥财每月自动从自己的银行账户中提取一定的金额进行投资。弥财初定的投资门槛是 5 万元，会向用户收取每年投资金额 1% 的管理费，未来公司会逐渐降低投资门槛。用户在理财期间如果提现则资金会在 T＋1 到账。

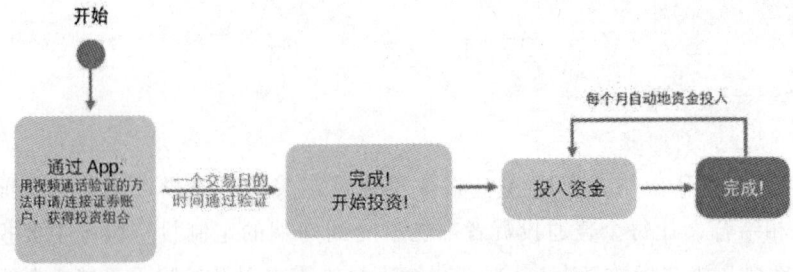

图 27－2　弥财 APP 投资流程图

## 27.2　京东智投

京东金融于 2015 年 8 月 18 日推出了智能型理财工具——智投，其依靠京东金融的产品资源及京东的大数据优势，为投资者定制个性化投资组合。

京东"金融智投"风险评测包括六个方面：用户的年龄、投资金融、资产状况、投资期限、主观风险承受态度及收益预期。从用户客观风险承受能力和主观风险承受态度两个维度综合考量，依据京东金融大数据建模计算，向用户推荐符合自身投资偏好和风险承受能力的个性化投资组合，用户可以通过关注组合，一目了然地看到组合的整体收益，同时进行持续追踪（见图 27－3）。

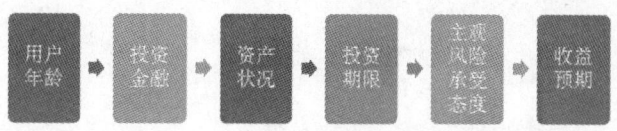

图 27-3　京东"金融智投"风险

京东金融已经形成了比较齐全的理财产品线，包括小金库、基金、小白理财、票据理财、定期理财、固收理财等多种理财产品，结合京东金融平台目前在售的理财产品，从收益层面涵盖了浮动收益与固定收益产品；从期限层面涵盖了活期、定期各个期限的金融产品；从产品类型层面涵盖了基金、保险、固收、票据等现有财富管理市场中最为流行的品种。

对于理财小白而言，众多的产品无从下手。不同类型的理财产品也有各自为战的意味。通过智投产品，可以将各类理财业务进行串联，帮助用户梳理各类产品，降低使用成本。此外，还有可视化产品帮助用户更清晰地查看可能的收益状况。

"智投"的推出，对京东金融财富管理现有产品进行了聚合，改变了各个理财产品原本"各自为战"的局面，打通了旗下众产品的链接。从之前单纯提供互联网理财服务的互联网理财平台，到目前为投资者提供全方位的投资理财解决方案，一站式的投资理财体验，京东金融凭借"智投"，完成了投资理财的生态闭环。

从呆板的投资组合都难以获取，到免费的个性化投资组合，互联网金融时代下的理财模式正发生剧烈的变革。以京东金融"智投"为代表的互联网金融创新产品，以个性化、智能化的优势，逐渐改变投资者的理财习惯。在互联网的"长尾"趋势下，凭借"智投"，京东金融或将从互联网金融新一轮的获客大战中脱颖而出。

# 第 28 章
# BAT 布局智能金融

大数据、人工智能技术已渗透金融服务的方方面面，在不断膨胀的应用外延下对金融业务的变革产生重大影响，未来"人工智能＋金融"或将成为金融之战的制胜法宝。2017 年以来，各大互金巨头纷纷与银行联姻。2017 年 3 月 28 日，中国建设银行联姻阿里巴巴，双方将共同推进建行信用卡的线上开卡业务，以及线上线下渠道业务、电子支付业务合作。6 月 20 日百度与中国农业银行在北京召开了主题为"开启智能银行时代，共创普惠金融未来"的发布会，会上双方签署了合作框架协议，同时宣布金融科技联合实验室成立。6 月 24 日，中国银行宣布"中国银行—腾讯金融科技联合实验室"挂牌成立，二者将基于云计算、大数据、区块链和人工智能等方面开展深度合作。

BAT 巨头对于金融业务的重视都到了很高的程度——虽然他们各自使用了不同的概念，互联网金融、Fintech、TechFin 等。阿里早已将金融相关业务独立成蚂蚁金服；马化腾在最近一次的采访中提到腾讯有"两个半"业务：社交、内容，以及"半个业务"的金融。在李彦宏最近的表述中，百度的金融战略则是"成为百度的核心业务"。虽然对金融高度重视，但 BAT 因各自的基因和禀赋，在实现道路上却大有不同。下面我们就来具体讲讲 BAT 三巨头是如何布局智能金融。

## 28.1 百度——技术金融

百度是全球最大的互联网入口之一，是最早布局 AI 的巨头，这与搜索引擎强烈的技术驱动性有关系，搜索重算法这个特性让百度在深度学习上最早摘到果子。百度提出"AI First"比谷歌、Facebook 们的"All In AI"更早，成立多个实验室、大举招募顶尖 AI 人才，将使命改为"让复杂的世界更简单"。在业务层面，百度一切业务都在应用 AI 技术，拥有超过 6 亿用户和 14 款用户过亿的移动 APP。同时，百度拥有海量互联网信息，并能基于强大的云计算能力、领先的人工智能与大数据技术，实现数据挖掘与智能化处理。此外，百度还是中国增速最快的服务交易平台，涵盖旅游、餐饮、出行、医疗、教育等丰富的消费场景，本身也孕育出大量小额、高频、碎片化的保险保障需求。随着"互联网+金融"模式的快速兴起，百度利用自身的资源优势，不断布局互联网金融领域，并在支付、理财、消费金融等领域快速崛起（见图 28 - 1）。

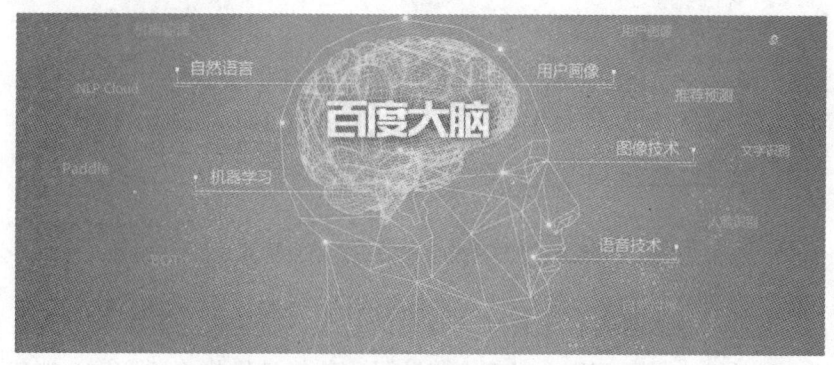

图 28 - 1　百度的人工智能产品——百度大脑

2013 年百度人工智能规划落地，组建 AI 团队，在中美两地设立人工智能研究中心。2014 年百度大胆试水，研究底层基础技术，推出多款消费级产品。2016 年 6 月 23 日，百度参与了美国区块链比特币支付创业公司 Circle Internet Financial 中国区的 6 000 万美元融资。2016 年 7 月 18 日，百度宣布将向美国金融科技公司 Zest Finance 进行数额未明的投资。这两桩投资案让业界更加关注百度金融的战略，因为这显示出百度金融不仅正欲布局方兴未艾且具有未来行业制高点的区块链技术，还试图升级和获取最先进的征信数据系统。

## 28.1.1　"技术+业务+人才"三位一体

百度以"搭金融服务平台，建金融科技生态"为整体战略，并通过"三步走"

的路径推进战略落地。第一步是"夯实金服业务",夯实自身的消费金融业务和财富理财业务,用自身业务的发展,打磨与验证百度的金融科技能力。第二步是"搭建金服平台",从2017年6月开始,打造财富管理平台和消费金融平台,以开放合作的态度,将自身平台面向所有合作伙伴。第三步是"输出金融科技",从2018年开始,将全面向金融机构输出金融科技能力,为金融机构提供全套的解决方案,共同践行普惠金融(见图28-2)。

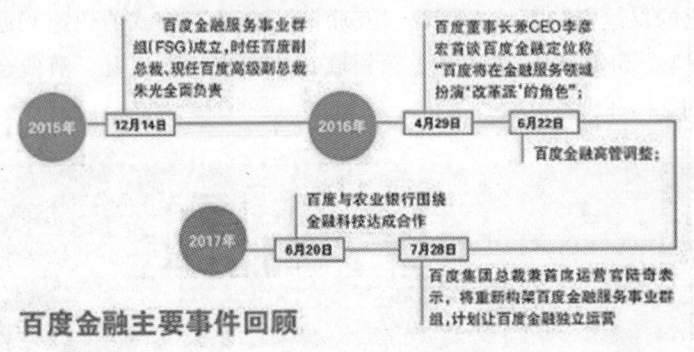

图28-2 百度金融的主要事件回顾

对百度来说,技术是植根于百度骨髓里的基因,而这也是其敢于进军金融科技的关键所在。技术主导的百度金融正在将差异化的能量优势逐渐形成。即使将视线拉回当下,百度金融人工智能也在改变着金融变革大幕的开启方向。整个金融科技行业正面临科技与金融如何真正意义上实现深度融合的问题、拥有庞大的流量优势、先进的技术优势,同时具有庞大客户群的联盟贷等小贷产品,百度能成为金融科技改革派,其实不足为奇。

百度 AI 优势主要体现在以下几个方面:计算能力、人工智能算法、大数据。2017年初,百度金融提出了"AI Fintech"概念,将百度最优势的 AI 技术与金融场景相结合,推动金融科技已经进入智能金融时代。百度金融在"智能金融"方面的布局大致可以分层两个层面,基础架构层面和技术应用层面。这个布局中,基础架构层面积累的计算能力具备优势外——比如百度有全球最大的神经网络,有万亿级的参数、千亿级的样本等等;在技术应用层面,百度在自然语言处理、语音识别、生物识别方面,也走在国内互联网企业的前列。百度金融融合了人工智能、大数据和金融风控等领域最新的研究成果,建立了一套严密的风控体系,有效保障用户的资金安全。其中,人脸识别、声纹识别等生物识别技术的应用,能够让用户实实在在地感知到自己正在"被守护"。

百度金融的 AI Fintech 布局涵盖七个领域(见图28-3)。技术应用上,包含智能获客、身份识别、大数据风控、智能投资顾问、智能客服;基础架构上,金融云和区块链将提供技术支撑。百度在金融科技领域,不仅仅只是将互联网的先进技术运用到金融领域,更是深度参入整个金融机构的革新。在智能获客方面,百度可凭借自身的技术和大数据,对用户精准画像,并通过需求响应模型,提升金融机构的获客效率。在身份识别方面,百度拥有领先的活体识别、声纹识别、OCR 识别等技术。未来这些技术可应用于远程开户、人脸支付、公章鉴别、票据验真等领域。在大数据风控方面,百度可通过大数据、算力、算法的结合,搭建反欺诈模型、信用风险模型,多维度控制金融机构的信用风险和操作风险。在智能投资顾问方面,基于大数据和算法能力,对用户与资产信息进行标签化识别,精准匹配用户与资产,可实现千人千面的个性化金融服务。在智能客服方面,因智能化的升级,单次客户服务成本可大幅下降,智能语音质检可实现对关键性问题100%的覆盖。在金融云方面,依托百度云计算能力的金融科技,可以为金融机构提供更安全高效的全套金融解决方案。在区块链方面,区块链技术的公开、透明且不可篡改等特性,在金融领域具有广阔的应用场景。目前区块链已率先应用于资产证券化过程中,使整个流程更透明、更安全。

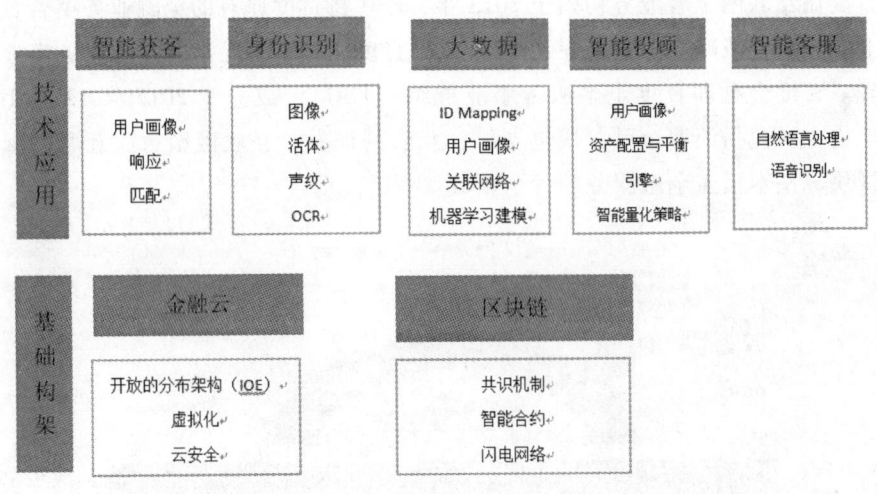

图28-3 百度智能金融的七大技术布局

人才方面，百度收获更关键的是金融高管。2016年6月16日，光大银行前资产管理部总经理张旭阳已任职百度副总裁，分管百度金融体系下理财和资产管理业务；6月20日，陆金所前执委黄爽履新百度副总裁，负责百度金融服务事业群组（FSG）消费金融业务；6月22日，百度金融的负责人朱光晋升为百度公司高级副总裁，继续全面负责百度金融服务事业群组。互联网背景的高管中，孙云丰是百度历史上首位Fellow，2016年4月起，任百度金融首席产品架构师，全面负责百度金融服务事业群组（FSG）产品战略及架构等工作，其在网页搜索、用户产品领域颇有建树，参与了百度大多数重要产品方向的决策和设计工作。除上述外，目前前美国运通高级副总裁王劲负责风控；大数据专家、前百度网页搜索技术负责人沈抖负责技术研发，而朱光则负责整合资源，构建生态，把握战略方向。在百度金融的人才版图中，朱光整合资源，构建生态，把握战略方向；而"技术派"的王劲、孙云丰和沈抖，构成了应用智能金融概念的技术根基；"经验派"的张旭阳和黄爽，则可以运用成熟的金融服务理念，打通智能金融的产品和渠道，两派相互结合，使得百度天然的技术基因能够与传统金融的产品服务顺畅连接，创造更具有"智能金融"属性的新型产品与服务。

## 28.1.2 百度金融的金融生态圈

百度做互联网金融业务初始于2013年，FSG将百度原有的金融业务整合，并将金融上升为百度战略级位置（见图28-4）。百度副总裁朱光出任金融服务事业群组总经理。百度金融即百度金融服务事业群组（FSG），成立于2015年12月14日，业务架构主要包括消费金融、钱包支付、互联网证券、互联网银行、互联网保险等多个板块，基本覆盖金融服务的各个领域。

图28-4　百度金融的生态圈

百度金融生态圈以资产端、运营端、资金端、基础服务为一体，从支持、指引、服务、供给多个角度构建起百度金融发展的大环境。各类金融机构、类金融机构及服务机构参与到百度金融的发展建设中来，集中于资产服务、增信服务的机构占据了生态体系的绝大比例。在资产端，百度旗下有百度有钱和百度小贷；在资金端，百度旗下有百度财富、百度金融、百信银行、百度钱包；在金融布局方面，百度分别与国金证券和安联保险，成立了大数据基金和百安保险。

（1）支付——百度钱包

"百度钱包"是百度公司的支付业务品牌及产品名称。百度钱包打造"随身随付"的"有优惠的钱包"，它将百度旗下的产品及海量商户与广大用户直接"连接"，提供超级转账、付款、缴费、充值等支付服务，并全面打通O2O生活消费领域，同时提供"百度理财"等资产增值功能，让用户在移动时代享受一站式的支付生活。百度钱包是百度构造场景化、闭环生态系统中重要的一环。

（2）信贷——百度小贷、百度财富、百度有钱

- 百度小贷：百度旗下金融产品——百度小贷，将为hao123在内的百度合作伙伴提供金融支持。这意味着，百度的合作伙伴可以更高效地获得信贷资金，发展自身业务；同时，也反映出百度在金融领域的洞察，借势"互联网+"，解决互联网小微企业的融资难题。

- 百度财富：百度财富是一款产品丰富的理财超市平台，主要产品分为理财、贷款、保险、信用卡、股票、基金等。用户可通过单一账户在百度财富平台每个相应专区享受在线理财及融资服务。

- 百度有钱：百度有钱是百度公司推出的一个为用户提供个人消费服务的权益平台，为用户提供在线无抵押、无担保的消费金融服务。目前，该平台主要包括两种产品：度学金和度零钱。用户只需要在线申请，评估通过即可获得百度有钱提供的信用额度，并在信用额度内消费、提取现金、分期偿还（1期、3期、6期、12期）。百度有钱是百度在互联网消费领域的深入布局。

（3）理财——百度金融、百度财富

百度金融即百度金融中心，是百度旗下从事金融业务的组织结构。百度金融中心是一个在线金融产品导购和销售平台，通过电脑、手机APP、400电话等通道为金融消费者提供金融产品信息、比较购买推荐、消费决策依据以及直接购买等服务。百度财富与百度金融相似，都可以为用户提供投融资及理财一站式服务。

（4）保险——百安保险

2015年11月26日，百度、安联保险和高瓴资本共同发起成立互联网保险公司——百安保险。此举被业界视为百度在互联网金融领域的进一步布局。至此，BAT三家中国互联网巨头全部进入互联网保险领域，BAT抢滩互联网保险暗战升级。百安保险在获得牌照后，将在全国在线销售保险，同时面向个人客户和中小型商家，险种涵盖旅游、餐饮、出行、医疗和教育等。此次三方合作可谓强强联合，各自占据互联网、保险和投资高地。互联网+保险，不只是通过互联网卖保险，更是利用互联网和大数据技术将保险服务覆盖到互联网场景中。未来有互联网服务的地方，消费者权益就会有相应的保险服务来进行保障。比如百度外卖中，可以引入延迟送达险等。

2017年百度和泰康人寿合作，泰康人寿得以利用百度人脸识别技术，实现线上投保的身份验证。一些小的消费金融类技术公司也利用这一技术对用户注册、认证、授信等环节进行验证。

（5）证券——国联证券

百度证券基于搜索大数据，通过技术建模、人工智能，帮助用户快速获知投资热点，并为用户定制个性化的投资方案。百度与国金证券共同推出了国内首只大数据量化基金——"国金百度大数据基金"，利用大数据技术掘金二级市场。百度与国金证券合作推出的这只量化基金，是互联网企业与传统证券机构基于底层数据首度深入对接的成果。二者瞄准的合作契机在于，证券机构受限于数据源，通常在进行量化投资时，采用的参考因子相对有限。在双方的合作中，百度负责发挥数据资源、云计算基础架构以及人工智能技术的作用，国金证券主要负责系统策略开发和资金募集。

（6）银行——百信银行

2015年11月18日，中信银行和百度正式宣布将发起设立百信银行，成为国内首家由互联网公司与传统银行联合发起的独立法人的直销银行。百信银行最重要的特点即是将业务真正地融入金融架构。过去直销银行与互联网公司的合作更多的是在于渠道，而百信银行是双方在数据、用户、风控方面都会有深度合作。对于百度来说，流量、用户、数据、技术以及丰富场景是其优势所在，对于中信银行来说，集团化的金融产品体系和金融技术能力是其最大的优势。双方合作成立百信银行，资源的整合互补成为比架构创新更大的一个看点。

此外，百度和农行合作显示出百度正在将自己的能力输出给传统金融领域最核心的一些企业。百度和农行双方将在客户画像、精准营销、客户信用评级、风险监控、智能投资顾问、智能客服六个领域开展全面合作,为银行从传统银行转向智能银行提供助力。比如在客服中用百度的语音识别、自然语言处理技术、深度学习算法实现智能客服,利用智能投资顾问服务理财客服、利用生物识别协助远程开设账户、验证身份等等。

(7)征信

在征信领域,百度除开展百度信用分外,还于2016年7月18日宣布投资美国金融科技公司Zest Finance。Zest Finance将机器学习与大数据分析融合起来提供更加精准的信用评分。两家公司表示,Zest Finance会利用它的人工智能技术,将百度的搜索、定位和支付数据转化成消费者信用评分。在中国,目前还没有类似美国FICO评分等一类全国性的信用评级机制。

(8)众筹

目前,百度在百度金融平台开设了众筹板块,且主要以产品众筹为主。用户在百度众筹板块认购项目的一定份额,即可享受固定的年化收益率和项目的优惠服务。但是,百度众筹板块目前体量不大,且主要以影城众筹为主。

### 28.1.3 超级理财机器人——AI DU

2016年4月1日百度发布了一款拥有智能化的超级理财系统——超级理财机器人AI DU,可基于互联网大数据、云计算、智能分析、信息筛选的专属理财方案(见图28-5)。超级理财机器人金融系统还将纳入UBS瑞银集团、RBS苏格兰皇家银行等全球主流高端银行进行跨国理财服务。

图28-5 百度超级理财机器人AI DU

百度超级理财机器人 AI DU 在最复杂的金融领域落地应用，为金融实现真正意义上互联网式的突破。它主要有以下五个功能：

功能一：全球银行一键开户。百度超级理财机器人通过人工智能数据库排查、检索，迅速实现对个人身份的智能摸底和判断，替用户向瑞士银行、瑞信银行、苏格兰皇家银行等高端银行提供更清晰的个人身份证明和银行资产以及资产来历，实现一键全球银行开户。

功能二：轻松升级世界投资大咖。过去用户往往因为语言沟通不畅、地缘政治信息不对称、外汇换算不直接、资产置换手续繁杂等原因跟很多高收益的国际理财失之交臂，AI DU 基于百全网大数据、实时监控、分析全球各大区域投资热点和机会，结合政治经济格局全网信息的分析，抓取分析实时讯息，进行外汇实时兑换、资产置换等国际化大区域间投资。

功能三：超强的投资预警系统。全面抓取国内外经济动态及数据，实时分析公开的社交网络讯息，结合资产分布领域做出贬值实时预警；并监控个人心理情绪，做出最理性的投资调整决策。

功能四：个性化理财服务，严格控制收益平衡。依托百度人工智能技术，实现理财管家"人格化"，超级理财机器人在获取用户个性化信息后，为用户寻找最优的理财规划。针对每一个用户指定出个人专属的最优理财组合建议，外部经济环境和用户家庭资产变化随时智能调整。还可以通过百度大数据模型运算，将资产组合得出所有收益可能，从而做出风险和收益平衡的最优选。

功能五：脑电波密码系统，安全无懈可击。当手势密码和数字密码不再能满足人们对于安全的体验时，百度 AI DU 超级理财机器人提供仅限本人通过意识设定特有的神经作为唯一终极密码，用思维扫描加密技术保证信息和资产的绝对安全，并结合人脸，指纹和瞳孔等生物密码识别技术，实现随时随地交易安全。

据网络流传的海报图显示，未来超级理财机器人 AI DU 将以程序的形式内置在手机或其他智能终端，当然凭借小度机器人的成熟，也不排除百度自己推出理财机器人，服务将更加完美。更重要的是，超级理财机器人提供的智能理财服务完全免费对用户开放，实现随时随地的贴身智能理财服务，智能理财就是如此科幻且便捷。

## 28.2 阿里巴巴——电商金融

阿里在"人工智能"概念上的宣传要少于百度等其他公司，但是阿里对人工智能的重视程度并不比百度低。只不过阿里的人工智能属于阿里 DT 体系，与云计算、大数据、物联网在整个电商网络下共生。因此，我们听到"阿里云"的次数比听到"阿里人工智能"的频率要高得多。阿里在布局思维上的特点就是，不会自己亲自来做，而是交给合作伙伴来做。

互联网巨头介入金融，蚂蚁金服无疑是第一个敲门的人。不管是阿里小贷还是余额宝，都引领风气之先。在金融业务的布局上，蚂蚁金服的业务线虽然越做越多，但最初是生长在阿里体系的电商基因之上的。面向商户的小贷，面向支付宝用户的余额宝，都依托于阿里系从电商体系中积累的大量数据。技术在蚂蚁金服的模式中也十分重要。

### 28.2.1 "平台+金融+数据"三步走

阿里巴巴旗下的蚂蚁金服设有一个特殊的科学家团队，专门从事机器学习与深度学习等人工智能领域的前沿研究，并在蚂蚁金服的业务场景下进行一系列的创新和应用，包括互联网小贷、保险、征信、智能投资顾问、客户服务等多个领域。阿里的人工智能产品主要应用在两个层面：电商和 B 端。电商层面：阿里的人工智能已经应用在电商的决策之中，优化派单、解决复杂服务场景等问题。B 端：阿里的人工智能和大数据结合，比如在智能汽车、YunOS 操作系统甚至是在物联网、智能家居层面上，阿里通过阿里云的技术、数据作为基准展开业务支持。

在 2017 年阿里云栖大会上，阿里云总裁胡晓明阐述了阿里云面向人工智能的布局，但是核心爆点就三个：ET 医疗大脑、ET 工业大脑和机器学习平台 PAI 2.0。

支付宝通过后台的大数据分析，使用 DT PAI 对每个用户的信用记录进行综合分析并给出信用评分，致力于打造"信用社会"。未来二十年，芝麻信用将会是每个人重要的个人评分标准。DT PAI 是阿里搭建的可视化人工智能平台，可供开发者通过简单拖拽的方式完成对海量数据的分析挖掘，以及对用户行为、行业走势的预测等。目前平台集成阿里巴巴内部的特征工程，以及大规模机器学习、深度学习等算法库。

在数据方面，阿里本身就是一个强大的数据库，其数据收集、分析和处理能力已经很强大，但阿里的大数据主要基于电子商务，其他领域的大数据则是阿里的"短板"。2014年马云收购恒生电子20%的股份，正好弥补阿里的不足。1995年成立的恒生集团总部位于杭州，在全国28个城市设有分公司或办事处，主营业务为金融IT产品与服务，涵盖银行、证券、基金、信托、保险、期货等金融市场的各个领域，是国内唯一能够提供全面解决方案的"全牌照"IT服务公司，堪称金融数据服务细分行业产业链内的垄断企业。利用恒生电子在金融领域的人脉和资源、借助恒生控股的互联网基金公司数米基金的牌照、导入阿里的流量，阿里就能掌握丰富的金融大数据。阿里一方面致力于扩大金融数据；另一方面为深度开发余额宝用户资源着手完善金融链条。

以智能客服为例，2015年"双11"期间，蚂蚁金服95%的远程客户服务已经由大数据智能机器人完成，同时实现了100%的自动语音识别。当用户通过支付宝客户端进入"我的客服"后，"我的客服"会自动"猜"出用户可能会有疑问的几个点供选择，这里一部分是所有用户常见的问题，更精准的是基于用户使用的服务、时长、行为等变量抽取出的个性化疑问点；在交流中，则通过深度学习和语义分析等方式给出自动回答。问题识别模型的点击准确率在过去的时间里大幅提升，在花呗等业务上，机器人问答准确率从67%提升到超过80%。

但是阿里在金融方面业务仍严格局限在相关政策的监管框架之内。仔细推敲阿里的棋局就是用互联网逆袭传统金融行业，不能代替传统机构，就层层渗透，到不可或缺，如影随形。

### 28.2.2 蚂蚁金服的金融生态圈

蚂蚁金服不同于电商，并不是将"服务"放在第一位，而是将人工智能应用于金融行业。自2014年，蚂蚁金服请普渡大学计算机系终身副教授漆远回国担任首席数据科学家，至今AI已在蚂蚁金服广泛用于智能客服、交易风控、贷款模型、智能投资顾问、图像定损等应用场景，其产品也拓宽至互联网小贷、保险、征信、资产配置等多个领域（见图28-6）。

# 第 28 章　BAT 布局智能金融

图 28-6　蚂蚁金服的成员公司

自 2015 年开始，蚂蚁金服就参与了印度最大及世界第四移动支付平台 Paytm 的 A 轮至 C 轮融资。2016 年的 C 轮融资将用于 Paytm 在印度开发移动商务和支付生态系统，也有助于阿里及蚂蚁金服进一步进军印度移动电子商务市场。此外，蚂蚁金服与泰国支付公司 Ascend Money 签订战略合作协议，蚂蚁金服将输出技术和经验，将普惠金融模式复制到泰国。此外蚂蚁金服还花了 7 000 万美元收购了 Eye Verify。

（一）支付——支付宝

阿里旗下的支付宝是目前全球最大的移动支付厂商。支付宝成立于 2004 年 12 月，旗下有"支付宝"与"支付宝钱包"两个独立品牌，目前拥有 8 亿用户。起初，作为第三方支付平台，支付宝所扮演的仅仅是对接淘宝商家的担保媒介的角色。而后伴随着技术手段的一点点完善、安全性得到进一步保证，支付宝所接入的服务也越来越多，小到充值交水电煤气费，大至信用卡还款银行转账。而今，当 O2O 开始成为商业主流的时候，支付宝则承担了越来越多的服务，线上线下支付、打车叫车、预约挂号、订票选座等等。

（二）信贷——花呗、借呗

蚂蚁金服的前身是阿里小贷，创新实践始于 2010 年 6 月，后阿里小贷业务脱胎换骨为蚂蚁微贷。2015 年 1 月，蚂蚁微贷联合淘宝、天猫共同推出一项名为"花呗"的网购服务，用户在淘宝天猫上购物时可以先"赊账"，实现"这月买、下月还"的网购体验。随着芝麻信用的接入，芝麻分数达到一定级别，就可以领用"花呗"和开通"好期贷"。2015 年 4 月中旬上线的"借呗"，3 秒钟完成放贷，用户最高可获得 5 万元的消费贷款，借出的钱直接从支付宝余额转出。中申网认为，从产品出身来看，"花呗"与"借呗"同属蚂蚁金服生态圈内部，这可以进一步完善蚂蚁金服的"存、贷、汇"三大板块。

（三）理财——余额宝

余额宝则是 2013 年 6 月 13 日由阿里巴巴集团支付宝上线的存款生息业务。通过"余额宝"，用户可以将支付宝中的沉淀资金购买相应的货币基金进行盈利，因其利率高于银行存款，使得余额宝一面世便吸引了众多用户蜂拥而上。余额宝的出现，绝不仅仅是改变了人们投资习惯那么简单。在 2016 年上半年，尽管各种理财、网贷、信贷产品已经很多，但互联网金融的概念并没有被广泛提及。

（四）保险——众安保险

2013 年 3 月 4 日由阿里巴巴、腾讯、中国平安等牵头准备设立的众安在线财险公司获得国家批准。在股权架构方面，牵头方阿里巴巴持股 19.9%，是最大单一股东；腾讯和中国平安分别占 15% 并列为第二大股东。众安在线的成立或将突破国内现有保险营销模式，不设分支机构、完全通过互联网进行销售和理赔，主攻责任险、保证险两大险种类别。产品主要包含两个方面：基于互联网的产品和基于物联网的产品。除此之外，阿里保险还和泰康人寿推出"乐业宝"产品。

（五）征信——芝麻信用

芝麻信用，是蚂蚁金服旗下独立的第三方征信机构。芝麻信用分是芝麻信用对海量信息数据的综合处理和评估，主要包含用户信用历史、行为偏好、履约能力、身份特质、人脉关系五个维度。芝麻信用基于阿里巴巴的电商交易数据和蚂蚁金服的互联网金融数据，并与公安网等公共机构以及合作伙伴建立数据合作，与传统征信数据不同，芝麻信用数据涵盖了信用卡还款、网购、转账、理财、水电煤缴费、租房信息、住址搬迁历史、社交关系等等。

（六）银行——网商银行

2014 年 9 月 29 日，银监会发布公告显示，银监会批准筹建浙江省杭州市筹建浙江网商银行。浙江网商银行由浙江蚂蚁小微金融服务集团、上海复星工业技术发展有限公司、万向三农集团有限公司、宁波市金润资产经营有限公司共同发起设立。阿里旗下蚂蚁金服持股 30%。网商银行基于云计算的技术、大数据驱动的风险控制能力，采取"轻资产、交易型、平台化"的运营思路。所谓"轻资产"，指不走依赖资本金、物理网点、人员扩张的发展模式，而是用互联网的方式数据化运营。所谓"交易型"，是指不以做大资产规模、追求商业利润为目标，更快速地实现资金的循环流动。"平台化"的思路则是网商银行将风险管理能力、技术支撑能力、场景化的客户服务能力，开放共享给同业金融机构，进而更高效地实现金融服务需求与供给的高效匹配，形成开放式、生态化的平台。

（七）基金——天弘基金

以往，阿里由于没有金融牌照，只能通过与基金公司合作，发挥渠道的作用。2013年10月9日，支付宝母公司浙江阿里巴巴电子商务有限公司出资11.8亿元，认购天弘基金26 230万元注册资本，持有51%股份，成为控股最大股东。2016年6月16日，天弘基金对外宣布余额宝用户数已经接近3亿户，成为全球用户数最多的单只基金。此次交易阿里等于是通过控股天弘基金变相买到了牌照，直接获得基金和资产管理牌照。

（八）众筹——蚂蚁达客

蚂蚁达客是阿里巴巴集团旗下蚂蚁金服事业群推出的独立型股权众筹投融资平台，于2015年11月23日测试上线，11月30日开放投资，筹备期约半年。2015年6月，"蚂蚁达客"获得上海市首个股权众筹公司营业执照。不同于淘宝众筹的以"淘宝+天猫"为平台的电商载体，蚂蚁达客是以蚂蚁金服为基础的金融载体，更重视股权项目融资的金融属性和专业属性，二者构成了互补关系。同时，蚂蚁达客作为蚂蚁金融的一个业务板块，能得到芝麻征信的大数据信用支持。

### 28.2.3 一站式智能理财——蚂蚁聚宝

8月18日，蚂蚁金服宣布其旗下新成员蚂蚁聚宝发布上线，招财宝、娱乐宝、购买基金股票等蚂蚁金服提供的理财功能将陆续聚合至蚂蚁聚宝APP。这也是在支付宝以外，蚂蚁金服首次发布新的独立应用，为用户提供一站式移动理财服务。蚂蚁聚宝意在打造一个大众化的财富管理工具，它提供投资的产品包括余额宝、招财宝、存金宝和基金四类，分别对应：货币基金、定期理财、黄金ETF和基金。蚂蚁聚宝的一大优势是产品与余额宝、支付宝的对接，用户可以直接通过支付宝账号登录，支付宝庞大的用户基础直接推升了蚂蚁聚宝的用户数量，用户原本在支付宝里购买的余额宝、招财宝等资产状况也可以直接对接在蚂蚁聚宝。此外，蚂蚁聚宝上资金出入也可以通过支付宝，而不需要绑定银行卡。

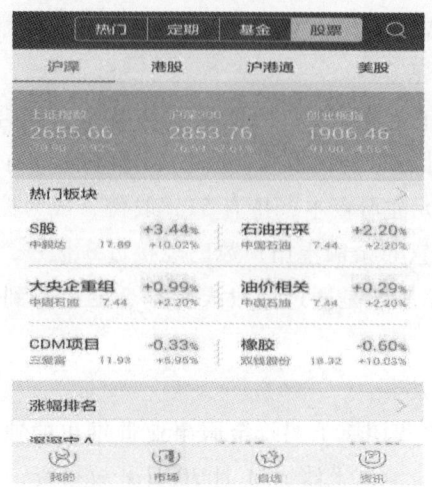

图 28-7 "蚂蚁聚宝" APP 界面

蚂蚁聚宝 APP 应用底部有三个工具栏，该应用就是由"我的""市场""自选"等三部分组成。"我的"就是上文所述管理和查询个人在余额宝、定期理财的招财宝的投资状况。在"市场"标签页下，展示了蚂蚁聚宝四个重要的内容，包括热门、定期、基金、股票。其中"热门"分类为大家综合推荐一些入门级理财产品。热门栏目是一个综合推荐，那么，就是招财宝在蚂蚁聚宝上的另外一个展示区。"基金"栏目内，主要是推荐一些主题基金和当下热门基金。据了解，在上线推广期内，所有用户在蚂蚁聚宝平台购买基金产品，都无须支付申购费。同时，基金赎回时，可以实现 T+1 到账，这相对于行业平均 T+3 以上的到账时间，缩短了至少 2 天。在股票栏目中，该应用向大家展现了一些热门的股票，股票栏目内不仅有沪深，还有港股和美股指数和热门板块推荐，只是目前该栏目暂不支持股票购买。在自选工具栏中，为大家展现了自选股票信息和一些关于自选股票，基金等方面的资讯，用户点击"全部"按钮可以选择不同的板块进行查询，方便大家更快地了解到不同板块的最新情况。资讯展示内容都是蚂蚁聚宝为大家精心挑选的专业全面的行业资讯。

蚂蚁聚宝推出了智能理财服务——"慧定投"。一键开启后，不仅能自动理财，还会智能"抄底"，而且投资门槛低至 20 元起，让每个人都能简单理财。"慧定投"实际上是传统基金定投功能的"智能版"，主要支持的是与股市相关的指数型、股票型、混合型基金等。传统的基金定投功能，只能做到在固定日期、以固定金额投资同一只基金。但同样是在固定日期、投资同一只基金，慧定投通过量化智能策略，能够智能判断股市的变化趋势,并灵活调整投资金额做到"高点少买,低点多买",实际投资金额为固定金额的 60%~210% 之间(见图 28-8)。

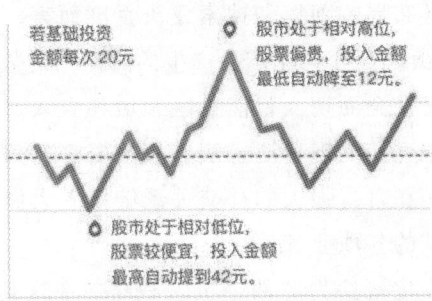

**图 28-8 蚂蚁聚宝支持对 1 600 余只基金的慧定投**

"慧定投"操作简单,只要根据页面提示设置好"定投金额"和"定投周期"后,一键开启就能体验智能理财了。以"定投金额"20 元为例,当"慧定投"判断当前股市偏高、股价偏贵时,就会自动降低投资金额,最低为 12 元;当慧定投判断股市偏低、股价较便宜时,则会自动提高投资金额,最高为 42 元。

长期坚持"慧定投",投资的平均成本和风险被降低了,当股市上涨时就更容易盈利。据慧定投产品页面显示,以"国泰估值 LOF"为例,如果用户在 2013 年 10 月 20 日就开启"慧定投",每周投资 20 元,3 年后用户可获得的累计收益率为 89.57%,而三年间股市涨幅的仅为 36.69%。除了国泰基金之外,目前"慧定投"功能还支持 90 多家基金公司的 1 600 多只基金产品。

此外,2017 年 6 月 6 日,阿里控股的恒生电子在杭州发布四款人工智能产品,涵盖智能数据、智能投资顾问、智能投资、智能客服四大领域。"智能小梵"能搜索查看股票基金专业资讯;"iSee 机器人"帮你"看透股市",提供投资顾问服务;"商智智能投资顾问"进行资产优化管理;"恒生智能客服"则负责答疑解惑。

## 28.3 腾讯——社交金融

相比战略型全产业链布局的阿里和搜索龙头百度而言,腾讯最大的优势在于社交关系链。QQ、空间、微博等社会化产品产生的海量社交数据,通过一定的挖掘可以进行一些预测。腾讯正在全面切入智能金融领域各大入口,但其路径无非可归纳为两类:一类是利用手中充沛的现金流扮演股权投资者的角色,控股各项自己并不擅长的业务;第二类就是在自身强大的社交关系链条上大做文章,利用微信的巨大流量试水互联网金融领域的各项业务。

腾讯近三年的战略变化概括为"两个半"战略。在这其中,"半个"业务就是指金融业务。腾讯把自己定位为连接器和提供服务的平台,也就是把金融交给专业的金融机构去做,而自己致力于连接用户和这些金融机构。腾讯结合自身社交基因进行金融创新,利用大数据覆盖全时、全景的移动生活世界,也是腾讯发展金融的一大特点。月活跃账户9亿多的微信和月活跃账户8亿多的QQ两大社交平台孕育出了丰富的金融生活。数据显示,微信支付的日均笔数超6亿次,每月累计上亿信用卡持卡人活跃在微信和QQ,超过1亿互联网理财人群在腾讯理财通等平台获取资讯和服务。通过微信支付和QQ钱包,人们可以方便快捷地完成信用卡还款、理财、交手机话费等多种金融应用场景。

### 28.3.1 "云+AI"的金融应用

人工智能时代,云计算已经不仅仅是基础设施。当云加上AI并运用在金融领域时,单纯依靠人工的方式将成为金融行业的过去式,技术和数据会为用户带来更好、更有价值的体验。随着国家"十三五"发展规划提出鼓励探索和发展系统上云的指示,腾讯作为互联网科技领头企业,在云业务方面全面发力,努力拓展并深化云生态的创新合作。马化腾就曾提出"未来就是在云端用人工智能的方式处理大数据。"在2017年6月22日下午,腾讯"云+未来"峰会上,他再次强调了"云"的重要性:云是产业革新的源动力,是新型社会管理的主平台,是人工智能的强载体。

2016年9月22日,腾讯宣布成立AI实验室,进行AI基础理论研究以及工程实现。同时,宣布正式推出机器人开放平台,将腾讯的计算机视觉等 AI 核心技术共享给伙伴。2017 年 3 月 19 日,腾讯 AI Lab 即腾讯人工智能实验室(见图 28 – 9)研发的人工智能围棋程序"绝艺"获得第十届 UEC 杯(计算机围棋大赛)冠军。AI 的本质是将无直接价值的繁杂海量数据,通过机器学习和分析,转化为有直接价值的信息。金融的本质是将无直接价值的资源,通过空间和时间上的重新配置,转化为有直接价值的资源。AI 与金融的结合,使得信息产生价值,从而使资源产生更大价值。AI 和金融的两个结合方向:一是降低信息提供的成本,包括智能客服、智能理赔、流程银行等;二是对人力无法很好分析的信息进行深度分析,如智能投资顾问、智能审批、智能营销、反欺诈等。

图 28 – 9　腾讯 AI 实验室的 logo

　　腾讯金融云是腾讯面向金融企业大客户的云平台,为银行、证券、保险、消费金融等行业客户提供一站式的金融云解决方案。在云计算与人工智能技术高速发展的背景下,金融云依托大数据学习的计算能力,实现了用大数据产品解决企业海量数据计算问题,同时结合用户画像和 AI 智能客服,能更快速地建立完善的企业商业服务中心。依托腾讯十数载的积累,腾讯金融云把大量社交、支付、理财等数据,以及金融支付领域积累的经验和能力开放给金融机构,为其搭建一键式独享大数据分析平台,提供精准个性化用户分析报告及反欺诈风控、数据分析等数据应用。在金融大数据领域,就反欺诈、征信、位置服务等企业最关心、最重视的核心内容,提出多种行业解决方案。目前,腾讯拥有 2 万多台集群调度,实时处理数据,每天所接入的数据量和实时处理的数据量已经达到 5 万亿条和 1.5 万亿条的规模。深挖数据价值,能够有效提升数据分析和商业决策效率,降低金融风险。

　　以腾讯理财通智能客服为例:金融行业的传统客服属人力密集型工作,且多为重复劳动,效率低下,成本较高。而基于人工智能和云计算的腾讯理财通智能客服,则大大改善了这种情况。智能客服能够实时提取分析用户需求、行为、价值等多纬度信息，主动对话进行用户教育及客户服务引导，并实时自动化进行产品营销推荐。在日交互数万次的基础上，腾讯理财通智能客服的回答精准确略超过85%。"云+AI"让金融服务更加智能、高效和便捷。

腾讯"云+AI"下的金融智能营销是用积累的用户标签数据，综合判断用户偏好，再精准推荐产品，用户转化率会大大提高。另外，还会根据用户如何获知产品，后续如何操作等数据，了解用户需求，进行二次分析和营销。与此同时，腾讯云的网络资源、计算资源、存储资源等先进技术与安全保障，成为腾讯金融云的有力支撑。以天御反欺诈服务为例，它主要提供用户欺诈风险评分评估服务，应用于贷前审核环节。基于腾讯多年积累的黑产库信息，天御能通过"什么人——用什么工具——用什么网络——做了什么事"的大数据分析路径，返回风险等级，有效完成事前审核的风险识别。依托腾讯安全平台精心打造的防火墙体系，腾讯金融云能够最大限度地保障金融业务安全。

"云+AI"背景下金融业的发展趋势是主动化、专业化和轻型化未来。腾讯金融云还将持续加强在人工智能云服务领域的布局，以云计算、大数据、人工智能等新兴技术，实现金融领域客服、安防、数据分析等方面机器对人的替代，帮助金融机构主动拥抱AI、聚焦专业能力和建设轻型化组织。腾讯金融云将更加智能地连接和赋能各行各业，与合作伙伴一起共建金融合作生态圈。

### 28.3.2 腾讯公司的金融生态圈

与蚂蚁金服、百度金融相比，腾讯没有成立专门的金融公司拥有独立的"品牌"，也没有像支付宝、余额宝、京东白条那样的"吸引眼球"的产品。但布局"半个"业务的腾讯却也集齐了支付、信贷、理财、保险、证券、银行、征信、基金、众筹这九大金融牌照（见图28-10）。

（一）支付——微信支付、QQ钱包

蚂蚁金服目前估值750亿美元，而微信支付从绑卡数、应用场景、支付金额等方面都不落后于支付宝。数据显示，2015年春节抢红包活动过后微信支付拥有2亿绑定银行卡的用户。2016年春节过后，活跃人数远超支付宝，绑卡用户超过3亿。2017年春节微信红包收发总量达到460亿元，同比增长43.3%。如果微信支付的绑卡人数也同比增加43.3%，那么仅仅是绑卡人数就超过了支付宝的月活跃用户数。微信支付的应用场景已经追上支付宝，尤其线下应用方面两者基本不相上下，都在

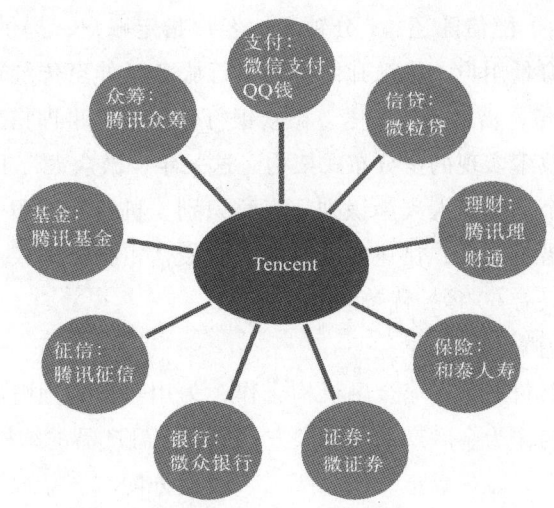

图 28－10　腾讯的金融生态圈

2016 年年中达到线下 100 万商家接入。微信在基于社交关系链的应用方面有优势，支付宝交水电费等方面有优势。但总体上两者在使用场景上没有太大差异。由于支付宝依托淘宝天猫仍然在市场份额上领先，但微信支付的市场份额在快速上升，而支付宝的市场份额在快速下降。微信依靠极强的客户黏性和三四线城市移动支付的普及占据流量优势。

腾讯在移动支付的未来新增用户上拥有明显的优势。现在除了支付宝之外，年轻人（即新增用户）面临着 applepay、微信支付、银联闪付等多种选择，如何切入这群年轻新增用户市场成为各家的战略重点。而腾讯凭借着旗下 QQ 重新夺回"95后"的社交工具，占据先机。根据 MUX 用研的调查研究，超过 90% 的用户社交方式是使用 QQ，远高于微信。根据微指数，QQ 的 24 岁以下的年轻人占总用户的比例是 54.1%，而支付宝 24 岁以下的年轻人占比只有 30.3%。2017 年春节，参与 QQ"LBS + AR 天降红包"和"刷一刷红包"的总参与用户数为 3.42 亿，创下历史新高。其中"90 后"占比达到 68%，用户共领到 37.77 亿个现金红包和卡券礼包。

（二）信贷——微粒贷

微粒贷是一款纯信用的小额贷款产品，瞄准体量大、最需信贷服务但最难获得信贷服务的中小微企业和个人。"微粒贷"依托腾讯两大社交平台——手机 QQ 和微信，无担保，无抵押，无须申请，客户只需姓名、身份证和电话号码就可以获得信用额度。500 元~20 万元的额度设置，可以满足普罗大众的小额消费和经营需求。

"微粒贷"循环授信、随借随还；1分钟到达客户指定账户；提供7×24小时服务。用互联网技术触达海量用户，将极其便捷的银行服务延伸至传统银行难以覆盖的中低收入客群。2015年，借助腾讯技术，微众银行做了一件事即搭建了全国银行业第一个通过安全可控技术实现的全分布式架构。这一年，微众银行上线核心系统95个系统、子系统511个，并引入人脸识别、声纹识别、机器人客服等最新技术。相较于其他互联网金融借贷产品，在速度上，微粒贷授信审批时间仅2.4秒，第二次借贷资金到账时间则只有60秒，优势明显。

（三）理财——腾讯理财通

理财通是腾讯财付通与多家金融机构合作，为用户提供理财服务的平台。在理财通平台，金融机构作为金融产品的提供方，负责金融产品的结构设计和资产运作，为用户提供账户开立、账户登记、产品买入、收益分配、产品取出、份额查询等服务。理财通作为服务平台，通过与多家金融机构的系统进行对接，为用户提供金融产品信息查询、交易下单等辅助服务的入口，协助用户在金融机构完成账户开立、买入与取出、信息查询等服务。

背靠月活跃用户数均在8亿以上的微信和QQ两大社交平台的腾讯理财通，上线3年以来，已累计为超过1亿用户提供互联网理财服务。针对不同风险等级的理财需求，腾讯理财通为用户定制固定收益、股票、债券等资产类别的金融产品，包括上线了工资定投、梦想计划、指数定投、信用卡预约还款赚收益、还房贷理财等产品功能，为用户提供安全、稳健、便捷、多元的互联网理财服务。其中，为普通工薪族量身打造的工资定投功能，用户只需在微信里简单设置一次，腾讯理财通就会自动在每个月的约定时间，从绑定的银行卡中转出约定额度资金到用户申购约定的理财产品里。

（四）保险——和泰人寿

2016年，腾讯旗下子公司参与发起设立的和泰人寿保险股份有限公司，并正式获得中国保监会的批准。和泰人寿是一家普通性质的保险公司，但轻资产寿险公司依然是其发展方向，在充分依托腾讯在互联网方面的优势的同时，还会大力发展银保业务；在具体的产品策略上也颇为务实，选择"规模先行"，在做大规模，积累客户的基础上，逐步转型发展保障型产品。

和泰人寿由8家公司共同发起设立，包括中信国安有限公司、北京居然之家投资控股集团有限公司、深圳市金世纪工程实业有限公司、北京英克必成科技有限公司等。其中，北京英克必成科技有限公司是腾讯全资子公司，而中信国安有限公司系中信集团的孙公司。和泰人寿注册地位于山东省济南市，注册资金15亿元，腾讯和中信国安为并列第一大股东。此外，腾讯还参与众安保险，但处于第二大股东的位置。

（五）证券——腾讯微证券

腾讯微证券是基于微信公众号的h5应用。其特点是开户简单，极大地降低了证券开户门槛；新股申购和查看行情，利用微信的高频使用和消息触达能力，还是很方便的；功能目前还比较简单，操作体验不如原生APP。

（六）银行——微众银行

微众银行由腾讯公司及百业源、立业集团等知名民营企业发起设立，2014年12月经监管机构批准开业，是国内首家民营银行和互联网银行。注册资本达30亿元人民币，由腾讯、百业源、立业为主发起人。其中，腾讯认购该行总股本30%的股份，为最大股东。

微众银行于2015年5月中旬推出普惠金融贷款产品"微粒贷"。2015年8月15日，微众银行正式推出首款独立APP形态产品。微众银行APP产品经过多次反复测试调研，考虑到大众理财时可能遇到的时间受限、知识欠缺等问题，不断降低操作门槛，以明了清晰的产品说明和用户指导。微众银行已与物流平台"汇通天下"、线上装修平台"土巴兔"、二手车电商平台"优信二手车"等国内知名的互联网平台联合开发产品。通过连接有数据、有用户的互联网企业，将微众银行的金融产品应用至它们的服务场景中，将互联网金融带来的普惠利好垂直渗透至普罗大众的衣食住行。

（七）征信

自从中国人民银行官方网站刊发了《关于做好个人征信业务准备工作的通知》，要求腾讯征信有限公司、芝麻信用管理有限公司等八家机构做好个人征信业务的准备工作后，腾讯征信有限公司的征信体系已经悄然上线了。据了解，腾讯征信面对的不仅是个人用户，还有金融机构。在为金融机构识别用户降低风险的同时，也将为用户的信用保驾护航。腾讯信用在人群覆盖、用户活跃及产品特点上更具优势，其庞大的用户群体及大数据优势，为用户建立基于互联网信息更全面的征信评分体系。产品特点上，腾讯信用依托社交、支付、金融、社会等多维度数据综合评估，并能通过实时监控，更为有效地判断出用户的还款意愿和违约概率。利用腾讯征信超过13亿的覆盖人群与多渠道交叉认证产品能力，对用户提交信息进行精确核查。据悉，数据集准确率超99.5%，身份证照片准确率99.9%。

（八）基金

腾讯产业共赢基金将相对独立地投资创新公司，并不追求短期业务上一定有整合。在开放平台的基础上,以用户价值为依归,发现和扶持优秀的互联网创新企业。2011 年成立的腾讯基金,比阿里资本晚了 3 年,但所投项目数目远超过阿里。据腾讯基金内部人士证实,截至 2014 年年初,腾讯基金投资项目超过 200 个项目,投资规模超过了 100 亿元,投资项目遍布程序软件、手机应用软件、游戏、在线旅游、金融、地图、电商等十几个领域。而且据最新消息,腾讯在成都、北京、武汉、上海、海南、华南等多个基地,斥资几十亿元投资创业项目,把种子先收起来。这是一个强大的布局。2014 年年初,腾讯基金因为两起大收购而引爆互联网。一个是入股大众点评,持有 20% 的股份;另一个有关入股京东商城的传闻也甚嚣尘上。前者涉及 O2O 中的团购网站,后者则是至今看来唯一能与阿里抗衡的电商平台。

(九)腾讯众筹

腾讯参与众筹业务,并组建众筹官网。打开腾讯众筹网很容易就会发现一则关于众筹房地产的信息。信息显示,以市场价值 100 万元的房产为例,众筹 50 万元,竞拍 70 万元,溢价 20 万即为投资收益(含担保费、服务费,其中担保费为投资资金额的 3%,服务费为投资收益的 10%)。具体流程:①众筹:购房者登陆众筹平台,认购一定份额即成为众筹投资人。②竞拍:所有投资人参与竞拍,出价高者获得购房资格。③获得收益:竞拍者向开发商支付众筹金额对应的放款买房,向平台支付竞拍产生的收益,作为投资人的收益,平台在扣除相关费用后返到投资人账户。

### 28.3.3 移动电子银行——微众银行

微众银行是腾讯牵头发起的电子银行,受到银监会监管。它的功能与蚂蚁聚宝有多处重合,包括为用户提供货币基金、定期理财、基金投资功能,也是一款移动理财 APP。但是相比蚂蚁聚宝有着支付宝的庞大用户流量作为基础,微众银行只能通过微信、QQ 登录,且不能将微信理财通的资产状况纳入微众银行。

2015 年 8 月 15 日微众银行 APP 正式上线,涵盖理财和转账两个功能板块(见图 28-11)。微众银行 APP 理财板块,有"活期+"、"定期+"和股票基金三部分。"活期+",是指向基金公司购买货币基金,1 分钱起购,类似余额宝。目前"活期+"是与国金通用众赢货币市场证券投资基金合作,近 7 日年化收益率为 5.28%,高于余额宝目前的 3.2480%。"定期+",目前产品是由太平养老保险股份有限公司发行,是一款太平金中金 A 款养老保障管理产品,起购金额 1 000 元,投资期限为 91 天,预期年化收益率为 7.00%,高于招财宝目前的最高收益率 6.70%。

图 28-11 微众银行 App 的界面

微众银行 APP 转账板块，目前可以通过包括"工农中建交"在内的全国 1 600 余家银行的柜面、网银向微众银行进行转账汇款。它的精华之处就在于产品赎回，实时到账。微众银行的货币产品赎回可实现实时到账，弥补了其他同类产品延时到账的短板，化解了用户急需用钱而资金却不能马上到账的痛点。这点是许多理财产品不能达到的，微众银行 APP 的这一特点紧紧抓住了用户心理和需求。但是，现在暂时只能向与微众银行绑定的同名卡中免费转账，不能向他人转账。

微众银行 APP 让移动理财更精彩。微众银行 APP 在产品结构方面，重点推介的"活期+""定期+"两大产品，以及其所宣传的"不错过每一天收益"主张，很明显就是针对甚至迎合来自微信、QQ 平台用户入门级需求特点而有意降低投资理财门槛。微众银行 APP 面临的挑战则首先是如何吸引微信、QQ 平台用户的转化，激发其活跃度并有效沉淀。微众银行 APP 在产品体验方面，实时到账则让用户真切感受到银行牌照的独特价值。

## 28.4 BAT 的战略布局比较

BAT 的金融业务起初都依赖于集团的资源，如品牌、客户、数据和人才等，百度以搜索见长，其用户数据是基于搜索行为的需求数据，阿里掌握着用户交易及信用数据，腾讯则掌握着社交关系数据。BAT在金融上的目标，都集中在如何让简单智能和普惠得以在已有的金融体系中实现。这里又包含更多细小的目标和理念，比如普惠意味着可触达，尽量覆盖到更多人群，这在技术上则要求将金融决策自动化、智能化。

### 28.4.1 BAT的优势

从目前百度金融的发展看，已被阿里和腾讯甩在后面。搜索巨头百度围绕数据而生，它的优势体现在海量的数据、沉淀十多年的用户行为数据、自然语言处理能力和深度学习领域的前沿研究。近来百度正式发布大数据引擎，将在政府、医疗、金融、零售、教育等传统领域率先开展对外合作。目前，百度金融逐渐形成了以大数据风控、个性化投资顾问等为核心竞争力的智能金融模式，已成为生态级的互联网金融平台。百度金融现阶段还是做一部分资产的，而做资产的目的是通过各种各样的场景去验证自身的风控模型、反欺诈能力、大数据画像能力，找到行业的需求和痛点。在这一点上，由于在社交和电商上的弱势导致的理财和负债端的包袱更少，百度金融反而有机会在AT之前成为更纯粹的Fintech公司。

B2B出身的阿里作为国内大数据公司的领导者，在"大数据"浪潮袭来时，阿里就提出"数据、金融和平台"战略。阿里目前的大数据布局已经比较完整，从数据的获取到应用到生态、平台，阿里巴巴拥有交易数据和信用数据，更多是在搭建数据的流通、收集和分享的底层架构。

腾讯则拥有用户关系数据和基于此产生的社交数据，这些数据可以分析人们的生活和行为，从里面挖掘出政治、社会、文化、商业、健康等领域的信息，甚至预测未来。腾讯的思路主要是用数据改进产品，注重QZONE、微信、电商等产品的后端数据打通。

### 28.4.2 BAT的劣势

在BAT巨头中，百度在金融业务上的布局常被外界视作"晚了一步"。事实上，从金融牌照的完备性上看，阿里和腾讯已经先行。公开资料显示，目前百度金融已直接或间接拥有银行、支付、小贷等牌照。阿里旗下蚂蚁金服除了传统行业的基金销售、民营银行、保险、证券外，还具有第三方支付等牌照。保险牌照方面，百度金融虽然在筹建两家保险公司，但仍未完全落地。而蚂蚁金服和腾讯共同组建的众安保险已经实现盈利。在银行方面，阿里和腾讯旗下各自均有民营银行。虽然百度曾在 2016 年宣布与中信银行合作共同设立百信银行，不过目前仍未落地。在金融生态的"基建"支付板块，百度与阿里和腾讯差距显著。数据显示，我国 2016 年的移动支付交易总额为 38 万亿元，其中超 90% 来自微信支付和支付宝，而百度只占到了 0.4% 的份额。

尽管百度拥有核心技术和数据矿山，却还没有发挥出最大潜力。百度指数、百度统计等产品算是对数据挖掘的一些初级应用。与 Google 相比，百度在社交数据、实时数据的收集和由数据流通到数据挖掘转换上有很大潜力，还有很多事情要做。

腾讯的劣势是在基金、证券、保险、贷款等业务均浅尝辄止，整体布局颇乱，没有阿里的布局那么清晰。尽管腾讯手中握有充沛的现金流，但把摊子做得太大不一定有利于金融业务的发展。一财付通小贷业务为例，腾讯既缺少小微客户渠道和资源，也缺乏企业市场运营能力，使其在面向中小企业贷款方面并无特别优势。在基金、证券、保险等业务领域，腾讯不断加强与各公司之间的联姻，但目前也未见显著效果。目前以微信支付和云业务为主的其他业务收入只有 75 亿元，但是保持了 224% 的同比增长，而这一块的天花板远远没有看到。

BAT 智能金融布局优劣势比较见表 28-1。

表 28-1　　　　　BAT 的智能金融布局优劣势比较

|  | 百度 | 阿里 | 腾讯 |
| --- | --- | --- | --- |
| 优势 | 流量入口<br>搜索能力<br>大数据分析能力<br>比传统金融机构更接近用户 | 比传统金融机构更多小企业信用<br>排他性的生态圈<br>大数据分析能力 | 海量用户<br>基于移动制度<br>社交关系能力强<br>资金流充足 |
| 劣势 | 发力晚<br>没有账户信息<br>用户没有花钱习惯<br>整体思路不足 | 券商关注较少 | 战略不如阿里清晰 |

第八篇

平台篇

# 第 29 章
# 恒生电子

## 29.1 恒生电子的基本情况

恒生电子于 1995 年成立于杭州,在其发展初期是中国领先的金融软件和网络服务供应商,近年来正在向智能金融平台供应商转型,其客户覆盖证券、期货、基金、信托、保险、银行、交易所、私募等机构。目前,恒生电子拥有 6 829 人的高素质专业队伍,其中产品技术人员 4 295 人,约占 63%。

恒生电子在智能投资顾问领域布局较为完整,技术积累深厚,其产品线涵盖智能客服、智能投资顾问、智能投研等业务模块。恒生电子通过收购台湾智能金融公司商智(商智资讯股份有限公司),获得了较为成熟的金融投资顾问技术架构,特别是拥有了一批具有金融从业背景并深度参与到产品设计和策略研发过程中的专业成员。从产品展示来看,恒生电子的智能投资顾问产品体现出了对经典资产组合理论模型较为深入的理解。恒生电子目前已经和多家金融机构进行过产品服务合作,服务的主要形式是以模块化产品出售为主,相关经验较为丰富。

目前恒生电子产品架构包括智能数据、智能投资顾问(iSee 机器人)、智能投资(商智)、智能客服领域的四大人工智能产品,已经形成了较为完整的平台体系。其中,智能投资顾问和智能客服产品目前已经基本成熟。智能数据和智能投资模块设计架构也较完整,并且较好地结合了智能金融技术和经典资产配置模型应用,具有进一步研发完善的潜力(见图 29-1)。

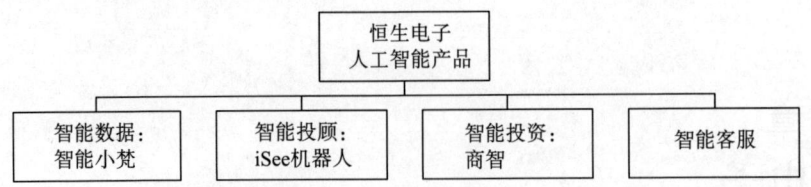

图 29－1 恒生电子智能金融产品体系

## 29.2 恒生电子的产品体系

### 29.2.1 智能数据——智能小梵

人工智能时代，新闻资讯的个性化推荐早已不足为奇，但基于大数据的金融产品智能分析则已渐渐起步。智能小梵是恒生电子旗下控股子公司、中国领先的金融资讯服务供应商恒生聚源，基于17年的大数据处理及颗粒化成果，经两年时间打造推出的智能数据产品。此次推出的FAIS（梵思）系列智能产品，机器人大脑不仅可以为普通投资者提供精准的数据提炼，通过强大的人机自然交互，投资者输入"房价上涨""新能源""今日涨停股"等自然语言即可获得关联的股票和资讯信息。

从2015年6月的个股F10产品首次发布，到现在正式发布智能系列三大产品，智能小梵已经与招商、方正、中泰、光大等多家券商，以及今日头条、金贝塔、仙人掌等知名互联网公司建立了合作（见图29－2）。

图 29－2 智能小梵合作机构

### 29.2.2 智能投资顾问——iSee 机器人

股票投资中，传统的人工投资顾问服务受限于服务成本，只能覆盖部分高净值客户，普通投资者既没有精力或能力研究有效信息，又没有机会获得投资顾问个性化服务。而人工智能的出现则降低了投资顾问服务的门槛，使普通理财用户也可以享受专业的投资顾问服务。此次恒生电子旗下云纪网络重磅发布了 iSee（明白）机器人智能金融投资顾问平台，是基于大数据分析、机器学习和推荐引擎等技术，打造的一款以用户画像为依据，可以帮助金融机构为个人用户提供机会挖掘、交易陪伴以及精准服务的智能决策辅助系统（见图 29-3）。

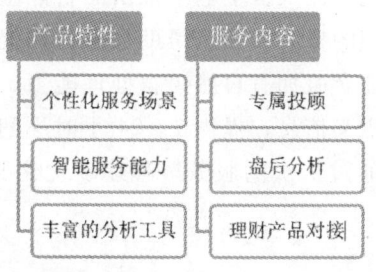

图 29-3　iSee（明白）机器人介绍

采用机器学习的方法以及利用大数据的高效处理能力，使证券公司在新一轮的智能金融金融布局中，为每位证券公司的用户提供千人千面的服务，让用户决策更理性，让交易更明白。随着用户的扩大、累积的数据量越多，为用户提供的服务也会越精准。

### 29.2.3 智能投资——商智

恒生电子也具有一套完善的智能投资顾问实现方案，并已成功研发出恒生商智投资顾问机器人。该机器人主要包括四大模块：

第一，通过分析智能问卷和交易记录，对客户需求进行探索；

第二，基于算法筛选、战术战略配置、量化配置模型的资产配置模型；

第三，基于规划策略、独创投资于现金管理策略的智能择市、量化投资策略；

第四，基于影像分析演算、监控市场变化、预测市场变动、结合投资顾问参考的持仓管理模块。

目前，恒生商投资顾问机器人主要做"资产配置"，不做"智能荐股"和"量化交易工具"。恒生电子具备长期执行跨国大型专案的经验，同大量的金融机构有合作，其中包括中国建设银行、中国民生银行、交通银行、杭州银行、平安信托等，在财富管理系统、理财机器人等的合作过程中，能为金融机构量身提供专业化智能投资顾问解决方案。

### 29.2.4　智能客服

在客服行业，由用户数量增加带来的各类咨询数量增加，从而导致人力成本不断加剧。金融机构也是如此。此次恒生电子推出的智能金融客服平台，运用语音识别、智能语义以及智能知识的核心技术，帮助金融机构提高客服效率，并可为客户提供更好的用户体验。智能客服拥有自然语言处理能力，可以将客户口语化的表达转换成机器人可以理解的语义信息，提供 7×24 小时不间断的快速服务。智能客服拥有深度增强学习能力，通过历次的服务过程逐步优化服务模型和积累业务知识，降低人工的运维成本。

## 29.3　总结与经验借鉴

恒生电子已成立 Fintech 方向的恒生研究院，积极探索云计算、大数据、人工智能、区块链等前沿技术。目前，公司在区块链领域已形成区块链技术平台、区块链技术社区 51chain 等板块，并积极参与 Linux 基金会超级账本等行业合作；机器学习、智能投资顾问方面亦在算法上稳步推进。凭借多年行业深耕及恒生聚源与蚂蚁金服的深入合作，且伴随整个云金融生态中各子系统的发展，金融大数据基础不断增厚。在外延整合及前期研发投入加速转化的推动下，恒生电子以金融科技为核心驱动的业务生态将逐渐成形。

### 29.3.1　全面的金融云服务

恒生电子积极拥抱金融云转型，在 IaaS、PaaS、SaaS 领域均有布局（见图 29 -

4)。

第一,在 IaaS 层,恒生电子与阿里云进行基础设施合作;

第二,PaaS 层,恒生电子推出恒生金融云平台,提供行情、资讯、开户、仿真、策略、配资等基础金融云服务;

第三,SaaS 层,恒生电子通过投资云、资产管理云、经纪云、财富云、交易所云、海外云、云融等向各类金融机构提供服务。

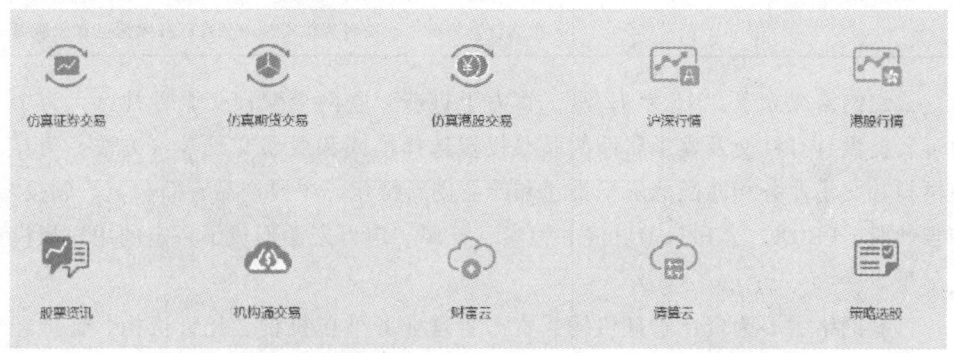

图 29-4　恒生电子金融云平台

### 29.3.2　设立 6 朵云公司

恒生电子 2016 年分别设立 6 朵云公司:云纪网络、云英网络、云永网络、云赢网络、云毅网络以及杭州证投(见表 29-1)。

表 29-1　　　　　　　　　　六朵云公司情况

| 公司名称 | 公司营收 | 产品详情 |
| --- | --- | --- |
| 云纪网络 | 239 万元 | 基于 iFS 创新服务平台打造的 PBOX,领投宝、工作室等产品,帮助金融机构一起为投资者打造社交理财、个性投资的新经纪业务场景 |
| 云英网络 | 1 837 万元 | 第三方理财新拿牌照需求旺盛,上半年线上资产比年初增长 30% |
| 云永网络 | 1 661 万元 | 初步形成场外交易所生态链,机构通、米宝等业务线上用户规模突破 47 万,机构签约超过 54 家,并参与监管机构关于场外交易所行业的行业管理办法的制定 |

续表

| 公司名称 | 公司营收 | 产品详情 |
| --- | --- | --- |
| 云赢网络 | 2 511 万元 | 成立于 2016 年 1 月 |
| 云毅网络 | 1 175 万元 | 线上资产规模比年初增长较大,签约客户达 54 家,比年初增长 54% |
| 杭州证投 | 97 万元 | 为私募等机构投资者提供从事金融资产经营运作相关的软件研发和销售,将领先的 IT 技术、互联网技术与金融资产运作相结合,为机构投资者提供卓越的软件、技术服务和云服务 |

云纪网络成立于 2015 年 12 月,致力于打造互联网金融社交服务社区,为个人投资者提供具有社交及娱乐属性的股票投资选择模式和股票交易学习方法,为券商提供与其交易业务相匹配的资讯推送和产品创新孵化,主要产品有蒲公英、领投宝、麻吉炒股、PBOX。公司目前已经和恒泰、开源、申万宏源形成了一定的用户规模和交易量。

云毅网络主要为资产管理机构、资产管理业务外包机构、托管机构、证券经纪商等客户提供资产管理领域的创新类 IT 平台和服务,为客户开拓创新业务提供技术支持。主要产品有资产管理云服务、估值云服务、策略交易服务。

### 29.3.3　与其他金融机构合作情况

图 29-5　恒生电子主要基金公司客户

图 29-6　恒生电子主要银行客户

# 第 30 章
# 通联数据

## 30.1 通联数据的生态和逻辑

### 30.1.1 基本情况

通联数据股份公司（DataYes）是由金融和高科技资深专家发起、万向集团投资成立的一家金融科技公司。它致力于将大数据、云计算、人工智能等信息技术和专业的投资理念相结合，打造国际一流的、具有革命性意义的金融服务平台。公司总部位于中国金融中心上海，并在中国北京、南京、深圳以及美国硅谷等地设有分公司。

相比于国内外现有的金融数据终端，通联数据直接通过网页端提供服务，实现去终端化，降低用户成本；同时，数据服务的提供更加实时，用户体验更为便捷。据悉，通联数据汇聚了百余位国内外技术人才，其核心技术人才曾在彭博通讯社工作多年。

### 30.1.2 生态构建——三层四极

通联数据构建了具有三大层次的金融生态系统。通联金融生态系统的基础层是金融大数据服务。通联的数据商城是国内首家开放性的大数据信息平台，汇聚了海外、金融、行业、企业、电商、搜索、社交媒体等各领域大数据，已有汤森路透、九次方大数据等国内外诸多知名的数据商入驻，建立和完善了金融大数据宝库。

通联金融生态系统的第二层是针对大数据时代信息实时、快速、海量的特点，对大数据进行收集、挖掘和分析，从而推出智能投资研究平台，提供智能事件研究、策略研究、智能研报等服务，方便用户随时随地进行主题投资研究、事件研究、个股研究、量化策略研究。

通联金融生态系统的第三层是面向不同投资者的投资平台。当前的通联不仅有 toB 的投资平台，也有 to C 的投资平台，分别面向不同客户，满足不同需求。

目前，通联数据正在从四个方向探索人工智能、大数据在金融领域的应用：

第一是针对基本面研究的萝卜投研平台，帮助投资者加快制定投资决策的效率；

第二是针对量化研究的优矿平台，为量化分析师提供研究和交易的专业场所；

第三是针对资产配置的通联魔方，采用智能化的方式提升资产配置的效率与精确度。

第四是智能投资顾问，目标是面向普通投资者，提供智能化和个性化的服务。

### 30.1.3　业务逻辑——基于对趋势和方向的判断

（1）对于金融科技的趋势判断。

通联数据认为，当前经济体系是基于工业革命、工业社会的基础架构建立起来的。它具有金字塔、层级制、标准化、流程化的特征。当进入信息社会后，尤其是金融科技出现后，整个金融体系被重构了，大量新的模式出现，形成了分布式、网络化，去中心化的结构。

以互联网金融为代表的金融科技 1.0 是场景革命，而以人工智能和区块链为代表的金融科技，必然导致金融业的模式革命。金融科技一系列的技术最终会解构现有的基于工业社会结构下的金融服务体系，重建一个基于信息社会架构下的金融服务体系。

（2）对于资产管理行业人工智能 + 的方向判断。

通联认为，在资产管理业，应用人工智能 + 有两个方向：一个是 to B 的智能投研，一个是 to C 的智能投资顾问。智能投研面对的是专业机构、专业人士，不管是分析员还是交易员、基金经理。中外之间的专业人士、专业机构他们的业务逻辑，是一致的。智能投研从技术、业务角度、流程角度,看不出中国公司跟美国的机构之间有本质上的不同。但是 to C,智能投资顾问的逻辑起点,中国和美国或者海外是不一样的。

关于智能投研,通联数据的创始人兼董事长肖风将其分为三个阶段:

第一个阶段是通过机器人帮助分析员、交易员、基金经理提升工作效率。以通联数据为例,专门训练了一个专业化的垂直搜索引擎,花了大半年的时间教它,一个交易员、基金经理有什么需求。当在网上搜人工智能的时候,广告、产品介绍都被基本上过滤掉了,可以保证呈现在读者面前的 80% 以上的文章一定是基金经理有兴趣看的文章。

第二阶段是帮助一个做投资的人在数据驱动之下做基本面投资,而不是在资讯/信息的驱动下做基本面投资。通过手段收集到另类的一些数据,比如通过购买卫星公司的很多图片,监控全球远洋贸易的情况。再比如,通过热力成像技术,每周定期的飞机飞过石油储存的仓库,看储存水平是在上升还是下降。包括通过卫星图像监控沃尔玛的停车场。同时,大数据也会带来因果关系之外的相关关系的崭新视角。

在未来的第三个阶段,机器人将全部或者部分的取代了分析员、基金经理的工作岗位。现在在美国,已经可见在部分程度上的人工智能机器人取代分析员的一些主动性工作。

## 30.2  通联数据的产品体系

通联数据正面与 Wind、同花顺、东方财富竞争,并推出了 PC 和移动端的资产管理业务的一站式服务平台,内容涵盖大数据分析、智能投资研究、量化研究、智能投顾和资产配置管理服务等多个领域(见图 30-1)。

### 30.2.1  针对基本面研究的产品——萝卜投研

萝卜投研是由通联数据研发的智能投研平台。其中有丰富的金融大数据,涵盖了房地产、医药、汽车等深度行业数据以及社交、电商、招聘等特色数据。除此之

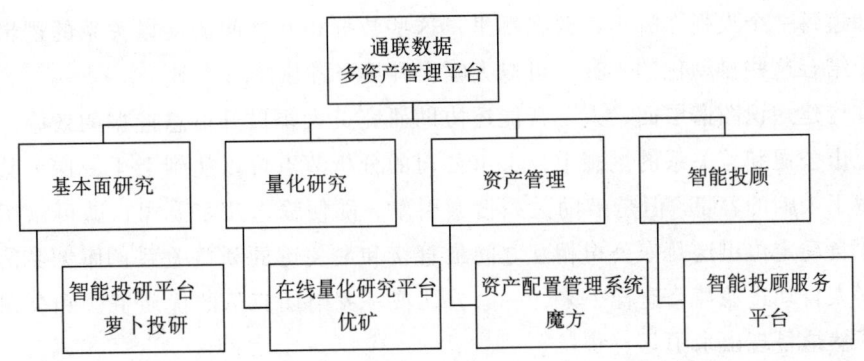

图30-1 通联数据业务概览

外,萝卜投研还提供智能金融搜索引擎,结合投资逻辑展示资讯;支持一键载入智能财务模型;以及挖掘上市公司股权、高管关系的知识图谱,帮助用户发现更多价值投资机会。

随着大数据和人工智能时代的来临,基本面投资的方法需要与时俱进。借助海量数据和AI技术,如今基本面投资者可以更及时、更深入地了解公司,理解宏观、行业和公司特质信息如何影响公司价值,从而做出更精准的价值评估。

通联数据走在时代的前沿,努力实现基于SAAS服务形式的智能投研系统(即"萝卜投研")的优势,一方面扩充人脑的宽度和广度;另一方面提升用户对于信息反应的时效性,并且能够借助一些机器模型的工具,提升对于投资事件的反应速度与理解深度。除此之外,也可以解决知识沉淀与传承的问题。

在数据及信息层面,利用人工智能技术,机器可以逐渐理解基本面投研人员在不同阶段和场景下的不同诉求,并通过人机交互学习固化成模板,进一步提高工作效率。例如,机器已经可以学习人类去解读公告和新闻,逐渐把公告中的结构化信息、账目信息、并购对象等全部抽取出来,并以结构化地形式呈现出来。一篇公告可能有数千页,机器可以利用固定的套路,把最核心的数据和资讯抽取出来,并以报表的形式展现。这样只需要每天过一遍报表,就能获取到与人力阅读5~10小时等价的信息量。又如,利用快速检索引擎,机器可以将近期关键词信息列表以汇总的形式呈现出来。

在财务模型层面,人工智能可以把建模流程中比较自动化的过程替研究人员完成。建模过程中,可以参考机器测算出来的数值,也可以按自己的计算修改数据,极大地提升研究员完成基础工作的效率。再比如,投资者可以利用人工智能技术对一家上市公司进行估值,在信息整理的过程中,逐渐去拆解各大卖方分析师建的模型,知道每一个人强在哪里,弱在哪里,这些数据相互之间的支撑关系的逻辑是怎样的。结合这些自动化的工具,可以大幅提升投资者建模的效率。

在构建知识图谱层面,人工智能还协助研究员大幅提升信息挖掘的效率。比如在对上市公司利益关系的挖掘中,上市公司的分析节点可以达到上千,这个其实大大超越了人脑的容量。但是借助关系搜索引擎,随便输入几家公司,就可以用挖掘算法,自动定位出这几家公司相互之间最直接和最关键的利益关系,而无关信息会被机器人自动过滤掉。这样一来,一家公司或一家财团旗下的优质资产和公司就会一目了然地呈现出来了。

### 30.2.2 针对量化研究的产品——优矿(UQER)

通联优矿是一个量化投资平台,依托于通联行情、基本面、高频、新闻情感等多维度的数据,提供从找数据、做研究、模拟交易、业绩归因、风险评价的全套解决方案;同时,集因子库、函数库、并行计算平台、风险模型于一体。

它通过一个开放的平台可以一键通过通联的组合管理和交易系统进行模拟交易和在线的实盘交易以及风险归因、业绩归因的功能。它可以做事件驱动策略、Alpha对冲策略、统计套利策略、Smart Beta策略以及CTA策略、轮动策略。目前,优矿专业版除了已有的400+因子库、归因、并行计算及风险模型,并即将推出深度学习框架和主动投资产品。

量化投资团队的成功与取得高质量数据是典型的"鸡生蛋,蛋生鸡"的悖论问题;优秀的量化投资团队往往是要承担商业风险,自行在内部进行先期投资以获得高质量数据,并依靠某种偶然性取得成功,促成"以个体商业成功聚拢更多资源扩展高质量数据"的良性均衡的发生。但这样局部性的均衡具有先天的不稳定性。

在量化投资方面,各人工智能研发机构正由Manager Alpha转向Smart Beta。被动投资、智能投资顾问的竞争已经非常激烈,目前大家都在朝Smart Beta方向发展。在主动投资方面,主动投资的管理费用非常高,只有少数客户才愿意投这样的产品,对于智能投资顾问所要服务的中产阶级,这样的策略并不适用。传统的投资过程会有一些基础的信号,基金经理也会有他自己的知识,知道什么样的市场情况下该用什么样的信号构建组合,最终产生Manager Alpha。现在我们可以用一个深度学习的算法去学习基金经理对市场的整个观测过程,因为基金经理知识来源于长期对市场的观测和交易知识的积累,我们可以用深度学习的算法学习基金经理所有的智能,自动让这个算法去检验到这个 Alpha。通联数据的智能指数，基本上用机器长期战胜了市场。

### 30.2.3　针对资产配置的产品——魔方（MOF）

通联魔方是将量化方法与金融业务场景深度结合后构建的一套基金组合管理平台，能实现 MOM/FOF 类多资产基金的前期调研与筛选、组合构建与回测验证，运行中运作监控和管理人数据报送的全过程。通联数据以市场上绝对领先的技术打造了通联魔方，该平台与资金方及众多投资顾问进行线上对接，实现标准化、自动化的报告与绩效管理，在投资顾问上传统资产管理报告和市场判断后，自动实现业绩统计、绩效评价和市场预测等结论供资金方使用，资金方还可以根据需要进行实时的风险监控与资产组合分析。通联数据拥有强大的金融数据库，涵盖股票、基金、债券、期货、宏观、资讯、研报、社交等领域，是投资顾问挖掘投资线索的原料宝藏。通联魔方平台还支持 JSON、CSV、API 调用等多种数据获取方式，支持 MATLAB、R、C++、Python、Java 等多种调用语言，让研究更便捷高效。

对投资者客户来说，通联魔方平台可以更高效、更精准地为客户完成"选投资顾问"的任务。魔方通过数据挖掘与机器学习构建自动化模型，可以实现多维度投资顾问评价。在科学评价和投资顾问分析后，还能智能推荐与个人预期目标最为匹配的投资顾问。平台除了提供投资咨询和线下调研服务，用户还可以使用历史业绩对投资顾问表现进行回测分析，利用底层 400 多个量化因子进行多层级组合，对各类策略进行中间过程研究和策略回测，智能评鉴投资顾问的投资能力、投资风格。

对投资服务提供者来说，通联魔方为投资顾问提供了全新的业绩展示平台，实现投资顾问方与资金方的线上对接，同时让数据报送标准化、自动化，大幅提高前后期沟通效率。

目前，通联魔方已经帮助众多投资顾问对接资方，也帮助资方高效管理日益庞大的投资顾问团队，已吸引中国最大的银行、中国最大的券商及数十家顶尖资产管理机构入驻。

### 30.2.4　竞争策略面向投资者的产品——智能投资顾问

通联数据的智能投顾提供专业而个性化的资产配置建议，能够让个人投资者轻松实现财富管理,帮助个人投资者监控投资组合,解读市场变化。而智能投资助手则实时为投资者推荐投资线索,让客户总是快人一步。智能投资大师则能帮投资者分析投资历史,快速提升投资者的投资能力。

智能投资顾问在美国之所以可行,是因为美国市场的被动化投资已经发展到一定程度,其市场足够有效,因此智能投资顾问真正不用花很大的成本,只要押注某些因素就可以了,而且这些东西是可以程序化、模型化的。但相比较之下,现在中国还是一个非常非常不有效的市场,而且中国可配置的资产实质上不多。两三年前通联数据就开始做 to C 的智能投资顾问,但做一段时间后将此项目暂停。市场收益有 Alpha 收益和 Beta 收益之分。Alpha 是指绝对收益,一般是资产管理人通过证券选择和时机选择获得;Beta 收益指相对收益,是管理人通过承担系统风险获得的收益。

如果服务 C 端,做智能投资顾问,一定要是在 Beta 市场非常好的时候才可以做到,因为那个时候才能规模化,就是策略容量的问题,一个策略能够规模化才能服务 C 端。但在 Beta 荒的市场上,即使是科技巨头开发自己的智能投资顾问服务也会很痛苦,他们也在寻找各种各样的 Beta 资产,但也无法超越金融的本质。

### 30.2.5 底层生态产品——数据商城

通联数据现在的数据来源分为三部分:一部分自己搜集整理;二是从第三方购买;第三种是数据商把数据整合过来放在云平台,有用户使用则向数据商缴费的模式。这些数据对接了沪深股市/期权、债券、基金、咨询、研究报告等,并提供 API 开放给外界。

通联数据的金融大数据服务以大数据为依托的知识图谱,包含 A 股所有上市公司相关的产品、高管、持股人、主题概念、关联交易公司等重要信息,展示的信息包括新闻和数据每天的动态变化,并通过这些信息关联其他的上市公司。知识图谱智能地将影响上市公司股价变化的重要因素集中起来,让投资者和分析师一目了然地把握影响上市公司股价的重要信息,发现隐藏线索,抓住投资机会。假如近期某只股票价格忽然大涨,投资者可以进入通联智能研报产品,搜索该公司。在知识图谱所展示的所有关联信息中,如果显示这家公司相关的几个产品所对应的公司普遍上涨,那么可推测该公司的股价变化是由于其产品的利好消息。通过点击产品,投资者可以在知识图谱右侧看到该产品近期的相关新闻。通联认为,大数据的核心能力是帮助我们提高预测能力。而这种能力的实现有三个维度和应用:

第一个更多的数据纬度，借助算法对上市公司进行基本面分析。在以前的非结构化数据时代，分析工作依赖财务数据和市场的价格数据作出判断。有了大数据，我们可以通过算法对上市公司进行基本面的分析。在大数据时代量化投资已经不是原来的量化投资，原来的量化投资只是用数学方法对价格信息进行收集，但是新的量化投资在大数据时代可以用算法来进行基本面的分析，因为你能够快速收集到大量的基本面的信息，不管是宏观的信息还是上市公司信息，能够通过算法提取有用的信息。

第二个是更快的数据频度，用以完成分析的即时化和决策的实时化。移动互联网使得全球的信息传递，数据传递以秒为计算单位，非洲发生的事情可能1分钟之后在中国的微信、微博就可以反映出来了，我们不再守着新闻联播才知道这个世界发生了什么事情。现在有了这些数据之后，我们被迫必须对这些即时的东西进行实时的分析、计算、决策。

第三个是更广的数据宽度，用于更快的知道现在发生了什么，用于量化市场的信心和情绪。通过移动互联网对全球的网站进行搜索，收集数据、更新知识的节奏是以小时来计算的。大数据的方法能够通过社交网络很好地收集和挖掘出来投资者对于这个股票或者对于整个市场的信心指标，新浪微博也好，论坛也好，大家都在谈股票和市场，把这些数据收集起来，通过科学的方法处理它，就能把市场信心很好的提炼出来，有价格的、基本面的，信心指数的提升，对这个股票的判断就会更加准确。

此外，大数据可以优化指数的编制方法，精准刻画整体市场。传统的指数编制都是依据基本面信息和价格指数，指数容易失真。有了大数据之后实时的分析，把社会的情绪等等一些指标也加入进去，这样使得指数编制可以优化，使得指数编制跟市场脱节滞后的情况得到很大改善。

最后，基于大数据的全样本相关性分析。构建知识图谱，可以更好地指导投资的行业轮动、主题轮动、风格轮动。根据收集的情况、市场的热度、情绪的变化换不同的轮动，这也是通联已经有的案例。如果这些事情用大数据的方法，对每个个股，对每个行业建立他的关系图、上下游、竞争对手，画像画清楚，再辅助与社交上的信息，可以更好地指导行业的轮动、风格的轮动、主题的轮动。

大数据就是有很多的数据纬度，同时有更快的数据频度、更广的数据宽度，这些数据都是依赖移动互联网、云计算，把这些数据收集好对市场的判断提供非常大的帮助。

## 30.3 总结与经验借鉴

### 30.3.1 通联数据的整体优势

总结下来，通联数据有如下优势：

（一）基础专业

通联数据具有专业的基础特征库，能够全面深入评估投资类特征，比如交易行为、风格投资能力和策略等；通联数据分布式基础特征计算系统能够高效完成千万级用户量特征分析。公司拥有一支"华尔街＋中国市场"的专业金融团队，以及专业算法团队和互联网产品团队，在金融大数据、人工智能、智能投资和量化投资等方面积累多年，因而能在金融科技领域占领一席之地。

（二）全面的数据支持和专业资产配置模型

通联数据具有海量的宏观和行业数据，能够对大类资产收益和风险进行预测，对专业的基金进行评价和筛选，并且具有多种模型支持（如风险平价、目标收益等）。

（三）技术成熟

通联数据具有成熟的爬虫系统、领先的智能资讯分析、灵活的标签管理系统（如Kafka＋Storm实时资讯处理、Hadoop，Spark分布式计算平台）以及强大的搜索引擎。

图30－2　通联数据的整体优势

## 30.3.2 与其他机融机构合作情况

· 长江证券（+通联智能投顾）

4月8日，长江证券于武汉举行发布会，宣布 iVatarGo 正式上线。iVatarGo 是国内首个券商智能财富管理系统，通联数据作为本次合作的技术支持方。通联数据为 iVatarGo 在确保用户信息和资料绝对保密的前提下，对客户的投资行为数据、交易数据进行深度智能分析，为每位用户刻画了全面精准的"画像"，以此帮助用户获取真正所需的投资信息和情报，成为用户投研和决策的智能助手。

· 中信证券（+通联优矿）

2017年4月26日下午，优矿携手中信证券打造多资产、全流程量化研究和交易平台。中信证券发布了覆盖投资全流程的量化研究和交易平台，该平台由中信证券与中国最大的量化研究平台–优矿强强联合，共同打造。

# 第 31 章
# 金融界

## 31.1 金融界的基本情况

金融界创建于 1999 年 8 月,由美国 IDG、新加坡 VERTEX 等共同投资兴建,是中国领先的金融和财经信息提供商,以及全球最大的中文财经网站之一。2004 年 10 月 15 日,金融界在美国 NASDAQ 挂牌上市,是目前中国唯一一家在美国上市的中国财经类互联网公司。

金融界的发展基础在于财经资讯整合,也是金融界最有优势的业务领域。在智能投资顾问领域,金融界客户画像系统优势并不显著,其主要特色在于提供较为便利的投资策略生成服务。金融界与证券公司的主要服务形式是通过证券公司客户端接口,向客户提供相应服务。

从美国等国家智能投资顾问发展经验来看,智能投资顾问的核心服务内容是为中低端客户提供资产管理和财富管理服务,但是中国大量中低净值证券投资客户的财富管理需求并不显著,投资策略建议服务依然是投资顾问服务重点。应该说金融界产品方案在调研的五家机构中对接这一需求最直接的。但是对于策略服务中固有的策略有效性、持续性以及策略容量问题,金融界并没有能够提供完善的解决办法,因而尚不适宜直接购买应用,需要对其策略生成机制进一步优化。

## 31.2 金融界的产品体系

图 31-1  金融界产品体系

### 31.2.1 互联网财经网站——金融界网站

作为国内同行中影响力最大的财经门户，金融界网站相继获得"中国互联网协会中国互联网 100 强及财经类网站第一名""中国主流媒体市场经济地位及商业价值资讯类十强网站""德勤亚太区高科技高成长 500 强"等荣誉，是"首都互联网协会"常务理事单位，是央视财经频道的指定合作财经门户。

"智能金融国际论坛""领航中国金融行业年度评选""走进上市公司""民间高手大赛"等高端品牌活动，已经成为金融机构进行品牌展现以及影响力打造的新型平台。目前金融界网站访问用户超过 1 亿，注册用户超过 3 000 万，平台聚集可投资资产超过万亿元，几乎覆盖中国全部活跃的投资理财人群。

### 31.2.2 移动互联网投资顾问平台——爱投资顾问

金融界集团拥有全中国第一家专业证券投资咨询公司——深圳新兰德，逾 20 年历史。通过持牌公司"深圳新兰德"合规打造的创新型"爱投资顾问"证券服务平台，以美国嘉信为榜样，用互联网的思维和手段改变传统券商零售业务，建立互联网生态下的"市场营销——投资准备——投资交易——后续服务——资产配置——投资分析——客户分析"全流程服务链条，以建立统一账户为基础，集合证券交易和多种金融产品销售，并充分发挥投资顾问粘滞与服务客户的优势，构建中国最具创新性的"开放式、精细化"互联网证券服务平台,有效满足客户的投资理财需求,实现客户资产向证券行业的聚集(见图31-2)。

1. 提供投资策略、热点新闻解读,帮助投资者把握投资机会。

2. 提供在线答疑。投资者可以选择适合自己的投顾,享受一对一咨询服务。

3. 提供实时解盘,帮助投资者第一时间了解盘面变化。

4. 构建投资组合,针对不同投资者的投资风格,投顾将推荐个性化的股票投资组合。

图31-2 爱投资顾问服务内容

依托于集团雄厚的互联网技术能力,资讯、行情和交易已覆盖PC和移动端,为客户提供无缝对接的服务体验,将"碎片时间"演变成投资理财"黄金时间"。

图31-3 爱投资顾问服务特色

在上线一年多来,爱投资顾问迅速吸引了3 000位专注于证券投资证券领域的执业投资顾问入驻,打通数十家券商服务接口,实现了券商、投资顾问和个人投资者的多边共赢,是证券服务行业转型与升级进程中,扎实而领先的实践者。目前,爱投资顾问平台已聚集了460万用户(见图31-4)。

未来条件具备时,这个平台可以向海外市场延伸。平台将逐步将优秀投资顾问打造成未来的基金经理队伍,并且金融界将持续为平台上的基金经理提供全方位的投研支持服务。

图31-4 爱投资顾问入驻机构

### 31.2.3 一站式互联网基金理财平台——盈利宝

作为综合理财投资服务平台的重要组成，公司已经获得中国证监会颁发的"证券投资基金销售牌照"，将陆续开展以基金销售、券商资产管理产品为主，包括各类金融产品领域内的销售、服务、资产管理等业务。目前盈利宝的公募平台可在线购买超过 3 200 只公募基金产品，以及平台精选的供应链金融固定收益类产品，通过"智能资产配置"，为数以亿计的理财人群提供个性化的投资选择，同时还为企业客户提供全套供应链金融和企业现金管理方案（见图 31-5）。

图 31-5 盈利宝合作机构

### 31.2.4 金融数据基础——巨灵财经

数据是金融服务的基础。集团旗下"巨灵财经"成立于 1994 年，是中国最早提供金融数据库服务的专业机构，向业界上百家证券公司、银行、保险公司、政府机构等不同类型的机构客户提供了专业、持续和高效的金融数据库产品。其股票、基金和理财数据体系和响应效率行业第一，为集团打造证券交易服务平台提供了坚实的数据基础（见图 31-6）。

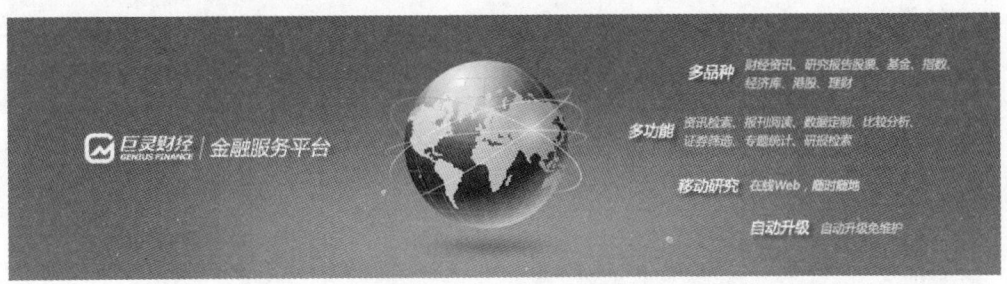

图 31-6 巨灵财经特色

### 31.2.5 智慧内核——智能金融中心

金融界集团组建了一支由来自国际一流商学院的投资学教授和专家学者组成的智能金融研究团队,还与清华大学共建智能金融博士后工作站,培养金融科技以及人工智能的顶尖技术团队。

金融界智能金融中心为金融机构打造专业的资产配置策略和智能投资决策辅助工具;通过"大数据""人工智能""量化投资",为个人和企业用户提供全球资产配置方案(见图31-7)。

图31-7　金融界智能金融研发团队推出的智能选股新产品

第九篇

探 索 篇

# 第32章
# 中国智能金融业务发展的基本方向

## 32.1 智能金融创新依然必须建立在经典金融理论基础上

尽管智能金融从多方面对证券公司的各项业务产生了重要影响,但是从实际应用来看,各类金融产品的金融内核属性并没有从根本上被改变,反而随着新型技术手段的应用,对传统核心金融理论的依赖程度在加深。智能投资顾问、量化投资等产品的研发都依托于相应的金融理论模型。从本质上看,智能金融创新就是金融理论模型的代码化呈现。从各家机构的服务产品的效果展示来看,智能金融产品是否具有良好的使用效果,与产品团队的金融专业背景是否扎实密切相关。研发过程中,如果拥有具有扎实金融理论基础、丰富投资资产管理理经验的金融专家深度参与,产品的适用性、有效性、持续性都更加显著(见图32-1)。

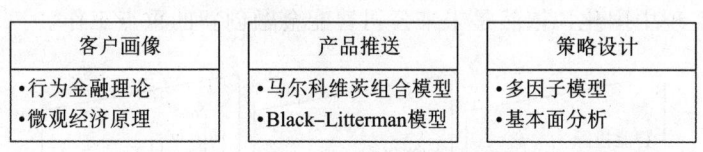

图32-1 智能金融行业核心业务的金融学理论来源

## 32.2 智能金融发展程度推升证券公司的客户数据价值

目前国内智能金融机构普遍缺乏大数据资源，尤其缺乏证券公司客户的交易行为数据，而智能金融产品的优化必须依靠大量数据的训练优化才能实现。尽管从理论上，部分种类的间接数据如社交平台、电商平台的相关数据可以作为直接交易数据的部分替代，但是从应用效果来看结果并不乐观。各家机构对于非结构化数据的处理能力与国外先进机构和市场预期相比，都存在一定的差距。因而各家证券公司的客户交易数据在目前和未来相当长一段时间内都将是进行智能投资顾问模型训练的主要数据来源。而券商所拥有的大量活跃客户所带来的海量交易数据，潜在价值也将不断增加，同时也是未来智能投资顾问产品研发的重要基础。

## 32.3 实现海外智能金融平台的中国化是未来金融创新的重点方向

国内智能金融企业的主要创新应用，如智能投资顾问、智能研报、智能服务支撑体系都是从美国投资银行引进，对美国投资银行先进经验的借鉴模仿，依然是国内智能金融创新的主要方向（见图32-2）。因此，继续密切跟踪关注海外相关领域创新动态并实现中国化，依然是未来公司智能金融创新的重点工作。

图32-2 国内主要智能金融业务在美国智能金融机构的对标

## 32.4 智能投资顾问是目前国内智能金融领域最为成熟的应用

经过大量调研，我们认为，证券行业产品创新重点普遍放在智能投资顾问及其相关领域具有充分的合理性。而智能量化投资和智能研报业务由于带有更加显著的主动投资性质，难度较大，从各家机构的解决方案介绍来看，技术应用尚不成熟，对于产品有效性、策略容量等关键问题尚需寻找成熟的解决方案（见图32-3）。

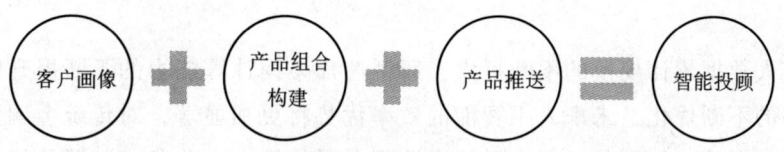

**图 32-3　目前主流智能金融机构的智能投资顾问产品架构逻辑**

# 第 33 章
# 中国智能金融业务发展的基本设计方案

随着大数据累计规模的不断扩大、新型芯片架构计算能力的不断提升以及各类算法效率的不断优化，未来人工智能的效率优势将更加显著，对传统金融业务的影响也将更加深入。特别是智能金融极大地削弱了传统金融业务的牌照价值和物理渠道价值，大量科技公司（恒生电子、科大讯飞等）纷纷凭借在智能科技领域的技术优势大举介入智能金融，对各金融机构形成了更为紧迫的压力。

对于券商而言，智能金融不仅是竞争压力增加的催化剂，也是在市场竞争同质化趋势日趋显著的背景下，为公司培育新的竞争优势提供的一个难得的机遇窗口。能否抓住这一次机遇，再次复制"银证通"式的成功，关键在于尽早部署，抢占业务模式创新的领先位置。特别是智能金融创新性强，发展速度快，一旦落后，差距将会迅速拉大，难以追赶。包括高盛、摩根大通在内的各家投资银行巨头早在数年前就已经以各种形式在智能金融领域大力布局，就是力图抢占智能金融的领先位置。尽早布局，尽快形成智能金融的先发优势，是券商在智能金融领域的首要任务。

## 33.1 中国券商智能金融业务发展思路设计

### 33.1.1 强化技术基础

BCG 数据显示，金融行业的数据强度在一定程度上决定了金融机构的技术强度。以银行业为例，在海外成熟市场，银行平均将营业收入的8%左右投入IT系统建设；而这一比例在国内稍低，但也可达到3%左右。Business Insider报道，高盛33 000名全职员工中，9 000名是工程师和程序员，这比例如Facebook和Linkedin等互联网巨头的IT员工人数都要多。

（1）突破人机交互技术

互联网和移动互联网的普及给客户在金融类业务上提供了便捷有效的方式，使用户能够通过接入互联网的移动终端设备来享受金融科技带来的互联网金融服务，同时还能够让投资银行减少设立城市网点的成本。但同时由于技术原因也会带来各种交易风险和资金安全问题，而生物支付技术的出现刚好可以有效缓解这一风险和问题，生物识别技术能够向金融机构证明客户的真实身份，还能够在支付过程中证明客户的本人操作。真正实现"实人"开户，从而解决了远程身份证件难以识别本人以及客户备开户的问题，保障了客户的资金安全。同时，这也是开展金融科技业务的安全基础。

（2）强化数据驱动能力

当前金融科技已经开始进入大数据时代，有效解决了传统金融信息不对称的局面，因此应鼓励投资银行利用大数据的资源开展金融产品和服务的创新，根据消费者需求的变化来及时调整金融产品的服务策略，满足客户全方位的要求，实现为客户制定个性化金融服务产品，使得金融资源时称能够更加市场化和丰富化，金融市场不断深化，并为互联网金融科技迎来了新的发展契机。除了在金融产品开发上，大数据的应用还应该被鼓励应用在风险控制和征信平台上，最终实现利用大数据资源以及强大的数据处理能力来维持互联网金融和金融科技的长期健康发展。

## 33.1.2　优化组织架构

金融科技将是未来金融行业发展的主要方向。将来金融行业中八成以上的金融业务将会通过互联网、移动网络进行交易，实现便捷化、移动化、标准化、数字化。但是当前投资银行对于移动终端产品还没有一个清楚的认识，从当前网上开户的客户体验还有投资银行的理财产品和资讯产品在网上的销售情况来看，证券交易的互联网化道路并非一帆风顺。此外，当前政府发放了第三方公司券商牌照，这意味着投资银行在金融市场当中券商业务将会面临更多的竞争对手，因此这就要求投资银行在互联网证券这方面要加紧创新，尤其是还未被开发的互联网金融科技业务方面。

因为金融科技包含的内容很多，而现阶段银行、券商、信托基金和保险等金融机构在业务上的重合度越来越高，同时互联网时代下IT公司和传统金融公司在业务上也存在很多交叉和渗透，所以想要更好地发展金融科技业务就需要完善和创新投资银行内部机构的协调机制。

### 33.1.3 适时推进跨界扩张

国内很多大型投资银行和科技公司公司展开了业务上的合作，投资银行利用科技公司的技术和用户优势，而互联网公司则利用投资银行的金融专业优势，从而得到双赢的局面。在投资银行还没取得相关支付牌照前，应提倡积极与第三方支付公司合作，取长补短，更好地发展金融科技业务。另外，还可与各大电商平台展开积极合作，如天猫、京东等。投资银行可与利用电商平台的人气和销量，在其平台开设证券业务旗舰店开展金融科技业务咨询工作，拓展自己的品牌。投资银行应继续保持并加强和非金融机构合作，这将会给我国金融科技业务的发展带来新的浪潮。

## 33.2 中国券商智能金融业务发展路径设计

从证券行业的智能金融发展路径来看，在技术层面主要以外包合作为主，证券公司的价值主要体现在客户流量资源和金融投资策略设计层面。但是这种路径的弊端也是极为明显的：一是技术外包将不利于差异化竞争；二是技术外包容易造成业务研发主动权丧失。因此，在大数据支撑平台、智能风控等基础设施建设方面，初期可以通过外包借鉴，快速搭建起平台，但是中长期依然要建立起具有自我设计、运行、更新、维护能力的后台智能支持系统。

### 33.2.1 构建基础大数据入口和大数据平台

金融业对数据极其依赖。金融业需要从大量数据中评估风险和作出投资决策。根据麦肯锡的研究，金融业和保险业工作者一半时间都花在了处理和收集数据上，这是各种行业中比例最高的。同时，金融机构在开展业务的过程中积累了海量的高价值数据，包括客户身份、资产负债情况、资金收付交易等数据。BCG研究报告统计，以银行业为例，其数据强度高踞各行业之首——银行业每创收100万美元，就会产生平均820GB的数据。彭博社指出，金融服务以及使用互联网服务等数据密集型的行业可能会首先迎来人工智能的冲击。用于识别模型的机器学习和深度强化学习等工具可以更容易地被应用在数据丰富的垂直领域。

智能金融的核心在于大数据资源的应用，券商大量交易用户每天产生的海量大数据资源也是智能投资顾问平台建设的核心基础。其核心包括数据接入、数据实时运算、结果应用和反馈三大模块。从目前科技领域应用情况来看，腾讯的大数据服务平台结构值得借鉴。

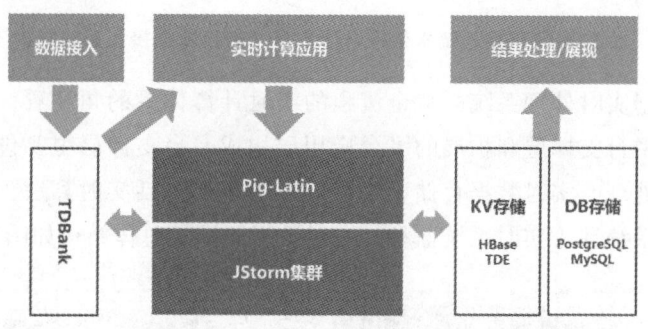

图33-1　智能投资顾问数据服务平台整体架构设计

第一，数据接入系统。从架构上来看，数据接入系统可以划分为前端采集、消息接入、消息存储和消息分拣等模块。前端模块主要针对各种数据形式（普通文件、DB增量/全量、Socket消息、共享内存等）提供实时采集组件，提供了主动且实时的数据获取方式。中间模块则是具备日接入量万亿级的基于"发布—订阅"模型的分布式消息中间件。它起到了很好的缓存和缓冲作用，避免了因后端系统繁忙或故障从而导致的处理阻塞或消息丢失。针对不同应用场景，数据接入系统提供数据的主动订阅模式，以及不同的数据分发支持（分发到TDW数据仓库、文件、DB、HBase、Socket等）。整个数据通路透明化，只需简单配置，即可实现一点接入，整个大数据平台可用。

另外，为了减少大量数据进行跨城网络传输，数据接入系统在数据传输的过程中进行数据压缩，并提供公网/内网自动识别模式，极大地降低了专线带宽成本。为了保障数据的完整性，数据接入系统提供定制化的失败重发和滤重机制，保障在复杂网络情况下数据的高可用性。数据接入系统基于流式的数据处理过程，保障了数据的实时性，为 TRC 实时计算平台提供实时的数据支持（见图 33-2）。

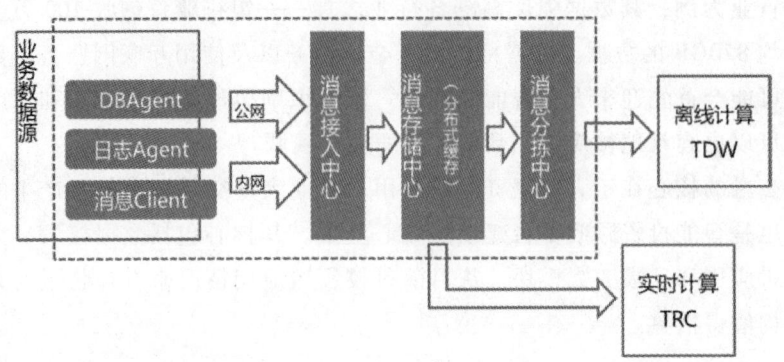

图 33-2 大数据数据接入技术架构设计方案（腾讯数据接入系统结构 Tdbank）

第二，数据实时处理系统。从全流程的实时计算体系的角度看，整个实时计算平台由核心的平台支撑层和扩展的平台应用层构成。台支撑层主要包括实时数据接入、实时数据处理、实时数据存储，平台应用层主要包括实时算法预测、实时模型训练、实时效果统计、实时系统监控、实时数据展示。总体结构如图 33-3。

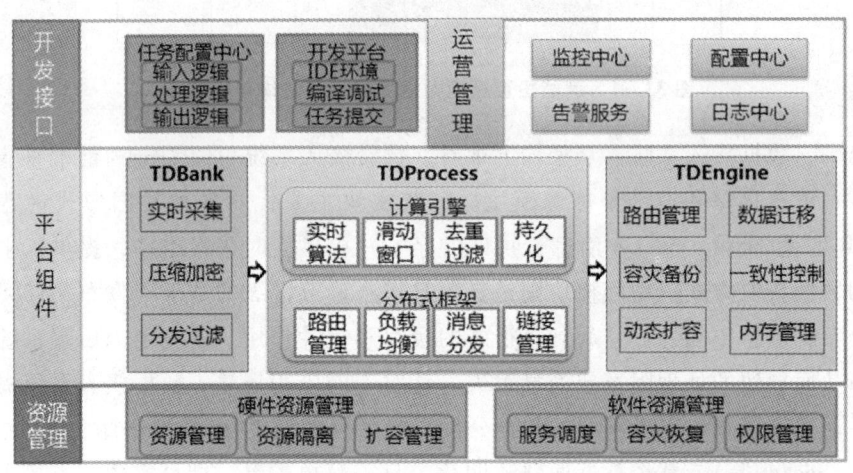

图 33-3 大数据实时计算技术架构设计方案（参考腾讯大数据数据实时计算 trc 模块）

第三，大数据分布式存储系统。大数据分布式存储系统主要技术核心在于对 Hadoop 原有架构进行了深度改造（见图 33-4）。首先，通过 JobTracker/NameNode 分散化和容灾，解决了 Master 单点问题，使得集群的可扩展性和稳定性得到大幅度提升。其次，优化公平资源调度策略，以支撑上千并发 job（现网 3k+）同时运行，并且归属不同业务的任务之间不会互相影响。同时，根据数据使用频率实施差异化压缩策略，比如热数据 lzo、温数据 gz、冷数据 gz + hdfs raid，总压缩率相对文本可以达到 10～20 倍。另外，为了弥补 Hadoop 天然在 update/delete 操作上的不足，TDW 引入 postgresql 作为辅助，适用于较小数据集的高效分析。当前，TDW 正在向着实时化发展，通过引入 HBase 提供了千亿级实时查询服务，并开始投入 Spark 研发为大数据分析加速。

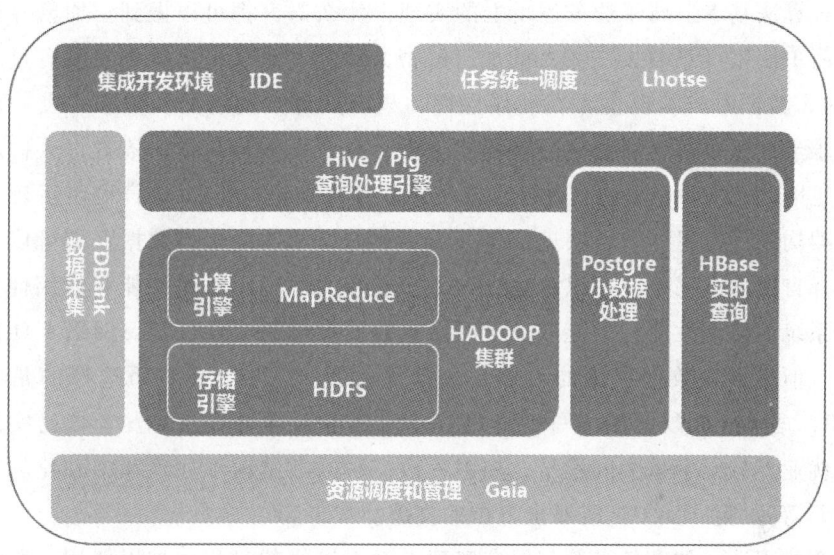

图 33-4 大数据分布式架构设计方案（参考腾讯 TDW 模块）

## 33.2.2 储备区块链技术，建立区块链数据处理架构

区块链将是未来金融数据生成的重要场景来源，同时分布式记账技术将极有成为未来的数据处理中枢平台，提早储备相应技术，进行相应数据梳理架构设计，将是未来券商保持竞争优势的重要保障。

（1）协议层

所谓的协议层，就是指代最底层的技术。这个层次通常是一个完整的区块链产品，类似于电脑的操作系统，它维护着网络节点，仅提供 Api 供调用。通常官方会提供简单的客户端（通称为钱包），这个客户端钱包功能也很简单，只能建立地址、验证签名、转账支付、查看余额等。这个层次是一切的基础，构建了网络环境、搭建了交易通道、制定了节点奖励规则,至于客户要交易什么,想干什么,它一概不过问,也过问不了。典型的例子,自然是比特币,还有各种二代币,比如莱特币等,本书介绍的亿书币也是。这个层次,是现阶段开发者聚集的地方,这说明加密货币仍在起步当中。

从用到的技术来说,协议层主要包括网络编程、分布式算法、加密签名、数据存储技术四个方面。其中,网络编程能力是大家选择编程语言的主要考虑因素,因为分布式算法基本上属于业务逻辑上的实现,什么语言都可以做到。加密签名技术是直接简单使用(请看书中相关的加密解密文章,不建议自由发挥,没有过多的编码逻辑),数据库技术也主要在使用层面,只有点对点网络的实现和并发处理才是开发的难点,所以对于那些网络编程能力强、对并发处理简单的语言,人们就特别偏爱。也因此,Nodejs 开发区块链应用逐渐变得更加流行,Go 语言也在逐渐兴起。

在架构设计图里,协议层进一步分成了存储层和网络层。数据存储可以相对独立,选择自由度大一些,可以单独来讨论。选择的原则无非是性能和易用性。我们知道,系统的整体性能,主要取决于网络或数据存储的 I/O 性能。网络 I/O 优化空间不大,但是本地数据存储的 I/O 是可以优化的。比如,比特币选择的是谷歌的 LevelDB,据说这个数据库读写性能很好,但是很多功能需要开发者自己实现。目前,困扰业界的一个重大问题是,加密货币交易处理量远不如现在中心化的支付系统(银行等),除了 I/O,需要全方位的突破。

分布式算法、加密签名等都要在实现点对点网络的过程中加以使用,所以自然是网络层的事情,也是编码的重点和难点。《Nodejs 开发加密货币》全书分享的基本上就是这部分的内容。当然,也有把点对点网络的实现单独分开的,把节点查找、数据传输和验证等逻辑独立出来,而把共识算法、加密签名、数据存储等操作放在一起组成核心层。无论怎么组合,这两个部分都是最核心、最底层的部分,都是协议层的内容。

(2)扩展层

这个层面类似于电脑的驱动程序,是为了让区块链产品更加实用。目前有两类:一是各类交易市场,是法币兑换加密货币的重要渠道,实现简单,来钱快,成本低,但风险也大;二是针对某个方向的扩展实现,比如基于亿书侧链,可为第三方出版机构、论坛网站等内容生产商提供定制服务等。特别值得一提的就是大家听得最多的"智能合约"的概念,这是典型的扩展层面的应用开发。所谓"智能合约"就是"可编程合约",或者叫作"合约智能化",其中"智能"是执行上的智能,也就是说达到某个条件，合约自动执行，比如自动转移证券、自动付款等，目前还没有比较成型的产品，但不可否认，这将是区块链技术重要的发展方向。

扩展层使用的技术就没有什么限制了，可以包括很多，上面提到的分布式存储、机器学习、VR、物联网、大数据等等，都可以使用。编程语言的选择上，可以更加自由，因为可以与协议层完全分离，编程语言也可以与协议层使用的开发语言不相同。在开发上，除了在交易时与协议层进行交互之外，其他时候尽量不要与协议层的开发混在一起。这个层面与应用层更加接近，也可以理解为B/S架构产品中的服务端（Server）。这样不仅在架构设计上更加科学，让区块链数据更小，网络更独立，同时也可以保证扩展层开发不受约束。

从这个层面来看，区块链可以架构开发任何类型的产品，不仅仅是用在金融行业。在未来，随着底层协议的更加完善，任何需要第三方支付的产品都可以方便使用区块链技术；任何需要确权、征信和追溯的信息，都可以借助区块链来实现。

（3）应用层

这个层面类似于电脑中的各种软件程序，是普通人可以真正直接使用的产品，也可以理解为B/S架构的产品中的浏览器端（Browser）。这个层面的应用，目前几乎是空白。市场亟待出现这样的应用，引爆市场，形成真正的扩张之势，让区块链技术快速走进寻常百姓，服务于大众。大家使用的各类轻钱包（客户端），应该算作应用层最简单、最典型的应用。

近年来，各个公司都在想方设法简化股票的购买、销售和交易过程，新兴的区块链技术创企认为他们能够超越以往，实现整个流程的自动化，提高安全性和效率。Overstock的附属公司想要利用区块链技术实现股票的线上交易。Wired报道称，Overstock已经在使用区块链技术来发行公共股票了。与此同时，区块链技术创企Chain（上面提到过）正联袂纳斯达克，意图通过区块链技术实现私有公司的股份交易。对于券商而言，尤其区要加大与证券投资相关的智能股权信息记录、电子货币发行等技术的储备。

### 33.2.3 组建新型投融资业务平台

（1）进一步发展智能投资顾问业务

券商经纪业务作为核心业务之一，在长期发展过程中，前期已经形成相对稳定的格局，积累了大量的优质客户资源和强大的投资顾问力量。但在智能金融大发展的背景下,深度利用大数据、人工智能算法、先进人机交互设计技术等条件使得行业竞争格局发生了显著变化。为此,有效整合投资顾问资源、优化服务渠道资源、拓展产品服务资源,形成对客户具有深度画像、精准推送功能,拥有大资产配置服务能力和高品牌附加值的智能投资顾问平台,是在新时期改善券商经纪业务服务覆盖面、发展高端财富管理业务的重要基石。应尽快完成客户画像算法优化、准备大数据文本挖掘分析技术、尝试搭建量化产品组合平台,为券商自主智能金融创新提供技术基础。

(2)建立资产证券化式网贷平台

网贷融资是我国互联网直接融资的主要业务形式,也是互联网金融创新中最典型的业务形式,是我国互联网金融发展最快的领域之一。截至目前,我国公开注册的网贷平台已经达到 2 814 家,历史成交额已经达到 6 835 亿元。目前我国网贷主要存在两种形式,即信息中介模式和信息中介+信用中介模式(见图 33-5)。

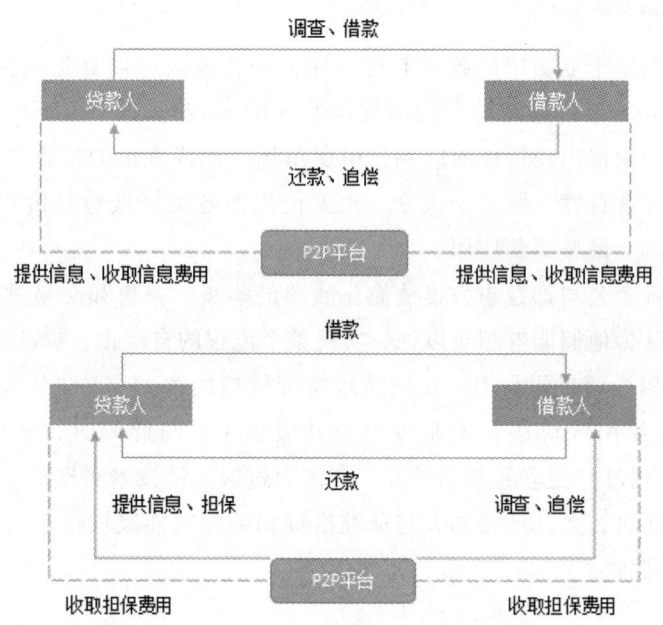

图 33-5　信息中介模式网贷与信息中介模式+信用中介模式网贷运营机制

由于我国特殊的国情,网贷业务推广的过程中出现了异化现象。一是信用模式无法推行。特别是征信机制的不健全,使得依据信用打分评定客户级别的 LEDING-CLUB 模式在中国难以实现。二是非法钱庄线上化。由于监管不到位,使得原有的一大批不具备正规金融机构资质的小额贷款公司、地下钱庄等非法机构也纷纷以网贷的面目出现，甚至大量介入资本市场投机，为股票市场进行大量违规配资，造成了极大的行业风险隐患。三是行业刚性兑付的潜规则盛行，金融产品的风险特征难以得到体现，也造成客户风险意识淡漠。四是风险控制机制不健全，一旦出现坏账，除了有大型机构进行风险背书的平台外，基本上都没有有效的风险对冲控制手段。

因此，对于投资银行而言，如果要建立普惠金融网络直接融资平台，不能简单照搬现有平台模式，必须从项目来源、风控机制进行改造，其中借助资产证券化技术，进行项目改造，将分散的小微项目整合成能够提供稳定盈利来源、具有交易价值，并能够承担风控成本的证券化项目产品。

图33-6为投资银行建立资产证券化普惠网络直接融资平台进行的业务模式构想。即借款人将其借款凭证或项目委托金融机构进行资产证券化处理，通过金融机构与网络直接融资平台发生业务关系，而网络直接融资平台将证券化的直接融资项目产品转让给投资银行或其他金融机构，进而向投资者销售。事实上这一产品模式就是资产证券化式的余额宝。

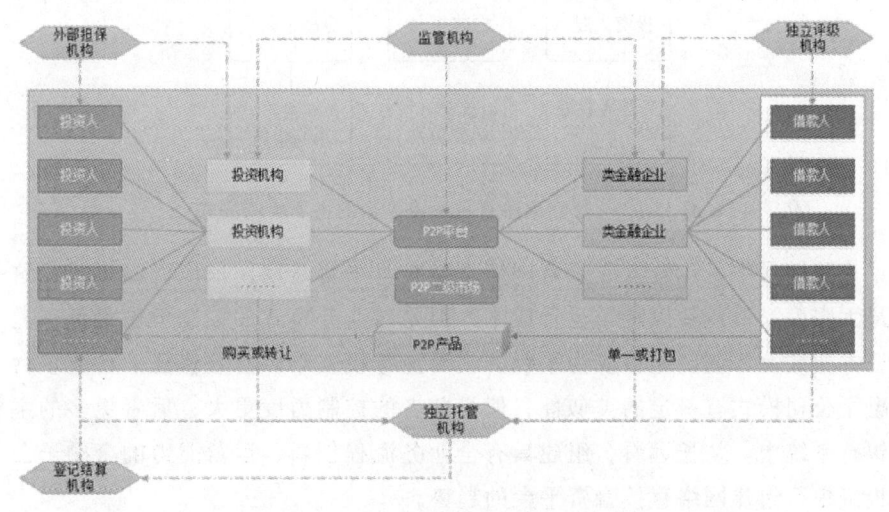

图33-6 建立资产证券化式直接融资平台设想

其中的关键点包括以下几个内容：

一是项目端的集合化和证券化处理，即通过投资银行或其他具有相同技术资质的机构对分散的小微融资项目进行打包，进而完成产品端的改造。事实上美国的Lending-Club模式与此也有相似之处，只是Lending-Club的债权凭证带有更强的银行凭证属性，同时其定价与借款人的信用评分密切相关。但是在目前我国的征信机制不健全、特别是互联网金融征信基本上还属于空白的情况下，必须通过行业分析、估值分析等投资银行类评估手段进行定价处理。

二是保障平台中介的独立性，建立风险隔离机制。投资银行自建的网贷平台在进行产品证券化处理、定价评级时必须引入第三方机构，其销售等利益密切相关流程也必须进行隔离处理，防止出现道德风险。

- 平台运营模式

建立去中心化融资平台另一个关键问题就是平台的组织模式，在建立平台的同时必须考虑风险隔离和自身业务优势的发挥。目前市场中投资银行组建网络直接融资平台的主要组织模式包括投资入股、自建平台和组建金融子公司三种（见图33-7）。

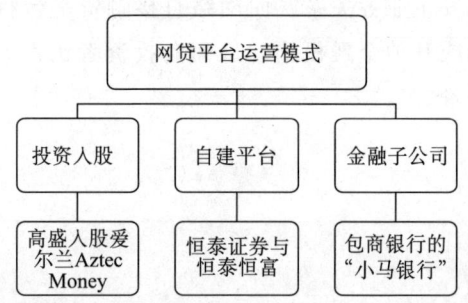

图33-7 建立网络直接融资平台的主要组织模式

这三种模式中，投资入股现有网络直接融资平台是运用最广泛的模式，这一模式会最大限度降低创新风险与运营成本，但是对业务模式的控制力度最低，尤其是资产证券化式业务创新能否成为平台的主要业务模式难以有效保证。自建平台与组建金融子公司模式有一定的类似性，但是前者的控制力度更大，后者更多的主要出现在银行系统中。从长远看，组建具有全业务流程创新、运营能力的金融子公司应该是投资银行组建网络直接融资平台的趋势。

- 项目来源

互联网金融创新最大的难点在于项目流量获取，尤其在项目运营初期。从国内目前的典型案例来看，主要项目来自于互联网企业和小贷机构的合作，但是对于投资银行而言，短期内的重点项目来源依然是证券资产抵押（见图33-8）。

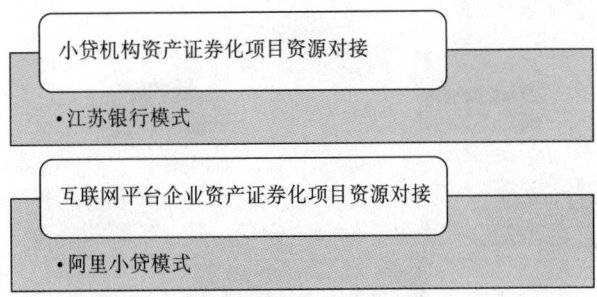

图 33-8 网络直接融资平台的项目资源来源设想

- 风控机制

风险控制是金融产品创新的核心,网络直接融资平台产品具有普惠金融固有的风险属性外还兼具着明显的金融创新风险特征,因此建立有效的风险控制机制至关重要。本研究认为可以从以下三个方面加强网络直接融资平台产品的风控力度。

第一,合理风险定价。普惠金融不等于慈善金融,具有盈利属性,因此其产品的高风险属性必须通过合理的定价机制体现出来。同时,合理的定价水平也有利于风险提示,避免盲目投机。

第二,在产品设计阶段,完善风控设计。产品设计和业务流程规划是资产证券化产品风险控制的基础,也是投资银行开展普惠金融业务所具有的比较优势的重要体现,特别是在针对复杂产品中涉及的结构化产品设计、信用评级、风险定价等工作过程中的体现尤为明显。

第三,风险产品增信。为资产证券化产品寻找可靠的风险担保机构是控制风险的另一个有效途径,也是国内资产证券化业务开展过程中的普遍做法。引入担保方不仅可以分散风险,同时也可以引入多元化风险监控力量,防止"内部人"风险(见图33-9)。

第四,借鉴会员联保制组织。国外普惠金融开展的一个重要借鉴就是组建利益相关的团体组织,依靠联保制降低监督成本。投资银行组建的网贷平台也可以将客户群体组织起来,建立联保组织。

(3)建立新型众筹平台

众筹是继网贷之后另一个主要互联网金融业务创新,也是我国互联网领域股权直接融资的主要形式。截至2015年6月,全国共有235家众筹平台,其中正常运营的众筹平台有211家。众筹通常被分为股权众筹、公益众筹、奖励众筹众筹、债权众筹四个种类(见表33-1)。其中,债权众筹实质上带有明显的网贷融资性质。

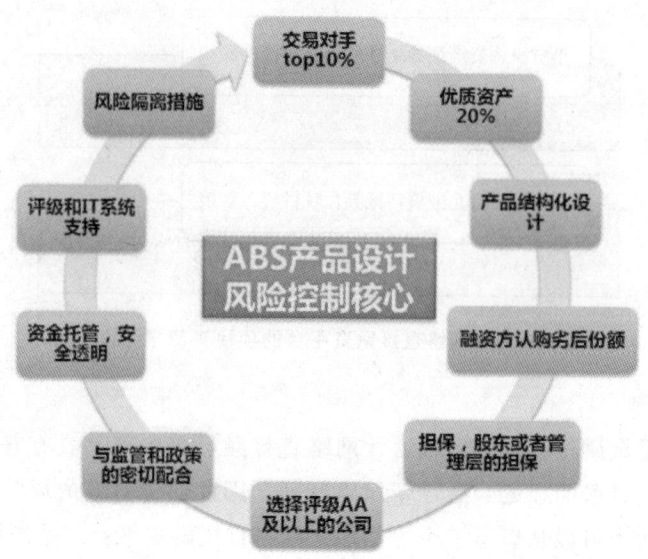

图 33-9　ABS 类资产证券化风险控制体系构建

表 33-1　　　　　　　　我国众筹平台数量与模式概况

| 分类 | 特点 | 典型平台 |
| --- | --- | --- |
| 股权众筹 | 提供公司原始股份，投资者享受股东权利，筹资额度较大，只对合格投资人开放，回报时间长 | Crowdcube、Seedrs、天使汇、大家投等 |
| 奖励众筹 | 一般以预售形式提供实物或服务回报，筹款金额较低，基本所有投资人都可参与，回报时间较短 | Kickstarter、点名时间、淘梦网等 |
| 公益众筹 | 非营利组织帮助，小额募捐为主，所有用户，无回报 | GiveForward、腾讯乐捐、微公益等 |
| 债权众筹 | 网络借贷，小额借贷为主，所有投资人都可参与，根据标的收益率获得利息回报，回报时间较短 | Zopa、Lending-Club、拍拍贷、人人贷等 |

其中股权类众筹平台数量最多，共有 98 家，占全国总运营平台数量比重达到了 46.45%；而奖励众筹平台为 67 家；混合众筹平台有 42 家；纯公益众筹平台仅有 4 家。从种类占比上来看，股权众筹类平台数量最多。

股权众筹的实质与资本市场中风险投资（VC）最接近，其融资成本低，同时融资资金引入还可以带来项目。经验扶持与后期资本市场持续扶持的特征都与风险投资存在类似之处。这种融资模式对于中小型企业，尤其是小微创新型企业而言是最为适用的普惠融资工具。

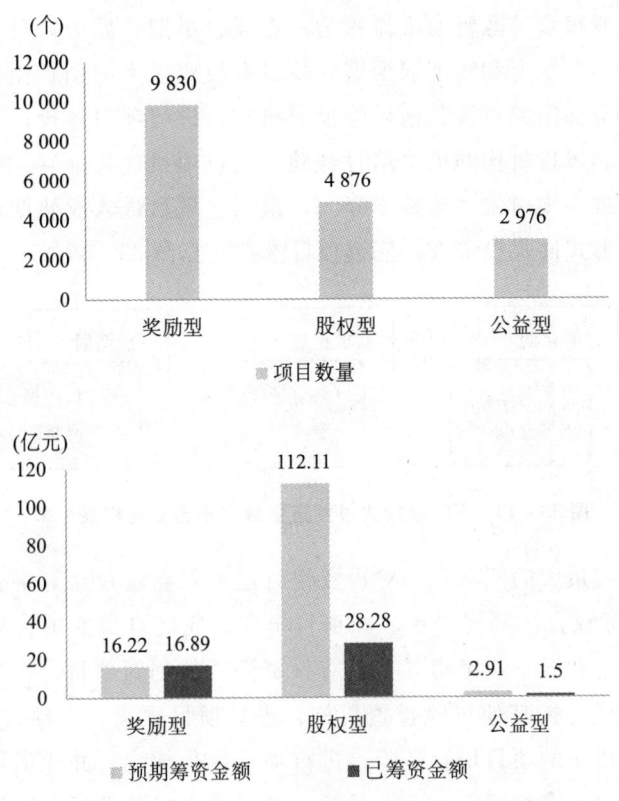

图 33-10 我国股权众筹类平台项目运营状况

数据来源：网贷之家、国信证券博士后工作站

但是从项目数量和预期融资完成度来看，股权众筹的数量和比重却并不理想。如图 33-10 所示，我国股权众筹平台类的项目数与融资预期完成数较之于其他类型的众筹平台存在着显著劣势。造成这种现象出现的原因是多方面的，其中最为重要的有三个：一是优质项目不足，股权众筹类项目的早期风险极大，例如在美国风投机构所投资的项目 5 年内的失败比例达到了 60%~80%。如果没有适当的引导、发现机制，难以发现优质有潜力的投资项目。二是股权众筹平台缺乏持续项目辅导跟进能力，尤其是对于小微创新型企业而言，资金需求仅仅是整个项目需求的一部分，资金跟进后的项目辅导、组织优化等后续工作往往更加重要。三是股权众筹类平台模式收益兑现周期长，无论是较之于奖励众筹还是债权众筹，股权众筹的收益兑现周期都不具备比较优势。这些原因使得股权众筹类项目难以大规模铺开。

- 业务模式：VC 领投式股权直接融资产品交易平台

股权融资或股权众筹融资通常流程为：在项目早期，凭借自身的项目组织经验和项目评估经验，在线上和线下双渠道寻找具有投资潜力的创新项目，在项目确定后，成立自有投资部门或对接其他风险投资机构，进行项目领投；当项目进入成熟期后，凭借自身和风投机构的项目培育经验，进行项目优化辅导，并凭借资本市场中的信息优势，进一步引入多轮资本介入。最后，项目进入成熟期后，进入二级市场或以产品销售形式回报投资人，完成项目流程（见图33-11）。

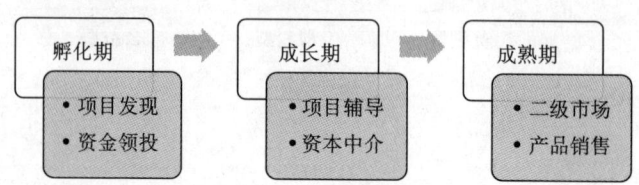

图33-11　VC领投式股权直接融资平台业务模式分解

但是这一模式最大的问题在与对投资银行建立普惠股权众筹平台的业务目标实质是VC领投式股权直接融资平台。在项目早期，凭借自身的项目组织经验和项目评估经验，在线上和线下双渠道寻找具有投资潜力的创新项目，在项目确定后，成立自有投资部门或对接其他风险投资机构，进行项目领投；当项目进入成熟期后，凭借自身和风投机构的项目培育经验，进行项目优化辅导，并凭借资本市场中的信息优势，进一步引入多轮资本介入。最后，项目进入成熟期后，进入二级市场或以产品销售形式回报投资人，完成项目流程。

从目前国内外投资银行业务的转型发展趋势来看，投资银行风投化已经是行业发展趋势，借助股权众筹平台不仅是传统投资银行转型的有效趋势，也是推行普惠融资业务的重要路径。但是这一模式的重要不足就是对于投资人或跟投人具有较高的门槛限制。例如国内典型的股权众筹平台京东股权众筹，上线以来迅速完成了一批项目，也对投资人设定了较高的投资门槛，例如要求投资人金融资产超过100万元、年收入超过30万元，同时要求具有专业的风险投资背景。这些都极大地背离了普惠金融的发展初衷。

因此，必须通过有效的产品设计进行门槛降低，使低净值群体同样可以投入股权众筹投资，同时也使股权众筹投资具有更大的服务范围。

- 核心思路：股权众筹产品资产证券化+交易平台建设（见图33-12）

将股权众筹投资门槛降低的有效途径就是进一步对"众筹的"股权进行资产证券化处理，在领投模式的基础上，进一步加强过去风险措施，将其转变为可交易的标准化产品,在一定范围内时期成为可投资交易的证券产品,并在此基础上提供资产证券化技术服务,以及交易平台搭建服务。

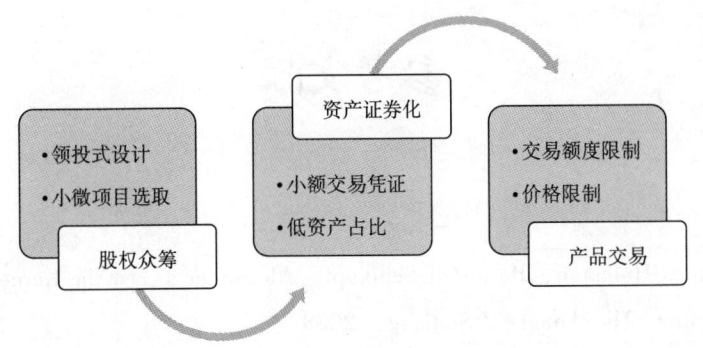

图 33-12　股权众筹类产品资产证券化交易产品设计

- 风控机制

股权众筹类产品资产证券化交易业务的主要风险点主要由项目风险、交易风险、市场风险。其中,项目风险主要是由项目本身的质量风险和成长风险构成;交易风险是指对这类创新类产品的交易容易造成过度投机,进而引发市场风险。为了避免上述风险的产生,可以从以下三个方面进行风控机制设计。

第一,通过"领投制"模式的设计,最大限度地保证项目的可靠性和成长安全性。第二,在证券化产品的设计中,借鉴 Google 或阿里的股权分级设计,即领投股权在成长期结束前不得进行交易。第三,对跟投股权资产证券化产品进行额度限定:一是面额较小;二是每个投资者购买的数量不得超过传统股票账户的较低比例如(5%~10%)。第四,对此类资产证券化产品的价格和波动幅度进行限制,如涨跌幅限制在5%以内。第五,建立项目跟踪监控机制,对项目的运行成长状况进行实时监控。

# 参考文献

[1] Homas Hofmann, Bernhard Schlkopf, Alexander J. Smola. Kernel. Methods in Machine Learning. The Annals of Statistics. 2008.

[2] Ioannis Tsochantaridis, Thorsten Joachims, Thomas Hofmann, Yasemin Altun. Large Margin Methods for Structured and Interdependent Output Variables. J. Mach. Learn. Res. 2005.

[3] Yadav R K, Sachan A K.. Application Expansion Inside Optimized RBF Kernel of SVMinrobustfacerecognitionsystem. https://www.researchgate.net/publication/298.334033. 2015.

[4] Han K I, Park H J, Lee K M.. Speech Recognition and Lip Shape Feature Extraction for English Vowel Pronunciation of the Hearing-impaired Based on SVM Technique. 2016 International Conference on Big Data and Smart Computing (BigComp). 2016.

[5] Pakhomov A, Zaytsev K.. Distributed Analysis of Big Personal Data Sets with Respect to Privacy. Journal of Theoretical and Applied Information Technology. 2016.

[6] Costa A, Deb A, Kubzansky M.. Big Data, Small Credit the Digital Revolution and Its Impact on Emerging Market Consumers. Innovations. 2015.

[7] Newman M.. Networks: an Introduction. 2010.

[8] Sardasht M S, Saheb S.. Use of Data Reduction Process to Bankruptcy Prediction: Evidence from an Emerging Market. International Journal of Information Systems and Social Change. 2016.

[9] Antanas Verikas, Zivile Kalsyte, Marija Bacauskiene, Adas Gelzinis.. Hybrid and Ensemble-based Soft Computing Techniques in Bankruptcy Prediction: A Survey [J]. Soft Computing. 2010 (9).

# 参考文献

［10］Stephan M. Winkler, Michael Affenzeller, Stefan Wagner. . Using Enhanced Genetic Programming Techniques for Evolving Classifiers in the Context of Medical Diagnosis ［J］. Genetic Programming and Evolvable Machines. 2009（2）.

［11］Automatic Detection of Erythemato – Squamous Diseases Using k – Means Clustering ［J］. Journal of Medical Systems. 2010（2）.

［12］Mengjie Zhang, Phillip Wong. Genetic Programming for Medical Classification: a Program Simplification Approach ［J］. Genetic Programming and Evolvable Machines. 2008（3）.

［13］Ilias Maglogiannis, Elias Zafiropoulos, Loannis Anagnostopoulos. An Intelligent System for Automated Breast Cancer Diagnosis and Prognosis using SVM Based Classifiers ［J］. Applied Intelligence. 2009（1）.

［14］Riccardo Poli, James Kennedy, Tim Blackwell. Particle Swarm Optimization ［J］. Swarm Intelligence. 2007（1）.

［15］Yu – Len Huang, Kao – Lun Wang, Dar – Ren Chen. Diagnosis of Breast Tumors With Ultrasonic Texture Analysis Using Support Vector Machines ［J］. Neural Computing and Applications. 2006（2）.

［16］L. Cao, H. P. Lee, C. K. Seng, Q. Gu. Saliency Analysis of Support Vector Machines for Gene Selection in Tissue Classification ［J］. Neural Computing & Applications. 2003（3）.

［17］J. Schneider, N. Bitterlich, H. – G. Velcovsky, H. Morr, N. Katz, E. Eigenbrodt. Fuzzy Logic – based Tumor – Marker Profiles Improved Sensitivity in the Diagnosis of Lung Cancer ［J］. International Journal of Clinical Oncology. 2002（3）.

［18］Olivier Chapelle, Vladimir Vapnik, Olivier Bousquet, Sayan Mukherjee. Choosing Multiple Parameters for Support Vector Machines ［J］. Machine Learning. 2002（1）.

［19］Geoffrey E. Hinton, Simon Osindero, Yee – Whye Teh. A Fast Learning Algorithm for Deep Belief Nets ［J］. Neural Computation. 2006（7）.

［20］Peter D. Turney, Michael L. Littman. Measuring Praise and Criticism ［J］. ACM Transactions on Information Systems (TOIS). 2003（4）.

［21］Sepp Hochreiter, Jü, rgen Schmidhuber. Long Short – Term Memory ［J］. Neural Computation. 1997（8）.

[22] Corinna Cortes, Vladimir Vapnik. Support – vector networks [J]. Machine Learning. 1995.

[23] 韩梅. FinTech 的创新与变革分析 [J]. 创新科技, 2016 (06).

[24] 薛健. BAT 摩拳擦掌布局 FinTech [J]. 中国战略新兴产业, 2016 (14).

[25] FinTech. 科技改造金融 [J]. 中国战略新兴产业, 2016 (14). [5] 李淼. FinTech 来袭: 重塑金融格局 [J]. 中国战略新兴产业, 2016 (14).

[26] 叶纯青. "Fintech"与互联网金融 [J]. 金融科技时代, 2016 (08).

[27] 析文. Fintech 是 "新酒旧瓶", 还是将由中国引领的下一场金融革命? [J]. 互联网周刊, 2016 (15).

[28] 打造 "智能客服" Avaya 借力 Fintech 推动联络中心改革 [J]. 中国金融电脑, 2016 (09).

[29] 中国科技金融 FinTech 创新大会 [J]. 金卡工程, 2016 (08).

[30] 邹均. 区块链: Fintech 的天之骄子 [J]. 软件和集成电路, 2016 (09).

[31] Avaya 以 Fintech 为动力打造 "智能客服" [J]. 中国信用卡, 2016 (09).

[32] 朱太辉, 陈璐. Fintech 的潜在风险与监管应对研究 [J]. 金融监管研究, 2016 (07).

[33] 董莉. 最炫 Fintech 风 [J]. IT 经理世界, 2016 (18).

[34] 浦发银行战略发展部智慧银行课题组, 李麟. Fintech 技术是构建智慧银行的驱动力 [J]. 中国银行业, 2016 (08).

[35] 韩梅. FinTech 的发展现状与金融创新分析 [J]. 经济研究导刊, 2016 (23).

[36] 王怡. FinTech 来袭倒逼传统金融变革 [N]. 科技日报, 2016 – 06 – 15 (008).

[37] 李思. Fintech 引领金融创新 [N]. 上海金融报, 2016 – 07 – 26 (A08).

[38] 李光磊. Fintech: 仍需 "向前" 发展 [N]. 金融时报, 2016 – 07 – 21 (006).

[39] 刘泉江. Fintech 崛起: 从资本布局到变革力量 [N]. 金融时报, 2016 – 07 – 14 (006).

[40] 闻君. Fintech 全球化机遇的五大特点 [N]. 经济参考报, 2016 – 07 – 20 (006).

[41] 郑联盛. 中国互联网金融: 模式、影响、本质与风险 [J]. 国际经济评论, 2014 (05).

[42] 李思. Fintech 引领金融创新 [N]. 上海金融报. 2016 (A08).

[43] 李光磊. Fintech: 仍需 "向前" 发展 [N]. 金融时报. 2016 (006).

[44] 闻君. Fintech 全球化机遇的五大特点 [N]. 经济参考报. 2016 (006).

[45] 刘泉江. Fintech 崛起：从资本布局到变革力量［N］. 金融时报. 2016 (006).

[46] 王怡. FinTech 来袭倒逼传统金融变革［N］. 科技日报. 2016 (008).

[47] 卫冰飞. 中美金融科技比较及思考［J］. 清华金融评论. 2016 (10).

[48] 孙承新. Fintech 的创新及其监管必要性的探讨［J］. 山西农经. 2016 (13).

[49] 郑南磊. 金融科技：未来金融业发展的制高点［J］. 证券市场导报. 2017 (01).

[50] 宁小军 Fintech 时代来临：金融科技 VS 传统银行——互联网交易型银行发展启示录［J］. 银行家. 2017 (01).

[51] 刘国建. FinTech，金融科技引领金融创新［J］. 中国金融电脑. 2017 (01).

[52] 黄余送. 金融科技发展分析［J］. 中国金融. 2017 (05).

[53] 伍旭川，刘学. 金融科技的监管方向［J］. 中国金融. 2017 (05).

[54] 朱太辉，陈璐. Fintech 的潜在风险与监管应对研究［J］. 金融监管研究. 2016 (07).

[55] 廖岷. 全球金融科技监管的现状与未来走向［J］. 新金融. 2016 (10).

[56] 王秋菊. 浅议金融科技的崛起［J］. 现代商业. 2017 (14).

[57] 蔡玉冬，江宏. 当金融科技携手共享金融［J］. 当代金融家. 2017 (06).

[58] 陈生强. 金融科技的全球视野与中国实践［J］. 当代金融家. 2017 (06).

[59] 廖理. 金融科技任重道远［J］. 清华金融评论. 2016 (10).

[60] 周昆平. 如何通过发展金融科技优化金融服务？［J］. 银行家. 2017 (01).

[61] 方新. 洗牌正在进行，透明度、信任才是金融科技的风向标［J］. 互联网周刊. 2016 (17).

[62] 薛洪言. 供给侧改革与国内金融科技企业的发展机遇［J］. 当代金融家. 2016 (11).

[63] 董希淼. 漫谈金融科技［J］. 金融世界. 2016 (09).

[64] 吴宝林. 我国金融和科技相结合的现状的分析以及相关对策［J］. 现代经济信息. 2011 (09).

[65] 李立明，侯博，陈锐关于建立北京金融科技带的设想［J］. 城市管理与科技. 2008 (02).

[66] 王秋菊. 浅议金融科技的崛起［J］. 现代商业. 2017 (14).

[67] 蔡玉冬, 江宏. 当金融科技携手共享金融 [J]. 当代金融家. 2017 (06).

[68] 陈生强. 金融科技的全球视野与中国实践 [J]. 当代金融家. 2017 (06).

[69] 廖金融科技任重道远 [J]. 清华金融评论. 2016 (10).

[70] 周昆平. 如何通过发展金融科技优化金融服务? [J]. 银行家. 2017 (01).

[71] 方新. 洗牌正在进行, 透明度、信任才是金融科技的风向标 [J]. 互联网周刊. 2016 (17).

[72] 薛洪言. 供给侧改革与国内金融科技企业的发展机遇 [J]. 当代金融家. 2016 (11).

[73] 董希淼. 漫谈金融科技 [J]. 金融世界. 2016 (09).

[74] 吴宝林. 我国金融和科技相结合的现状的分析以及相关对策 [J]. 现代经济信息. 2011 (09).

[75] 李立明, 侯博, 陈锐. 关于建立北京金融科技带的设想 [J]. 城市管理与科技. 2008 (02).

[76] 陈星沅, 姜文博, 张培楠. 深度学习和机器学习及模式识别的研究 [J]. 科技资讯. 2015 (31).

[77] 林文修, 蔡秉洲. 集成基因表达规划法应用于动态股票交易策略探勘之研究 [J]. 中国管理科学. 2015 (S1).

[78] 陈远, 罗必辉, 蒋维琛, 孙宏伟. 关于股票价格优化预测的建模仿真研究 [J]. 云南大学学报 (自然科学版). 2016 (04).

[79] 王佳彬, 沈洁, 陈伟能, 张军. 利用动态降维差分进化算法解决多约束的投资组合优化问题 [J]. 小型微型计算机系统. 2016 (07).

[80] 中国人民银行武汉分行办公室课题组, 韩飚, 胡德. 人工智能在金融领域的应用及应对 [J]. 武汉金融. 2016 (07).

[81] 蔡俊杰, 王昂青, 邹金言, 王逸捷, 齐宇明. 基于大数据与人工智能下的金融分析决策系统的设计与实现 [J]. 现代工业经济和信息化. 2016 (11).

[82] 王卫红, 卓鹏宇. 基于PCA–FOA–SVR的股票价格预测研究 [J]. 浙江工业大学学报. 2016 (04).

[83] 温可暖. 金融信息化发展优势探析 [J]. 中小企业管理与科技 (下旬刊). 2013 (10).

[84] 方兆本, 镇磊. 基于非对称效应ACD模型和分时VWAP算法对A股市场算法交易的量化分析研究 [J]. 中国科学技术大学学报. 2011 (09).

[85] 张力平. 金融科技是金融与科技创新的高度融合 [J]. 电信快报. 2016 (11).

[86] 卫冰飞. 中美金融科技比较及思考 [J]. 清华金融评论. 2016 (10).

[87] 郑南磊. 金融科技：未来金融业发展的制高点 [J]. 证券市场导报. 2017 (01).

[88] 张兴. Fintech（金融科技）研究综述 [J]. 中国商论. 2017 (02).

[89] 周昆平. 如何通过发展金融科技优化金融服务？[J]. 银行家. 2017 (01).

[90] 刘燕，薛寒苏. 互联网金融监管的中美对比与政策建议 [J]. 清华金融评论. 2016 (08).

[91] 赵鹞. Fintech 的特征、兴起、功能及风险研究 [J]. 金融监管研究. 2016 (09).

[92] 普华永道全球金融科技团队. 跨越行业界线：金融科技重塑金融服务新格局 [J]. 金融市场研究. 2016 (05).

[93] 李健，马亚. 科技与金融的深度融合与平台模式发展 [J]. 中央财经大学学报. 2014 (05).

# 后　记

　　本书的工作已经告一段落。但是人工智能技术依然在加速前行，智能金融的创新脚步也未停歇。作为中国金融从业者，能够同时见证并参与中国金融改革创新和人工智能技术爆发这个影响深远的事业中，无疑是一种幸运。根据最新统计数据，2016年中国人工智能领域相关论文发表数量已经超过美国，同时大量的风险投资正在不断向人工智能领域涌入，许多以往停留在理论层次的产品概念纷纷开始落地。我们有理由相信，中国智能金融创新正处在爆发的前夜。

　　我们同时也深感压力巨大。从历史的经验来看，每当新兴颠覆性技术出现的时候，往往都会意味着行业格局的颠覆，诺基亚、柯达倾覆的教训殷鉴不远。把握技术新趋势是每个行业和企业的目标，但是看到新的趋势和真正抓住并把握新的趋势之间还有不小的距离。

　　本书的编写也希望能够对加速中国金融领域创新、帮助中国金融业在智能金融时代赶超华尔街顶级金融巨头做出一定的贡献。但是人工智能从概念诞生到反复波折，再到今天再度迎来爆发，中间也经历了许多曲折。人工智能概念往往也会伴随着大量泡沫出现，如何在泡沫的洗礼中，大浪淘沙、去伪存真，寻找到真正切实可行的智能金融应用痛点，也将不断考验智能金融行业同仁的智慧。

　　另一个需要高度重视的问题是风控。目前已经有大量的伪创新、伪智能业务出现，大量非法集资、非法经营活动打着智能金融的名义不断出现。这些违法违规金融业务尽管缺乏技术创新内核，但是在互联网时代，风险放大能力却异常突出。泛亚、e租宝、homes系统等工具，都数

# 后　记

次引发大范围金融风险。因此，我们必须把风控作为智能金融创新的核心和底线。这也是我们在书中反复强调的问题。

智能金融依托于人工智能技术的爆发，而人工智能技术本身正处于高速发展阶段。在计算芯片能力提升、非结构数据处理、机器学习算法等方面依然面临诸多瓶颈，例如在硬件领域，摩尔定律效果近年来效果已经显著放缓，对人工智能技术的算力支持开始出现瓶颈，在算法领域，争议依然存在，Hinton发现深度学习依赖的反向传播算法（back-prop）在生物学上缺乏对应的反向传播结构，有可能需要对现有算法进行重构，而非机构数据处理效率依然很低，大量的数据标签工作依然需要人工完成，远远达不到无监督学习的强人工智能要求。在最新的人机对抗项目"星际争霸"中，人工智能并不能战胜人类，并且差距还很大，这表明在完全信息静态博弈中碾压人类的人工智能，在信息不对称的动态博弈环境下，还有诸多缺陷。在智能金融领域，许多技术的基本应用框架已经初步成型，例如客户画像、量化投资策略、大数据文本抓取、区块链等技术，但是应用效果却参差不齐，还有极大的完善空间。换言之，对于智能金融行业同仁而言，需要持续不断的学习充实，才能在技术迭代的过程中不被淘汰。

我们在编写此书的过程中，力图把握技术创新的最前沿，但是难免存在疏漏和不足，恳请各位专家、读者不吝指正。

最后，再次向在本书编写过程中给予我们大力支持的各位领导、专家、老师、同仁、朋友表示最诚挚的谢意。

何诚颖

2018年4月